KB267021

장학의 이론과 실제

Ⅰ 이론편

장학의 이론과 실제

I 이론편

주삼환 지음

KSI 한국학술정보(주)

머리말

　이 책은 학부의 교육학과와 교직과정 학생, 교육대학생, 교육대학원생, 교육전문직 준비자, 교사, 학교행정가로 하여금 스스로 교직의 전문성과 교수기술을 향상시키거나, 동료교사들끼리 협동하여 전문성을 향상시키거나, 아니면 교육리더로서 다른 사람의 교수기술 향상과 전문성 개발을 도와줄 수 있는 지식과 기술을 함양할 수 있도록 꾸며졌다. 그동안의 장학론이 현장과 동떨어져 있었고 또 장학론이라는 개념 자체가 일부분에 치우쳤던 점을 이 책에서 바로 잡으려고 하였다.

　그래서 제1부와 제2부의 장학에 대한 배경과 기초지식을 가지고 제3부의 장학과업을 수행하고, 더 구체적으로 들어가서 교사의 교수기술향상과 밀착되는 임상장학방법에 대하여 제4부에서 집중적으로 많은 지면과 시간을 들여 연구하고, 결론으로 제5부에서 장학의 발전방향으로 정리하려고 하였다. 제1, 2, 3부 일반장학론의 Ⅰ. 이론편과 제4부 임상장학론의 Ⅱ. 실제편을 묶어 놓은 셈이 되어 책이 방대해지고 간결하지 못한 점이 있다.

　이 책은 그동안 애용되었던 필자의 방송통신대학의 교재를 개정하여 새로 출판한 것이다. 그동안 애용하였던 독자와 전문직 준비생과 교육전문직 출신 여러분께 심심한 감사를 드리며 계속적인 애용을 기대한다.

　부록의 연습문제는 교육전문직 준비생과 교재로 사용하는 교수와 학생에게 도움이 될 것이다.

　학교에서 제일 중요한 일은 가르치는 일인데, 이 가장 중요한 가르치는 기능을 도와주고 뒷받침해 주는 장학에 대하여 이해를 넓히고 동시에 기술과 능력을 길러 우리나라 교육 발전에 기여할 수 있기를 기대한다.

저자 주삼환(朱三煥) 지(識)

예상학습 계획

주 순	학습범위 및 내용		비 고
	Ⅰ. 이론편		
1	제1장 장학의 본질	● 장학의 개념	
		● 장학이 발전	
		● 장학의 본질	
	제2장 장학조직가 담당자	● 장학조직	
		● 장학담당자	
2	제3장 관련 이론	● 장학과 이론	
		● 조직이론	
		● 리더십이론	
		● 의사경정이론	
		● 의사소통이론	
		● 권력과 권위이론	
		● 동기이론	
		● 조직풍토·변화·문화이론	
3	제4장 장학의 여러 모형	● 일반장학과 수업장학	
		● 임상장학과 마이크로티칭	
		● 발달장학	
		● 협동적 동료장학	
		● 자기장학	
		● 전통적 장학	
		● 인간자원장학	
		● 선택적 장학	
		● 기타의 장학모형	
4	제5장 교육과정의 질 관리	● 교육과정의 의미와 철학적 배경	
		● 현행 제7차 교육과정의 구성과 내용	
		● 대안적 교육과정 및 교수전략 설계	

주 순	학습범위 및 내용		비 고
5	제6장 교수효과성	● 교수효과성과 장학	
		● 효과적인 교수와 임상장학	
		● 교수효과성의 평가	
6	제7장 교사의 능력개발	● 능력개발의 개념적 이해	
		● 교사의 능력개발과 성인학습 이론	
		● 능력개발의 참여형태	
		● 능력개발 프로그램의 계획	
		● 능력개발 프로그램의 평가	
7	제8장 학교개선	● 효과적인 학교	
		● 변화와 혁신, 그 전파	
		● 학교효과성의 평가	
	제9장 학습관경 개선과 학생 성취도 평가	● 학습환경 개선	
		● 학생성취도 평가	
<수시고사, 중간고사>			
II. 실제편			
8	제10장 임상장학 개관	● 현행장학의 문제	
		● 임상장학의 의미	
		● 임상장학의 과정	
		● 임상장학의 구체적인 목표와 필요성	
		● 임상장학의 효과	
		● 임상장학의 적용가능성	
9	제11장 장학협의회 방법	● 계획협의회	
		● 피드백협의회	
		● 비지시적 장학협의회 방법	
10	제12장 수업관찰과 분석	● 부분적인 정확한 기록방법	
		● 좌석표 활용 관찰기록	
		● 전반적 관찰	

주 순	학습범위 및 내용		비 고
11	제12장 수업관찰과 분석	• 체크리스트와 평가 • 범주별 빈도측정도구 • 플랜더스의 언어 상호작용 분석	
12	제13장 기타의 장학방법과 기술	• 기타의 장학방법 • 장학의 세 가지 기술	
13	제14장 장학의 민주화와 전문화	• 장학의 민주화 • 장학의 전문화 • 장학전문직 양성	
14	제15장 장학효과성 평가	• 효과적인 장학 프로그램 개발절차 • 장학 자체평가의 적용 • 장학 자체경가의 방법 • 장학자 평가 • 장학 프로그램에 대한 평가	
<기말 고사, 임상장학 실습>			

Ⅰ. 이론편 차례

장학의 배경

1

【개 관】

제1부는 장학의 구체적인 이론이나 실제에 들어가기 전에 갖추어야 할 사전 지식을 제공하기 위하여 쓰였다. 제1부는 두 개의 장으로 구성되어 있는데 제1장에서는 장학의 개념과 발전 과정, 본질을 밝혀 보려 하고, 제2장에서는 장학의 조직과 담당자에 대하여 살펴보게 될 것이다. 독자 여러분은 장학이라는 여행을 시작하면서 여기서 충분한 배경을 갖고 올바른 출발을 하기 바란다.

·············· 제 1 장 장학의 본질

개 요

제1장에서는 "장학이란 무엇이며, 어떻게 발전해 왔는가?" 하는 장학의 정체를 밝히는 데 목적을 두고 있다. 그래서 이 장은 개념, 발전, 본질에 관한 절로 구성된다.

세계 여러 나라들이 교육의 질 향상에 비상한 관심을 보이고 있으며 여기에 국력을 집중하고 있다. 무력에 의한 국방경쟁에 열을 올리다 보니 돈이 필요하다는 것을 느끼고 다음은 경제경쟁으로 옮겨 갔었다. 각박한 국제시장에서 수출을 늘리고 GNP 향상에 한참 열을 올리다 보니 경제경쟁도 결국 고급인력과 두뇌가 있어야겠다는 데 귀착하게 되었다. 고급인력과 두뇌는 교육이 길러 주어야 한다. 그래서 경쟁의 제3라운드는 교육경쟁이 되었는데 교육경쟁의 핵심은 교육의 질적 향상에 있다는 것을 알게 되었다. 교육의 여러 활동 중에서도 장학이 교육의 질 향상과 가장 밀접하게 관련되어 있기 때문에 최근 여러 나라에서 장학에 대한 관심이 높아지고 있다. 우리나라에서는 교육이 양적·외형적으로는 급성장하고 세계에 유례없는 성공을 거두었으나 질적인 면에서는 세계적인 수준에 뒤떨어지고 있어 교육의 질 향상을 위한 장학에 대하여 집중적으로 관심과 노력을 기울여야 할 입장에 있다.

특히 지식정보사회에서 중요한 지식과 정보는 산업사회에서처럼 공장에서 만들어 낼 수 없고 교육과 학교에서 만들어 내고 장학을 통해서 교육의 질을 향상시켜야 하기 때문에 교육과 장학이 더욱 강조되는 것이다.

그러나 우리나라에서는 장학이 교육의 질 향상과는 너무나 거리가 멀고 특히 교사단체의 동요로 장학의 무력화 또는 포기 상태에 있는 현실에 대하여 우려하지 않을 수 없다. 아무리 세상이 바뀌어도 교육의 본업과 본질은 포기할 수 없기 때문이다.

이러한 현실을 감안하여 장학의 정확한 정체성을 확립하고 그 발전 과정을 정확하게 파악할 필요가 있다.

1. 장학의 개념

앞에서 최근 여러 나라들이 경쟁적으로 교육의 질 향상을 위해 노력하면서부터 장학에 대하여 관심을 집중하기 시작하였다고 했으나 아직도 장학이 무엇이냐에 대하여 모든 사람들이 동의하는 명확한 개념이 형성되어 있지 못하다. 사람에 따라, 장소에 따라 그리고 시간의 흐름에 따라 아직도 개념 정의를 달리하고 있으며 또 개념 정의를 위한 접근을 달리하고 있다. 그리고 또 어디에 강조점을 두느냐에 따라 장학의 내용도 달라지고 있다. 그래서 여러 권의 장학론 책을 보아도 그 내용이 각각 다르고 접근이 다른 것을 발견할 수 있다.

그리고 용어 자체에도 혼동이 있다. 우리나라에서는 시학, 독학, 교학, 지도조언, 지도행정, 장학지도 등으로 불리다가 현재는 “장학”이란 용어로 거의 낙착이 된 셈이다. 그러나 아직도 무엇이 서운한지 장학이란 말에다 꼬리를 붙이기를 좋아하는 사람들이 있다. 예를 들면 장학행정, 장학지도, 장학협의라는 말을 만들어 쓰는 사람들이 있다.

장학행정은 장학과 행정을 같은 것으로 보는 것인지, 아니면 장학 중에서 행정적인 일부분만을 의미하는 것인지 분명치 않다. 장학지도라는 말도 장학의 모든 면을 포괄하지 못하고 있으며, 장학협의란 말도 최근에 장학을 민주적으로 한다고 하여 "협의"라는 말을 붙여 놓았는데 이는 장학의 극히 일부분만을 지칭하는 용어이다. 장학은 협의만 하는 것이 아니며 또 협의로만 이루어지는 것이 아니다. 그래서 필자는 모든 것을 포괄하는 의미로 순수하게 "장학"이라고 부르고 또 그렇게 통일해 주었으면 하고 제안한다.

미국에서는 "supervision"이라고 하는데 "super"와 "vision"이 합쳐진 "감독"이라는 어원에서 나왔다. 영국에서는 "inspection"이라고 하여 "시찰·검열"이란 뜻을 갖고 있는데도 그 의미와는 다르게 극히 민주적이며 전문적이다. 전통적으로 두 영어 단어가 부정적인 좋지 않은 어감을 갖고 있어서인지 아무리 "장학"이란 부드러운 말로 불러도 외국에서나 우리나라에서나 교사들은 장학에 대하여 여전히 부정적인 태도를 갖고 있다는 것을 부인할 수가 없다.

학자에 따라 장학의 관점, 접근, 강조점을 달리하여 개념을 다르게 정의하고 있는데 로벨(John T. Lovell)은 장학의 고전이 된 와일즈(Kimball Wiles)의 책을 개정하면서 수업장학에 초점을 맞춰 다음과 같이 정의하고 있다.

> 수업장학행위는 학생에게 학습 기회를 계속적으로 제공하고 이를 실현하며 또 이를 변화시켜 계속적으로 개선해 나가는 방법을 활용하여 교수행위체제와 상호 작용시킬 목적으로 조직이 공식적으로 제공하는 부가적인 행위체제라고 하였다(Wiles & Lovell, 1975: 6, 8).

해리스(Ben N. Harris)도 이와 비슷한 입장이다.

> 장학이란 학생들의 학습을 돕고자 동원하는 수업 과정에 직접적으로 영향을 주는 방식으로 학교를 경영해 나가거나 변혁을 가져오도록 인적·물적 요소를 다루는 일이다(Ben N. Harris, 1985: 10).

이러한 해리스의 장학에 대한 정의는 학교의 수업활동에 직접적으로 영향을 주기 위한 학교의 주요 기능으로 보고, 한편으로는 수업과 학습 과정을 유지하고 다른 한편으로는 개선하려는 양방향을 제시하고 있다. 특히 해리스는 학교에서 가장 중요한 수업과 학생과의 관련 정도에 따라 학교 운영의 주요 기능을 [그림 1-1]과 같이 나타내고 있는데 이 그림을 보면 장학의 위치를 이해할 수 있을 것이다.

알폰소(Robert J. Alfonso)와 훠드(Geral R. Firth), 네빌(Richard F. Neville) (1975: 35-36)도 로벨과 해리스 등과 같은 맥락에서 다음과 같이 장학을 정의하고 있다.

> 수업장학이란 "학생의 학습을 촉진시키고 학교조직의 목적을 달성하기 위하여 교사의 행위에 직접적으로 영향을 주는 학교조직이 공식적으로 지정한 행위"이다.

이 정의 속에는 세 가지 중요한 요소가 포함되어 있다. 첫째로 제공되는 행위가 "공식적으로 지정한 행위"라는 점이다. 임의적·일시적·비공식적으로 결정된 행위가 아니라 조직의 요청과 공식적 권위의 상징으로 나타난 행위를 의미한다.

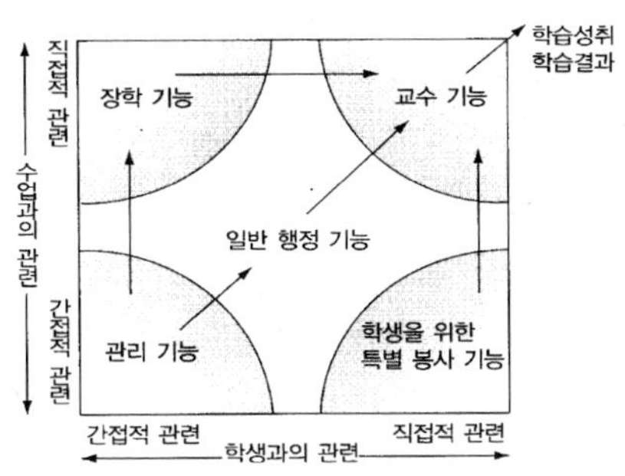

[그림 1-1] 학교운영의 주요기능

둘째는 장학이 "교사의 행위에 직접적으로 영향을 주는 활동"점이다. 이는 학교목적 달성에 중요한 많은 장학담당자들의 행위가 장학행위에 포함되지 않는다는 것을 의미한다. 즉 교사행위체제에 직접적으로 영향을 주려는 의도적이고 계획적인 장학담당자의 행위를 장학으로 보는 것이다. 장학담당자의 모든 활동을 다 장학이라고 할 수 없으며 또 장학담당자가 장학행위를 실제로 수행하고 있는지 알아보기 위해서는 교사의 행위에 확실히 영향을 주고 있는지 실험해 보면 될 것이다.

셋째로 장학은 학교의 존재이유라고 할 수 있는 "학생의 학습촉진"이라는 궁극적 결과를 구체화시키는 활동이라는 점이다. 이는 장학이 학습개선을 위하여 교사의 행위에 불투명한 변화가 아닌 의도적이고 유목적적 변화를 시키려는 데 초점을 맞추고 있다는 것을 알 수 있다.

한국에서도 김종철(1982: 235-238)은 장학을 한 가지로 정의 내리기를 유보하고 대신 ① 법규적 접근(legel approach), ② 기능적 접근(functional approach), ③ 이념적 접근(ideological approach)의 다원적 접근(multitudinal approach)을 하고 있다. 법규적 측면에서 장학을 "계선조직의 행정활동에 대한 전문적·기술적 조언을 통한 참모활동 내지막료활동(staff operation)"이라고 정의하였다. 계선이라고 하면 교육과학기술부 장관-차관-시・도 교육감-부교육감-시・군교육장-교장-교감을 생각할 수 있다. 이들의 교육행정활동에 대하여 각 분야의 전문참모들의 전문적이고 기술적인 조언을 하는 것으로 풀이할 수 있다. 이것은 주로 법적・행정적인 측면을 강조한 것으로 이렇게 될 때 장학과 행정은 동의어가 되고 말아 현대적 장학의 의미와는 거리가 멀다.

기능적 측면에서는 "교사의 전문적 성장, 교육운영의 합리화 및 학생의 학습환경 개선을 위한 전문적・기술적 보조활동"이라고 정의하였다. 기능적 접근은 장학이 실질적으로 어떤 기능을 해내야 하느냐에 대한 대답이라고 할 수 있다. 이에 대한 대답은 ① 교사의 전문적 성장을 돕고, ② 교육운영의 합리화를 기하고, ③ 학습환경을 개선하는 일이라고 할 수 있다. 이에 비하여 와일즈와 로벨은 장학의 기능을 ① 교육과정 개발과 ② 수업개선(1975)의 두 가지로 압축하고 있다. 이러한 기능적 접근은 앞에서 말한 법규적 접근과는 판이하게 다르고 또 그 기능이 좀더 명확해지며, 낮은 수준으로 내려오는 것을 알 수 있다.

이념적 측면에서는 "교수(instruction), 즉 학습지도의 개선을 위하여 제공되는 지도조언"이라는 정의하고 있다. 더 근본적으로 장학은 "수업개선"이라고 할 수 있으며 궁극적으로는 "학습성취"를 높이자는 것이다. 이러한 접근은 앞의 두 접근보다 더 근본적이고 핵심적이며, 궁극적이고 구체적이다.

이 세 접근에서 "……에 대한"이란 대상 부분만 다르고 뒤에 따르는 "전문적……기술적", "참모활동", "보조활동", "지도조언"이라는 부분은 거의 비슷한 표현이다. 즉 "행정활동", "교사의 전문적 성장, 교육운영의 합리화, 학습환경개선", "교수"라는 대상만 다르다는 것을 알 수 있다. 결국 교육에 있어서 가장 근본적인 "가르치고 배우는" 작용을 중심으로 하여 볼 때 이념적 접근이 가장 밀접하고 가까우며, 다음이 기능적 접근, 법규적 접근의 순서인 것을 알 수 있다. 이것을 그림으로 나타내면 [그림 1-2]와 같이 될 수 있다.

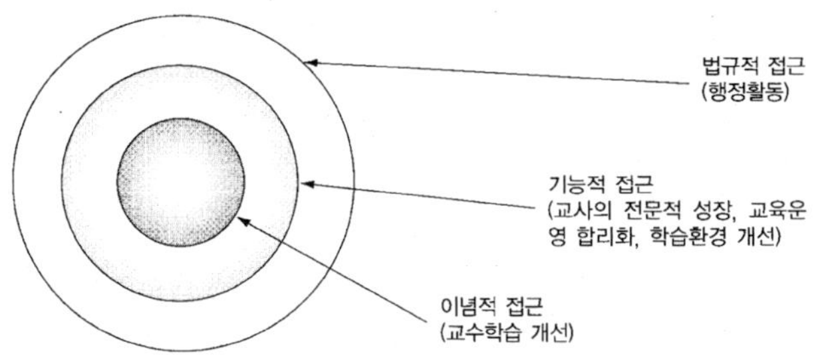

[그림 1-2] 김종철의 장학개념 정의

국내외 여러 학자들의 장학에 대한 개념 정의를 고찰해 볼 때 ① 행정(adminstration), ② 경영(management), ③ 인간관계(human relations), ④ 교육과정(curriculum), ⑤ 수업(instruction), ⑥ 리더십(leadership)의 여섯 측면에서 정의하는 것으로 분류되었다.

1) 행정적 측면에서의 정의

이는 장학을 교육행정의 일부, 또는 행정의 연장선으로 보는 입장이다. 아이, 네트저, 크레이(Eye, Netzer, & Krey)는 "교육체제의 적정화 또는 교수기대의 달성에 주로 초점을 맞춘 학교행정의 국면"(1971: 31)이라고 했으며, 해리스와 베센트(Harris & Bessent)도 "학교체제의 직원이 학교의 주요교수목적을 달성하기 위해 학교경영의 유지 또는 변화의 목적으로 성인과 사물을 다루는 것"(1969: 11)이라고 하여 장학을 행정활동의 연장선에서 정의하고 있다. 버튼과 브루

크너(Burton & Brueckner)는 "행정은 물자와 시설제공 그리고 일반적 운영과 많이 관련되는 반면, 장학은 특별히 학습환경 개선과 관련된다."(1955: 85)고 하여 행정과 장학을 약간 구별하려고 하였으나 궁극적으로 행정과 장학은 기능적으로 분리될 수 없고 양자는 교육체제 운영에 있어서 서로 조정하고 상호 관련되며, 상보적이고, 기능을 서로 분담하기는 하지만 유리한 학습조건을 제공하는 것이 행정과 장학의 공동목적이라는 입장을 취하고 있다.

한국에서는 지금까지 장학을 교육행정의 연장으로 보는 입장이 우세하였다. "장학론" 강의도 교육행정 전공에서 개설하고, 또 교육행정 교과서에서도 "장학행정"(김종철, 1982; 강영삼, 1982) 또는 "지도행정"(백현기, 1964b)이라는 제목의 장으로 다루고 있는 것을 봐도 장학을 행정의 일부로 다루고 있다는 것을 알 수 있다.

그러나 미국에서는 교육행정학과에서 장학론을 강의하거나 학과 이름 자체를 "교육행정 및 장학 학과(Department of Educational Administration and Supervision)"로 부르는 곳이 많으나 어떤 대학에서는(예를 들면 University of Georgia, University of Connecticut) "교육과정 및 장학 학과(Department of Curriculum and Supervision)"로 하여 장학을 교육과정과 교수이론, 수업이론 쪽에서 다루고 있다. 또 미국에서 장학에 관한 학회가 교육과정과 같이 합쳐서 구성되어 "미국 장학 및 교육과정개발학회(Association for Supervision and Curriculum Development, ASCD, www.ascd.org)"에서 장학에 관한 연구·출판을 하고 있다.

서지오바니와 스타라트(Sergiovanni & Starratt, 1979: 15)도 행정과 장학을 구분하려고 하고 있다. 즉 행정가나 장학담당자가 학교목표 달성을 위하여 사람에 의지하지 않고 물건이나 아이디어를 가지고 일할 때 이는 장학적 방식(supervisory way)이라기보다는 행정적 방식(administrative way)의 경향이고 사람을 통해서, 사람과 함께 일해서 학교목표를 달성하려고 하면 장학적 방식이라고 구분하고 있다. 그런데 관료지향적 학교에서는 장학적 방식보다는 행정적 방식을 많이 사용하고, 과도기적 학교를 거쳐 전문지향적 학교로 갈수록 행정적 방식보다는 장학적 방식에 의하여 학교목표를 달성하려고 한다고 [그림 1-3]과 같이 나타내고 있다.

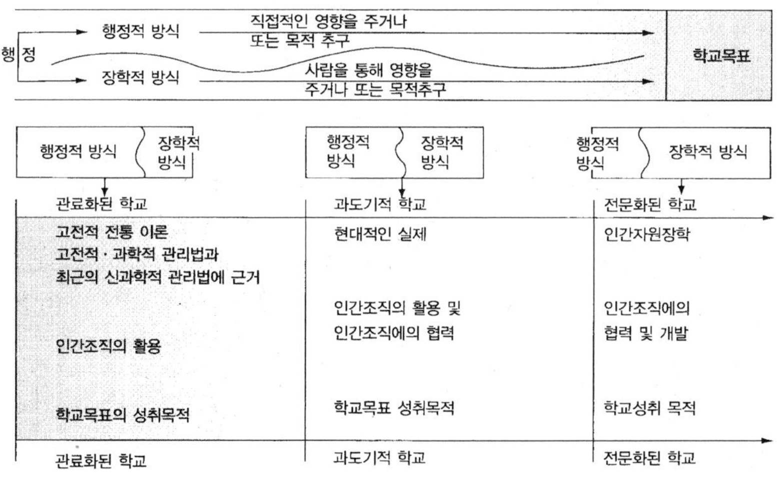

[그림 1-3] 행정유형에 따른 행정적 방식과 장학적 방식의 채택

여기서 몇 가지 경향성을 발견할 수 있다. 즉 전통적으로 과거에는 장학을 행정과 거의 동일시했으나 최근에는 구분하려는 경향이 뚜렷하고 행정보다도 장학을 더 강조하고 있다는 것을 알 수 있다. 우리나라에서 현실적으로 장학담당자들이 하는 일의 대부분이 행정적인 일이 많은 것은 앞으로 장학 본래의 일로 돌아가야겠으며, 상위 장학조직에서는 어쩔 수 없이 행정적인 일을 많이 한다고 하더라도 학생과 교사와 가까이 있는 학교나 교육청 수준으로 내려올수록 장학적인 일이 강조되어야 할 것으로 본다.

2) 경영적 측면에서의 정의

1970년대에 들어 미국에서 교육구와 학교체제가 점점 거대화되고 물자와 교육재정이 줄어들면서 교육계에 경영체제·생산체제의 경영 기법들을 도입하면서 학교를 하나의 생산체제로 보고 장학을 경영적 측면에서 정의하기 시작하였다. 예를 들면 알폰소와 훠드, 네빌은 "장학담당자에게는 일의 과정을 지시하고 안내하는 책임이 있다. 결과적으로 기술적 생산체제(technical production system)가 되었든 인간 봉사체제(human service system)가 되었든 조직의 일의 체제(organization's work system)는 장학담당자의 역할을 결정하는 가장 의미 있는 결정인자"(1981: 4)라고 하여 장학을 조직경영의 측면에서 다루고 학교를 하나의 생산체제로 보았다. 경영적 측면에서의 정의는 행정적 측면에서의 정의보다 학생과 교사가 있는 수업현장과 좀더 가깝다고 할 수 있다.

3) 인간관계 측면에서의 정의

행정과 경영의 이론 발달의 과정에서 1930년대에 인간관계의 시대가 있었는데 이것이 장학에서는 민주장학, 협동장학으로 받아들여져 장학에서 인간관계가 강조되어 교육환경에 있는 모든 사람들과 함께 일하는 역할이 장학담당자에게 중시되었다. 예를 들면 장학의 권위자 와일즈(K. Wiles, 1967: 10)는 장학담당자를 촉진자(expedite), 의사소통 조성자, 다른 사람과 접촉하게 하는 연락자, 직원을 자극하는 사람 등으로 보아 인간관계 측면을 강조하였다. 앞에서 인용하였던 로벨도 와일즈의 책을 개정하면서 "상호작용"을 강조하였고, 1982년 미국장학 및 교육과정개발학회(ASCD)도 "장학담당자는 다른 직원의 직무수행(performance)을 개선하도록 도와주는 모든 사람을 일컫는다.”고 하여 장학을 넓은 의미의 인간관계로 정의하고 있다.

블룸버그는 책 전체를 장학담당자와 교사와의 상호관계를 “냉전(cold war)”이라고 하면서 “생산적인 직무관계성(productive working relationship)의 조성이 장학담당자에게 가장 중요한 결정적인 일”(Blumberg, 1980: 2; 김영식·주삼환 역, 1987)이라고 하여 전적으로 인간관계적 접근을 하고 있다. 특히 블룸버그는 원래 사회학자였기 때문에 특히 장학을 상호관계성으로 다루는 학자로 유명하다. 장학담당자와 교사의 좋은 관계성의 확립은 장학의 가장 원초적인 출발이라고 할 수 있다. 상호신뢰가 형성되지 않은 상태에서 좋은 장학을 하기란 불가능하기 때문이다. 나중에 언급하게 되는 임상장학의 출발도 상호신뢰와 친밀한 관계 확립의 계획협의회로부터 출발한다. 우리나라의 장학에서는 이러한 출발부터가 비뚤어져 있는 것이 문제이다.

서지오바니와 스타라트는 인간관계론에서 한 발짝 더 발전한 인간자원론의 관점에서 장학론 책을 써서 “인간자원장학(human resources supervision)”(Sergiovanni & Starratt, 1983)이란 용어를 만들어 냈는데 이는 교사를 기분 좋게 해 주어서 부려먹자는 철학이 아니라 교사가 가지고 있는 능력을 최대한 발휘하게 하여, 즉 교사의 자아실현을 도와주어 행복하게 해 주자는 철학에 장학의 바탕을 두고 있다(주삼환·신익현 역, 1987). 인간자원장학의 장학 철학은 최근에 부각되는 “인간자원개발론(Human Resources Development, HRD)”과 같은 철학에 바탕을 두고 있다. 어쨌든 인간관계적 접근은 앞의 두 접근보다 한 발짝 더 교사 가까이 다가온다.

4) 교육과정적 측면에서의 정의

앞에서도 이미 언급된 것처럼 외국에서는 장학이 특히 교육과정과 수업에 밀착되어 있다. 코간(Cogan)은 "일반장학(general supervision)은 교육과정의 제정과 개정, 교수단원과 교수자료의 준비, 학부모에게 통지하는 과정과 그 도구의 개발, 전 교육프로그램의 평가 등 광범위한 일을 하는 것"(1973: 9)이라고 하여 교육과정과 연결시켜 보고 임상장학(clinical supervision)은 수업과 관련시킴으로써 양자를 구분하고 있다. 커틴(Curtin)도 "……장학은 교육과정에서 의미를 발견해야 한다. 그렇지 못하면 의미가 없다."(1964: 162)고 하여 코간과 같은 입장이다.

장학을 교육과정개발로 보려는 입장은 특히 1957년 "스푸트니크 쇼크" 직후부터 1960년대에 강하게 나타났다. 미국교육이 소련보다 뒤떨어진 결과 인공위성 경쟁에서 지고 결국 국방에까지 위협을 느낀다고 하여 새로운 교육과정개발에 열을 올리게 되었는데 당시 장학담당자들이 하던 일이 주로 교육과정의 개발과 개정이었다. 외국에서는 주·지방교육구, 학교단위에서까지 교육과정을 개발·개정·보완하고 있어 장학에 있어서 교육과정영역이 중요한 위치를 차지하고 있지만 우리나라에서는 주로 교육과학기술부 학교 정책실에서 전국적인 교육과정을 개발·개정하고 있어 장학에서 교육과정 부분이 중요하게 다루어지지 못하고 있다. 그러나 교육과정의 지역화가 논의되고 지방교육자치제가 실시되면서 앞으로 교육과정의 문제가 장학에서 더욱 중시될 것으로 본다. 현재는 장학 시에 교육과학기술부 교육과정대로 운영되고 있는 지에 대하여 관심이라도 두면 다행이다. 우리나라에서는 중앙집권적이고 획일적인 국가교육과정으로부터 겨우 교육과정의 지역화와 교장의 교육과정 운영재량권 부여가 논의되고 있는데 영국에서는 반대로 1988년 교육개혁법에 의하여 처음으로 국가교육과정(national curriculum)을 형성하려고 하고 있어서 이제야 국가 전체적이고 대체적인 윤곽의 교육과정을 만들고 있다. 과거에는 교육과정에 관한 한 전적으로 교사, 교장, 지방교육당국(local education authority)에 맡겨졌었던 것이다. 이런 면에서 보면 한국교육이 영국보다 선진인 면도 있다.

교육과정 측면에서의 장학은 더욱 교실현장에 가까워지고 있음을 알 수 있다.

5) 수업적 측면에서의 정의

장학의 핵심 또는 본질에 가장 가까운 장학의 개념정의가 수업적 측면에서의 정의이다. 미국장학 및 교육과정개발학회(ASCD)는 "장학사(supervisor)"와 "교육과정담당과장(curriculum director)"은 기능면에서 서로 바꾸어 쓰고 있다고 하면서, 장학담당자는 "교수(teaching) 개선이나 교육과정의 운영이나 개발에 기여하는 모든 사람을 의미한다."(1965: 2-3)고 하여 교육과정과 수업의 두 측면을 강조하고 있다. 마크스, 스투프스와 킹 스투프스(Marks, Stoops & King-Stoops)도 장학을 "수업과 수업 프로그램의 개선에 목적을 둔 행동과 실험"(1978: 25)으로 정의하고, 덜(Dull)도 "교육개선의 목적으로 행하는 전문교육자의 행동"(1981: 5)이라고 하여 수업의 측면에서 장학을 정의하고 있다. 이외에 외국의 많은 저자와 장학관계 저서들은 궁극적인 장학의 목적은 "수업개선(improvement of instruction)"이라는 데 의견을 같이하고 있으며 그리고 장학론 책의 제목으로 "수업장학론(instructional supervision 또는 supervision of instruction)"이라고 한 것이 많다.

앞에서 소개한 김종철의 기능적 접근의 정의인 "교사의 전문적 성장, 교육운영의 합리화 및 학습환경을 위한 전문적·기술적 보조활동"은 수업에 가까운 정의이고, 특히 이념적 접근의 "교수(instruction), 즉 학습지도의 개선을 위하여 제공되는 지도조언"이란 정의는 바로 수업에 초점을 맞춘 정의이다. 백현기의 "교수학습과 학생의 성장발달에 관한 모든 조건을 향상시키는 전문적 기술봉사"(1964: 41-44)라는 정의도 수업적 측면에서의 장학의 개념정의라고 할 수 있다.

결국 수업을 향상시키지 못하면 장학은 무의미하게 된다. 특히 최근에 교육의 질 향상에 관심을 집중하게 되면서 장학을 수업과 밀착시키려는 노력이 증대되고 있는 것만큼은 사실이다.

6) 리더십의 측면에서의 정의

장학을 리더십의 측면에서 정의하려는 집단의 학자들이 있다. 모셔와 퍼플(Mosher & Purpel)은 "장학의 과업은 가르치는 방법을 교사에게 가르치는 것"이라고 하면서 "공교육을 수행하는 데 있어서, 보다 구체적으로 말하여 교육과정, 교수, 조직형태 등에서 전문적 지도력을 발휘하는 것이 장학(1972: 4)"이라고 하여 장학을 지도력 발휘로 정의하였다. 와일즈와 본디도 장학담당자는 행정, 교육과정, 교수라는 굴레에서 벗어나야 한다고 하면서 장학을 독특한 리더십의 역할로 정의해야 한다고 주장하였다. 그리고 장학을 "행정, 교육과정, 교수를 연결하고, 학습과 관련된 학교활동을 조정하는 리더십의 기능"(1980: 11)이라고 정의하였다.

그리고 많은 사람들이 장학론의 책 이름에서 리더십을 강조하여 내세우는데, 예를 들면 덜(Dull)은 장학담당자를 "학교리더"(1981)라 하고, 그린필드(William Greenfield)도 『수업리더십』(Instructional Leadership, 1987)이라는 책을 내놓고 있으며 대부분의 장학론 책에 리더십에 관한 내용이 많이 들어 있다.

장학을 리더십의 기능으로 보려는 노력은 특히 1980년대에 두드러지게 나타났다. 그래서 어떤 대학에서는 교육행정학과의 이름을 아예 "교육리더십 학과(Department of Educational Leadership)"로 바꾸기까지 하였다. 우리나라에서 교육행정가들이 지도력을 잘 발휘하여 교사와 학생, 학부모와 주민의 교육열을 올바른 방향으로 결집시켜야 한다고 보아 지도력 신장이 절실히 요구되고 있다.

장학에 대한 리더십의 접근은 수업개선이라는 장학의 핵을 중심으로 하여 가깝게 또는 멀리 원을 그리기가 곤란하다. 앞에서 제시한 행정, 경영, 인간관계, 교육과정, 수업의 모든 측면에서 지도력을 발휘해야 하기 때문에 [그림 1-4]에서 부채꼴로 나타냈다.

장학의 개념 접근	저자(연도)
(1) 행정	Eye, Never, & Krey(1971), Harris & Bessent(1969), Burton & Brueckner(1955), 김종철(법규적 접근, 1982) 강영삼(章의 제목, 1982)
(2) 경영	Alfonso, Firth & Neville(1981)
(3) 인간관계	K. Wiles(1967), J. Wiles & Lovell(1975), Sergiovanni & Starratt(1979), ASCD(1982), Blumberg(1980), 김종철(기능적 접근, 1982)
(4) 교육과정	Cogan(1973), Curtin(1964), 김종철(기능적 접근, 1982)
(5) 수업	ASCD(1965), Marks, Stoops, & King Stoops(1978), 김종철(이념적 접근, 1982), 백현기(1964)
(6) 리더십	Mosher & Purple(1972), J. Wiles & Bondi(1980), Dull(1981), Greenfield(1987)

[그림 1-4] 장학의 개념정의 접근

7) 장학의 개념정의 종합

장학이 무엇이냐에 대하여 학자들마다 또 시대에 따라 약간 그 접근법과 강조점이 다를 뿐이지 수업을 향상·개선해야 한다는 데는 이견이 없는 것 같다. 여러 학자들의 장학에 대한 정의를 분류하면 [그림 1-4]와 같다. [그림 1-4]에서는 장학적 접근과 장학조직수준을 연결시켜 보았다. 수업이 이루어지고 있는 학교에서는 수업장학이 강조되고, 수업현장과 멀리 떨어진 교육과학기술부에서는 정책적·행정적·외곽적 장학을 해야 한다는 암시를 하고 있다. 또 하나는 앞으로의 장학은 수업과 교사가 있는 현장으로 내려와 장학의 본질과 밀착되어야겠다는 시사를 받을 수 있다.

2. 장학의 발전

장학의 개념은 장학의 발전 과정을 살펴봄으로써 더욱 분명해질 수 있고, 장학의 역사를 살펴봄으로써 장학의 본질을 이해하는 데 도움이 되고 미래에 대한 전망도 할 수 있게 된다. 그러나 불행하게도 우리나라 장학의 변화에 대하여 잘 정리된 자료는 없는 반면 오히려 외국의 것은 비교적 잘 정리되어 문헌으로 나타나 있다.

1) 우리나라 장학의 발전

우리나라에 근대학교가 시작된 것은 일제식민지시대로부터이다. 당시 중앙의 내무부 안에 교육을 담당하는 학무국을 두었는데 거기에 시학관 4명을 배치하여 교육에 관한 기획, 조사, 지도 및 감독의 일을 담당했던 것으로 되어 있다. 그 후 1938년부터는 이름을 바꾸어 교학과라고 하였는데 그 방법은 종전과 마찬가지로 시학적 장학이었던 것으로 알려져 있다.

1945년 8·15해방과 함께 우리의 교육의 틀을 잡으려고 했던 "정초기"에는 우리의 자유정신과 미국의 영향으로 이름을 "장학"으로 하고 민주적 장학을 하려고 하여 1946년 1월에는 중앙의 학무국을 3실 7과로 편성하여 초등교육과와 중등교육과에 장학관 1명씩을 배치하여 장학 임무를 맡게 하고, 1946년 3월에 학무국이 문교부로 승격되어 7국 1실 21과로 조직·개편되었다. 각 시·도 학무과를 학무국으로 승격시켜 장학제도의 틀을 잡게 되었다.

1948년 정부가 수립되고 6·25동란과 "재건기", 1960년대의 "개혁기", 1970년대의 "발전기", 1980년대 "팽창기"를 거치면서 장학의 기구와 조직, 장학담당자의 수가 늘어나고 여러 공화국과 장관이 바뀌면서 문교정책과 장학방침에 바뀌었지만 구체적으로 장학방법이 언제, 어떻게 바꾸었는지에 대해서는 자세히 알 수가 없다.

다만 일제의 시학과 독학의 독재적 장학으로부터 권위적·관료적 장학을 거쳐 민주적 장학을 향하여 꾸준히 발전해 온 것만은 부인할 수가 없을 것이다.

그런데 민주장학을 하려면 그만큼 장학담당자의 전문성이 신장되고 교사들이 스스로 장학에 참여하려고 해야 하는데 이러한 조건이 갖추어지지 못함으로써 최근에는 장학의 공백, 또는 장학의 부재, 장학의 포기상태가 연출되고 있는 실정이다. 즉 과거의 권위적 시찰식 장학을 대체할 만한 전문적 민주장학방법이 개발되지 못하거나 실천으로 옮길 수 없는 상황 때문에 말로만의 민주장학뿐이고 실제로 교사의 전문적 성장과 수업개선에 장학적 영향이 미치지 못하여 결과적으로 장학력의 약화만 초래되었다고 할 수 있다.

　우리나라 장학의 변화에 대하여 좀더 깊이 알고 싶은 사람은 『문교사』, 『한국교육 30년』, 『문교 40년사』, 박영의 「우리나라 장학행정의 변천에 관한 연구」(1984)를 참고하기 바란다.

2) 외국에서의 장학의 발전

　미국에서 18, 19세기의 장학은 주로 비전문인(layperson)에 의하여 이루어졌는데 학교운영의 전반을 시학하는 형태였다. 학교시설, 장비, 학생 출석상황 등을 정기적으로 점검하고 통제하는 것으로부터 장학의 역사가 시작되었다. 마을 사람들이 모여 교육을 담당할 대표자를 뽑고 이들이 교장과 교사를 임명하여 교육을 실시하도록 한 다음, 교육이 이루어지는 현장을 점검하는 형식이 되었을 것이다.

　그러다가 19세기 후반에는 학교와 교육구가 점점 커지면서 시학관(supervisor)을 별도로 임명하여 학교시찰과 검열을 전적으로 담당하게 하고, 또 시설건축과 교육재정 확보 등의 일을 전문으로 다루게 하여 장학은 어느 정도 전문화되기에 이르렀다.

　20세기 초까지는 임명된 시학관이 교육장을 대리하여 위임받은 교육장의 권위를 등에 업고 시학하게 되었는데 이 시기가 권위적 계선(line)으로부터 참모적(staff) 전문능력가로 옮겨가는 시기였다. 그러나 이때까지의 장학은 근본적으로 행정의 연장선으로 보인다.

　20세기 초반 약 1 / 3의 시기(1900~1930)는 미국 교육이 과학적 관리(scientific management)의 영향을 많이 받아 교육에서도 능률과 생산을 강조하게 되었다. 그래서 장학의 실제에서도 과학적 관리의 색채가 강하게 스며들어 이 시기를 과학적 장학의 시기라고 한다.

　과학적 관리의 경제시대의 장학에 대한 영향은 관료적 장학(bureaucratic supervision)의 출현을 보게 되었다. 그래서 장학은 교육의 목적과 목표를 명세화하는 일과 밀착되었다. 능률지향성, 경제지향성 때문에 장학에서도 관료제의 특성대로 분업, 기술적 전문화, 조직 내의 규율, 일의 상황에 따른 구체적이고 특수한 절차, 문서에 의한 의사소통이 강조되었다. 그래서 장학사까지도 시간·동작연구를 하기에 이르고, 장학도 전공교과별로 전문화되었다.

그러다가 1930년대 초 미국에서 과학적 관리시대가 지나가고 인간관계시대가 도래하면서 장학에서도 강제와 감독의 역할이 약화되게 되었다. 과학적 관리시대에 당당하고 관료적이던 "supervisor"가 교사들의 눈치를 보면서 교실 뒤에서 어슬렁거리고 서성거리는 "snoopervisor"의 위치로 내려오게 되었다. 이런 장학사는 수업관찰의 평가, 보고 시에만 학급교사와 함께 협동적으로 일하던 시기였다. 그래서 관료적·행정적 장학으로부터 수업장학으로 바꾸는 교육행정의 일대 전환기라고 할 수 있다. 그래서 이 시대를 흔히 인간관계장학, 민주적 장학, 협동적 장학의 시대라고 부른다. 1930년대 미국 교육은 "진보주의 교육"의 시대로 특징지을 수 있는데 그래서 학교에서도 보다 개성화, 인간화, 아동중심이 강조되었다. 학교행정가의 책임이 증대되고, 학교도 더욱 복잡해짐에 따라 복잡한 경영기술이 요구되었다. 산업계가 온통 인간관계, 민주화일색이 되자 학교행정가들도 이를 본받아 민주적 리더십의 형태를 실천하기 시작하여 1949년대까지 장학에서도 "인간관계" 행동이 두드러지게 나타났다.

1940년대에서 1950년대 중반까지의 장학은 결과보다 과정을 중시하게 되었다. 그래서 장학사도 종래처럼 교사의 직무수행을 판단하는 심판자가 아니라 가르치는 일에서 교사가 더욱 발전할 수 있도록 도와주는 데 대부분의 시간을 보내게 되었다. 협동적 집단노력이 극대화하고 민주적 상호작용이 실천되었다. 이 시대에 장학이 교육의 여러 분야에서도 특수 분야로 부상하게 되고, 하나의 독립된 과목으로 다루어 가르치게 되었다.

1957년 소련의 스푸트니크 1호의 인공위성이 미국보다 먼저 성공적으로 떠오르자 미국은 모든 면에서 발끈 뒤집혀, 국방, 미국의 생존 자체에까지 위협을 느끼게 되었다. 그때까지 자기들이 모든 면에서 세계 제일이라고 생각했었는데 인공위성에서 소련보다 뒤떨어지자 그 주요 원인을 교육의 실패로 돌렸다. 모든 비난의 화살이 교육계로 집중하게 되었다. 미국의 교육이 잘못 되어 소련보다 인공위성 경쟁에서 뒤떨어졌다는 것이다. 그래서 미국 교육의 형식과 실체는 바뀌지 않을 수 없었다. 하룻밤 사이에 옛 프로그램과 교육목적은 도려내지게 되고, 새로운 교육계획과 프로그램이 설계되었다. 새로운 교육과정개발에 모두가 열을 올리게 되어 그 당시 장학담당자의 역할은 교육과정 개발자로 인식되었다. 교육과정 개발과 장학은 거의 동의어가 되다시피 하였다. 미국에서 장학이 교육과정 개발과 밀착되어 있다는 것은 이미 설명한 바 있다.

1960년대 초 미국에서 장학사는 전문교과 담당자가 되고 이들의 역할은 자료를 조직하고, 학교교육 프로그램을 제작하고 이를 실행하는 데 교사들을 참여시키고, 교사들을 위하여 자원인사로 봉사하는 일이었다. 장학사의 부수적 임무는 교사들의 현직교육기회를 조직하여 학급교사를 훈련, 재훈련시키는 일이었다.

1960년대 후반까지는 미국의 각 교육구의 교육목적 사이에 특이점이나 특별한 차이가 별로 없었다. 스푸트니크 충격 이후 너무나 많은 프로그램이 바뀌고, 학교교육과정이 지나치게 확대되고 복잡하게 되었으며, 또 교육비용이 많이 들게 되어 어떤 프로그램이 필요불가결한 것인지 재평가하지 않으면 안 되게 되었다. 학교에 대한 공중의 기대는 상승하는 반면 학교운영의 자원은 점점 줄어들게 되어 이 둘 사이에서 교육행정가들은 사물을 질서 있게 정돈하지 않으면 안 되게 되어 전통적 방법으로 복귀하지 않을 수 없게 되었다. 그래서 목표도달계약제(performance contracts), 행동목표제시, 책무성 프로그램(accountability program), 경영체계(management schemes), 표준도달졸업제(standard graduation expectation)를 통하여 학교를 발전시키려 했던 흔적들이 아직도 여러 책에서 발견되고 있다. 과학적 관리시대로의 복귀와 같은 인상을 준다. 그래서 이때를 신과학적 관리 시대라고 한다.

1960년대 후반에 일어났던 여러 가지 상황과 이에 대한 1970년대 초의 행정적 대응의 결과로 장학에도 여러 가지 영향이 미치게 되었다. 앞에서 말한 대로 장학이 교육과정의 개발에 한참 열을 올리고 있을 때 한편에서는 학교의 수업에다 장학의 초점을 맞추려는 노력이 일부에서 나타나기 시작하였다. 1960년대 후반과 1970년대 초의 장학에 관한 문헌을 보면 교수학습의 과정분석과 임상장학의 개념에 초점이 맞춰진 것을 알 수 있다. 이러한 움직임으로 장학자는 비디오테이프의 사용, 교사·학생 사이의 상호작용 평가, 교수방법의 새로운 가능성 개발을 위한 "현장연구(action research)", 기법의 사용이 뚜렷하게 나타났다. 특히 하버드 대학의 앤더슨, 골드해머, 코간(Anderson, Goldhammer, & Cogan)은 교실현장에서 장학자와 교사 간의 일대일의 친밀한 관계 속에서 ① 계획협의회, ② 수업관찰, ③ 피드백협의회를 골자로 하는 8단계의 과정을 거치면서 교사의 전문적 성장과 교수기술 향상을 도모하고자 하는 임상장학 모형을 개발하여 수업장학에 획기적인 발전을 가져왔다. 그래서 1960년대 후반과 1970년대 초는 임상장학, 수업장학을 강조한 시기였다.

1970년대 후반에 교육계에 대한 경제적·정치적 압박이 증대되어 행정가들은 적은 돈으로 교육경영을 해야 하기 때문에 다시 산업계·경영계 지향으로 기울어지는 경향이 나타났다. 그래서 교실에서의 수업개선에 대한 연구와 노력에 대한 관심과 흥미가 줄어들게 되고 대신 경영적 역할(managerial role)로 관심을 옮기기 시작하였다. 따라서 장학에 관한 문헌에서 경영과 관련된 행위체제, 조직이론이 많이 다루어지게 되었다. 장학의 개념정의에서 경영에 초점을 맞추려는 사람들이 있었다는 것은 이미 지적한 바 있다.

이와 반대로 1970년대 후반에는 교사가 가지고 있는 능력을 최대한 발휘하게 하여 교사의 자아실현을 도와주어 행복하게 해 주자는 인간자원론적 철학에 기반을 둔 인간자원장학론이 대두되게 되었다. 과거의 인간관계장학이 교사를 수단시했다는 데 대한 반성과 수정으로 발전한 중요한 철학적 변화이다.

1980년대에 들어서서 장학의 역할은 아직 행정, 교육과정, 수업 사이를 맴돌고 있으나 장학의 독특한 영역을 확보하여 장학론이라는 고유한 학문을 확고하게 굳히려는 노력이 두드러지고 있다. 특히 미국에서 "미국 교육의 위기(A Nation at Risk)"라는 보고서가 나오고 "우수성 추구(excellence pursuit)"에 대한 열기가 고조되어 교육의 질적 향상을 위한 교육리더십, 수업리더십, 장학리더십이 강조되어 1980년대는 리더십의 연대라고 할 수 있다.

이러한 장학의 강조점에 대한 역사적 변화과정을 간단히 연대별로 제목을 붙여 요약하면 다음 <표 1-1>과 같다.

표 1-1 미국 장학의 발전

시 기	장학방법	교육행정이론과의 관련
1750~1910 1910~1920 1920~1930	시학과 강제적 장학 과학적 장학 관료적 장학	과학적 관리시대
1930~1955 1955~1965 1965~1970	협동적 장학 교육과정개발장학 임상(수업)장학	인간관계시대 행동과학, 체제론시대
1970~1980 1980~	경영으로서의 장학, 인간자원장학 리더십으로서의 장학	상황적응론, 인간자원론시대

서지오바니와 스타라트(Sergiovanni & Starratt, 1979)는 ① 과학적 관리장학, ② 인간관계장학, ③ 신과학적 관리장학, ④ 인간자원장학의 넷으로 나누어 미국장학의 발전과정을 설명하고 있는 데 맥그리거(McGregor)의 Y이론의 교사관에 바탕을 두고 교사의 잠재능력을 최대한 발휘하게 하고 교사로 하여금 일에서 만족을 얻게 하고자 하는 인간자원장학은 강한 설득력을 갖고 있다(주삼환·신익현, 1987)

루시오와 맥네일(Lucio & McNeil, 1979: 3-20)은 ① 1900년 이전의 행정적 시학(administrative inspection), ② 20세기 초 전문가에 의한 장학(supervision by specialists), ③ 1920년대 과학적 장학(scientific supervision), ④ 1930~1940년대의 민주적 인간관계장학(supervision as democratic human relations), ⑤ 1950년대 이후 합리성과 실천적 지성의 장학(methods of reason and practical intelligence)으로 발전해 왔다고 하면서 ⑦ 21세기의 장학적 접근은 합리적 사고와 실천적 지성의 계속으로 특징지어진다고 하였다.

이와 같이 학자에 따라 장학의 발전을 기술하는 데 있어 조금씩 의견을 달리하고 있으나 대체적인 경향은 비슷하다.

3) 장학의 발전 종합

이상 우리나라와 외국에서의 장학의 발전 과정을 살펴보면서 다음 몇 가지 사실로 종합할 수 있을 것 같다.

첫째, 장학의 주기성 또는 어떤 흐름을 발견할 수 있다. 시학과 강제적 장학, 과학적 장학, 관료적 장학이 모두 전통적 장학으로 맥을 같이 하다가 협동·보조·교육과정개발·임상·수업장학으로 또 하나의 커다란 맥을 이루었고, 다시 1970년대부터 경영적이며 1980년대의 리더십 강조로 돌아오는 주기성을 볼 수 있다. 다시 말하면 미국에서는

"inspection(administrative) → helping(cooperative) → leadership(management)"의 주기성인 데 비하여 우리의 장학은 "inspection → democratic"의 과정이라고 할 수 있는데 오히려 최근에 장학력이 약화되는 경향이 있다.

이러한 주기를 달리 표현하면 "행정 → 수업(교육과정) → 행정(경영)"으로서 외국에서는 수업과 교육과정에 초점을 맞췄던 때가 있었는데 우리의 실정은 장학이 행정 일변도였다가 최근에 수업에 대한 관심이 나타나기 시작하고 있다.

여기서 우리의 장학이 행정으로부터 수업으로, 상부 또는 원거리로부터 하부 또는 근거리의 학교 및 학급수준으로 내려와야겠다는 시사를 받을 수 있다.

둘째, 장학의 개별화와 인간화에 대한 노력을 고려할 필요가 있다. 임상장학, 마이크로티칭 등으로 교사의 개별수준에 맞추려고 하며 특히 장학에 있어서 교사의 인간적 측면에 대한 고려가 있어야겠다.

셋째, 장학에 있어서 리더십의 강조와 장학의 독립적 기능과 독립적 학문영역을 개척하려는 최근의 경향을 지적하고자 한다. 이에 맞춰 우리도 장학담당자의 전문성 신장과 자질과 능력의 보장에 노력해야겠고, 이 방면의 교수·학자들도 장학이론의 확립과 방법의 개발에 협동적 노력을 경주해야 할 것으로 본다.

3. 장학의 본질

지금까지 장학의 개념과 역사적 발전 과정을 살펴보는 동안 장학의 본질이 무엇인지 어느 정도 밝혀진 셈이다. 약간 중복되는 점은 있으나 여기서 좀더 장학의 본질에 대하여 살펴보고자 한다.

우리는 가끔 근본적인 것을 잊어버리고 부수적인 것, 수단적인 것에 매달리거나 집착하는 경우가 있다. 목적과 목표를 잃어버리고 수단에 빠져 버리는 목표전도현상이라고 할 수 있다. 학교는 도대체 왜 존재하는가? 학교의 존재이유는 학생을 가르치는 데 있다. 학생의 학습을 촉진하는 일이 학교에서 제일 중요한 일이다. 학교의 모든 인적 자원도 물적·금전적 자원도 모두 가르치고 배우는 일을 위해서 존재한다. 가르치고 배우는 일을 교수학습, 또는 수업이라고 한다.

이 수업을 위해서는 교사와 학생이 있어야 한다. 교사는 교육을 결정하는 가장 중요한 요인이라고 할 수 있다. 그래서 교육의 질은 교사의 질을 능가할 수 없다고 한다. 교육의 질 향상을 위한 경쟁을 하는 현시점에서 많은 나라들이 우수한 교사를 확보·유지·개발하려고 국력을 집중한다고 해도 과언이 아니다. 그러면 우수한 교사를 양성하고, 채용한 후에도 계속 전문적으로 성장하고 교수기술을 향상시키려고 하는 교육활동은 무엇인가? 그리고 가장 가까이 있는 사람들은 누구인가? 바로 장학활동이고 장학담당자이다. 장학은 바로 교사의 교수행위에 어떤 변화를 주어 결국은 학생의 학습행위를 변화·촉진시키자는 것이다. 즉 다음 [그림 1-5]와 같이 나타낼 수 있다.

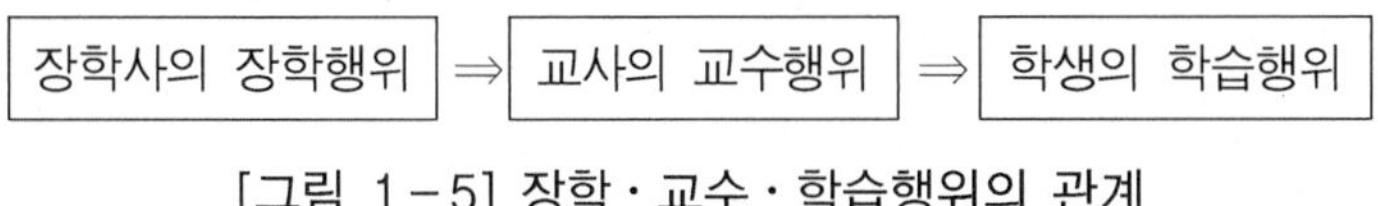

[그림 1-5] 장학·교수·학습행위의 관계

그래서 학생이 잘못 배운 것을 교사가 잘못 가르쳤기 때문이라고 교사의 책임을 묻는다면, 교사가 잘못 가르치도록 내버려 둔 책임은 바로 교사를 장학하는 장학담당자에게 있다는 논리이다. 결국 학생의 성취에 대하여 장학담당자도 책임을 져야 한다. 이것이 최근에 대두된 책임장학(accountable supervision)의 개념이다. 이 책임장학에서는 장학자와 교사가 계획협의회에서 학습목표와 목표도달 평가계획에 합의하고 장학자가 교실을 방문해서는 주로 학생이 의도한 목적을 달성했는지에 관심을 갖게 된다.

우리는 흔히 장학이라고 하면 기성교사(in-service)에 대한 장학만을 생각하는데 교육대나 사범대의 장래교사(pre-service)에 대한 수업기술 향상을 위한 장학이 어떤 의미에서는 더 중요한 장학일지 모른다. 장래교사에 대한 장학을 학생장학(student supervision, 또는 pre-service supervision)이라고 한다.

우수한 기성교사를 확보해서도 교직에 계속 교사로 남아 있도록 유지해야겠지만 계속적인 성장·개발을 도와주어야 한다. 교사의 잠재능력을 계속 개발하여 교사의 자아실현을 도와주어야 하는 것이 장학담당자의 책임이다. 이를 우리는 교사의 능력개발(staff development)이라고 한다. 이것은 종래의 연수(in-service education)라는 개념보다 더 긍정적이고 적극적인 교사중심적 의미를 갖고 있다.

교사와 학생만 있다고 수업이 이루어지는 것은 아니다. 교육내용, 교육과정을 중심으로 하여 교사와 학생 사이에서 상호 작용하는 것을 수업이라고 할 수 있다. 교육과정은 교육의 또 하나의 중요한 변인이다. 잘 가르치고 잘 배우기 위해서는 좋은 교육과정이 마련되어야 한다. 좋은 교육과정을 개발하고 또 수정·보완하는 활동을 무엇이라고 하며 또 이를 누가 담당하는가? 그것은 장학의 개념정의와 역사적 발전과정을 다루면서 이미 언급한 바와 같이 장학이고 장학담당자이다. 장학과 교육과정은 떼려야 뗄 수 없는 필연적인 밀접한 관계를 갖고 있다. 이를 그림으로 나타내면 [그림 1-6]과 같다. 장학을 통하여 교육과정을 잘 마련하여 학생의 성취를 돕자는 것이다.

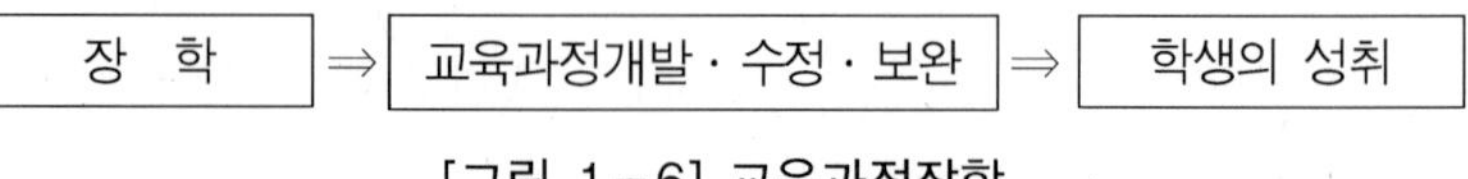

[그림 1-6] 교육과정장학

교사와 학생 사이에서 교육과정을 중심으로 상호 작용하되 이는 진공상태에서 이루어지지는 않는다. 공기가 있는 학습 환경 속에서 교육 자료를 가지고 효과적인 수업이 이루어진다. 이러한 교육 자료와 학습 환경 개선, 학급풍토 조성을 위한 일도 장학적 책임으로 떨어진다. 물론 교사 자신이 교육 자료를 마련하고 학습 환경 구성에 노력하지만 장학담당자는 새로운 자료를 개발해 주거나 새로운 자료에 대한 정보를 교사들에게 제공해 주고, 교육환경 개선에 노력해야 한다. 이것도 그림으로 요약하면 [그림 1-7]과 같다.

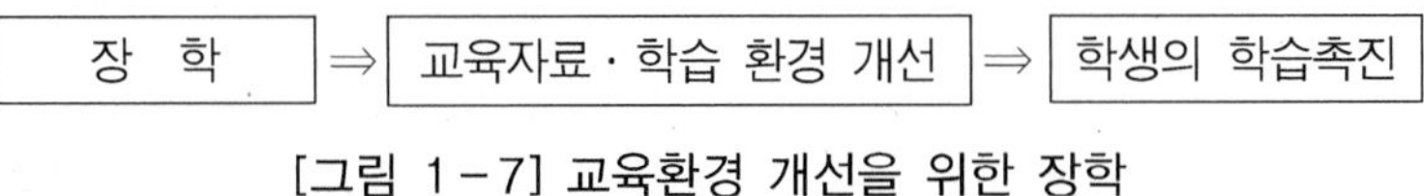

[그림 1-7] 교육환경 개선을 위한 장학

학생의 학습을 촉진하기 위한 "수업개선"을 장학의 본질이라고 할 수 있다. 수업개선을 위해서 ① 교사의 교수행위변화를 위하여 계획적·공식적으로 그리고 직접적으로 도와주고, ② 교사와 학생 사이에서 상호 작용하는 교육과정을 잘 마련하도록 노력하고, ③ 교육 자료와 학습 환경을 개선해야 한다. 이것이 장학의 핵심이다. 물론 장학의 본질인 "수업개선"을 위해서 간접적으로 행정·경영·인간관계적 장학을 할 수도 있으나 가능한 한 직접적인 수업장학에 초점을 맞추는 것이 더 효과적일 것이다.

이를 요약하여 그림으로 종합하면 [그림 1-8]과 같다.

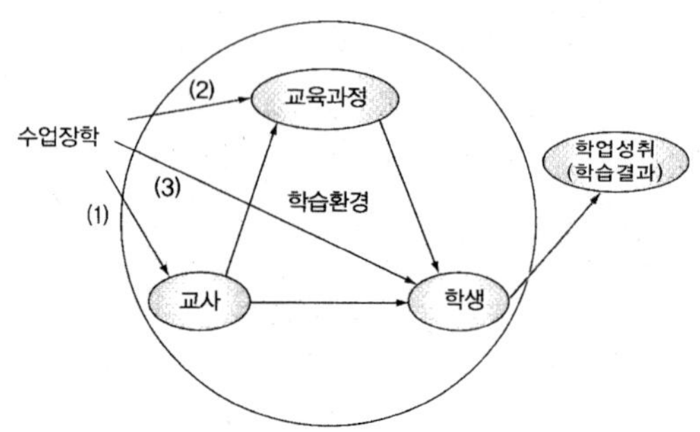

[그림 1-8] 장학의 본질: 수업개선

그런데 지금까지 우리나라의 장학에서 본질과 밀착된 장학을 하지 못하고 행정적·획일적·관료적·상투적이었던 데 문제가 있다. 우리의 장학이 교사와 학생, 수업과 너무나 멀리 떨어져 있었고 또 이러한 수업상황과 멀리 떨어져 있는 사람일수록 목청이 높고 무엇인가 약자에게 휘두를 수 있는 힘을 갖고 있어서 많은 교직자들이 이러한 힘을 두려워하고 일찌감치 학생과 멀리 떨어져 나가기를 동경하게 되었는지 모른다.

우리의 장학이 그동안 본질이 무엇인지도 모르고 멀리 떨어져서 방황했다면 이제라도 본질로 돌아와 장학의 효과성을 거두어야겠다. 현재의 장학도 우리의 여건에 비추어 어쩔 수 없이 필요하기 때문에 존재하였을 것이라는 점도 부분적으로는 인정한다. 그러나 그런 장학에만 매달려 있어서는 장학 본래의 효과를 거둘 수 없다. 장학의 효과성에 대한 진지한 평가도 해 봐야 한다.

연구과제

1. 여러 학자들의 장학의 정의를 요약·비교해 보고 학생 나름대로 정의해 보시오.
2. 행정이론과 장학의 발전과정을 연대별로 정리하고 이들 발전과정을 각각 뒷받침했던 철학의 변화과정과 연결시켜 보시오.
3. 장학의 궁극적 목적과 본질을 무엇이라고 할 수 있는가? 그 대답을 뒷받침하는 논리를 전개해 보시오.

제 2 장 장학조직과 담당자

개 요

앞장에서는 장학이란 무엇이냐에 대하여 공부하였다. 이제 제2장에서는 누가 그런 장학을 담당하느냐에 초점을 맞추기로 한다. 장학을 담당하는 조직과 사람에 대하여 살펴보기로 한다.

장학이 아무리 좋은 목적을 갖고 교육에 있어서 중요한 역할과 가능을 해낸다 해도 이 일을 해낼 수 있는 조직과 담당자가 없으면 무의미하게 된다. 장학을 통하여 ① 교사의 전문적 성장과 교수기술을 향상시키고, ② 교육과정을 잘 마련하고, ③ 학습 환경을 개선하여 학생의 학습을 촉진시켜 "수업개선"을 하고, 나아가서 교육의 질을 잘 관리하고 교육의 질 향상으로 냉혹한 국제적 교육경쟁에서 살아남기 위해서는 이에 상응하는 기구와 기관, 조직을 두고 여기에 양질의 우수한 장학담당자를 배치하지 않으면 안 된다.

조직을 그릇이라고 한다면 그릇 속에 담을 내용은 사람이라고 할 수 있다. 그래서 조직의 목표를 달성하기 위해서는 조직도 잘 마련하는 동시에 일을 담당하는 인적 자원을 잘 개발해야 한다. 여기서는 장학을 담당하는 조직과 사람의 두 부분으로 나누어 살펴보고자 한다.

1. 장학조직

인간은 조직을 떠나서는 살 수 없다. 이는 마치 물고기가 물을 떠나서 살 수 없는 것과 같다. 병원이라는 조직 속에서 태어나서 학교라는 조직 속에서 배우고, 직장이라는 조직 속에서 일하며 인생의 대부분의 시간을 보내고, 마침내 무덤에 갈 때도 장의사라는 조직의 힘을 빌려야 한다.

조직은 어떤 공동목적을 갖고 그 목적 달성을 위하여 의사소통하고 기꺼이 협력하는 하나의 체제이다. 장학활동을 위해서도 이를 위한 조직이 필요하다.

그런데 장학조직도 교육조직 또는 교육행정조직과 분리하여 독립적으로 다루기는 힘들다. 특히 장학의 개념에서부터 행정과 밀접하게 관련되어 있기 때문에 더욱 그렇다. 그래서 장학적인 일을 많이 하는 곳을 장학조직으로 보아야 할 것이다.

장학조직도 중앙조직과 지방조직, 학교조직, 교사양성기관으로 나누어 볼 수 있는데 각 조직수준별로 장학기능도 분화, 전문화되어야 한다. 그리고 조직도 필요에 따라 자주 바뀌기 때문에 물고기의 물에 해당하는 이 교육조직, 교육행정조직의 변화에 대하여 우리는 계속 민감하게 관심을 기울일 필요가 있다.

또 조직은 계선조직(line), 참모조직(staff), 보조조직(auxiliary)으로 나누어 볼 수 있는데 계선조직은 교육과학기술부 장관-차관-시·도교육감-시·군·구교육장-교장-교사의 수직적인 지휘·감독계통의 조직을 말하며, 참모조직은 계선조직을 위하여 전문적·기술적으로 자문·지원하는 조직으로 기획관리실, 학교정책실 등이 이에 포함된다. 장학의 개념 정의시에도 언급되었지만 장학은 이 참모조직의 참모활동에 해당되는데 그렇다고 장관, 교육장, 교장의 활동을 장학에서 배제시킬 수는 없다. 오히려 교육장, 교장의 기능은 장학의 주기능이라고 해야 할 것이다. 보조조직은 계선의 기능을 부분적으로 심화·보조하기 위하여 계선의 외곽 또는 내부에 별도로 설치한 보조기관으로 예를 들면 연구기관, 국정교과서주식회사 같은 기관이다.

또 조직을 공식조직(formal organization)과 비공식조직(informal organization)으로 나누어 보았을 때 장학은 장학의 개념정의 시 말한 것처럼 조직이 공식적으로(officially) 제공하는 도와주는 활동이기 때문에 공식조직의 활동으로 보아야 할 것이다. 즉 선후배 교사 간에 교수기술에 관하여 비공식적 개인적으로 협의·상의한 것까지 장학의 범주에 포함시킬 수는 없는 것이다. 여기서는 의도적·계획적·공식적으로 하는 것만을 장학활동으로 다룬다는 점을 다시 한 번 강조한다.

그러면 이제 중앙, 지방, 학교, 교사양성기관의 네 수준별로 장학조직에 대하여 좀더 자세히 살펴보기로 한다.

1) 중앙장학조직

중앙교육행정조직으로는 대통령, 국무회의, 교육과학기술부가 포함된다. 대통령은 ① 교육에 관한 대통령령을 발표하고, ② 주요 교육공무원을 임명하고, ③ 국무회의 의장과 행정수반으로서 교육정책 결정에 중요한 영향을 준다. 그러나 대통령, 국무회의까지를 장학조직에 포함시키기는 어렵다.

그래서 중앙의 주요 장학조직은 교육과학기술부라고 할 수 있다. 우선 교육과학기술부조직표 [그림 2-1]을 제시하고 그중에서 장학조직을 중심으로 설명하기로 한다. 교육과학기술부의 장학기능은 사실상 폐지된 것이나 마찬가지이다.

그래도 교육과학기술부에서 장학의 주요부서는 말할 것도 없이 "학교정책국"이다. 학교정책국장 책임하에 교육과정을 개발하고 교과서를 개발하는 편수업무를 하고, 교육과정과 수업의 질을 관리하는 업무를 한다고 보아야 할 것이다. 학교정책국의 담당업무는 다음과 같다(법 개정으로 자구 바뀌므로 www.mest.go.kr에서 최신의 것을 확인할 것).

학교정책국: 고교체계의 관련사항을 모두 총괄하고, 교육과정을 개정, 후속지원한다. 또한 교과서 제도 개선 및 교육 공무원의 관리에 관한 업무를 담당한다.

① 학교제도기획과: 초·중등학교 교육의 제도개선에 관한 사항
  1. 고등학교 평준화정책의 개선에 관한 사항
  2. 지방교육자치제도에 관한 기본정책의 수립
  3. 지방교육행정기관의 업무혁신에 관한 기획·지원·평가
  4. 지방교육행정기관의 조직·정원(교원 및 교육전문직은 제외한다) 및 그 소속 지방공무원의
  5. 인사·교육훈련 등에 관한 제도혁신
  6. 교육감 소속 지방공무원의 노동조합활동 지원
  7. 교육감협의회 등 운영지도
  8. 지방교육행정기관의 각종 위원회의 관리
  9. 특수목적고등학교의 제도개선 및 운영지원
  10. 자율형 사립고의 설립 및 전환에 관한 사항
  11. 기숙형 공립학교의 육성에 관한 사항
  12. 자립형 사립고의 시범운영에 관한 사항
  13. 대안학교(代案學校)의 제도개선 및 운영에 관한 사항
  14. 의무교육에 관한 기본정책의 수립
  15. 국립 초·중등학교의 공립화 추진
  16. 외국교육기관·외국인학교 등에 관련된 제도에 대한 기본정책의 수립
  17. 특성화학교·자율학교 등의 제도개선 및 운영지원에 관한 사항
  18. 초·중등 사립학교 정책 및 학교법인에 대한 제도개선

19. 각종 행사 등의 후원 명칭의 사용에 관한 사항
20. 그 밖에 학교정책국 내 다른 과 또는 팀의 주관에 속하지 아
  니하는 사항에 관한 업무를 지원한다.

② 교과서선진화팀: 교육과정 연구학교의 운영에 관한 기본계획 수립
  1. 학교급별·교과별 교육과정심의회의 구성·운영
  2. 교육과정·교과서 발전협의회의 구성·운영
  3. 국가·사회적 요구의 교육과정 반영에 관한 사항
  4. 교과용도서 제도의 개선에 관한 사항
  5. 교과용도서의 집필지침 및 검·인정 기준에 관한 사항
  6. 교과용도서심의회의 구성·운영
  7. 교과용도서 편찬에 관한 세부계획의 수립
  8. 교과용도서의 실험연구 및 현장검토
  9. 교과용도서의 발행 및 공급과 관련된 단체의 지원과 지도에
  관한 업무를 지원한다.

③ 교육과정기획과: 국가 교육과정(유아교육·특수교육·초중등교육)의 기
  본정책 수립
  1. 교과별 교육과정의 기본정책 수립
  2. 교육과정평가 기본계획의 수립
  3. 미래 지향 교육과정의 개발과 국가교육과정 포럼에 관한 사항
  4. 국가 교육과정의 현장적용 및 지원에 관한 사항
  5. 통일 대비 남북 표준 교육과정의 개발
  6. 국가교육과정위원회의 설치·운영
  7. 교육과정지원장학협의단의 구성·운영
  8. 국가교육과정 포럼의 운영
  9. 수준별 수업 내실화 기본계획의 수립 및 지원
  10. 주 5일 수업제 실시에 따른 교육과정 정책에 관한 사항
  11. 교과용도서 개발 기본계획의 수립
  12. 국정도서 편찬 및 검정도서의 검정에 관한 기본계획의 수립

13. 교과용도서의 발행 및 공급에 관한 사항
14. 교과용도서의 가격관리 및 저작권에 관한 사항
15. 한국교육과정평가원의 교육관련 사업계획에 관한 사항
16. 한국 바로 알리기 사업의 추진
17. 역사왜곡대책 및 역사교육강화 정책의 수립·추진
18. 국사편찬위원회, 동북아역사재단 및 한·일역사공동연구위원회
    의 운영에 관한 업무를 지원한다.

④ 교직발전기획과: 교원에 관한 종합정책의 수립
 1. 고등학교 이하 각급학교와 지방교육행정기관 소속 교육공무원
    의 임용에 관한 사항
 2. 교권향상 및 교원예우에 관한 사항
 3. 교원의 인사·자격·양성·연수 정책 및 제도개선에 관한 사항
 4. 교원의 채용·승진·복무·파견·휴직 제도의 개선에 관한 사항
 5. 교원의 포상·징계·소청 등에 관한 사항
 6. 교원평가에 관한 사항
 7. 국가 수준의 교원인력 관리정책의 수립
 8. 지방교육행정기관 소속 교원 및 교육전문직의 정원관리
 9. 교육대학 및 한국교원대학교의 운영지원
10. 교육대학·사범대학·교육대학원의 설치·폐지와 학생정원의 조정
11. 교직과정의 설치·폐지와 운영지원
12. 교직관련 학과의 운영지원
13. 교원 특별양성과정의 설치·폐지 및 운영
14. 교원 자격검정에 관한 기본정책 및 기준의 수립·시행
15. 대학 부설 교육연수원의 운영지도
16. 교원의 질 관리를 위한 교원자격·양성과 관련된 법령의 관리
17. 교원 양성·연수기관의 설치·폐지 및 운영에 관한 사항
18. 교원양성·연수기관의 평가인정제 도입
19. 교원소청심사위원회의 운영지원에 관한 업무를 지원한다.

⑤ 교육단체협력팀: 교원단체 및 교원노동조합에 관한 기본정책 수립
  1. 교원단체의 설립·해산 및 운영 지원
  2. 교원노동조합과의 단체교섭에 대한 총괄·조정
  3. 교원 노사관계 분쟁의 조정에 관한 사항
  4. 국제노동기구와의 교원노동조합과 관련된 사항의 협의
  5. 교원의 복지 및 후생에 관한 기본계획의 수립·시행
  6. 교육공무원의 보수 및 복리후생 관련제도에 관한 사항
  7. 한국교직원공제회·사립학교교직원연금관리공단의 운영지원
  8. 한국교육삼락회의 운영지원
  9. 지방교육행정기관 및 사립학교의 단체교섭 지원
  10. 교육과 관련이 있는 학부모 및 시민단체 등에 관한 업무를 지원한다.

⑥ 학력증진지원과: 교육과정운영 및 교수(敎授)·학습방법 등에 대한 장학정책의 수립
  1. 국가 수준 기초학력진단 및 학업성취도평가
  2. 기초학력 미달학생 제로플랜 추진
  3. 중앙교수학습센터의 운영지원
  4. 조기진급 및 조기졸업 제도의 개선지원
  5. 체육·예술교과 평가방법의 개선지원
  6. 초·중등학교 통일교육 및 통일대비 교육정책의 수립
  7. 학적 및 학교생활기록부의 국가표준업무
  8. 학교 독서교육 진흥의 기획·지원
  9. 방과후학교에 대한 기본정책 수립·추진
  10. 방과후 학교 운영의 성과분석
  11. 방과후 학교 프로그램 질의 제고방안 수립·추진
  12. 교육소외계층에 대한 방과후학교 지원정책의 수립·추진
  13. 방과후활동 관련기관 등과의 연계·협력에 관한 업무를 지원한다.

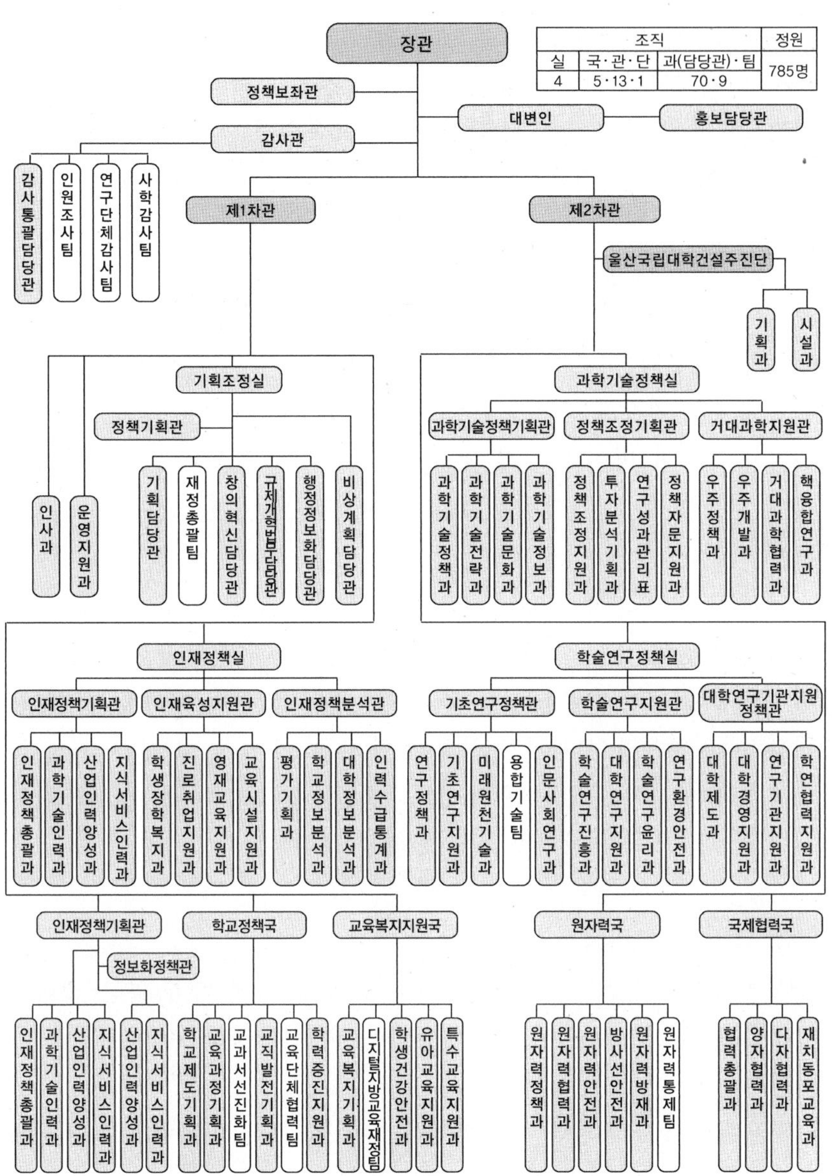

<table>
<tr><td colspan="3">조직</td><td>정원</td></tr>
<tr><td>실</td><td>국·관·단</td><td>과(담당관)·팀</td><td rowspan="2">785명</td></tr>
<tr><td>4</td><td>5·13·1</td><td>70·9</td></tr>
</table>

[그림 2-1] 교육과학기술부조직(www.mest.go.kr)
(2008. 8. 7. 자주 바뀌므로 최신의 것을 확인)

학교정책실 외에도 각 부서에 장학관, 교육연구관, 장학사, 교육연구사가 배치되어 장학적인 일을 하고 있다. 교육과학기술부에는 특정직으로서 장학관 3명, 장학관 또는 교육연구관 12명, 교육연구관 21명, 장학사, 교육연구사 44명을 합쳐 약 80명이 근무하게 된다.

2) 지방장학조직

지방장학조직은 시·도, 시·군·자치구의 두 수준으로 나누어진다. 그러나 앞으로 지방교육자치제가 본격적으로 실시되면 현재의 조직과 기능이 많이 달라질 것으로 본다. 앞으로 달라질 지방장학조직에 관심을 갖고 인터넷을 통하여 수시로 이 부분을 수정·보완해 두기 바란다.

현재는 시·도에는 교육위원회가 조직되어 있고, 시·군·구 수준에는 교육청이 있다. 그러나 현재의 지방교육자치에 관한 법률에는 시·도에만 교육위원회를 구성하도록 되어 있는데 기초단위에서는 지방교육자치제가 실시되지 않고 있다.

그래서 여기서는 일단 현재 실시 중인 시·도 교육청 장학조직과 시·군·구 교육청 장학조직을 예시하기로 한다.

① 시·도 교육청

시·도 교육청의 조직도 특별시와 광역시, 도에 따라 약간 조직을 달리하고 있으므로 자신에게 해당하는 지방의 장학조직에 유의하기 바란다.

서울특별시 교육청과 대전광역시 교육청 조직을 그림으로 나타내면 [그림2-2, 2-3]과 같다.

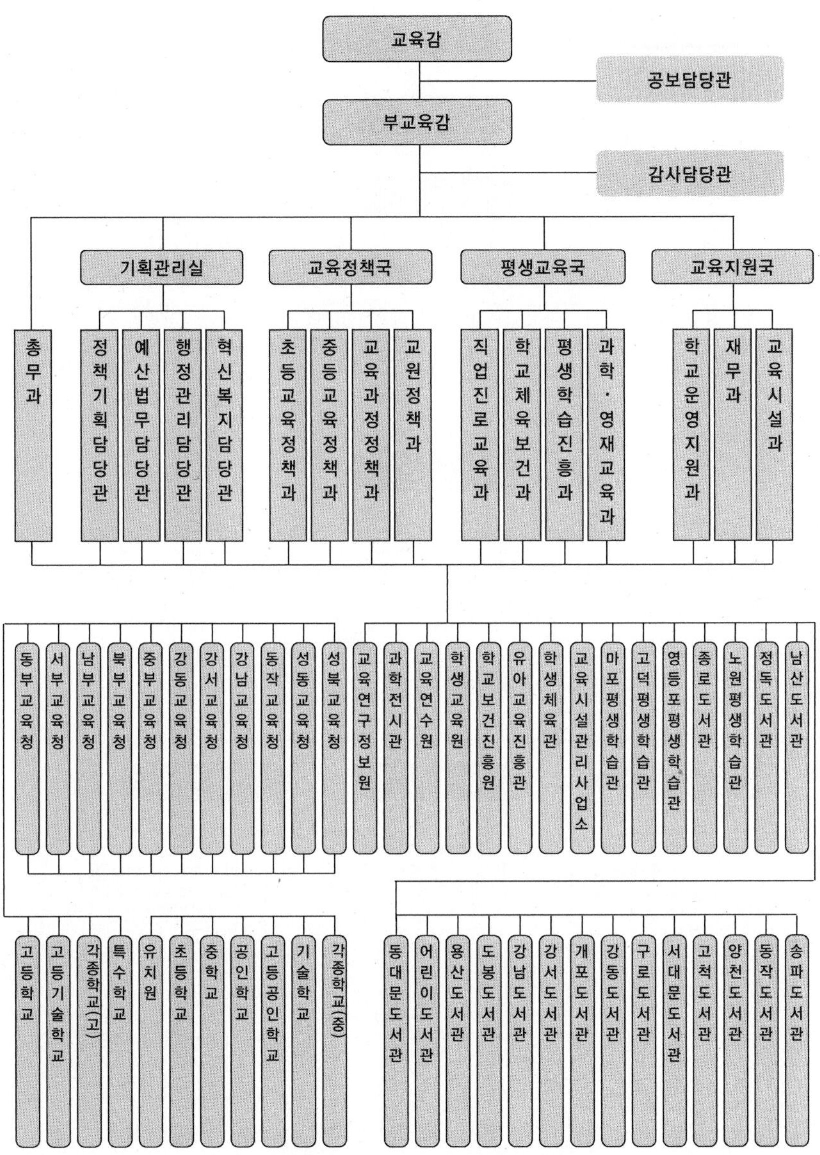

[그림 2-2] 서울특별시 교육청 조직표(www.sen.go.kr)

[그림 2-3] 대전광역시 교육청 조직표(www.dje.go.kr)

② 시・군・구 교육청[그림 2-3] 대전광역시 교육청 조직표

현재 실시 중인 교육자치제에는 시・군・구 단위에 교육위원회가 구성되지 않았으며 교육장이 있고 그 밑에 학무국과 관리국이 있다. 그리고 특별시와 광역시에는 교육청이라는 하급기관을 두고 책임자를 교육장으로 하고 있다. 시・군・구의 교육청은 과거에는 형식상 자치기관이었으나, 특별시・광역시의 교육청과 같이 시・도 교육청의 하급기관이 되었다.

그러나 시・군・구는 교육자치의 단위가 아니라는 점에 특별히 유의해야 한다. 시・군・구 교육위원회가 구성되지 못하고 있는 실정이다.

시・군・구 교육청은 학교와 가장 가까운 장학조직으로서 교장의 학교경영과 교사의 수업을 실질적으로 이끌어 나갈 수 있어야 한다. 그런데 이렇게 중요한 시・군・구 단위에 조직과 장학인력이 너무 영세해서 학교와 교사에게 장학력이 미치지 못하는 점이 문제이다.

장학적인 측면에서는 교육과학기술부보다 시・도 단위, 시・도 단위보다는 시・군・구 단위의 장학조직이 더 충실해져야 한다고 본다. 앞으로 확정되는 시・군・구 장학조직에 관심을 갖기 바란다. 시・군・구 교육청의 조직을 예시하면 [그림 2-4]와 같다.

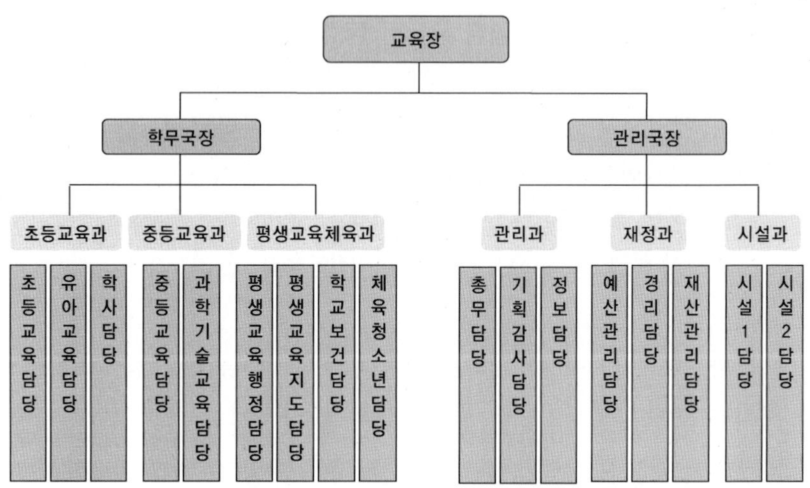

[그림 2-4] 서울특별시 동부교육청 조직표(www.sendb.go.kr)

3) 학교장학조직

지금까지 학교를 장학조직으로 다루었던 사람은 없다. 장학이라고 하면 으레 직명을 가진 교육과학기술부, 시·도와 시·군·구의 장학사와 장학관에 의한 장학만을 생각했기 때문이다. 그러나 장학의 개념이 수업장학을 강조하는 쪽으로 바뀌고 교사를 직접적으로 돕기 위한 것이란 인식이 강하게 나타나면서 학교수준에서의 교내장학이 강조되고 있다. 그러나 학교수준의 장학을 통해서 수업의 질을 향상시키는 것이 장학의 본질에 가까운 것이므로 학교수준의 장학이 오히려 장학의 본령이라고 할 수 있다.

그리고 학교장의 여러 할 일 중에서도 수업장학과 교육과정에 대한 장학이 제1의 임무이다. 그런데 많은 교장들이 장학을 자신의 제1의 임무로 생각하지 않고 시설관리, 재정관리, 사무관리를 본업으로 생각하는 것은 본말이 전도된 현상으로 안타깝게 생각한다.

학교수준의 교내장학의 책임은 교장에게 있다. 그리고 교장에 따라서는 교감으로 하여금 장학에 주로 관심을 기울이도록 하는 경우도 있다. 특히 복수교감을 두는 경우 그중 한 교감에게 장학을 분담시키는 사례도 있다. 어쨌든 교장, 교감이 교내장학의 중심이 된다.

그 외의 장학조직은 교장의 방침에 따라 여러 가지로 달라질 수 있다. 동 교과, 동 학년을 중심으로 동료장학을 조직할 수도 있고, 경험 있는 유능한 교사와 초임교사를 파트너로 하는 동료장학이나 팀티칭의 팀을 구성할 수도 있을 것이다. 또 수업연구, 직원연수, 독서회, 강연회 등을 조직할 수도 있다.

또 유능하고 독립심이 강하고 수업기술 향상에 동기유발이 잘 된 교사에게는 자기스스로 장학적 노력을 하게 하는 자기장학에 맡길 수도 있다.

학교에 임상장학, 동료장학, 자기장학, 교장·교감에 의한 전통적인 장학 등 다양한 장학대안을 만들어 놓고 이 중에서 각 교사에게 맞는 것을 선택하게 하고 이듬해에는 다른 장학대안을 선택하게 하는 선택적 장학체제를 마련할 수도 있다. 이에 대하여는 뒤에 가서 좀더 자세히 다루게 될 것이다.

4) 교사양성기관

지금까지 장학조직으로 생각하지 않았던 중요한 기관이 바로 교사양성기관이다. 교육대학이나 사범대학, 연수원은 장래교사와 기성교사의 수업기술 향상과 전문성 개발에 많은 기여를 하고 있기 때문에 어떻게 보면 가장 중요한 장학조직이다. 그리고 지금까지 기성교사에 대한 장학만을 장학으로 생각하여 장학을 협의로 생각했는데 더 중요한 것은 교사가 되기 전의 교사준비과정에 있는 학생에 대한 장학까지 포함하는 광의의 장학으로 폭을 넓혀야 한다. 그래서 교수학습, 수업이론을 담당하는 교수까지도 장학의 관점에서 학생을 지도해야 한다.

특히 교육실습의 지도는 장학의 관점에서 지도해야 한다. 학생들을 실습으로 현장에 내보내 놓고는 장학을 하지 않으면 무의미하게 된다. 현장에서 교생(student teacher)을 지도하는 지도교사와 대학의 교수가 장학팀을 이루어 체계적으로 수업기술 향상을 위한 장학을 해야 한다. 지금까지 이렇게 중요한 장학을 우리나라 장학의 영역에서 제외시켰다는 것은 안타까운 일이다. 교육실습생에 대한 장학이야말로 수업장학, 임상장학, 마이크로티칭을 적용하기에 아주 좋은 기회이다.

그리고 교사양성기관에서 장학론을 강의하는 교수는 장학에 관한 이론을 개발하고 연구함으로써 장학에 기여한다. 그래서 대학에서 개발한 이론과 연구를 현장의 장학담당자와 협력하여 실제에 적용함으로써 이론·연구·실제가 밀착되는 장학으로 발전시키는 역할을 담당한다.

5) 장학조직 간 기능분화

지금까지 말한 여러 장학조직 간에 역할과 기능이 분화, 전문화되어야 한다. 지금까지 교육과학기술부가 장학의 중심역할을 하였으나 앞으로는 학교가 중심이 되어야 하고, 또 시·도와 시·군·구의 장학은 교육과학기술부와 학교 사이에서 전달역할을 하는 다리(교량)의 기능을 했는데 앞으로는 각 수준에 맞는 독특한 전문적 장학기능을 해야만 장학력이 강화될 수 있다고 본다.

교육과학기술부는 정책적인 일을 주로 담당하고, 시·도 교육청은 교육과학기술부의 장학정책을 지역에 맞게 푸는(해석) 행정적 장학에 중점을 두고, 시·군·구 교육청은 학교장학이 잘 이루어질 수 있도록 제도화와 지원적 기능을 하고, 학교는 수업장학에 초점을 맞추고, 교사양성기관은 교사양성과 연수, 이론개발과 연구를 강조하는 식으로 기능을 전문화, 분화시키는 동시에 조직 간의 긴밀한 협력하에 교사의 발전을 돕는 데 기여해야 한다.

각 장학조직에서 담당해야 할 장학내용과 방법을 예시하면 [그림 2-5]와 같다. 항목 하나하나에 관한 설명은 생략한다.

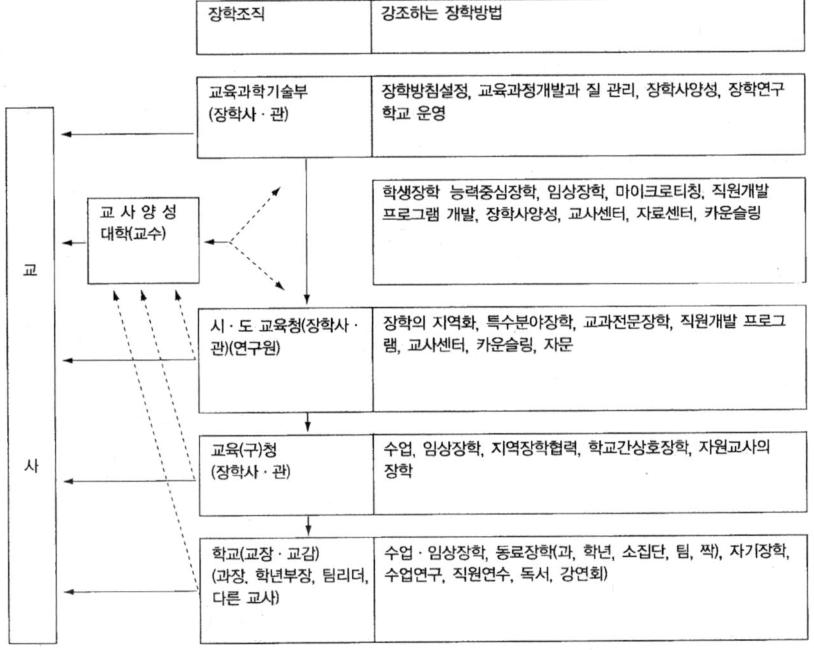

[그림 2-5] 장학조직에 따른 장학의 강조사항

2. 장학담당자

장학담당자는 장학사와 장학관과 같은 직명(title)이 붙은 사람뿐만 아니라 앞에서 말한 장학조직에서 교수학습의 질적 향상을 위하여 교사를 돕고 있는 사람이라고 할 수 있다. 그리고 장학의 개념정의에서 장학을 참모활동이라고 해서 참모 직에 있는 사람만을 생각하기 쉬우나 장·차관, 교육감, 교장의 계선도 중요한 장학담당자이다.

교육과학기술부의 장관, 차관과 여러 장학관, 교육연구관, 장학사, 교육연구사와 시·도 교육청의 교육감과 부교육감, 학무국장, 학무국 내 각 과장과 계장직을 담당하는 장학관과 장학사, 시·군·구 교육청의 청장과 각 장학관과 장학사, 각 교육연구기관의 교육연구관과 교육연구사, 학교수준의 교장·교감·부장교사와 팀 리더까지도 장학담당자에 포함시킨다. 그리고 대학의 수업관계, 교육실습관계 교수와 실습지도 교사도 중요한 장학담당자로 보아야 한다.

물론 이 중에는 행정적인 일을 많이 하는 사람도 있고, 조정이나 자문, 수업적인 일을 많이 하는 사람도 있다. 예를 들면 교육장은 행정적인 일과 장학적인 일을 동시에 수행하고, 학교의 부장교사는 장학과 수업의 일을 동시에 수행하도록 조화를 이루어야 바람직하다고 본다.

1) 역할과 기능

이러한 장학담당자는 관료적 당국자이기보다는 교육리더, 장학리더, 수업리더로서의 리더여야 한다. 과거에 우리나라에서 장학담당자들이 관료체제 내의 하나의 관료로서 행정적·관리적 일이나 하는 것으로 비쳤기 때문에 장학에 대하여 교사로부터 거부감을 불러일으키고 불신을 받게 되어 오늘의 장학의 무력화 현상이 나타나고 있는지도 모른다.

장학담당자들은 다양한 일을 하지만 사물(material)을 다루기보다는 사람과 교사들과 함께 일하여 교사의 올바른 자아개념(self-concept)과 태도, 행위양식을 형성해 주는 역할을 한다.

장학담당자의 역할은 자리에 따라 다르겠지만 중요하고도 공통적인 것은 변화(change)를 시도하고 촉진한다는 점이다. 장학담당자는 교사를 변화시키고, 교육과정과 학습 환경을 개선·변화시켜야 한다. 그리고 여러 사람의 집단과 일하는 속에서 조정자의 역할과 촉진자의 역할을 담당해야 한다. 이러한 역할을 수행하기 위해서는 이에 해당하는 자질과 능력, 자격을 갖추어야 한다.

그리고 장학담당자가 해내야 할 기능도 자리와 지위에 따라 다양하겠지만 수업장학에 초점을 맞추면 ① 목표설정, ② 교육 프로그램 개발, ③ 통제와 조정, ④ 동기유발, ⑤ 문제해결, ⑥ 전문성 개발, ⑦ 교육 산출의 평가를 들 수 있다(Wiles & Lovell, 1975: 8-11). 수업장학을 위한 담당자의 제1의 기능은 올바른 교육목표를 분명히 설정하기 위하여 교사와 장학담당자의 협동적 노력을 촉진하는 것이다. 목표가 분명해야 그 다음의 모든 일이 명확해질 수 있다. 목표가 설정되면 이 목표달성을 위한 교육 프로그램을 개발하고 이를 실현하기 위해서 교사와 함께 일해야 한다. 교육을 위해서는 수많은 개인과 집단, 교수 단위들이 협동해야 한다. 이때 각 개인과 집단, 단위는 그들 자신의 목표를 가지고 이들 목표들과 활동들 사이에 조정이 필요하고 또 상위의 전체목표와 이들 개인, 또는 집단, 단위들의 목표 사이에 장학담당자의 조정이 필요하게 된다. 다음으로는 목표달성을 위한 교사와 장학담당자의 동기유발이 중요하다. 올바른 목표와 프로그램이 정해졌다면 기꺼이 이를 실행하고자 하는 자발성과 동기를 불러일으키도록 장학담당자는 기능을 발휘해야 한다. 이어서 교사들이 일을 하다 보면 많은 문제에 부닥치게 되는데 이때 장학담당자들은 같이 문제를 해결하기 위해서 노력해야 한다. 또 교사들이 고도의 전문적인 교육과 훈련을 받아 자격을 갖추어 교직에 임하고 있지만 교육기술과 공학, 교육이론과 교육과정이 바뀌고, 또 국민의 기대가 높아지기 때문에 교사들의 계속적인 자질개발이 요구된다. 교사들의 자질개발을 위해서는 교사 본인의 노력은 말할 것도 없고 장학담당자의 체계적인 노력이 요구된다. 그리고 목표를 설정하고 이 목표달성을 위한 프로그램을 개발하고 실천했다면 그 교육적 산출에 대하여 평가하여 그 결과를 다시 목표설정에 피드백시켜야 한다. 이 교육 산출에 대한 평가에 있어서 장학담당자가 기능을 발휘해야 할 것은 당연한 일이다.

이러한 장학담당자의 중요한 역할과 기능을 수행하기 위하여 장학담당자는 이에 상응하는 자질과 자격을 갖추어야 한다. 이에 대하여 좀더 자세히 살펴보기로 한다.

2) 철 학

필자는 교육행정가에게 철학이 중요하다고 했는데(주삼환, 1986) 장학담당자도 예외는 아니다. 장학행위도 결국 ① 장학담당자의 철학, 교육적 신념(신념체제, belief system), ② 장학담당자의 욕구, 동기, 만족 등과 관련된 인간체제(human system), ③ 학교조직 환경을 중심으로 한 조직체제(organizational system), ④ 교육의 의사결정에 영향을 주려는 교육조직 내외의 정치체제(political system)를 거쳐서 밖으로 튀어 나온 행동체제(action system)라고 할 수 있다. 장학담당자의 리더십, 여러 가지 기획활동, 의사결정행동은 모두 이러한 중심 깊은 곳에 있는 철학이 인간체제, 조직체제, 정치체제를 거치는 동안 어느 정도 굴곡을 일으키겠지만 밖으로 나온 장학행위로 볼 수 있다. 이것을 [그림 2-6]으로 나타낸다.

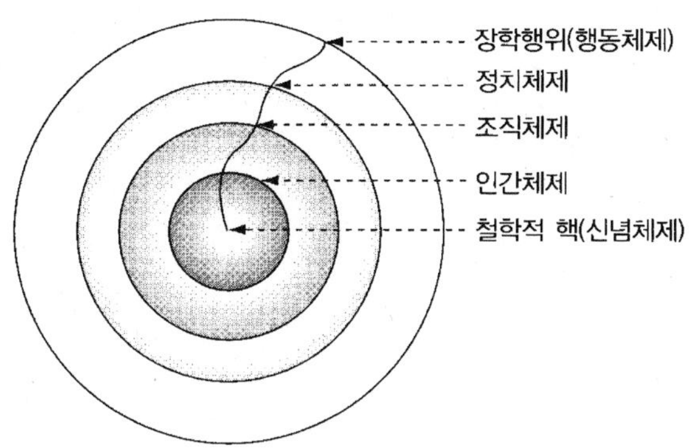

[그림 2-6] 장학담당자의 철학과 장학행위

서지오바니와 카버(Sergiovanni & Carver, 1980)는 이 철학적 신념체제를 과학적·직관적 차원을 걸러내는 평가적 망(evaluative screen)으로 보고, 이 망을 통해서 나온 행정행위(행동체제)가 될 때 효과적이라고 하여 [그림 2-7]과 같은 행정효과성 모형을 만들어 냈는데 이를 장학에 적용해 써도 좋을 것이다.

장학에 관한 ① 과학적 측면의 장학이론에 대한 이해, 경험적 연구, 인간·조직·행정·환경체제에 대한 과학적 지식을 연구하고 공부하여 갖추고, ② 직관적 측면의 경험, 지혜, 상식, 관찰과 상호 보완하여, ③ 이 양 측면을 교육목적과 목표, 신념체제, 경영철학, 자신의 자아개념으로 구성된 평가적 망으로 길러내서 장학행위를 할 때 올바르고 효과적인 장학이 될 것으로 기대할 수 있다.

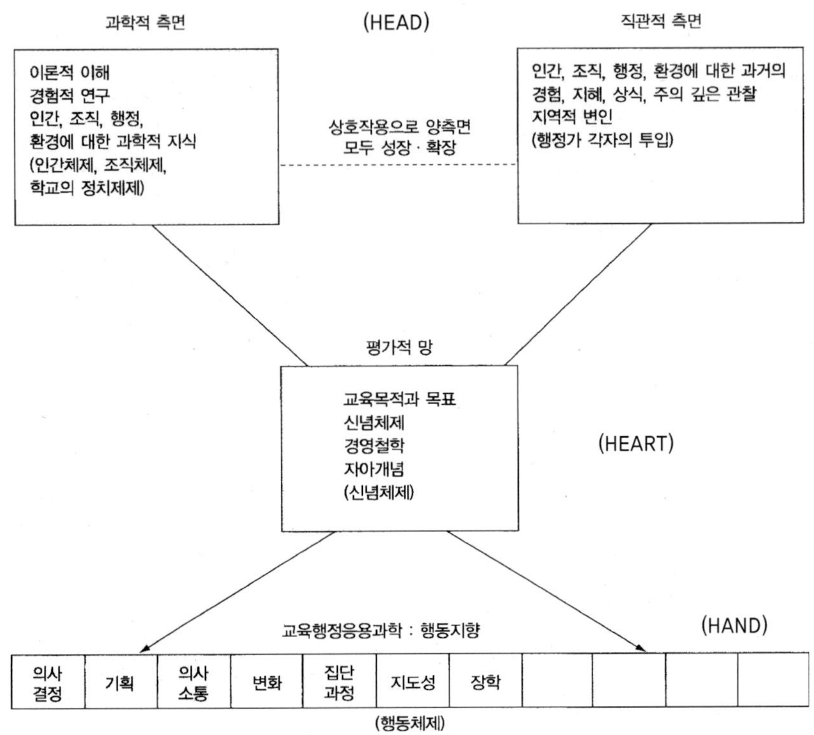

[그림 2-7] 교육행정효과성 모형

장학담당자가 어떤 장학관, 교사관을 가지고 있느냐에 따라 겉에
드러나는 장학행위가 달라질 것은 분명하다. 과거에는 극단적으로
말하여 교사를 부려먹거나 기분 좋게 해 주어 학생, 학교를 위하여
열심히 일하게 하자는 전통적, 인간관계적 장학관이었는데 이제는
교사들이 가지고 있는 잠재능력을 최대한 발휘하게 하여, 즉 교사의
자아실현을 도와주어 교사를 행복하게 해 주자는 인간자원론적 장학
관으로 바뀌어 가고 있다.

이는 맥그리거(McGregor)의 X·Y이론의 교사관과도 관련된다. 교
사를 X이론적 관점에서 부정적으로 보느냐 Y이론의 관점에서 긍정

적으로 보느냐에 따라 장학담당자의 장학행위는 정반대로 나타난다. 가능한 한 Y이론의 교사관을 가져야겠지만 상황조건에 잘 맞추려는 상황적응적 노력을 해야 한다.

앞으로 장학담당자로 하여금 올바른 철학과 교육관, 인간관, 장학관을 갖도록 하는 체계적인 노력이 요구된다.

3) 자질과 능력

장학담당자에게는 앞에서 말한 철학과 장학관, 교사관을 가져야 할 뿐만 아니라 자질과 능력, 자격을 갖추어야 한다. 조병효(1981)는 장학담당자가 갖추어야 할 자질을 인성적 자질로 ① 존경과 신뢰를 받을 수 있는 능력, ② 감정이입과 감수성, ③ 정열, ④ 문제대처력, ⑤ 창의성, ⑥ 유머감, ⑦ 상대적 가치관, ⑧ 성실성, ⑨ 풍부한 자원이 필요하다고 했고, 전문적 자질로는 ① 폭넓은 교양교육, ② 전문성 교육, ③ 교수기술, ④ 교육과정에 있어서의 역할에 대한 명확한 지각, ⑤ 리더십 기술, ⑥ 학습 자료와 교수방법에 관한 지식, ⑦ 생산적인 교수학습요소를 평가하고 해석할 수 있는 능력, ⑧ 과정과 결과의 중요성에 대한 인식, ⑨ 실험과 연구에 관한 숙달, ⑩ 인성 및 전문적 성숙을 계속하고자 하는 의욕과 능력이 요구된다고 하였다.

벤 해리스(Ben M. Harris, 1985)는 장학업무 수행에 필요한 능력을 장학업무별로 좀더 구체적으로 제시하고 있는데 앞으로 장학담당자의 양성과 연수에 참고가 될 것으로 본다. 해리스는 장학담당자의 과업을 ① 기초적 과업(preliminary tasks)으로 교육과정 개발, 수업시설 제공, 교수직원인사, ② 운영적 과업(operational tasks)으로 수업의 조직, 교수직원 오리엔테이션, 교수자료의 제공, 학생에 대한 특별봉

사, 홍보활동, ③ 발전적 과업(developmental tasks)으로 현직교육, 수업
평가로 나누어 [그림 2-8]과 같이 제시하여 이 업무수행에 필요한
능력을 <표 2-1>과 같이 추출한 것이다.

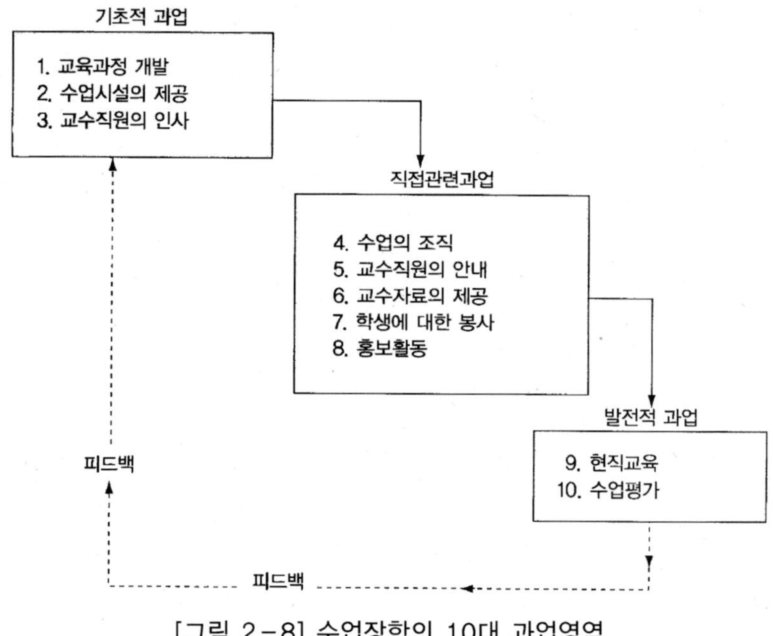

[그림 2-8] 수업장학의 10대 과업영역

표 2-1 수업장학에 필요한 자질·능력

A. 교육과정 개발	1. 수업목표 설정 2. 수업의 단원설계 3. 교육과정의 개발과 수정
B. 교수자료의 제공	1. 학습 자료의 평가와 선정 2. 학습 자료의 제작 3. 학습자원의 평가와 활용
C. 교수직원의 인사	1. 교수직원계획의 개발 2. 직원의 보충과 선발 3. 직원의 배정
D. 수업의 조직	1. 현존 수업구조의 개정 2. 수업 프로그램의 융합 3. 새로운 조직의 운영·감독
E. 특수학생봉사업무	1. 봉사에 대한 분석과 보장 2. 전문직원에 대한 안내와 활용 3. 봉사계획 4. 봉사의 평가와 활용
F. 현직교육	1. 임상장학 2. 교사의 개인적 성장을 위한 개발 3. 현직연수의 계획 4. 현직연수의 실시 5. 지도역할의 훈련 6. 요구조사 7. 기본계획 설계 8. 현직교육 프로젝트의 작성 9. 자기수업물 설계 10. 연속훈련 프로그램의 설계
G. 홍보활동	1. 지역사회에 대한 정보제공 2. 지역사회활동에의 참여 3. 여론활동
H. 수업시설의 제공	1. 교육 시방서의 개발 2. 시설개편계획 3. 시설물의 공급
I. 수업평가	1. 수업관찰과 분석 2. 질문지 작성 3. 심층적 면접 4. 자료 분석과 종합

4) 기 술

이러한 자질과 능력과 함께 장학담당자에게는 장학기술이 요구되는데 카츠와 칸(Katz & Kahn)의 세 기술인 ① 전문적 기술(technical skill)과 ② 인간적 기술(human skill), ③ 통합적 기술(conceptual skill)로 나누어 볼 수 있다. 높은 수준의 장학자일수록 통합적 기술이 많이 요구되고 낮은 수준의 장학자에게는 전문적 기술이 많이 필요하다는 것을 [그림 2-9]와 같이 나타낼 수 있다.

[그림 2-9] 여러 수준에 따라 필요한 장학기술

알폰소와 훠드, 네빌(Alfons, Filth, & Neville)은 이 세 기술 중 통합적 기술을 관리적 기술(managerial skill)로 바꾸어 과업영역과 결부시켜 보았는데 좋은 착상이라고 본다. 교사와 관계된 일을 할 때는 인간적 기술, 수업과 관련된 일을 할 때는 전문적 기술, 조직과 관련된 일을 할 때에는 관리적 기술이 많이 요구되는 것으로 [그림 2-10]과 같이 나타내고 있다.

인간적 기술을 좀더 구체적으로 보면 ① 개인차에 따라 달리 반응하기, ② 개인의 강점 또는 잠재적 진단기술, ③ 가치 명료화 기술, ④ 지각 확인기술, ⑤ 목표에 대한 헌신조장기술, ⑥ 집단토의 수행기술, ⑦ 경청 또는 의역 기술, ⑧ 협의 기술, ⑨ 협동적 상호작용 수행기술, ⑩ 주장적 상호작용 수행기술, ⑪ 갈등해소 기술, ⑫ 협동하도록 자극하는 기술, ⑬ 모형화의 기술이 포함된다. 관리적 기술로는 ① 공동체(community) 특성 확인기술, ② 교사의 욕구 평가기술 ③ 수업의 우선순위 설정기술, ④ 교육환경 분석 기술, ⑤ 기획체제 활용기술, ⑥ 상황 조건적 대안(contingency alternative) 설정기술, ⑦ 활동에 대한 청취 또는 통제기술, ⑧ 책임의 위임기술, ⑨ 예산편성기술, ⑩ 자원배분기술, ⑪ 직무상 스트레스 줄이는 기술, ⑫ 조

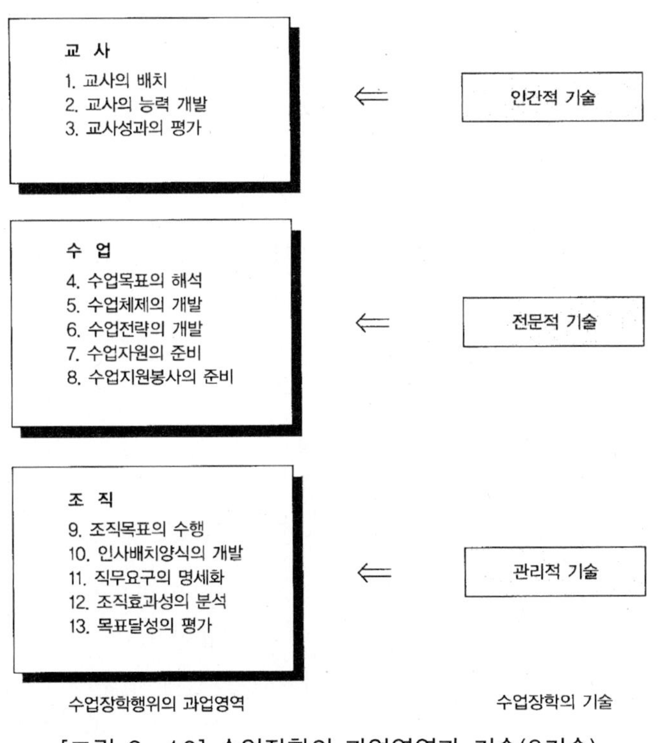

[그림 2-10] 수업장학의 과업영역과 기술(3기술)

직활동과 수업활동의 기록 기술이 요구된다. 전문적 기술에는 ① 수업자원 선택기준의 설정기술, ② 수업관찰체제의 활용기술, ③ 수업관찰자료의 분석기술, ④ 수업목표의 설정기술, ⑤ 수업목표의 분류기술, ⑥ 연구결과의 적용기술, ⑦ 수업환경의 분석기술, ⑧ 수업전달체제의 개발기술, ⑨ 평가절차의 개발기술, ⑩ 수업과제의 분석기술, ⑪ 수업기술과 수업실제의 시범기술(Alfonso, Firth, & Neville, 1981)이 포함된다.

5) 자 격

앞에서 언급된 자질은 선천적으로 타고난 소질은 물론 후천적으로 습득한 능력이나 성질을 포함하여 사람이 가지는 지적·정의적·운동적 특성과 능력 등을 총칭(김종철, 교육행적학신강, 1985: 376)하는 반면 자격은 자질을 보장하기 위하여 법적·형식적 최저기준을 정해 놓은 것이며 대개 학력과 경력 등을 그 내용으로 정하고 있다.

장학담당자는 수준별로 다양하기 때문에 여기서 모든 수준에 있는 장학담당자의 자격기준에 대하여 다 다룰 수는 없다. 그래서 교육전문직(장학관과 교육연구관, 장학사와 교육연구사)의 법적 자격기준만 제시하면 <표 2-2>와 같다.

이 자격기준표를 보면 첫째, 경력을 중시하고 장학 고유의 엄격한 전문성을 요구하지 않고 있다는 것을 알 수 있다. 앞으로 계속 높은 수준의 장학이 요구됨으로 장학담당자의 중심이 되는 교육전문직의 기준을 높여야 한다. 그리고 각 시·도에 따라 내규로 이보다 높은 기준을 적용하기도 하나 그 기준도 아직 미흡하다.

둘째로 교육전문직은 전문직 중의 전문직인데 전문자격증을 요구하지 않고 있다는 점을 지적하지 않을 수 없다. 교육전문직의 역할과 기능이 교사나 교감, 교장과 다르다면 별도의 자격증을 요구해야 타당하다. 앞으로 장학담당자를 위한 별도의 양성교육 또는 장기간의 연수교육을 실시한 다음 엄정한 평가를 거친 자에게 높은 장학자격 증을 수여하고 이들로 하여금 장학에 임하도록 제도화해야 할 것으로 본다. 이에 대하여는 장학의 전문화 문제를 다룰 때 좀더 자세히 다루기도 한다.

현재 장학직은 별도로 양성하지 못하고 있기 때문에 우수한 교사, 교감, 교장 중에서 발탁하여 임명하고 있는 실정이다. 그리고 또 장학직에서 평생을 보내거나 정년퇴임하는 일이 없이 일정기간 장학직에서 근무한 후 다시 교원직으로 전직하고 있는 실정이다. 그래서 장학직을 중요한 전문직 중의 전문직으로 정해 놓고도 전문성을 무시하고 스스로 전문성 없이 전직하고 있다. 교육공무원 간의 전직과 승진구조를 요약하면 [그림 2-11]과 같다.

표 2-2 교육전문직의 자격기준

직 명	자 격 기 준
장학관·교육연구관	1. 대학·사법대학·교육대학 졸업자로서 7년 이상의 교육경력이나 2년 이상의 교육경력을 포함한 7년 이상의 교육행정경력 또는 교육연구 경력이 있는 자 2. 2년제 교육대학 또는 전문대학 졸업자로서 9년 이상의 교육경력이나 2년 이상의 교육경력을 포함한 9년의 경력 또는 교육 연구경력이 있는 자 3. 행정고등고시합격자로서 4년 이상의 교육경력이나 교육행정경력 또는 교육연구경력이 있는 자 4. 2년 이상의 장학사, 교육연구사의 경력이 있는 자 5. 11년 이상의 교육경력이나 2년 이상의 교육경력을 포함한 11년 이상의 교육연구경력이 있는 자 6. 박사학위를 소지한 자
장학사·교육연구사	1. 대학·사범대학·교육대학 졸업자로서, 5년 이상의 교육경력이나 2년 이상의 교육경력을 포함한 5년 이상의 교육연구경력이 있는 자 2. 9년 이상의 교육경력이나 2년 이상의 교육경력을 포함한 9년 이상의 교육행정경력 또는 교육연구경력이 있는 자

최근 몇 개 시·도에서 석사학위를 소지한 교사, 교감 중에서 공개경쟁시험에 의하여 채용하기 시작하고 있어 우수 교육전문직을 확보하고 또 교사들에게 의욕과 사기를 진작시키고 있다. 공개 채용한다 해도 아직 전직의 형태이며 장학자격증제도로 가는 길은 아직 요원하다. 앞으로 장학담당자 양성교육에 의한 고도의 자격증을 요구하여 장학담당자의 질을 높이는 일은 한국 장학의 발전을 위한 중요한 과제 중의 하나이다.

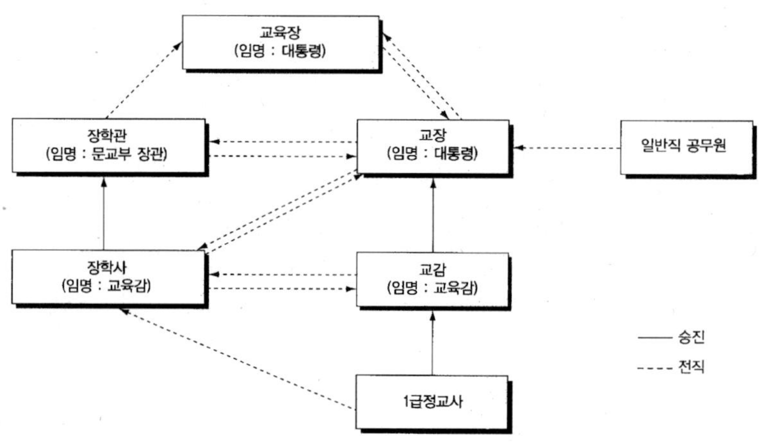

[그림 2-11] 교육공무원의 전직·승진구조

연구과제

1. 각 장학조직 수준별로 어떻게 기능분화, 전문화시킬 것인가를 모색해 보시오.
2. 장학담당자가 구비해야 할 조건을 여러 측면으로 분류하여 제시해 보시오.
3. 장학담당자의 전문적 수준을 높이기 위한 방안을 제시해 보시오.

2

장학이론

【개 관】

제1부의 장학적 배경을 가지고 제2부에서는 장학과 관련된 이론과 여러 형태의 장학모형에 대하여 살펴보게 된다. 그러나 장학론은 그렇게 성숙된 학문이 아니기 때문에 장학론 고유의 장학이론이 따로 있는 게 아니고 여러 다른 분야의 이론을 빌려다 쓰고 있다. 이런 이론에 바탕을 둔 여러 종류의 장학형태가 소개되고 있다. 이런 이론과 모형을 응용하여 장학의 실제에 임해야 할 것이다.

제 3 장 장학 관련 이론

개 요

제3장에서는 장학과 이론의 관계에 대하여 서론적으로 살펴보고 나서 조직이론, 리더십이론, 의사결정이론, 의사소통이론, 변화이론, 권위이론, 동기이론 등의 이론과 장학을 연결시켜 보게 된다.

현재 장학 고유의 이론이 따로 있을 만큼 장학론이 학문적으로 성숙하고 발달된 것은 아니다. 교육행정과 사회과학의 여러 이론을 빌려다 쓰고 있는 실정이다. 앞으로 장학론이 학문적으로 더 성숙해지면 장학론 고유의 이론이 구축되겠으나 얼마간은 여러 이론에 접할 때마다 이를 장학에서 어떻게 활용할 것인가에 대하여 주목할 필요가 있다.

장학론은 하나의 과학(science)이면서 동시에 예술(art)이다. 체계적인 과학적 지식과 경험적 연구를 필요로 하는 동시에 이를 실제에 적용하는 예술적 경험과 지혜를 요구한다. 특히 장학론은 응용적인 측면이 강하기 때문에 예술성이 강조된다.

여기서는 장학과 이론에 대하여 살펴보고 나서 장학과 관련된 여러 이론 중에서 중요한 몇 가지를 뽑아 고찰해 보기로 한다.

1. 장학과 이론

먼저 이론이란 무엇인가에 대하여 잠깐 알아볼 필요가 있다. 커링커(Kerlinger, 1957: 11)는 "현상을 설명, 예측하려는 목적으로 여러 변인들 간의 관계성을 명세화해 줌으로써 현상을 체계적으로 볼 수 있게 해 주는 일단의 상호 관련된 구인(개념), 정의, 명제"를 이론이라고 정의하였다. 또 호이와 미스켈(Hoy & Miskel, 1982: 20)은 교육행정에 초점을 맞추어 "이론이란 교육조직 내의 행동의 규칙성을 체계적으로 기술하고 설명하는 일단의 상호 관련된 개념, 가정, 일반화"라고 정의하면서 이론의 체계성을 [그림 3-1]과 같이 나타내고 있다.

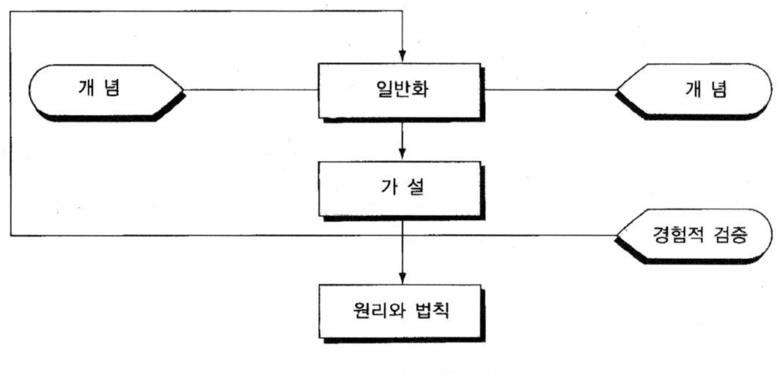

[그림 3-1] 이론체계

모든 학문의 기본형태의 지식은 상호 관련되고 상호의존적인 개념, 일반화, 이론으로 구성되어 있는데 지식발전에 필요한 기본요소는 개념들로서 이 개념들은 결과적으로 일반화와 연결되고, 교육현상에 대한 일반적 설명을 해 주는(하나의 이론) 명제를 형성한다. 이 이론으로부터 추출된 가설을 설정하고 검증함으로써 이론을 확인하는 연구를 하게 된다. 그래서 연구결과 이론의 기본적인 일반화를 긍정·부정, 재형성, 또는 명료화하게 되고, 계속적인 지지를 받으면 일반화는 마침내 현상을 설명하는 원리(principle)와 법칙(law)으로 발전하게 된다. 이론으로부터 연구가 출발하고 또 연구결과 이론이 긍정 또는 부정되기 때문에 이론은 과학적 연구의 출발이자 종결이라고 할 수 있다. 이것이 [그림 3-1]의 핵심설명이다.

그래서 이론과 연구는 밀접한 관계를 갖고 있다. 이론으로부터 가설을 도출하여 이를 검증하는 연구를 할 수 있고 또 이 연구에 의하여 이론은 일반화의 방향으로 굳어질 수 있기 때문이다. 실버(Silver, 1983)는 이론과 연구의 관계를 좀더 분명히 [그림 3-2]와 같이 나타내고 있다. 이론화의 과정은 구체(concrete)로부터 추상(abstract)으로의 이행과정인데 감각(sensations)을 통하여 개념(conception)이 형성되고 이로부터 상위개념 또는 구인(constructs)이 형성되고 이들 간의 관계로 이루어진 것이 명제(propositions)이며 이들 명제에 의하여 이론이 형성된다. 연구는 이론이라는 개념적 틀(conceptual framework)을 갖고 이론의 명제에 해당하는 가설(hypotheses)을 형성하고 이 가설 속의 변인(variables)을 조작적 정의를 하여 이를 잴 수 있는 도구의 항목(items)으로 구성하여 원자료(raw data)를 수집하고 이를 검증하여 그 결과에 의하여 이론은 더욱 단단한 이론으로 굳어진다.

이론과 실제의 관계에 있어서 적어도 세 가지 측면에서 밀접한 관계를 갖고 있다. 첫째, 이론은 실제자에게 참조의 틀(frame of reference)을 제공해 준다. 훌륭한 실천가는 어떤 일을 할 때 일단 이론에 비추어 보고 실행으로 옮긴다. 둘째, 이론화의 과정에서 실제의 사건을 분석하는 일반양식을 얻을 수 있다. 셋째, 이론에 의하여 실제자는 실제적이고 합리적인 의사결정을 할 수 있도록 안내받을 수 있다. 그래서 이론은 공리공론이 아니라 실제자에게 유용한 방향제시가 되고 문제해결의 틀이 된다. 그리고 이론을 실천하는 과정에서 더욱 좋은 이론으로 다듬어지거나 아니면 탈락될 수도 있다.

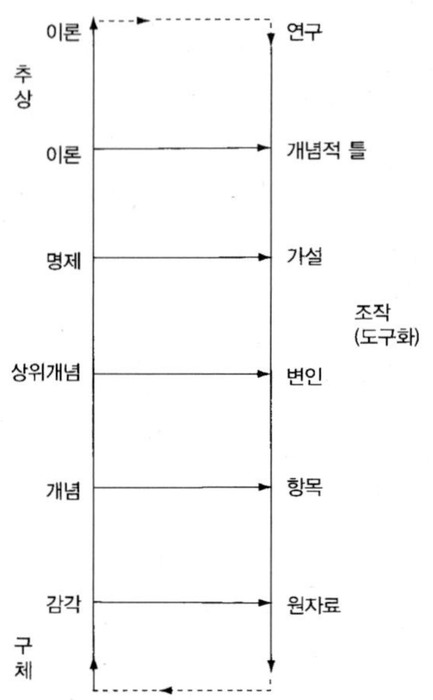

[그림 3-2] 이론과 연구의 관계

그리고 연구와 실제의 관계도 밀접하다. 연구가 이론으로부터 출발한다고 하였지만 실제자가 실천하는 속에서 문제를 발견하고 연구 아이디어를 얻어낼 수 있다. 특히 현장연구는 현장에서 부닥치는 문제를 해결하고자 하는 데서부터 연구가 시작되어 이론적 고찰도 하게 된다. 그리고 반대로 교육실천을 할 때 연구적 관점에서 실천할 수 있다. 다시 말하여 교육실천이 하나의 연구가 될 수도 있다.

어쨌든 이론·연구·실제가 밀접하게 관련되어 있고 특히 이론과 연구, 이론과 실제가 더욱 밀접하게 관련되어 있다. 이를 [그림 3-3] 과 같이 나타낼 수 있다.

이론은 ① 경험적 연구의 길잡이, ② 행동의 안내자가 될 뿐만 아니라, ③ 지식발전을 위한 통합적·보편적 틀을 제공해 주는 기능(function)을 한다는 사실을 부인할 수는 없을 것이다. 이론은 사실로부터 출발하여 이론화의 과정을 거치고 또 실제가 뒷받침해 주어야 생명력을 가질 수 있으며, 실제에 대한 행동의 지침이 된다. 실제에 바탕을 둔 연구에 의하여 다시 이론으로 굳어지게 되며, 연구는 이론을 바탕으로 하여 이루어지고, 또 연구에 의하여 이론은 검증되어 튼튼한 이론으로 발전한다. 그래서 이론·연구·실제는 서로 밀접한 관계에 있으며 상호보완적이다. 장학의 실제에 있는 사람과 또 앞으로 장학의 실제를 담당하기 위하여 준비하는 사람은 항상 이론과 연구에 게으르지 말아야 할 것이며, 장학이론과 연구에 관심을 갖는 대학교수도 장학의 실제에 날카로운 관찰을 하고 장학의 실제에 깊이 참여하여 이론·연구·실제가 조화를 이루도록 함께 노력해야 한다. 때로는 교수들에게 이론보다는 실제에 활용할 수 있는 완제품을 만들어 줄 것을 현장에서 요구하는데 이는 극히 어려운 일이다. 현장의 장학담당자가 시간이 없고 바쁘더라도 이론과 모형을 자신의 상황과 여건에 맞게 응용하고, 수정하고, 보완하여 사용하지 않을 수 없다.

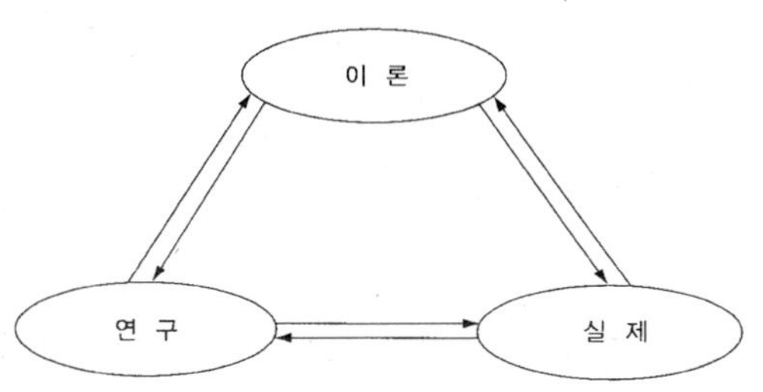

[그림 3-3] 이론·연구·실제

학자에 따라 장학론에 빌려다 쓰고 있는 이론들은 아주 다양하다. 강영삼은 장학의 바탕이 되는 기초이론은 수업을 개선하기 위해 교사들에게 관련되는 필요한 전문적 지식과 기술을 익히게 하고, 장학담당자로 하여금 더 전문적 지식을 가지고 교수학습 개선을 위해 교사를 도울 수 있도록 하며, 보다 나은 실제를 위해서 연구하고 새로운 이론을 끌어내도록 하며, 현재의 실제문제를 분석하고 새로운 필요를 알아내기 위해서(신중식 외, 1982: 358-364) 필요하다고 하면서, ① 사회심리학적 이론, ② 일반체제이론, ③ 사회체제이론, ④ 가치이론, ⑤ 조직이론, ⑥ 역할이론, ⑦ 의사결정이론, ⑧ 리더십이론, ⑨ 의사소통이론, ⑩ 기획이론, ⑪ 학습이론을 빌려올 것을 주장하고 있다.

와일즈와 로벨(1975)은 장학이론 형성에 ① 심리학으로부터 학습이론, 동기이론, 정신건강이론을, ② 사회심리학으로부터는 리더십이론, 집단개발이론, 인간관계이론을, ③ 사회학으로부터 의사소통이론, 지역사회 권력구조이론을 빌려올 것을 제안하였다.

그런가 하면 알폰소와 훠드, 네빌(1981)은 ① 조직이론, ② 리더십이론, ③ 의사소통이론, ④ 의사결정이론, ⑤ 변화이론이 수업장학행위에 시사를 준다고 하였는데 그들의 틀은 [그림 3-4]와 같이 나타낼 수 있다.

왼쪽의 다섯 가지 기초이론에 바탕을 두고서 학교조직목표와 교사의 필요를 고려하여 장학을 하고 교사의 가르치는 행위를 변화시켜 궁극적으로 학생의 학습행위를 변화시켜야 하는데 이때 중요한 변인이 교육과정과 수업이 일어나고 있는 현장의 수업환경이라고 본다.

루시오와 맥네일(1979)은 장학과 관련된 여러 이론을 특수한 장학상황에 적용되는 것을 장학으로 하는 개념적 틀을 가지고 그들의 책을 썼는데 이를 [그림 3-5]와 같이 나타내고 있다. 장학은 밑에 있는 이론들을 꽃피우는 것이라고 볼 수 있다.

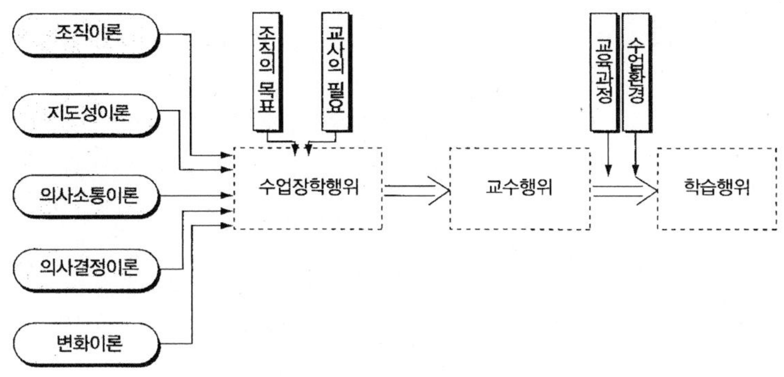

[그림 3-4] 장학의 기초이론과 장학영향체제

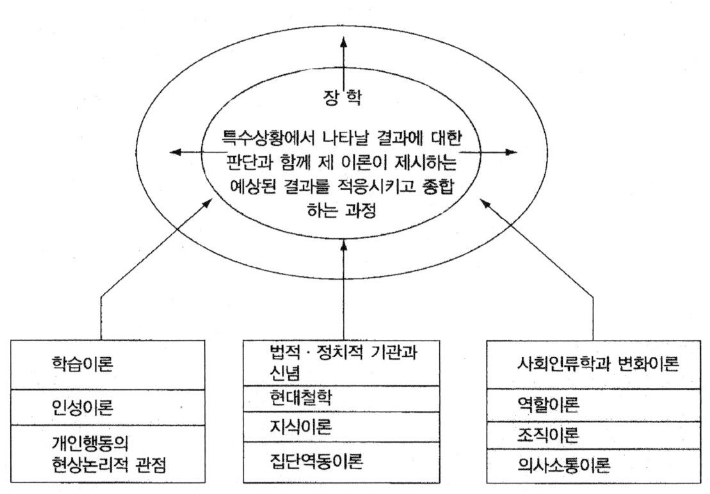

[그림 3-5] 장학이론

여기서는 여러 학자들이 제시한 이론에 대하여 모두 다 살펴볼
수는 없고, ① 조직이론, ② 리더십이론, ③ 의사결정이론, ④ 의사
소통이론, ⑤ 조직풍토이론, ⑥ 변화이론, ⑦ 권위·권력이론, ⑧ 동
기이론 등을 중심으로 장학과 연결시켜 살펴보기로 한다.

2. 조직이론

인간은 조직을 떠나서 살 수 없다. 에치오니의 말대로 인간은 조직 속에서 태어나서 조직 속에서 배우고 조직 속에서 일하면서 대부분의 시간을 보내고 무덤에 갈 때도 조직의 힘을 빌려서 간다. 병원이라는 조직에서 태어나 학교라는 조직에서 배우면서 많은 시간을 보내고 직장이라는 조직에서 인생의 대부분을 보내고, 마지막 죽음에 이르러서도 장의사라는 조직의 힘을 빌려야 묘지에 간다. 마치 물고기가 물을 떠나서 살 수 없듯이 인간은 조직을 떠나서는 한시도 살아갈 수 없다. 장학도 조직 속에서 이루어진다. 장학을 담당하는 사람이나 장학을 받는 사람도 모두 조직에 대한 이해를 하지 않으면 안 된다.

가우스(Gaus, 1936: 66)는 조직을 "기능과 책임의 배분을 통해서 어떤 합의된 목적 달성을 촉진하기 위한 인사의 배분"이라고 정의하고, 그로스(Gross, 1964)는 공식조직을 ① 합의된 목적, ② 소속감, ③ 계속적 상호작용, ④ 기능의 분화, ⑤ 통합의식의 특성을 갖고 있는 하나의 집단 또 협동체제라 하였다. 제2장에서 살펴본 장학조직도 그로스의 5특성을 갖고 있는 하나의 협동체제이다.

장학조직은 교사의 계속적인 전문적 성장과 수업기술을 향상시키고, 교육과정과 수업환경을 개선하여 궁극적으로는 학생의 성취를 높이자는 목적 아래 모든 장학구성원들이 소속감을 갖고 계속적인 상호작용을 하며 각각 역할과 기능을 분담하면서도 통합적인 노력을 하는 협동체제이다.

대부분의 장학활동이 이루어지고 있는 학교는 복잡한 조직이다. 옛날의 시골 학교처럼 고요하고 낭만적인 학교의 시대는 이미 지나갔다. 학교의 크기도 대형화되고, 또 여러 부서로 나뉘어 전문화되고 목적도 다양하게 되면서 더욱 복잡해지고 있다. 옛날처럼 글이나 가르치는 것이 아니라 인간을 만들어 줄 것을 주문하고 있으며 사회적 환경의 영향은 점점 더 커지고 있다. 또 학교에는 어린이와 청소년으로 된 학생과 젊은 교사와 장년교사, 노년교사라는 적어도 3, 4대의 문화가 공존하고 있으며, 이것은 물건을 만들어 내는 생산조직과도 다르고 관리·통제의 정부조직과도 다른 인간봉사조직이다. 장학담당자는 이러한 학교조직의 특성을 이해하고 그 속에서 근무하고 또 장학활동도 해야 한다.

장학조직도 공식적 조직(formal organization)과 비공식조직(informal organization)을 포함하고 있다. 계층과 분업 등 앞에서 말한 그로스의 공식적 조직의 특성을 갖고 있을 뿐만 아니라 동창회, 친목회, 동호인 집단 등 자생적인 비공식조직이 있다. 때로는 비공식조직이 더 응집력도 강하고 자발적이어서 장학목적 달성에 유리하게 작용할 수도 있다. 장학이 공식적 활동이지만 학교조직과 장학조직은 가르치는 일과 직접 관련된 기술체제로서의 교육과정 전문가, 특수교육, 유아교육 전문가, 상담·심리치료 전문가 등의 측면과, 가르치는 일을 도와주고 지원하는 관리체제로서의 교장·교감, 학과·학년부장, 재정·서무담당 등의 측면의 두 측면으로 복잡하게 얽혀 있다. 과거에는 장학에서 관리체제의 측면이 강조되었으나 앞으로 기술체제에 더 관심을 기울여야 할 것이라는 사실은 쉽게 짐작이 갈 것이다.

학교조직도 관료제를 채택하고 있으며 관료제의 경향성은 더욱 강하게 나타나고 있다. ① 권위의 위계(hierarchy of authority)가 있고, ② 규칙(rules for incumbents)이 강조되고, ③ 절차를 명세화하고(procedural specifications), ④ 몰인정성(impersonality)이라는 관료제의 특성이 학교와 장학조직에도 존재하고 오히려 더욱 강조되는 경향이다. 이상적으로만 운영된다면 관료제만큼 좋은 것이 없다. 그래서 아직까지도 관료제를 완전히 대체할 만한 조직형태는 나타나지 않고 있다. 다만 역기능으로 작용하기 때문에 문제이다. 학교가 불합리하다고 불평하고 또 장학에 대하여 부정적 태도를 갖게 되는 것은 모두 관료제가 역기능적으로 작용하고 또 병리적 현상이 나타나기 때문이다.

학교는 관료제적 특성을 많이 가지고 있으나 동시에 전문조직의 특성도 함께 지니고 있으며 동시에 전문적 경향성도 더욱 강조되고 있다. 전문조직에서는 ① 능력과 자질에 근거하여 분업하고 있으며, ② 과업을 중심으로 사람에서 사람으로, 또 시간에서 시간으로 전환된다는 점에서 역동적이고, ③ 권위를 통제하기 위하여 성원들 간에 많은 협상과정을 거쳐 충분한 자질의 소유자가 적재적소에 배치되며, ④ 자질과 과업을 쌓아 두기보다 적재적소에 활용하기 위하여 끊임없이 기능적 작용을 한다.

전문지향적인 사람은 ① 상당히 높은 수준의 공식적 준비기간을 거치며, ② 다른 사람들이 쉽사리 흉내 낼 수 없는 기능을 갖고 있으며, ③ 해당지위 획득에 우선권을 인정받을 수 있는 전문성·신념, 해당분야에의 귀속성을 갖고 있으며, ④ 성장·발전·성취·의무감 등을 강조하나 직업의 안정성과 보수와 같은 호구지책도 경시하지 않는 적절한 보상체제에 대해서도 관심을 갖는다.

리버맨(Lieberman, 1956)에 의하면 ① 사회적 봉사, ② 지성적 기술, ③ 전문화된 훈련, ④ 자율성, ⑤ 책임성, ⑥ 이익보다는 봉사, ⑦ 자기통제, ⑧ 윤리강령을 전문직의 지표로 하고 있는데 이 기준에 비추어 볼 때 교직과 장학직은 전문직이어야(ought to be) 하지만 완전한 전문직(full-professional)의 수준에 이르렀다고(is) 보기는 어렵다. 그러나 가르치는 일과 사람이 점점 더 전문화의 방향으로 가고 있는 것만큼은 부정할 수 없을 것이다.

여기에 문제가 있다. 교직과 장학직도 조직 속에서 사람이 일을 하는 것이어서 조직, 사람, 일의 3요인이 잘 조화를 이루어야 하는데 학교, 장학조직은 점점 더 관료화의 방향으로 나아가고, 사람인 교사와 장학담당자, 일에 해당하는 교수와 장학의 일은 점점 더 전문화의 방향으로 나아가는 데서 갈등이 커질 수 있다는 점이다. 그러나 이러한 관료화 경향의 조직 속에서도 관료적 특성에 적응하려는 관료지향교사와 장학담당자는 전문지향자들보다 직무만족은 높고 갈등은 적을 것으로 본다. 이것을 다음에 언급된 게젤스-구바(Getzels-Guba) 모형에다 요약하여 그림으로 나타내면 [그림 3-6]과 같다.

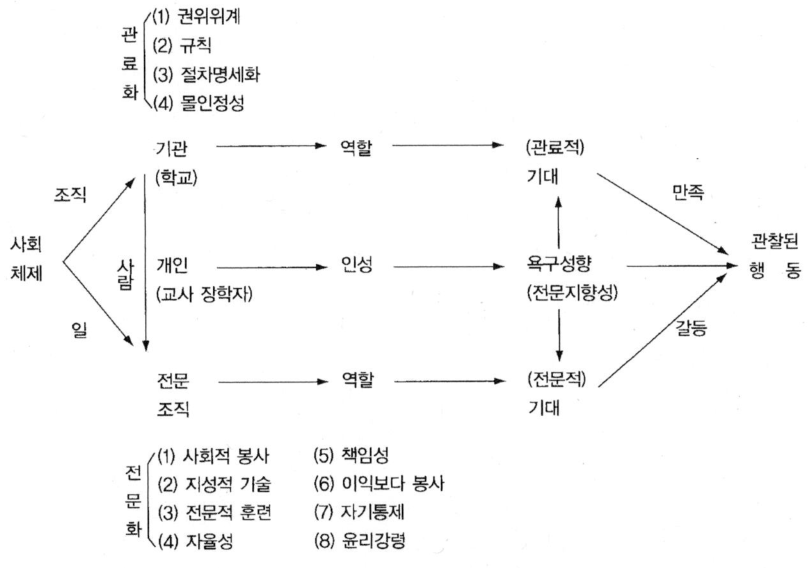

[그림 3-6] 교육조직의 관료화와 전문화

학교·장학조직은 하나의 사회체제를 이루고 있다. 장학적인 행동을 연구하고 이해하기 위해서는 널리 알려진 게젤스와 구바(Getzels-Guba)가 개발한 사회체제를 분석해 볼 필요가 있다.

사회체제 이론가들은 행정과 장학을 하나의 사회체제 내에서 일어나는 사회과정으로 보았다. 이 관점에 의하면 장학 및 행정의 과정과 내용은 구조적·기능적·운영적 측면에서 살펴보아야 한다. 구조적인 측면에서 볼 때 행정과 장학은 하나의 사회체제 내에서 상하 간의 관련체제로 되어 있다. 기능적으로는 행정과 장학상에서 교사와 교장, 학생과 교사의 계서적 관계는 학교목적 달성을 수행할 수 있도록 역할·인사·시설을 배분하고 통합하는 기본이 된다. 운영적으로는 개인 대 개인의 상호작용 속에서 장학과 행정과정은 이루어진다.

게젤스와 구바에 의하면 사회체제는 조직규범적 차원과 개인특유적 차원으로 나누어 볼 수 있는데 조직규범적 측면의 기관은 역할을 통해서 정의되고 역할기대에 의하여 설명되며 모두가 기관의 목적을 성취하기 위하여 주도면밀하게 계획되어야 한다. 그런가 하면 개인적 차원은 사회체제의 인간적 요소를 말한다. 기관적 측면이 역할과 기대에 의하여 분석되듯이 개인적 측면은 인성과 욕구성향에 의하여 분석되고 개인의 목표달성을 위하여 행동한다. 그래서 여기서 나타난 행동(Behavior)은 역할(Role)과 인성(Personality)의 함수(function)라는 "B =f(R · P)" 등식으로 나타낸다. 이 모형을 그림으로 나타내면 [그림 3-7]과 [그림 3-8]과 같다.

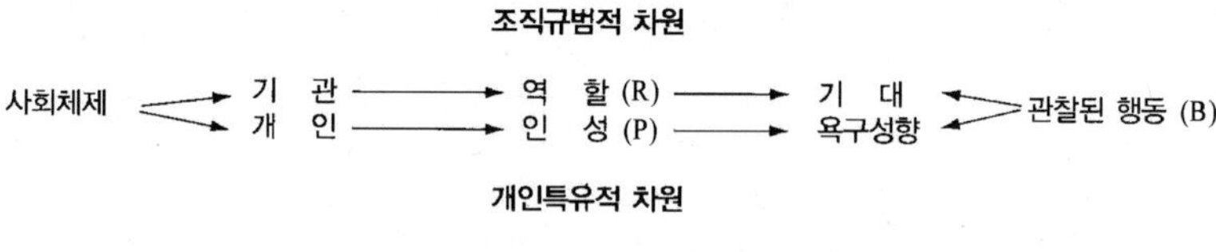

[그림 3-7] 게젤스-구바의 사회체제 모형

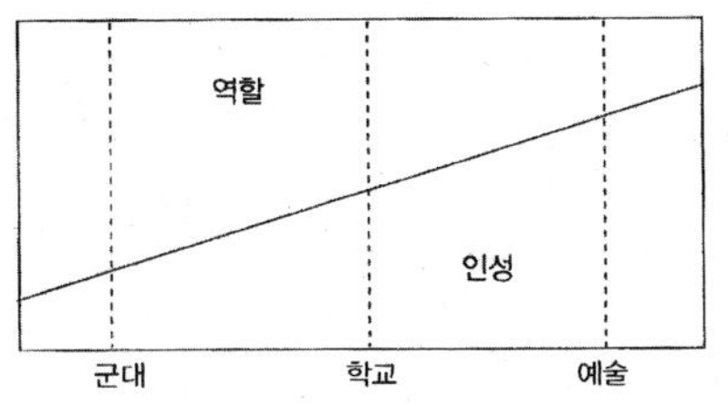

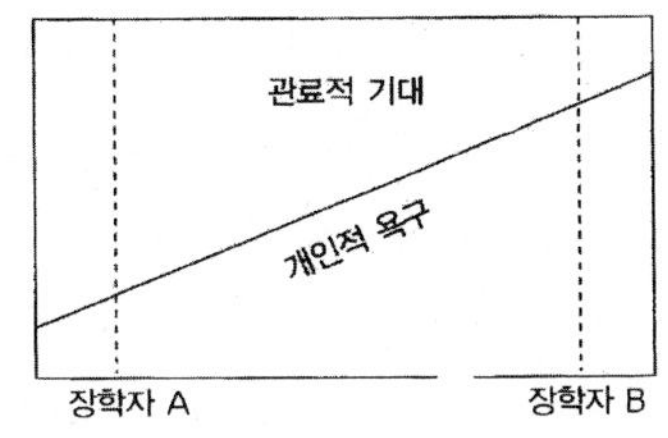

[그림 3-8] 역할과 인성, 기대와 욕구의 관계

조직에 따라 어떤 조직은, 예를 들면 군대조직은 인성보다 역할이 더 강조되며, 학교는 비교적 양쪽에 조화를 이루어야 하고, 예술사회는 역할보다 인성이 강조된다. 그리고 같은 장학조직에서도 A장학자는 관료적 기대에 더 부응하려 하고 B장학자는 자신의 개인적 욕구에 더 비중을 두어 장학행위를 할 수 있다는 예시를 하고 있다.

각 조직은 조직의 목적이 있기 때문에 존재하고 또 개인은 조직의 목적에 동의하기 때문에 조직에 가입하면서도 어느 정도 개인의 목적도 추구하고자 한다. 조직의 목적과 개인의 목적이 완전히 일치하면 조직을 위해서도 또 개인을 위해서도 최선의 상태이겠으나 그렇게 완전일치 되기란 쉬운 일이 아니다. [그림 3-9]에서 공통부분이 넓을수록 좋고 공통부분이 적거나 없을 때는 조직도 개인도 불행하며, 조직과 개인은 분리된다.

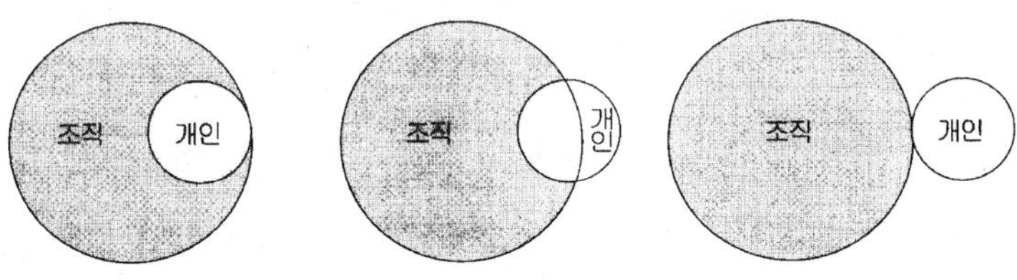

[그림 3-9] 조직의 목적과 개인의 목적

개인은 자기가 몸담고 있는 조직에 시간과 노력을 투자하고 그 대가로 조직으로부터 보상을 받는다. 그런데 투자에 비하여 보상이 적으면 조직으로부터 떠나게 되고 보상이 충분하다고 생각될 때 조직에 대하여 충성하게 된다. 장학담당자도 정당한 정신적 보상과 함께 물질적 보상을 받을 때 상응하는 장학적 노력을 기울일 것이다. 이를 설명하는 것이 [그림 3-10]이다.

장학조직도 구조(structure)와 기능(function)의 두 측면에서 살펴볼 수 있다. 조직의 구조를 어떻게 하느냐는 조직의 기능에 영향을 준다. 그래서 장학담당자는 조직의 구조와 기능 간의 관계를 파악하여 장학담당자 자신의 행동에 대한 이해를 하고 장학방법을 강구할 수 있다.

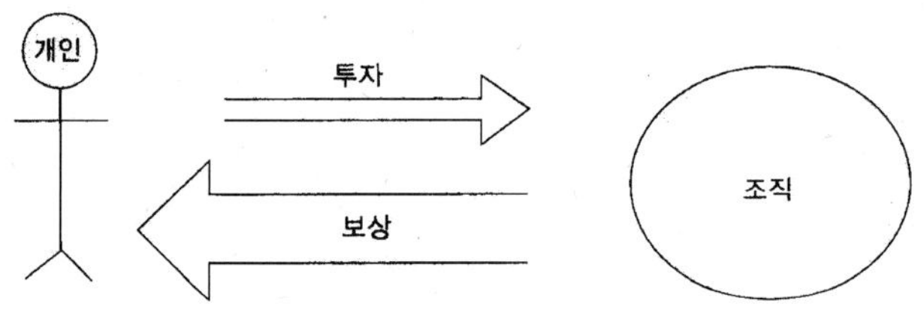

[그림 3-10] 개인의 투자와 조직의 보상관계

헤이지(Hage, 1965)는 구조와 기능의 관계에 대하여 잘 알 수 있게 하는 공리이론(axiomatic theory)을 제시하고 있다. 구조적 측면은 학교목표를 달성하기 위한 수단적 차원으로서 ① 권한의 집중관계를 나타내는 집중성, ② 표준화, 규격화 등을 강조하는 정도를 나타내는 형식성, ③ 계층 간 지위에 따른 차이를 나타내는 계층성, ④ 전문적·기술적 분화정도를 나타내는 복잡성의 4요소로 구성된다. 기능적 측면은 학교의 교육목표의 산출정도를 나타내는 것으로서 ① 졸업생 수, 이수과정의 수, 독서량, 해결된 문제 수와 같은 생산성, ② 직원·시간·물자·공간과 같은 비용과 관련된 효율성, ③ 변화하는 사회의 전문적 환경에 대응하는 학교의 능력에 관한 적응성, ④ 욕구충족, 전문적 성장, 개인성장, 교사의 승진 등과 관련된 만족도 등의 4요소로 알아본다.

구조적 측면의 4요소와 기능적 측면의 4요소 간의 관계를 헤이지는 다음과 같은 가설로 정리하였다.

집중성이 높을수록 생산성은 높다.
형식성이 높을수록 효율성은 높다.
집중성이 높을수록 형식성은 높다.
계층성이 높을수록 만족도는 낮다.
계층성이 높을수록 생산성은 높다.
계층성이 높을수록 적응성은 낮다.
복잡성이 높을수록 집중성은 낮다.

이런 변인과 요소의 정도에 따라 관료지향학교는 ① 복잡성 하, 적응성 하, ② 집중성 상, 생산성 상, ③ 형식성 상, 효율성 상, ④ 계층성 상, 만족도 하이고, 전문지향 학교는 ① 복잡성 상, 적응성 상, ② 집중성 하, 생산성 하, ③ 형식성 하, 효율성 하, ④ 계층성 하, 만족도 상으로 나타난다고 하였다. 우리가 이상적인 학교는 전문지향 학교이므로 장학담당자는 조직의 구조와 기능을 연구하여 전문지향의 학교를 만들기 위하여 노력해야 할 것이라는 시사를 받을 수 있다.

마지막으로 장학담당자는 장학조직 밖의 넓은 사회 환경에 대하여 이해할 것을 권고한다. 학교나 장학조직은 진공 속에 존재하는 것이 아니라 공기가 있는 환경 속에 존재한다. 사회의 신념, 가치, 문화라는 공기 속에서 장학활동을 하면서 생활해야 한다는 점을 강조하고자 한다.

3. 리더십이론

장학에서 리더십이 강조된다는 말은 이미 제1장 장학의 개념정의와 장학의 발달을 다룰 때 언급되었다. 장학은 교육과 수업에 있어서 지도력을 발휘하는 것이다. 리더십이란 조직구성원으로 하여금 목표달성을 위하여 노력하도록 영향력을 주는 과정이라고 할 수 있다.

행정과 조직에서 리더십이 중요하기 때문에 그동안 이에 대한 연구가 많았다. 초기의 연구는 지능, 상상력, 인내력, 정서적 안정성, 신장·체중, 건강상태, 자신감, 권위주의 등과 같은 개인적 특성을 리더들이 갖고 있을 것으로 생각하여 이를 밝혀내려는 연구들을 많이 하였다. 이러한 시기를 특성연구의 시대라고 한다. 그러나 많은 연구들이 리더에게서 이러한 공통적인 특성을 찾아내는 데 실패하였다.

이어서 나타난 것이 상황연구이다. 앞의 특성연구가 리더 개인에게 초점을 맞췄다면 상황연구는 리더가 속한 집단과 상황에 초점을 맞췄던 것이다. 전자는 리더가 상황을 압도한다고 본 데 비하여 후자는 상황에 압도당한 것이다.

1950년대 교육행정의 이론화시대, 행동과학의 물결과 함께 리더십에 관한 연구도 리더의 행위 연구로 관심이 옮겨 가게 되었다. 리더의 유형이 과업지향이냐 아니면 인간지향이냐, 생산지향이냐 아니면 종업원지향이냐, 직무중심이냐 아니면 종업원중심이냐, 구조주도적이냐 아니면 배려적이냐, 생산관심이냐 아니면 인간관심이냐 하는 2차원적 접근이었다. 그래서 용어만 약간 달리했을 뿐이지 게젤스-구바의 조직적 측면을 더 강조하느냐 아니면 개인적 측면을 더 강조하느냐에 연구의 초점을 맞춘 것이다. 양 측면을 다같이 강조하는 리더를 유능한 리더로 보고, 반대로 양 측면을 모두 강조하지 않는 리더를 무능한 리더로 보고, 인간적 측면보다 과업, 생산, 구조적 측면을 강조하는 리더를 과업형, 과업보다 인간관계, 종업원, 배려성을 강조하는 리더를 인화형, 중간을 택하는 리더를 중도형 리더로 보았다. 이때는 리더의 유형과 행위를 고정된 것으로 보았다. 이것을 그림으로 나타내면 [그림 3-11]과 같다.

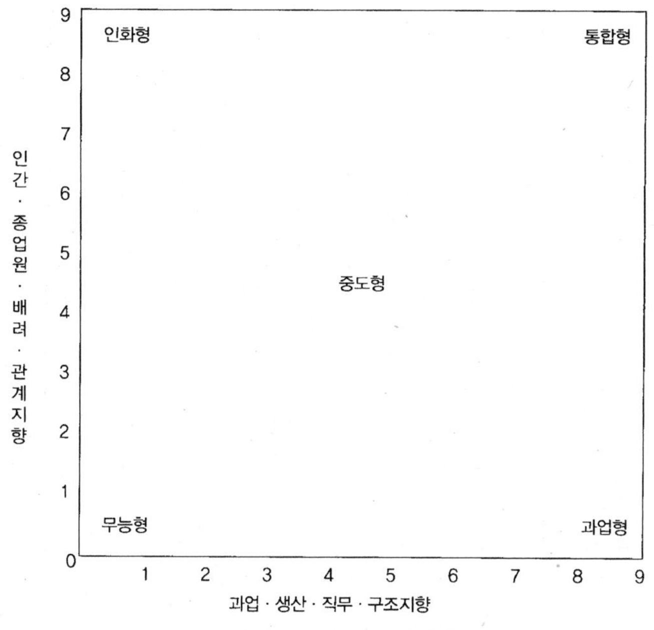

[그림 3-11] 2차원적 리더십 유형

그런데 1960년대 후반부터는 리더십에 대한 관심이 바뀌기 시작하였다. 모든 상황에 고정된 리더의 유형이 있는 것이 아니고 상황조건에 잘 맞추는 리더가 유능한 리더로 보게 되어 상황적응적 접근(contingency approach)을 하게 된 것이다. 여기에는 휘들러(Fiedler, 1984)의 상황적응이론, 레딘(Reddin, 1970)의 3차원이론, 허시와 브랜차드(Hersey & Blanchard, 1977)의 상황이론, 브룸과 예톤(Vroom & Yetton,

1973)의 규범적 상황조건 리더십이론의 예를 들 수 있다.

휘들러는 상황조건변인으로 ① 리더와 추종자와의 관계의 질, ② 과업의 구조화 정도, ③ 리더 지위의 힘을 들고, 이 세 변인의 조합에 의하여 8개 상황조건으로 분류하여 리더에게 상황의 유리한 정도를 ① 매우 유리, ② 중간정도의 유리, ③ 불리의 셋으로 나누고 이러한 유리한 정도에 맞는 리더의 유형을 발견하려고 연구하였는데 ① 매우 유리한 1, 2, 3 상황조건에서는 과업지향의 리더, ② 중간정도로 유리한 4, 5, 6, 7 상황조건에서는 관계지향의 리더, ③ 아주 불리한 8 상황조건에서는 과업지향의 리더가 알맞다는 것을 발견하였다. 이것을 요약하면 [그림 3-12]와 같다.

상황에 맞는 리더 유형		과업지향 리더			관계지향 리더				과업지향 리더
상황의 유리한 정도		매우 유리			중간 정도의 유리				불리
상황분류		1	2	3	4	5	6	7	8
상황변인	(1) 리더의 구성원의 관계	좋음	좋음	좋음	좋음	나쁨	나쁨	나쁨	나쁨
	(2) 과업의 구조성	구조적	구조적	비구조적	비구조적	구조적	구조적	비구조적	비구조적
	(3) 지위권력	강	약	강	약	강	약	강	약

[그림 3-12] 휘들러의 상황조건적 리더십이론

장학담당자는 ① 자신과 교사와의 관계가 어떠한가? ② 교사와 함께 하려고 하는 일의 구조적인 정도, 즉 목표의 명료성 정도, 추진과정의 분명한 정도, 추진방법 등의 기술적인 지식, ③ 채용·면직권, 봉급증액권, 승진, 처벌, 보상에 관한 권한 등의 지위권력 등의 상황변인을 잘 고찰하여 이에 알맞은 효과적인 지도력을 발휘해야 한다는 시사를 받을 수 있다.

레딘은 1950년대의 ① 과업적 차원과 ② 관계성 차원에다 ③ 효과성 차원을 더하여 3차원의 리더십이론을 개발하였다. 그래서 2차원에 의하여 ① 통합형, ② 헌신형, ③ 관계형, ④ 분리형의 4기본유형을 확인하고 효과적으로 사용하면 [그림 3−13]과 같이 집행자, 자선적 독재자, 개발자, 관료가 되고 비효과적으로 사용하면 타협자, 독재자, 선교자, 도피자가 된다는 것이다.

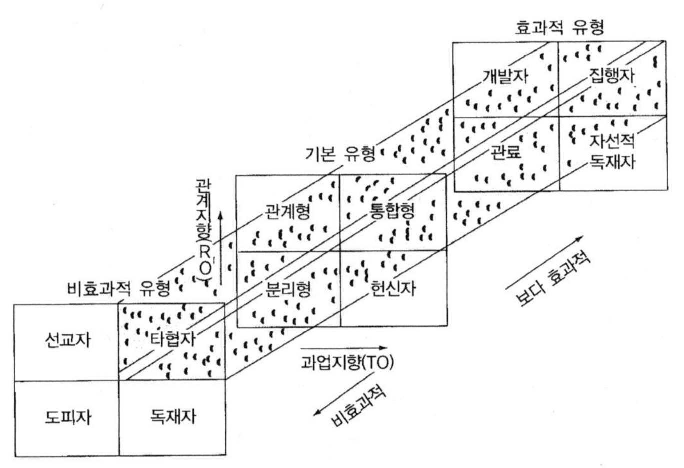

[그림 3−13] 레딘의 3차원 리더십이론

레딘은 상황적 요인으로 ① 조직의 심리적 풍토, ② 일을 하는 데 사용하는 기술, ③ 상급자와의 관계성, ④ 같이 일하는 동료와의 관계성, ⑤ 하급자와의 관계성을 들고 있다. 레딘은 상황의 효과성이라는 차원을 하나 더 했다는 데 공헌하였다. 여기서도 장학담당자는 상황에 따라 효과적인 리더가 될 수도 있고 비효과적인 리더가 될 수도 있다는 것을 염두에 두고 상황을 잘 파악해야 한다는 시사를 받을 수 있다.

허시와 브랜차드는 상황변인으로 조직구성원의 성숙도(maturity)를 고려하여 상황적 리더십이론을 개발하였다. 조직구성원의 성숙도를 미숙에서부터 성숙의 4수준으로 나누어 성숙1로 미숙할 때는 과업지향의 명령형(telling), 성숙2의 상황에는 과업과 관계를 동시에 추구하는 설득형(selling), 성숙3의 상황에서는 많이 성숙했으므로 구성원을 참여시키는 관계지향의 참여형(participating), 아주 성숙한 성숙4에서는 모든 것을 믿고 맡기고 중요한 방향만 제시하는 위임형(delegating)의 리더가 맞는다는 것이다. 여기서 성숙도 대신에 준비도(Readinees), 헌신도(Commitment), 발달정도(Development)를 넣기도 한다. 이것을 [그림 3-14]로 핵심을 요약할 수 있다.

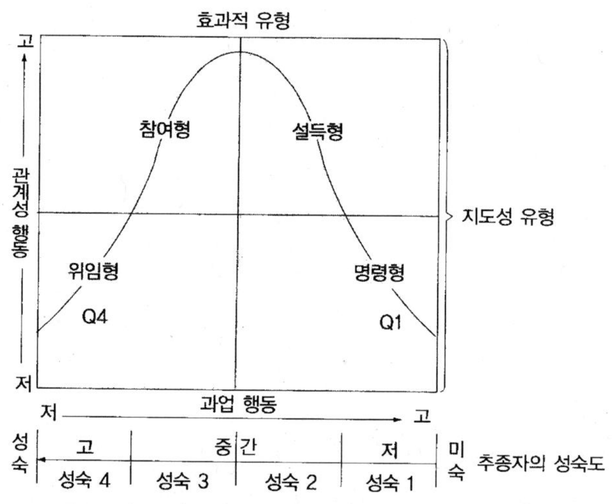

[그림 3-14] 허시와 브랜차드의 상황적 리더십이론

　허시와 브랜차드의 이론은 ① 상황변인으로 추종자의, 성숙도 하나만을 고려했다는 점, ② 다른 상황조건적 리더십이론과 마찬가지로 상황에 따라 리더가 리더십 유형을 쉽게 바꿀 수 있느냐에 대하여 비판을 받고 있다.

그러나 추종자의 성숙정도를 중요한 변인으로 보고 있는 만큼 장학리더는 장학 상황에서 교사의 수준에 알맞게 지도력을 발휘해야 한다는 시사를 받을 수 있다.

브룸과 예톤의 규범적 상황조건 리더십이론은 처방적이기보다는 규범적이고 당위적(ought)이다. 현대의 리더십에 있어서 핵심적인 문제는 의사결정과정에의 참여의 문제라고 보는데 이들은 행정에 있어서 핵심이라고 할 수 있는 리더십과 의사결정을 결합시키고 그중에서도 민주주의의 요체인 참여를 다뤘다는 점에서 비교적 주목을 끄는 모형이다.

브룸과 예톤은 독단적으로 결정하느냐, 협의를 거쳐서 하느냐, 집단의 결정에 맡기느냐에 따라 결정에의 참여 수준에 의하여 <표 3-1>과 같이 다섯 개의 리더십 유형을 개발하였다.

표 3-1 브룸과 예톤의 집단의 의사결정 참여유형

참여정도		표 시	설 명
전무			
↑	단독(alone)	A Ⅰ	관리자 단독으로 결정한다.
		A Ⅱ	하급자에게 정보를 요청하지만 관리자 단독으로 결정한다. 문제가 무엇인지에 관해 하급자에게 알릴 수도 있고 안 알릴 수도 있다.
	협의 (consultation)	C Ⅰ	관리자는 하급자에게 문제점을 말하고(share) 하급자에게 정보의 평가를 요청한다. 회의는 집단이 아니라 1:1(dyads)로 이루어지고, 그 다음에 관리자가 나가서 결정을 한다.
		C Ⅱ	관리자와 하급자가 문제를 협의하기 위해 집단적으로 회의하지만 결정은 관리자가 한다.
고	집단(group)	G	관리자와 하급자가 문제를 협의하기 위하여 집단적으로 회의하고 하나의 전체로서의 집단이 결정한다.

다음에 결정하려고 하는 문제의 상황에 대하여 <표 3-2>에 있는 7개의 질문을 하여 "예", "아니오"의 조합에 의하여 14개의 상황이 나오는 데 각 상황조건마다 적용해야 할 결정의 유형, 즉 리더십 유형이 제시되었다.

표 3-2 브룸과 예톤의 집단의사결정의 상황조건 모형

문제의 형태	진단적 질문							8. 집단참여의 정도
	1. 어떤 해결방안이 다른 해결방안보다 낫다는 것을 보여주는 기준이 있는가?	2. 충분한 정보를 가지고 있는가?	3. 구조화된 문제인가?	4. 하급자의 수용을 필요로 하는가?	5. 만일 나 혼자 단독으로 결정해도 하급자의 수용을 얻을 수 있을 것인가?	6. 하급자들이 조직목표를 공유하고 있는가?	7. 하급자들 사이에 갈등이 일어날 가능성이 있는가?	
1	아니오			아니오				단독: A Ⅰ
2	아니오			예	예			단독: A Ⅰ
3	아니오			예	아니오			집단: G
4	예	예		아니오				단독: A Ⅰ
5	예	예		예	예			단독: A Ⅰ
6	예	예		예	아니오	예		집단: G
7	예	예		예	아니오	아니오	예	협의: C Ⅱ
8	예	예		예	아니오	아니오	아니오	협의: C Ⅰ
9	예	아니오	예	예	예			단독: A Ⅱ
10	예	아니오	예	아니오				단독: A Ⅱ
11	예	아니오	아니오	예	예			협의: C Ⅱ
12	예	아니오	아니오	예	아니오	예		집단: G
13	예	아니오	아니오	예	아니오	아니오		협의 C Ⅱ
14	예	아니오	아니오	아니오				협의: C Ⅱ

이것을 의사결정의 흐름도로 나타내면 [그림 3-15]와 같이 되는데 나뭇가지모양으로 보여 이를 "결정의 나무(decision tree)"라고 부른다. 이 그림은 다른 책에서 인용했기 때문에 질문내용의 표현이 약간 다르고 상황조건이 18개가 나오고 결정의 유형이 약간씩 다르나 근본적으로는 같은 원리라는 것을 이해해 주기 바란다. 보다 정

교하게 다듬어진 상황적응적 리더십이론은 어떤 유일한 최선의 리더
십 유형이 있는 것이 아니라 상황에 맞는 지도력을 발휘하는 것이
중요하다는 것을 가르쳐 준다. 장학담당자는 이런 이론에 대하여 잘
알아야 할 뿐만 아니라 장학현장에 맞는 장학지도력을 발휘하도록
노력해야 할 것이다.

　이러한 상황적응적 리더십 이론에 이어 최근에는 사회과학 전체에
대한 패러다임의 변화와 함께 비판이론에 바탕을 둔 상징적 리더십
(symbolic leadership), 문화리더십(cultural leadership)이 강력하게 대두되
고 있다.

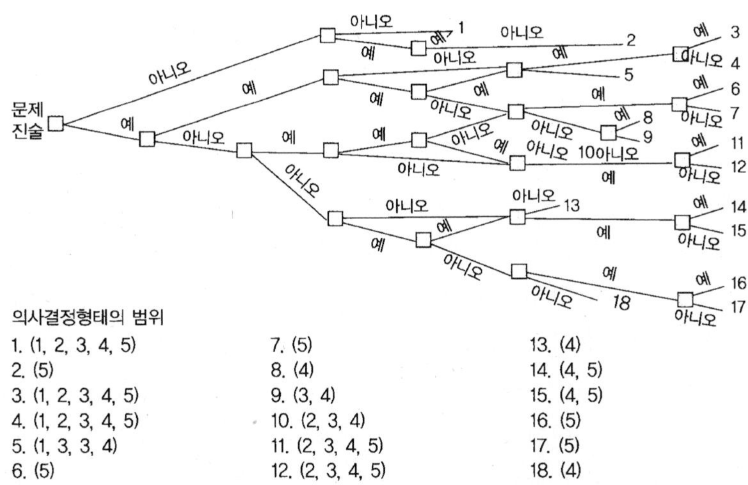

의사결정형태의 범위

1. (1, 2, 3, 4, 5)	7. (5)	13. (4)
2. (5)	8. (4)	14. (4, 5)
3. (1, 2, 3, 4, 5)	9. (3, 4)	15. (4, 5)
4. (1, 2, 3, 4, 5)	10. (2, 3, 4)	16. (5)
5. (1, 3, 3, 4)	11. (2, 3, 4, 5)	17. (5)
6. (5)	12. (2, 3, 4, 5)	18. (4)

<자료> Vroom, V., & Jago, A. (1974, May), "Decision-making as a Social
Process: Normative and Descriptive Models of Leadership Behavior."
Technical Report #5, Organizational Effectiveness Research Programs,
Office of Naval Research, No.0014-67-A-0097-0027.

[그림 3-15] 브룸의 의사결정과정의 흐름도

기본적 질문
<표 3-2>와
같은 질문

A: 하나의 해결책이 다른 것보다 합리적인 것 같은 질적 쟁점이 있는가?

B: 높은 가치가 있는 결정을 내리기 위해 충분한 정보를 가지고 있는가?

C: 구조화된 문제인가?

D: 부하들의 결정사항의 수용은 효과적인 시행에 절대적으로 필요한가?

E: 자신이 결정을 했다면 부하들이 수용할 만큼 정당한 것인가?

F: 문제해결에 있어 획득된 조직목표를 부하들도 공유하고 있는가?

G: 부하들 간의 갈등이 해결될 가능성이 있는가?(이 질문은 개인적인 문제에 대해서는 부적절한 것임)

H: 부하들이 좋은 결정을 내리기 위해 충분한 정보를 가지고 있는가?

지금까지 우리가 살펴본 것처럼 20세기의 약 3/4까지는 다음 두 측면에 열을 올렸었다. 첫째는 훼이욜(Fayol) 등이 제시한 행정과정, 즉 기획, 조직, 조정, 명령, 통제 등을 잘하려고 했다. 이는 구조에의 주도성, 과업지향, 생산지향의 리더로 나타났다. 학교에서는 스케줄 짜기, 조직하기, 장학하기, 청취하기에 주의를 기울였다. 또 다른 하나의 측면은 메이요(Mayo)가 가르쳐 준 하급자에 대한 배려, 종업원 중심, 관계성지향, 인간적 요소를 중시하는 리더로 사기, 동기, 집단 과정, 갈등관리, 의사결정 등에 주의를 기울이고 참여적 방법을 사용하려고 하였다.

그러나 교육지도력에는 이들 양 차원 이외의 그 무엇이 있다고 믿게 되었는데, 유능한 수업리더에게는 교육문제의 진단, 교사에 대한 상담, 교육과정개발, 교사의 능력개발, 교사의 교수적 일에 대한 평가와 교정 등 수업리더의 역할을 강조하여 "교사의 교사"가 되더라는 것이다. 이것이 바로 교육리더십(educational leadership)이다. 전자는 기술적 리더십(technical leadership)과 인간적 리더십(human leadership)이라 이름 붙이고 후자인 교육리더십(educational leadership)을 합쳐 이것을 하나의 계층으로 보고 능력 있는 학교의 필수요건으로 보았다.

그러나 "기술적"·"인간적" "교육" 리더십은 유능한 우수한 학교의 필요조건은 되지만 충분조건은 되지 못한다는 것이다. 이 위에 상징적 리더십(symbolic leadership), 문화리더십(cultural leadership)이 필요하다는 것이다. 상징적 리더십을 통해서 행정가는 학교에서 중요한 것이 무엇이고, 가치 있는 것, 원하는 것, 달성해야 할 목표가 무엇인가를 다른 사람들에게 신호를 보내고 시범을 보인다. 상징적 리더는 추종자들에게 비전을 창조하여 이에 대하여 의사소통하고, 이를 위하여 헌신해야 할 원하는 일의 상태에 대하여 기술한다. 또 상징적 리더는 목표를 설정하고 이에 대하여 의사소통하여, 참여자로 하여금 학교의 전반적인 사명의 수행에 아주 중요하고 적절하다는 것을 이해하도록 한다. 그리고 상징적 리더는 모든 사람이 학교의 전반적 청사진을 내다보고 있다고 생각지 않기 때문에 언어(말이든 문장이든)를 사용하고 시간, 주의, 개인적 존재와 같은 상징을 사용하여 학교에 중요한 것, 좋은 것, 원하는 것을 계속적으로 재강조한다. 그래서 상징적 리더는 현재 구성원들이 학교의 우수성 추구를 위하여 "하고 있는 일"과 "할 수 있는 일"을 분명히 연결시키려고 노력한다.

결국 상징적 리더는 학교가 추구하는 비전, 가치, 목표를 분명히 하고 이에 집중하도록 계속적인 신호를 보내어 방향감을 갖고 이에 헌신하도록 하는 것으로 이해하면 된다.

최근의 여러 연구에 의하면 최고수준으로 우수성을 발휘하는 조직은 다른 조직과 다른 독특한 문화를 가지고 있다는 것이다. 조직문화 개발을 통한 리더십은 행동규범을 형성한다. 조직과 동일시하고, 일의 의미를 발견하고, 사기충천하도록 동기유발하고, 기꺼이 충성하도록 문화를 형성한다. 강력한 학교에서 강력한 조직문화를 형성하는 문화리더는 학교의 목적과 사명을 분절하여 분명히 하고, 가치에 대하여 다른 사람과 상의하고, 독특성을 강조하는 상징체제를 개발하고 이 상징을 가시적인 것으로 하여 분명히 하며, 학교의 규범과 가치를 수용하고 이를 반영한다. 이러한 문화리더는 교사와 학생으로 하여금 더 큰 사명을 수행하는 한 부분으로서 중요하고 가치 있는 일을 하고 있다는 것을 이해시키고, 매일매일 하고 있는 일에 의미를 부여하여 가치와 신념과 헌신을 실현하게 한다.

이러한 문화리더십은 미국 기업들이 망해 갈 때 일본의 기업들은 독특한 조직문화 속에서 번창하고 우수한 기업과 학교는 독특한 조직문화를 가지고 있다는 발견에 의하여 더욱 강조되고 있다. 그리고 사회과학이 현상학, 해석학, 비판이론, 주관적, 질적인 측면을 강조하는 패러다임의 변화와 맥을 같이하고 있다. 논리실증주의에 바탕을 둔 과학적·객관적·통계적인 것도 중요하지만 해석적·설명적·주관적·사례적이고 개인에게 무슨 의미가 있느냐는 더욱 중요할지도 모른다.

장학담당자도 교사 개인에게 일의 의미를 심어 주고 교사 개인의 자아실현을 도와주는 인간자원장학과 앞에서 말한 상징적 리더십과 문화리더십을 같은 묶음으로 파악하여 이에 알맞은 장학지도력을 발휘해야 할 것이다.

4. 의사결정이론

우리가 살아간다는 것은 끝없는 의사결정과정의 연속이라고 해도 과언이 아니다. 음식을 골라 해먹는 것, 교통수단을 이용하는 것, 물건을 골라서 사는 것 하나 하나가 다 의사결정 아닌 것이 없다. 우리가 지금까지 수많은 의사결정을 하여 지금 여기 이 자리에 있게 되어 있는 것이다. 앞에서 예를 든 것은 일상적인 작은 결정이지만 학교 및 전공의 결정, 집을 팔고 사는 결정, 배우자를 결정하는 문제 등은 인생에 있어서 아주 중요한 결정이다.

이러한 개인적인 결정의 결과는 개인과 가족이나 친지에게만 영향을 주지만 행정직에 있는 사람의 결정은 수많은 사람에게 영향을 주게 된다. 예를 들면 학교장의 어떤 결정은 수십 명의 교직원과 수천, 수만 명의 학생과 학부모에게 영향을 주게 되기 때문에 의사결정은 중요하다. 그래서 의사결정은 행정의 핵이요 심장이라고 하며, 행정은 곧 의사결정이라고까지 한다. 그래서 행정과 장학을 잘 하느냐 못하느냐는 의사결정의 질에 달려 있다고 해도 과언이 아니다.

의사결정이란 개인의 목적 또는 집단의 목적을 달성하기 위해 둘 이상의 대안 중에서 하나를 선택하는 것이라고 할 수 있다.

교육행정에 있어서의 의사결정은 ① 기관결정, ② 전략결정, ③ 행정가행위와 관련된 본질적 결정의 수준으로 범주화시킬 수 있다.

첫째, 기관결정은 학교 또는 시·군·구 또는 시·도 교육청 수준에서의 결정을 말하며 학교에서 교사조직을 짜거나 학교교육계획을 수립하는 결정, 시·군·구, 시·도 교육청에서 자금배정이나 시설개선에 관한 결정을 예시할 수 있다.

둘째, 전략결정은 기관결정사항을 수행하는 전술이나 전략적인 좀 더 구체적이고 낮은 수준에서의 결정을 의미한다. 이미 설정된 기관의 목적을 달성하기 위해 집단이나 기관 또는 개인을 어떻게 움직여 나갈 것인가에 대한 본질적 결정(substative decision)이 필요하다. 누구를, 언제, 어디에, 어느 정도 참여시키며, 어떤 의사소통수단을 사용할 것인가에 대한 결정을 말한다. 그러므로 전략결정을 잘하려면 ① 개인의 능력과 행동유형에 대한 이해와 ② 결정에 참여할 사람들의

능력과 태도에 대한 이해, ③ 조직 환경에 대한 이해가 선결조건이
된다.

셋째, 행정가 행위란 행정가가 앞에서 일정한 전략의 범위 내에서
다양한 행동선택을 하는 경우를 의미한다. 행정가는 어떤 상황에서
리더로서 결정해야 하는, 즉 직업적 선택의 문제에 부닥치게 된다.
이에 대하여 행정가는 반드시 개인적 반응을 보여야 하며 이런 반응
이야말로 조직의 운영에 중대한 영향을 미친다고 할 수 있다.

이제 의사결정시에 고려해야 할 필수 요소에 대하여 생각해 보기
로 한다.

첫째, 목표의식이다. 즉, 결정을 내리기 위해서는 무엇이 우선순위
이며, 또 단기목표와 장기목표는 무엇인가에 대하여 알아야 한다. 한
마디로 말하여 "어디로 가야 할 것인가?"의 방향의식에 대한 이해가
필요하다.

둘째, 결정의 필요여부에 대한 결정이다. 결정에는 큰 결정도 있
을 수 있고 작은 결정도 있을 수 있는데 주요결정을 내리기 위해서
는 수많은 작은 하위결정을 생각해야 한다. 그중에서도 중요한 일을
결정할 때는 우선 "결정할 필요가 있는지" 여부를 먼저 결정해야
한다.

셋째, 대안의 검토이다. 문제해결에 있을 수 있는 가능한 모든 대
안을 고려하는 것이다. 직관이나 육감, 경험뿐만 아니라 사실적 자료
에 입각하여 모든 대안을 탐색해야 한다.

넷째, 방향선택이다. 여러 대안들 중 하나의 행동방향을 선택하기
위한 준비과정에 해당된다. 이 방향선택은 투표과정이나 합의과정,
또는 최고행정가의 단독적인 의사결정에 의하여 이루어지기도 한다.
여기서 중요한 것은 이러한 방향선택 시 조직의 측면과 개인적 측면
을 두루 고려하는 일이 필수적이다.

결정의 종류에는 여러 가지가 있다.

첫째, 상황유지도 하나의 결정이다. 의사결정이라고 해서 반드시 새로운 결정만을 해야 하는 것은 아니다. 그러므로 행동을 시도하지 않기로 결정하는 것도 하나의 의사결정이다. 이것을 현상유지 결정이라고 한다.

둘째, 연기도 하나의 결정이다. 앞에서 말한 현상유지가 최종적인 결정임에 반해 조만간 어떤 행위를 취해야 하는지 알면서도 현시점에서는 아무런 결정을 내리지 않는 것을 말한다. 이런 형태는 장학업무의 급박성이나 다음 업무를 위해 가급적 결정을 미뤄 두는 것이 좋을 때도 있다.

셋째, 새로운 방향으로의 결정이다. 새로운 행동방향을 결정하는 것을 의미하는데 여기에는 전반적인 하위결정을 탐색하는 과정이 전개된다.

넷째, 반응을 보여주는 결정이다. 장학담당자에게는 어떤 반응을 즉각 보여주지 않으면 안 되는 문제나 상황이 반드시 닥쳐온다. 즉 반응을 안 해도 안 되고 연기할 수도 없는 그런 상황에서, 또 시간상으로 보아 모든 대안을 다 개발하기 어려운 상황에서 문제에 대해 일관성 있는 해결반응을 찾아내는 일은 장학리더의 임무라고 할 수 있다. 의사결정에는 과학적인 결정과 시행착오식 결정이 있을 수 있다. 말할 것도 없이 우리가 시행착오식 결정을 하기 위해서 장학이론을 배우는 것은 아닐진대 시행착오를 줄이기 위한 합리적·과학적 방법을 추구해야 할 것이다. 그렇다고 과학이 모든 것을 해결해 주는 것은 아니다. 예술적·직관적·경험적인 것도 중요하다는 점을 지적하고자 한다.

시행착오식이 아닌 과학적인 의사결정을 하자면 의사결정의 과정이 과학적 사고의 과정을 따라야 한다. 이 과학적 사고는 존 듀이

(Dewey)의 『How We Think』라는 책으로 대표되는 "반성적 사고"를 해야 한다. 교육계획이나 문제해결, 정책결정, 의사결정, 과학적 연구, 심지어는 회의·토의의 과정도 대개 같은 반성적 사고의 과정을 거치게 된다. 즉 ① 혼동, 당혹 또는 문제, ② 가설 또는 해결방안의 형성, ③ 문제에 대한 지성적 사고 또는 문제의 분석, ④ 내용의 분석과 명세화, ⑤ 결과에 대한 논리적 연역, ⑥ 실제 검증의 과정을 거친다.

의사결정의 적정화 전략이라고 하는 고전적 모형도 합리성을 강조하여 듀이의 반성적 사고와 비슷한 다음과 같은 과정을 거친다.

(1) 문제의 확인(identify)
(2) 목적(goals)과 목표(objectives)의 설정
(3) 모든 가능한 대안의 창출
(4) 각 대안의 결과에 대한 예측·검토
(5) 모든 대안에 대한 목적·목표 측면에서의 평가
(6) 최선안의 선택, 즉 목적과 목표의 극대화안의 선택
(7) 결정의 실행 및 평가

훼이버와 샤론(Faber & Shearron, 1970)도 [그림 3-16]과 같이 비슷한 과정을 제시하고 있다.

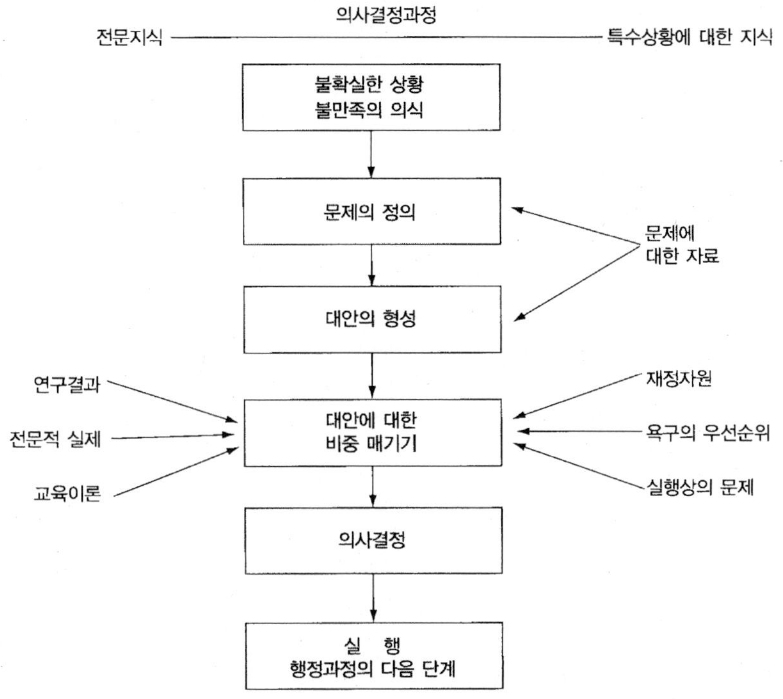

[그림 3-16] 의사결정과정의 모형

호이와 미스켈(Hoy & Miskel, 1987)이 제시한 의사결정과정의 행동주기(action cycle)도 [그림 3-17]과 같이 비슷한 과정이다. 이에 대하여 설명하자면 길어지므로 그림으로 제목만 제시한다.

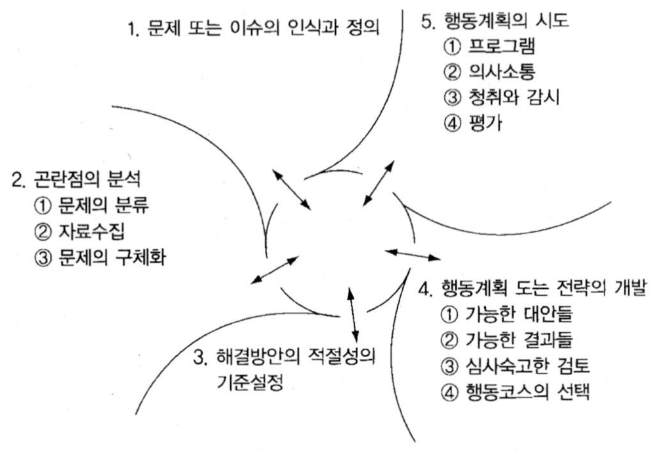

[그림 3-17] 의사결정의 행동주기

현대 민주장학에서 중요한 문제의 하나는 교사의 참여 문제이다. 의사결정에 항상 모든 교사를 참여시킬 수는 없다. 그러면 어떤 문제에 누구를 참여시킬 것인가를 고려해야 한다. 그러면 먼저 어떤 문제를 결정하려고 참여시킬 것인가? 당연히 리더가 결정해야 할 것으로 인정하고 수용하는 영역의 문제를 결정할 때는 구태여 교사를 참여시키려고 할 필요가 없다. 어떤 결정에 대하여 무조건 수용하는 영역을 "수용권(zone of acceptance)" 또는 "무관심권(zone of indifference)"이라고 한다. 수용권 주변의 문제는 필요에 따라 참여시키고 수용권 밖의 외부의 문제는 가능한 한 꼭 참여시키는 것이 좋다.   다음은 누구를 참여시킬 것인가? 참여자를 설정하기 위해서는 ① 관련성 실험과 ② 전문성 실험을 할 필요가 있다. 관련성 실험은 결정하려고 하는 문제와 이해관계가 있는가 알아보아 이해관계 관련이 있으면 참여시키는 것이 좋다. 그리고 전문성 실험은 결정하려고 하는 문제에 대하여 잘 알고 또 전문적 지식이 있는지 알아보는 것이다. 이해관계가 없더라도 결정하려고 하는 문제에 대하여 전문가라면 참여시키면 좋은 결정을 할 수 있으므로 참여시키는 것이 좋고, 이해관계도 있고 전문성도 있으면 의사결정과정의 처음부터 끝까지 꼭 최대한의 범위에서 참여시켜야 한다.

언제 참여시킬 것인가? 이해관계는 없지만 전문성이 있으면 대안검토 시부터 참여시키지만, 전문성은 없고 이해관계만 있으면 최종선택단계에서 참여시키는 것이 좋다. 중간과정의 기술적인 문제는 전문성이 없어서 잘 모르므로 최종결정에서 꼭 참여시킨다. 수용권밖의 문제로 이해관계와 전문성 두 가지 모두 있으면 처음부터 참여시킨다.

의사결정방법은 모든 사람이 똑같이 한 표를 던지는 의회적 방법이 있고, 민주적인 충분한 협의와 토의를 거치고 최종적인 결정은 리더인 최고책임자가 하는 민주적-중앙집권적 방법이 있다.

이것이 호이와 미스켈의 공동의사 결정모형인데 요약하면 [그림 3-18]과 같다.

교사를 공동의사 결정에 참여시키면 교사들은 기분 좋아하고 만족감을 갖게 되어 학교의 효과성은 증대된다. 즉 학교의 효과성 증대가 장학의 궁극적 목표이므로 이를 위해 교사의 만족감을 높여야 하는데 그러기 위해서 의사결정에 참여시킨다는 것이다. 이런 논리가 인간관계장학이다. 이와는 반대로 교사의 행복과 만족감이 목표이고 그러기 위해서 그들이 근무하는 학교가 효과적이어야 하고 학교의 효과성 증대를 위하여 공동의사결정을 해야 한다는 논리가 인간자원장학의 철학이다. 그러면 인간관계장학과 인간자원장학의 근본적인 차이점은 무엇인가? 인간관계장학은 교사를 수단시하고 인간자원장학은 교사를 목적시 한다는 중요한 철학의 차, 인간관과 교사관의 차이가 있다. 교사가 학교조직에 들어오고 교사가 된 것은 조직의 효과보다 개인의 행복 때문이다. 행복한 교사에게서 배우는 학생들은 저절로 행복해지지 않을 수 없다. 이것을 나타내려고 한 것이 [그림 3-19]이다. 이렇게 장학관이 바뀌었다는 것은 이미 언급한 바 있다.

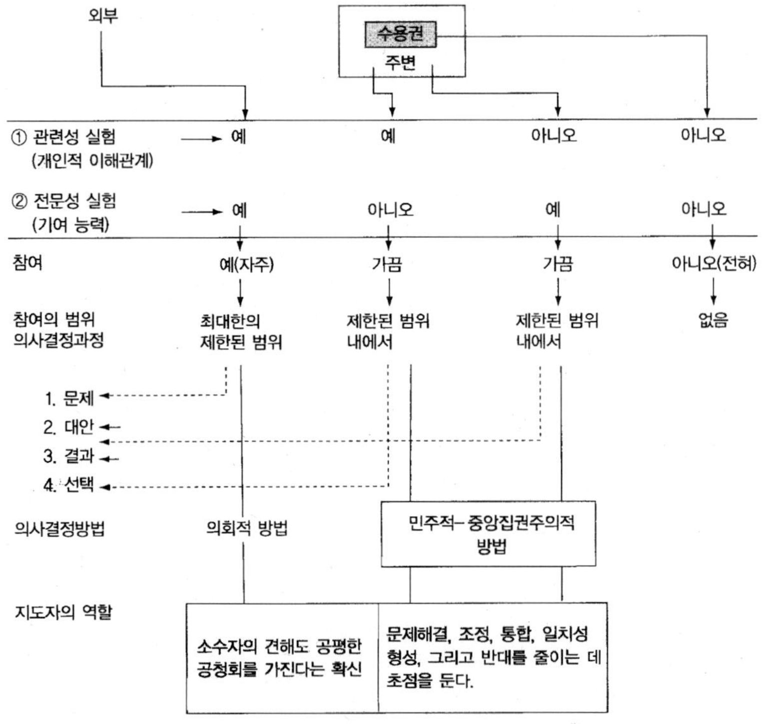

[그림 3-18] 공동의사 결정모형

결국 우리가 어떤 결정을 한다는 것은 가치 있다고 생각하는 것을 선택하는 가치선택이라고 할 수 있다. 가치의 선택은 결정하고자 하는 사람이 "좋아하는(good)" 대로 결정하느냐, 아니면 "옳음(right)" 또는 "정의"를 추구하는 방향이냐의 연속선에서 어느 한 지점을 선택하는 것이다. "좋음"은 자신이 "선호(preference)"하는 대로 감정적·

"정의적(affective)"으로 움직여서 "합리이하(sub-rational)"의 생각으로 자기 자신의 이익을 우선시하는 "자기관심(self-interest)"에 초점을 맞춘 "정치적" 결정이 되기 쉽다. "옳음"의 방향에서의 선택은 "원리원칙(principle)"에 기반을 두고, "의지적(conative)"으로 "초합리적(trans-rational)"인 생각으로 인류사회와 같은 더 넓은 세상을 위해서 "초조직이익(extra-organizational interest)"을 먼저 생각하여 결정한다. 이 양극의 중간지점은 조직에서 "합의(consensus)"했기 때문에, 또는 가치 선택했을 때의 "결과(consequence)"에 근거하여 "지적(cognitive)·이성적·합리적(rational)" 생각으로 "조직관심(organizational interest)"에 우선하여 "관료적" 또는 "동료적" 결정을 하는 경향이 있어 가치개념과 의사결정을 결부시켜 볼 수 있다. 여기에 여러 철학도 대응시킬 수 있다. 이를 요약하면 [그림 3-2]과 같다. 이것은 호지킨슨(Hodgkinson, 1978; 주삼환, 1985)의 가치개념의 분석적 모형에다 결정시 어디에 더 관심을 두느냐를 첨가시킨 것이다.

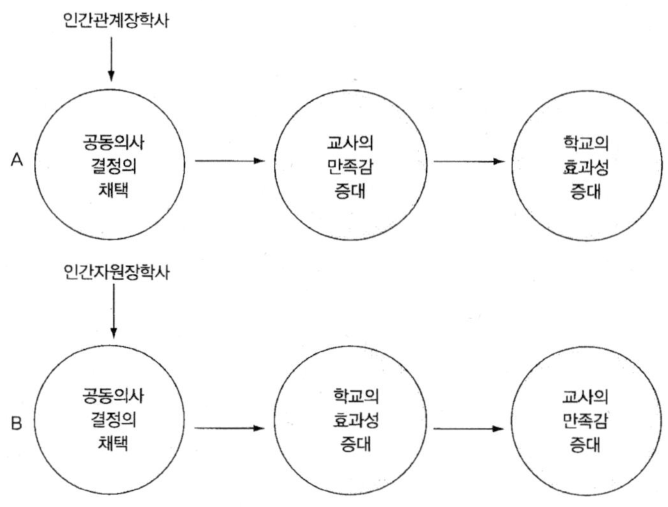

[그림 3-19] 인간관계장학과 인간자원장학

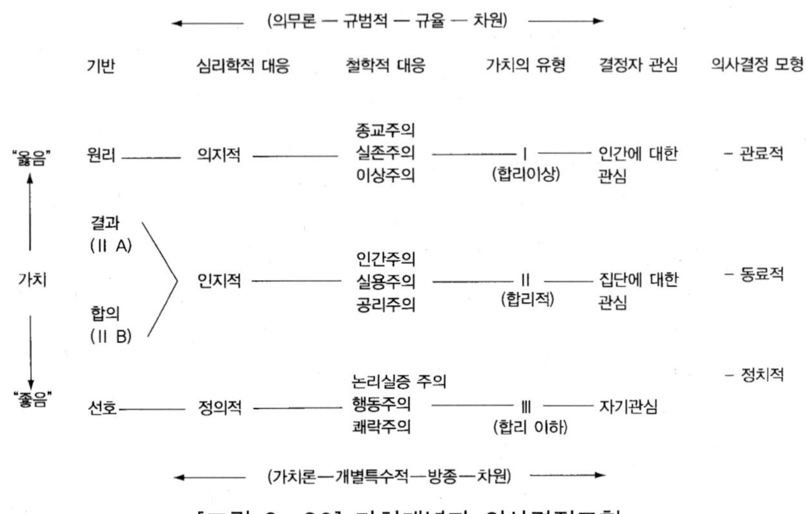

[그림 3-20] 가치개념과 의사결정모형

대개의 의사결정은 교과서적인 분위기에서 이루어지지만 실제적으로 의사결정을 하려면 많은 복잡한 요인들이 작용하여 곤란에 부닥치게 되는데 장학담당자는 이런 요인들을 잘 고려해야 한다.

첫째는 갈등과 스트레스의 문제이다. 학교에서의 의사결정에는 많은 사람들이 관계하게 되는데 언제 누구를 어떻게 어디까지 참여시키느냐 하는 데서 갈등이 발생한다.

둘째는 참여의 문제로, 의사결정에는 최고행정가 이외에 다양한 사람들이 참여하게 되는데 참여할 사람의 선정과 참여하는 정도에 관한 문제가 중요하다.

셋째는 의사결정 마감시간의 문제이다. 의사결정을 하는 데 있어서 시한을 정하게 되면 이로울 수도 있고 해로울 수도 있다. 정상적인 의사결정은 문제가 쉽지만 즉각적인 반응을 요구하는 결정은 시의성이 관건이 된다. 특히 너무 문제에 깊숙이 파고들어가 시간적으로 정상적인 결정을 하기 어려울 때 부정적인 결과를 초래하기 쉽다.

넷째, 정보의 문제인데 이 중에서도 우선 많은 관련정보의 수집이 있어야 하고, 그 다음엔 정보의 유용성에 대한 검토도 이에 못지않게 중요하다.

다섯째, 결정과 관련되는 개인과 관련 집단에 대한 고려이다. 하나의 결정으로 인하여 영향 받는 대상을 고려하는 일도 의사결정을 복잡하게 하는 한 요인이 된다.

결국 의사결정은 분명히 장학에 있어서 중심과제이며 학교운영의 방향설정과 그 방향의 성격에 직결되므로 많은 사람이 받아들이는 의사결정형태를 유지하여 장학목적을 달성하도록 유의해야 할 것이다.

5. 의사소통이론

인간인 이상 우리는 다른 사람과 관계를 맺지 않고 살 수는 없다. 그래서 인간은 사회적 동물이라고 하는데 다른 사람과 관계를 하려면 필수적인 것이 의사소통이다. 교육에서 의사소통은 다른 어느 분야에서보다도 중요하다. 교육이란 바로 교사와 학생 사이의 의사소통이기 때문이다. 교사가 아무리 훌륭하고 좋은 지식을 가지고 있어도 학생과 의사소통을 효과적으로 하지 못하면 교육에 있어서는 쓸모없는 것이 되고 만다. 장학에 있어서도 장학담당자와 교사 사이에 의사소통이 이루어지지 않거나 잘못 이루어지면 장학 자체가 성립될 수 없거나 잘못되기 때문에 장학은 바로 의사소통이라고 할 만큼 중요하다. 그래서 의사소통은 현대 조직에 있어서 인체에 비유하면 혈맥 또는 신경계통이라고 할 수 있다.

그러면 의사소통이란 무엇인가? 의사소통이란 "하나의 정보원

(source, 송신자, sender)으로부터 수신자(receiver)에게로 정보(information) 또는 메시지가 전달되어 양자 사이에 공동소유(common property)가 형성되는 것"이라고 할 수 있다. 공동소유가 안 되는 부분은 "소음(noise)"과 "왜곡(distortion)"에 의하여 소통이 안 되거나 잘못된 것이다. 그래서 의사소통에는 반드시 ① 송신자(정보원)와 ② 수신자, 양자 간의 공동소유에 해당하는 ③ 공유된 정보와 메시지를 필수요소로 한다. 옛날에는 의사전달이라고 하여 일방통행(one-way)으로 생각하였으나 이제는 의사소통이라고 하여 양방통행(two-way)이 되고 주고받는 동안 서로 피드백(feedback)하게 된다. 의사소통할 내용이 있으면 송신자는 일단 이를 암호화(encoding)하여 의사소통 통로를 타고 수신자의 망(screen)을 통하여 들어가 메시지를 나름대로 암호풀이(decoding)하여 해석한다. 이 망은 ① 과거의 경험, ② 선입견, ③ 고정관념, ④ 숨겨진 의도(hidden agenda), ⑤ 물리적 환경에 의하여 개인마다 각각 다르기 때문에 해석하는 데 왜곡현상이 일어난다. 효과적인 의사소통을 위해서는 양자 간에 피드백이 이루어져야 한다. 이것을 [그림 3-21]과 같이 나타낸다.

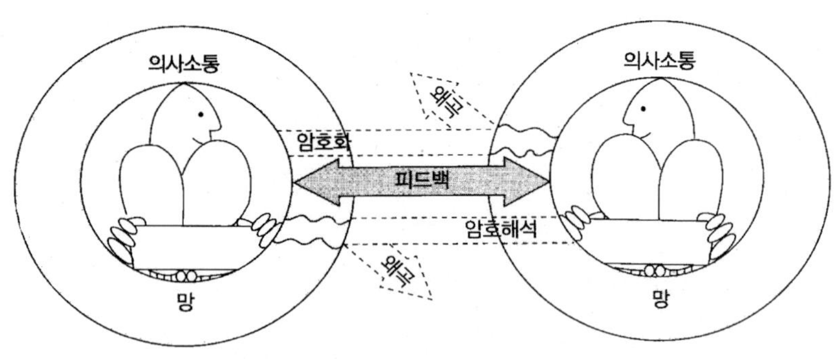

피드백은 메시지가 망을 잘 통과하도록 도와준다.

[그림 3-21] 의사소통관계

송신자는 수신자에게 메시지를 전하고자 하는 개인이나 집단을 말한다. 송신자가 전달하고자 하는 메시지의 기호는 송신자의 과거의 경험에 의하여 선정된다. 또 수신자를 어떻게 지각하느냐에 따라서 달라질 수 있다. 상급자냐 하급자냐에 따라 기호화하는 데 차이가 있을 것이다.

메시지는 전달하고자 하는 아이디어, 사진, 정보의 기호 또는 상징이다. 여기서 문제는 송신자가 이 메시지를 어떻게 기호화, 암호화하느냐 하는 것과 수신자가 어떻게 해석하느냐 하는 것이다. 그래서 송신자와 수신자가 공유하고 일치하는 영역이 넓을수록 의사소통이 잘된 것이다.

의사소통 통로(channels)는 메시지가 송신자로부터 수신자로 전달되는 네트워크 또는 연결(linkages)을 말한다. 대면적 의사소통은 직선(direct line)적이지만 조직 내 의사소통은 다양한 형태의 통로가 있다. "바퀴형(wheel)"은 중앙의 한 사람을 통해서 모든 사람과 의사소통하는 형태인데 대개 중앙의 사람은 리더가 된다. "전통로형(all channels)"은 중앙의 사람 없이 모든 사람과 소통할 수 있는 의사소통형태이다. "연결형(chain)"은 두 사람씩 고리 모양으로 연결되는 형태이다.

교육조직에서는 대개 하향식 또는 상향식으로 계층상을 오르내리는 형이 많다. 동시에 동료 간의 수평적 형태도 있다. 이러한 공식적(formal) 통로가 있는가 하면 비공식적(informal) 통로도 있다. 비공식적·수평적 통로도 상당히 중요하다.

매체(medium)는 메시지를 전달해 주는 매개물이다. 구두나 서면, 또 양자를 동시에 포함하는 매체를 생각할 수 있다. 게시판, 아침 소식지, 뉴스레터, 서면메모지, 서신, 회의록, 서면 집단보고서 등은 대부분 서면 의사소통의 보기이다. 직원회, 협의회, 교실방문, 인터콤, 폐쇄 텔레비전, 점심시간이나 기타 사교모임의 비공식적 접촉 등은 구두 의사소통의 예시이다. 장학에서 의사소통을 위하여 어떤 매체를 사용하느냐는 매우 중요하다. 가능한 한 일대일의 대면적 접촉이나, 교실방문, 소집단토의 등이 좋겠지만 학교규모가 커지면서 직원회의, 학년·학과회의 등을 통하여 전체교사와 의사소통을 해야 하므로 의사소통상의 곤란이 많이 생기게 된다. 장학에서도 마이크로티칭이나, 동료장학, 임상장학을 시도하면 의사소통의 흐름을 촉진시킬 수 있을 것이다.

수신자는 메시지가 도달되기를 기대하는 표적이 되는 사람이나 집단이다. 이 수신자가 메시지에 대하여 어떻게 해석·이해·느낌의 전반적 반응을 하느냐는 ① 기호에 대한 이해, ② 듣고자 하는 것, ③ 송신자에 대한 지각, ④ 숨기고자 하는 것, 물리적 상황구조의 제약 등과 같은 많은 요인에 달려 있다.

사람은 모두 지각망을 가지고 있는데 앞에서 말한 것처럼 수신자의 ① 과거의 경험, ② 선입견, ③ 고정관념, ④ 숨겨진 의도, ⑤ 물리적 환경 등에 의하여 지각망이 각각 달라 의사소통이 왜곡되기 쉽다.

메시지를 왜곡시키는 것을 소음(noise)이라고 하다. 이 소음의 근원은 첫째 어의의 차(semantic)이다. 송신자와 수신자 사이에 같은 의미로 쓰이지 않기 때문에 문제가 된다. 같은 말이라도 상황에 따라, 또 발음하기에 따라 달리 쓰이는 데 문제가 있다. 둘째는 송신자 자신에서 소음이 생긴다. 송신자의 소망과는 관계없는 목적으로 메시지를 사용하고, 노출시키기를 원하지 않는 정보를 다룬다든지, 수신자의 배경에 대하여 잘 모르고 의사소통하고자 한다든지, 또 송신자가 정직하게 자기 개방하고자 하지 않을 때 메시지는 왜곡된다. 셋째는 수신자가 소음의 근원이 된다. 송신자의 말을 듣겠다는 준비가 안 되어 있다든지, 또 듣고 싶어 하지 않는다든지, 어떤 동기로 인해서 메시지를 잘못 해석한다든지, 메시지를 이해할 수 있는 배경이 없으면 수신자로부터 소음이 생긴다. 넷째는 상황에 소음과 왜곡의 원인이 있을 수 있다. 집단조직의 성격이나, 동조성 부족, 의사소통 통로의 부적성이 그 예시가 된다.

의사소통에서 피드백은 효과적인 의사소통의 중요한 요소이다. 건설적이고 효과적인 피드백을 위해서는 ① 상대방의 인성이나 성격에 대여 말하지 말고, ② 성급하게 동기나 선·악, 정·사와 같은 가치판단을 하지 말고 행동을 기술하려고 하고, ⑤ 충고나 해결방안보다는 대안을 제시하려 노력하고, ④ 상대방에게 자유로운 제안을 하는 것은 좋으나 정보를 강조하지 않도록 해야 한다.

의사소통에서 또 하나 중요한 것은 앞에서 언급한 구두나 서면의 언어 이외의 비언어적 의사소통도 중요하다. 비언어적 의사소통을 연구하는 학문을 키네시스(kinesis)라 하고 비언어적 신호나 신체언어(body language)를 잘 사용하면 효과적인 의사소통이 된다. 여기에는 ① 몸짓(gestures), ② 눈 마주침, ③ 신음, 한숨, 비명, 투덜거림 같은 아류언어(sub-vocals), ④ 접촉(contact), ⑤ 거리감(distancing) 등이 포함된다.

이제 의사소통의 장벽, 또는 장애물을 열거해 보면 다음과 같다. 이 장애물을 극복해야 효과적인 의사소통을 할 수 있으리라 본다.

(1) 사람들이 각각 다른 의미를 갖는 기호나 단어를 사용한다.
(2) 집단구성원들이 다른 가치를 갖고 있다.
(3) 문제에 대하여 각각 다르게 지각한다.
(4) 각각 다른 신분을 가지고 있는데 신분을 강조하면 의사소통은 막힌다.
(5) 이해관계에 갈등이 있다.
(6) 의사결정이 합의가 아니라 다수결에 의하여 이루어진다. 다수결

에서는 상호이해보다 숫자를 따지게 된다.
(7) 토의 시 감정을 제거하려고 한다. 그래서 진짜의 의사소통을 하기 어렵다.
(8) 사고를 하지 못하게 하는 말을 사용한다.
(9) 다른 사람의 관점, 감정, 가치, 목적을 이해하려는 노력이 부족하다.
(10) 다양성을 수용하려고 하지 않는다.
(11) 일방적인 협조를 요청하는 경향이 있다. 특히 상급자가 이런 경향이 강하다.
(12) 상급자의식이 장애가 된다. 상급자의식을 가진 송신자는 자유로이 개방적으로 말하지 못하고 상급자의식의 수신자는 정확하게 들으려 하지 않는다.
(13) 자기이익을 방어하려는 사람은 완전히 개방적이고 정직하게 의사소통하기 어렵다.
(14) 개인적 불안정감을 가지고 있으면 의사소통이 어렵다.
(15) 분명한 설득의도가 나타나면 의사소통하기 어렵다.
(16) 수신자, 송신자의 역할을 엄격히 구별하면 자유스런 의사소통이 어렵다. 상호보완적이어야 한다.
(17) 상황이나 환경을 부정적으로 보면 의사소통이 어렵다(Wiles & Lovell, 1975: 91-93).

이보다 더 적극적으로 효과적인 의사소통을 하려면 다음 사항에 노력하는 것이 좋을 것이다.

(1) 감정이입을 하라. 상대방의 입장에서 이해하라.
(2) 앞에서 열거한 장애물을 의식하라.
(3) 피드백을 주고받아라.
(4) 타인의 말을 경청하라.
(5) 권력과 조직에 의한 전달을 피하라.
(6) 일대일로 의사소통하라.

(7) 타인을 수용하려고 노력하라.

(8) 자기 자신과 상대방을 신뢰하라(주삼환·명제창, 1989: 127-133).

그리고 의사소통을 잘하려면 항상 의사소통을 효과적으로 하였는지에 대하여 효과성 평가를 할 필요가 있다. 여기에는 ① 메시지의 형식과 내용을 분석하는 이론적 접근, 내용분석 접근과 ② 의사소통의 목적이 달성되었는지에 관심을 두는 직접적인 실용적 분석과 ③ 의사소통에 의해 생긴 감정에 근거하여 평가하는 인간적 접근, ④ 비용-효과분석 접근 등이 있을 수 있다.

이 절의 서두에서 말한 것처럼 의사소통 없이 장학을 할 수는 없다. 공문기안, 장학협의, 각종 회의의 조직과 운영, 세미나, 워크숍, 직원연수 등 모든 것이 의사소통에 의하여 이루어진다. 그리고 어떤 결정을 할 때 이제 혼자서 독단으로 하는 일은 사라지고 있다. 집단과정을 거쳐서 어떤 결정을 하려면 반드시 의사소통의 기술과 능력이 있어야 한다. 그동안 장학에서 의사소통에 등한히 했던 점을 고려하여 앞으로 이에 더 많은 노력을 기울여야 할 것이다.

6. 권력과 권위이론

행정도 그렇지만 장학은 다른 사람으로 하여금 가지고 있는 능력을 최고도로 발휘하게 하여 본인도 행복하고 학교조직도 발전하게 하자는 것이라고 하였다. 그러려면 어떤 형태로든 다른 사람과 조직에 영향력을 줄 수 있어야 한다. 다른 사람이나 조직에 영향을 주려면 그럴만한 힘이 있어야 한다. 장학에서 중요한 요소가 장학적 영향력을 교사의 교수행위에 미치게 하여 궁극적으로는 학생의 학습행위에 변화를 주는 것이라고 했던 점을 상기하면 이 장학적 힘이 얼마나 중요한 것인가 짐작할 수 있을 것이다. 여기서는 이 장학적 힘에 해당하는 권력(power)과 권위(authority)를 중심으로 살펴보고자 한다.

권력과 권위를 엄격히 구별하기는 어려워 때로는 맞바꾸어 쓰거나 거의 같은 말로 쓰기도 한다. 그런데 구태여 구별하려고 한다면, 우선 권력은 힘을 행사하는 쪽에 비중이 주어지고 권위는 영향을 기꺼이 받고자 하는 사람 쪽에서 보는 것이다. 다시 말하면 권력은 행사하는 쪽에서 본 것이고 권위는 받아들이는 쪽에서 세워 주는 것이다. 그래서 권력은 의사결정과정에 영향을 미칠 수 있는 개인의 능력이라고 정의할 수 있는데 이 능력은 학교사회의 계서적인 공식적 지위에서 나오는 경우도 있지만, 전혀 다른 원천에서 나오는 경우도 있다. 예를 들면 공식적 지위에 부합되는 권위는 없는데 실제로 학교의 의사결정과정에 강한 영향력과 권력을 행사하기도 한다. 그런데 권위란 다른 사람으로 하여금 학교목적 달성을 위하여 행동하도록 하는 힘을 말한다. 즉 권위란 리더가 조직구성원에게 자신의 의지를 행사하는 것이 적절하다고 믿는 바에 의하여 구성원이나 추종자가 자발적으로 순응하는 것이라고 할 수 있는 것으로 지위와 결부된 지위에 따른 내재적 권리이다.

베버(Weber)는 권위의 종류를 ① 전제적 왕권이나 가부장적 기업체, 온정적 학교사회에 존재하는 전통적 권위와 ② 리더가 초자연적인 권력을 가지고 있다고 믿는 신념에 근거한 카리스마적 권위, ③ 합법적인 체계에서 몰인정적이고 보편적인 원리나 규범·규칙에 근거한 합법적 권위로 분류하였는데 최근에는 이에 더하여 제4의 조직권위로 전문적 규범과 기술에 근거한 전문적 권위가 중시되고 있다. 그런데 학교조직의 관료적 규범과 규칙은 이 제4의 권위에 해당하는 전문적 규범과 갈등을 일으킨다. 다른 말로 표현하면 공식적 권위와 기능적 권위 사이의 갈등이라고 할 수 있다.

공식적 권위는 계층적 권위, 합법적 권위, 지위자생적 권위, 공적인 권위 등을 모두 포괄하는 반면, 기능적 권위는 무슨 일을 해낼 수 있느냐, 기능을 발휘할 수 있느냐에 초점을 맞춘 것으로 기술과 경험을 포함하는 자질과 능력으로부터 나오는 권위, 리더십과 인간관계기술을 포함한 개인적 권위가 이에 해당된다.

피바디(Peabody, 1962)는 공식적 권위를 둘로 나누어 ① 합법적 권위와 ② 지위권위, 다시 기능적 권위를 둘로 나누어 ③ 능력권위와 ④ 개인적 권위의 네 개의 권위종류에서 어떤 권위를 존중하는가에 대하여 ① 경찰, ② 복지단체직원, ③ 초등학교 교사를 대상으로 조사한 결과 <표 3-3>과 같이 나타났다.

이 표에서 보면 초등학교 교사들의 경우 전문적 능력의 권위에 다소 중요성을 두고(45%), 복지단체에서는 22%, 경찰부서에서는 15%가 능력권위에 근거를 두고 있다는 사실을 알 수 있다. 중·고등학교 교사에 관한 자료는 없으나 교사들이 전문적 능력권위를 존중할 것이라는 것은 거의 분명할 것이다. 그렇다면 장학담당자가 전문적 능력에 의한 권위에 기반을 두고 장학하지 않으면 장학에서 신뢰를 받기 어려울 것이라는 짐작을 할 수 있다. 특히 인간자원장학에서는 권위의 기초로서 능력과 개인적 측면을 중시한다는 점을 고려해야 한다.

장학담당자의 권위의 근거가 바뀌고 있으며 또 경우에 따라서는 약해지고 있다. 교장의 권위도 변화하고 있으며 또한, 약해지고 있는 경향이 있다. 교육의 전문성이 강조되면 될수록 교장과 장학담당자의 역할에 대한 인식은 전통적·관료적 권위에서 전문적 능력권위가 강조될 수밖에 없다.

프렌치와 레이븐(French & Raven, 1960)은 O라는 개인이 P라는 개인에게 행사하는 사회적 권력의 기초를 다음 다섯 가지로 분류하고 있는데 장학자가 이 중 어떤 힘에 근거하여 장학하느냐가 교사가 받아들이는 점에 있어서 중요하다.

표 3-3 세 가지 공적 봉사조직에서의 권위의 기초인식분류

	권위의 기초	경찰부서	복지단체	초등학교
		(N=23)	(N=23)	(N=23)
합법적 권위	일반적 합법성	12%1)	9%	10%
	법규 등	15	17	15
	행정적 판례, 규칙, 지침	0	17	0
	지도위원회, 위원회의 정책	0	0	100
지위로부터의 권위	최고위층의 외부적 실행과 전체로서의 조직2)	0	17	15
	최고위층의 내부적·실행적·개선적 위치, 전체로서의 행정3)	27	13	30
	중간조정적 장학담당자	9	39	04)
	지위나 직무특성의 전수	30	26	15
능력으로부터의 권위	전문적·기술적 능력과 경험	15	22	45
개인적 권위	권위가 행사되는 개인적 특성이나 방법	42	13	15
	기타요인	6	4	0
	관련요인 없음	18	22	15

주) 1. 어느 경우 권위의 기초를 하나 이상 응답하였기 때문에 전체 %가 100이 넘는 경우도 있음.
2. 최고위층의 외부적 실행자는 예를 들어 군의 관리자, 시의 관리자, 학교의 교육감 등 상부조직의 주요직책도 포함함.
3. 최고위층의 내부적 실행자는 경찰서장, 책임자, 교장을 가리킴
4. 초등학교의 경우 최고위층의 내부적 실행자로서 표시된 경우임.

<자 료> Peabody, R. L. (1962, March). "Perceptions of Organizational Authority: A Comparative Analysis," Administrative Science Quarterly, 6, p.477

> (1) 보상적 권력은 O가 P에게 보상을 제공할 수 있는 능력을 가지고 있다고 P가 지각할 때 생기는 권력이며,
> (2) 강제적 권력은 O가 P에게 벌을 줄 수 있는 능력을 가지고 있다고 P가 지각할 때 생기는 권력이며,
> (3) 합법적 권력은 O가 P의 행동을 규정할 수 있는 합법적인 권력을 가지고 있다고 P가 지각할 때 생기는 권력이며,
> (4) 참조적 권력은 O가 P를 동일시하는 데서 나오는 권력이며,
> (5) 전문적 권력은 O가 특별한 지식이나 경험을 가지고 있다고 P가 믿는 데서 나오는 권력을 말한다.

이에 대하여 좀더 설명하면 보상적 권력은 특정한 성격의 호의적인 경향을 나타내는 것이지만 동시에 학교 내의 가부장적 행정과 장학환경의 독특한 성격을 나타내 주는 일례이다. 물론 여기서의 보상은 교사들이 수용하고 갖고 싶어 하는 것이어야 한다. 봉급인상, 인정감, 온정, 좋은 학교라는 생각, 긍정적인 직무수행 및 계획, 보다 많은 비품구입비 등은 행정가들이 줄 수 있는 보상조건들이다. 보상적 권력은 만족스럽지 못한 환경에서 돌파구를 제공해 줄 수 있다.

강제적 권력은 교사들에게 제재를 가할 수 있는 힘이다. 강제적 권력은 보상적 권력의 반대 면이다. 그래서 이 둘은 같이 존재할 수 있다. 예를 들면 학과의 예산은 교장이 원하는 바에 부응하면 증가될 수 있지만, 교장의 뜻에 어긋나면 학과의 예산은 감소될 수도 있다.

전문적 권력은 능력에 근거한 권위체제와 비슷한 개념인데, 전문적 지식정보와 기능에 근거하여 순종을 유발할 수 있는 힘 또는 능력을 말한다. 다른 사람의 존경이나 선망을 통제할 수 있는, 즉 교사들로부터 전문적 권위를 인정받고 있는 장학담당자는 지시적 권력에 근거하여 행동해도 먹혀들어간다. 이 권력은 때때로 숙련가의 권력, 즉 개인의 능력에 대한 존경과 선망에 바탕을 둔 것이다.

그러나 참조적 권력은 숙련자의 전문적 권력과는 다르다. 많은 장학담당자들이 개인적으로 존경을 받기 때문에 다른 사람들의 지지를 받을 수 있어야 한다. 존경의 대상, 동일시의 대상이 될 때 장학력은 강해질 수 있다.

합법적 권력은 공식적 지위에서 나오는 권력으로서, 통제하고 영향력을 행사하는 행정적 특징을 갖는 측면을 말한다. 신임교사가 직무교육 장소에서 교육장을 대할 때 신임교사는 교육장의 합법적 권력의 의미를 충분히 이해하고 있거나 아니면 이해하는 척하게 될 것이다.

바흐만(Bachman, 1968) 등은 5개의 조직을 대상으로 어디에 권력의 기반을 두는가와 각 권력기초와 직무만족과의 상관관계를 낸 결과 <표 3-4>와 <표 3-5>와 같다.

표 3-4 권력의 기초에 대한 평균치*

권력의 기초	조 직 환 경				
	1	2	3	4	5
	부(지사)	대학	보험회사	생산적 업무단위	공공사업회사의 작업집단
합법적 권력	4.1	3.6	63.3	3.4	4.7
전문적 권력	3.5	4.1	3.8	3.4	3.0
참조적 권력	2.9	3.5	2.5	2.7	2.1
보상적 권력	2.7	2.3	2.8	2.8	2.7
강제적 권력	1.9	1.6	1.8	2.	32.5

* 모든 경우 5.0이 가장 높은 정도를 나타내며 1.0은 가장 낮은 정도를 나타내는 것임. 조직 1, 2, 5에서의 응답자들은 서열척도를 사용하였고 3과 4에서는 5개의 권력기초를 독립적으로 순위를 파악하였다.

<자료> Jerald D. B. et al. (1968). "Bases of Supervisory Power: A Comparative Study in Five Organizational Setting," in A. S. Tannenbaum (ed.). Control in Organizations. New York: McGraw-Hill, p.234.

이 표에서 보면 대체로 전문적 권력에 높은 점수를 주고 있는데 대학과 같은 전문조직에서 더 높은 점수를 주고 있는 것을 알 수 있다. 그리고 전문적 권력과 참조적 권력은 직무만족과 가장 강력하고 지속적인 정적 상관관계를 보여주며, 특히 교육조직에서 강제적 권력은 직무만족과 부적 상관을 갖고 있는 것을 발견할 수 있다.

표 3-5 권력의 기초에 대한 평균치*

권력의 기초	조 직 환 경				
	1	2	3	4	5
	부(지사)	대학	보험회사	생산적 업무단위	공공사업회사의 작업집단
	(N=36)	(N=12)	(N=40)	(N=40)	(N=20)
합법적 권력	-.57*	-.52	.04	.40**	-.35
전문적 권력	.69*	.75*	.88*	.67*	.30
참조적 권력	.75*	.67**	.43**	.57*	.11
보상적 권력	-.57*	-.80*	.48*	.27*	-.12
강제적 권력	-.31	-.70	-.52*	.01	-.23

*p〈.01 양방검증
**p〈.05 양방검정
〈자료〉 〈표 3-4〉의 것 p.235.

또 다른 연구에서는 전문적 판매조직을 대상으로 사용하는 사회적 권력과 직무수행정도와의 상관관계, 또 지사장과의 만족도와의 상관관계를 연구한 결과 〈표 3-6〉과 같다. 이 표에서 보면 참조적 권력과 전문적 권력은 직무수행정도와 만족도에서 다 의미 있는 정적 상관관계를 보여주는 반면 보상적 권력, 강제적 권력, 합법적 권력은 부적 상관을 보여주고 있다.

각 조직의 목표에 따라 사용하고 또 수락하는 권력과 참여정도와 과업은 달라진다. 이를 잘 설명한 것이 에치오니(Etzioni, 1961)의 수락이론이다. 질서유지가 최상의 목표이고, 과업이 일상적이고 구성원들이 이탈적인 군대나 수용소, 감옥(표의 A형) 같은 조직에서 적절한 권력은 강제적이다. 그러나 목표가 경제적 이익추구이고 과업이 수단적이고, 구성원들이 타산적·계산적으로 참여하는 회사나 기업체 조직(표의 B형)에서는 공리적 권력이 있어야 한다. 그리고 목표가 문화적이고 과업이 표현을 하는 일이고 도덕적 입장에서 참여하는 학교나 교회와 같은 조직(표의 C형)에서는 규범적 힘으로 다스리게 된다. 이를 요약해 놓은 것이 <표 3-7>이다.

표 3-6 권력, 직무수행 및 만족도

지사장의 권력기초	직무수행의 평균치	지사장과의 만족도 평균치
참조적 권력	.40[*]	.75[*]
전문적 권력	.36[*]	.69[*]
보상적 권력	-.55[**]	-51[**]
강제적 권력	-.31	-.71[**]
합법적 권력	.17	-.57[**]

주) 피어슨(Pearson)의 적률상관도를 산출한 것임.
　　*P < .05 양방검증
　　**P < .01 양방검증
<자료> Bachman et al. (1968). "Control, Performance and Satisfaction: An Analysis of Structural and Individual Effects," in A. S. Tannenbaum (ed). Control in Organizations. New York: McGraw-Hill, p.213.

　　그러나 학교에서도 질서유지가 목표이고 일상적인 과업이라면 가장 효율적인 수락이론은 강압적인 성질의 것이어야 할 것이다. 그러나 이런 전략을 사용하기 전에 이탈적인 교사를 끌어들이는 노력부터 하는 것이 좋다. 그러나 만일 당장 필요한 목표가 비용효과를 보

표 3-7 에치오니의 수락이론의 구성요소와 특성

구성요소	A형	B형	C형
목표	질서적	경제적	문화적
권력	강제적	공리적	규범적
참여	이탈적	타산적	도덕적
과업	일상적	도구적	표현적

주) 질서적 목표는 조직 내 행위자의 통제에 관한 것이다. 경제적 목표는 조직이 적정비용을 투입하여 산물을 계속 만들어 내거나 유지하는 것을 말한다. 문화적 목표는 가치체제와 생명체제의 사회화, 제도 및 유지, 확산, 적용에 관한 것이다.
<자료> Etzioni, A. (1961). A Comparative Analysis of Complex Organizations. New York: Free Press.

려는 경제적인 것이고 교사들이 경제적 이해관계를 따진다면 공리적인 전략을 수립할 수도 있을 것이다. 그러나 학교의 목표는 대개 본질상 문화적인 것이다. 교사와 학생들의 과업은 학교의 문화적 목표에의 참여정도를 규정하고 적정화시키며 또 이를 강화한다는 면에서 보면 표현적인 것이다. 학교의 표현적 과업과 문화적 목표를 위해서는 규범적 전략을 사용하게 되며 학교구성원들로부터 도덕적 참여의식에 호소해야 한다. 이 마지막 전략이 장학에서도 가장 바람직하다.

학교와 교육조직은 여러 체제로 구성된 복합체제이다. 교육목표와 경영철학 등과 관련된 이념체제, 교수방법, 기술과 관련된 기술체제 또는 교육체제, 인간관계와 사회적 역할과 기대와 관련된 사회체제 그리고 개인의 이익을 보호하고 의사결정에 영향을 주려고 서로 권력싸움을 하는 것과 관련된 정치체제가 학교 내외에 존재한다. 그런데 최근에 교육 관련의 여러 집단들이 자기들에게 유리하게 학교운영과 교육운영이 이루어지도록 하기 위하여 집단 활동을 하여 정치적으로 움직이기 시작하고 있다. 학생집단, 교사집단, 교육행정가 집단, 행정직원집단들의 활동이 과거에 비하여 눈에 띄게 활동적이다. 그러나 어느 정도 정치활동이 있는 것은 바람직하지만, 학교가 전적으로 정치적으로 운영되면 역기능과 비효과성이 나타날 것은 분명하다. 학교는 어디까지나 교육 조직이기 때문에 교육적으로 운영되어야 한다. 이를 나타내려고 한 것이 [그림 3-22]이다. 학교 내 권력은 집중화로부터 분권화, 평준화의 방향으로 가야하고 또 그런 방향으로 가고 있으나 지나치게 정치적인 것은 경계해야 한다.

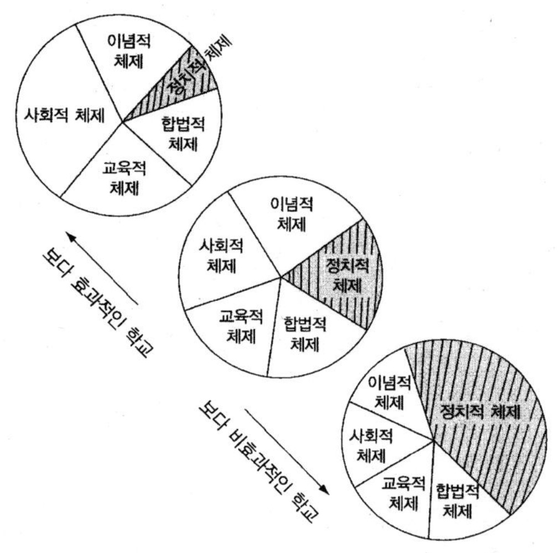

[그림 3-22] 5가지의 학교구조체제(주삼환·신익현. 1987: 146)

교직단체를 결성하여 학문적·교육적·전문적 활동을 하고 권익옹호활동을 하는 것은 바람직하고 오히려 권장되어야 하지만 지나치게 정치적이고 과격한 단체행동으로 옮겨가는 것은 자제되어야 한다. 그러나 막강한 국가의 절대권력 아래 연약한 교사들의 권한이 무시되었던 점을 감안하면 교사들이 강력한 전문직 단체를 중심으로 뭉칠 필요는 있다고 본다. 장학담당자의 지도력 중에 건전한 교직단체를 육성하고 교사들의 올바른 전문 활동을 지도하는 일이 포함되고 있다.

학교 내 집단들의 정치적 움직임이 활발해지면서 집단 간의 갈등도 과거보다 심각해지고 있다. 과거에는 갈등을 부정적·역기능적으로만 보아 없어야 하는 것, 있으면 빨리 없애야 하는 것으로 보았으나 최근에는 갈등을 긍정적으로 다루고 있다. 조직 내 어느 정도의 갈등은 조직발전을 위해 필요하며, 또 갈등을 처리하기에 따라서는 "약"도 될 수 있고 "독"도 될 수 있는 양 방성을 가지고 있다고 보는 것이다.

갈등은 양립할 수 없는 상태에서 생긴다. 예를 들면 상대방의 관심과 이익을 충족시켜 줄 것이냐 나 자신의 욕구를 충족시킬 것이냐에서 갈등이 생길 수 있다. 이때 [그림 3-23]과 같이 다섯 가지 유형의 처리방식이 있을 수 있다.

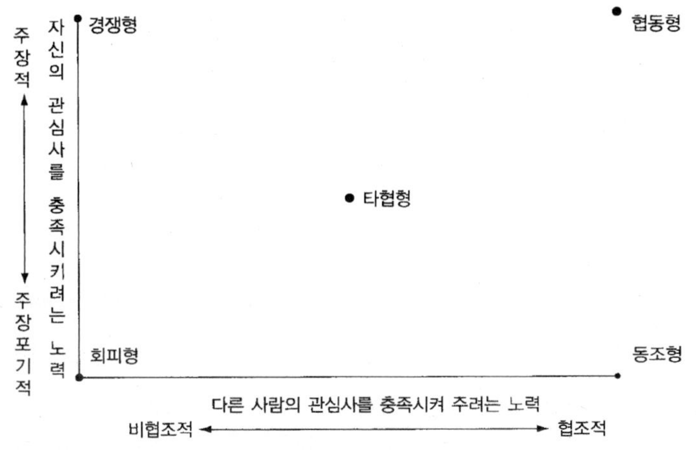

<자료> Jamieson, D. W., & Kenneth, W. T. (1974). "Power and Conflict in the Student Teacher Relationships," *Journal of Applied Science*, *10*(3), pp.321-336.

[그림 3-23] 자신의 관심사를 충족시키려는 경우와 다른 사람의
관심사를 충족시키려 노력하는 경우에 따라 구안된 갈등해소방법모형

나의 관심을 포기하고 상대방의 관심을 충족시켜 주는 ① 동조형, 반대로 나의 욕구만을 충족시키는 ② 경쟁형, 두 사람의 욕구를 모두 포기하는 ③ 회피형, 반반씩 나누어 갖는 ④ 타협형, 두 사람의 욕구를 모두 충족시키는 ⑤ 협동형의 5가지 갈등처리방법을 생각할 수 있다.

동조형과 경쟁형은 "승리: 패배"의 "zero-sum game"이 되고, 회피형은 모두가 패배자가 되는 "패배: 패배"가 되어 손해와 파멸의 길로 간다. 문제는"타협"이다. 한국인은 타협에 너무나 인색하고, 특히 교사들은 옛날 선비들의 피를 받아서인지 타협할 줄을 모른다고 한다. 타협도 상당히 좋은 것이기는 하나 타협을 잘하는 서양에서는 타협에 만족하지 않아 "패배: 패배"로 분류하고 있다. 현대인은 "빵 반쪽"으로 만족할 수 없다는 것이다. 협동형은 경쟁자 둘이 협동, 노력하여 제5의 방안을 찾아내어 모두가 승자가 되는 "승리: 승리"가 되는 게임이다. 둘이 노력하여 "빵을 더 구해내는 방안"이다. 학교에서 자율권도 없고 자원도 별로 없는데 작은 것 가지고 싸우지 말고 위로부터 다른 곳으로부터 자율권과 자원·재정을 많이 따내어 이를 공유하는 제5의 방안을 강구해야 할 것이다.

장학담당자와 교사 사이에도 갈등이 존재한다. 어떤 사람은 이를 "사적인 냉전(a private cold war)"이라고까지 표현하였다. 냉전 상태에서는 장학의 효과를 거둘 수 없다. 근본적으로 장학은 교사를 위한 것이라는 인식하에 친밀한 관계부터 형성해야 한다. 그리고 교사의 자발성에 기초해야 한다. 교사도 장학담당자도 모두가 승자가 되고 모두가 보람을 찾는 장학이 되어야 한다. 장학담당자는 교직의 정치적 갈등구조를 교육공동체로 바꾸는 일부터 해야 할 것이다.

7. 동기이론

장학론 강의를 끝낼 때마다 궁극적으로 결론에 도달되는 것은 ① 교사의 동기유발과 ② 장학담당자의 자질과 전문성 향상, ③ 이를 위한 행정적・제도적・정책적 뒷받침의 셋이었다. 이 중에서도 교사의 자발적인 성장의욕과 내적 동기 없이는 장학의 효과를 거두기는 어렵다. 학습에서도 학생들의 내적 동기가 중요하듯이 장학에서도 교사들의 장학에 대한 동기가 중요하다. 교사들이 장학에 대하여 시장기를 느끼지 않고, 전문적 성장에 대하여 허기증을 느끼지 않고, 수업기술 향상에 갈증을 느끼지 않으면 장학은 무용지물이 되기 쉽다. 시장기와 허기증, 갈증을 느끼지 않는 배부른 사람에게는 아무리 진수성찬을 차려 놓아도 의미가 없다. 그러나 배고프고 목마른 사람은 스스로 음식을 찾거나 만들어 먹고자 한다. 장학에서도 교사들이 스스로 장학의 필요를 느끼고 장학의 도움을 받아서 성장하고자 할 때 효과적이다. 그래서 장학담당자는 교사의 동기유발에 최우선의 관심을 집중해야 한다.

동기 중에서도 외적 동기보다 내적 동기가 더 바람직하다. 물질적인 대가나 외적 보상에 동기 유발되어 열심히 가르치는 교사의 일의 질과, 아이들과 학생들이 좋아서 가르치는 일이 재미있고 보람 있어서 열심인 교사의 질에는 엄청난 차이가 있다. 다같이 열심이지만 후자의 경우가 더 바람직한 것은 두말 할 필요가 없다.

또 장학담당자 자신도 지위나 권력 때문에 장학직을 맡고 있느냐, 아니면 교사를 도와주는 일 자체에서 보람을 느껴서 장학적인 일을 기꺼이 맡고 있느냐에 따라 장학의 질과 그 효과성에는 엄청난 차이가 있을 것은 분명하다.

그래서 이 절에서는 장학에서 중요한 일반적인 동기이론에 대하여 살펴보고, 이를 교사와 장학담당자와 연결시켜 보고, 동기유발방안으로서 직무풍요화(직무특성화) 방법에 대하여 살펴보기로 한다.

매슬로우(Maslow)는 인간의 욕구에 계층이 있어서 전 단계의 욕구가 충족되어야 다음 단계의 욕구가 나타난다는 동기이론을 제시하였다. 그리고 일단 충족된 욕구는 행동을 적극적으로 이끌어가는 동기인자로 작용하지는 못한다고 하였다.

이 매슬로우의 욕구단계에 대해서는 이미 많은 책에 소개되었지만 제일 낮은 단계에서부터 ① 먹고, 마시고, 잠자고, 배설해야 하는 기본적이고 1차적이며 동물적인 생리적 욕구와 ② 위험, 협박, 박탈로부터 보호를 받고자 하는 안전에의 욕구, ③ 소속감, 친교, 동료들로부터의 수용감 획득, 우정과 사랑의 교환 등의 사회적 욕구, ④ 자기만족, 독립, 성취, 능력, 지식, 지위, 인식, 평가, 동료들의 관심 등과 관련된 존경에의 욕구, ⑤ 가능성의 실현, 계속적인 자기발전, 창조적 기질과 관련된 자아실현의 욕구의 순서로 욕구가 나타난다는 것이다.

대체적으로 이런 욕구단계의 순서로 나타난다는 것이지 반드시 그렇다는 것은 아니다. 예를 들면 인도의 간디는 낮은 수준의 욕구가 충족되지 않은 상태에서 보다 높은 수준의 민족의 독립, 자아실현을 위해서 노력했다. 그리고 현대에서는 웬만한 나라에서는 생리적 욕구와 안전에의 욕구는 해결되어 동기요인으로 작용하기 어렵다는 것이다.

교사의 장학과 관련시켜 볼 때, 교사를 생리적 욕구 같은 1차적·동물적 욕구를 가지고 조작할 수는 없다. 그래서 포터(Poter, 1962)는 생리적 욕구를 빼고 그 대신 존경의 욕구와 자아실현의 욕구 사이에 교사들이 강렬하게 느끼고 있는 자율욕구를 집어넣었다. 교사들의 자율에의 욕구는 교육에 있어서의 자기통제, 자기결정, 자기통치, 자기책임의 원리에 근거하고 있다. 다른 직업에 비하여 교사들에게는 비교적 많은 자율성이 주어져 있는데도 교사들은 계속자율성에서 제일 많은 욕구결핍을 느끼는 것으로 나타났다. 이런 점으로 볼 때 포터의 욕구계층 수정은 잘한 일이라고 본다.

그런데 과거의 전통적 장학에서는 안전욕구, 사회적 욕구와 같은 비교적 낮은 수준의 욕구를 가지고 동기 유발시키려고 하였고, 인간관계장학의 시대에 들어서 사회적 욕구에 초점을 맞추고 존경에의 욕구와 안전에의 욕구에 약간 관심을 두었다. 그러나 앞으로의 인간자원장학에서는 보다 높은 자아실현과 자율, 존경에의 욕구에 발동을 걸어서 진정으로 교사를 위한 장학을 하자는 것이다. 이를 나타내려고 한 것이 [그림 3-24]이다.

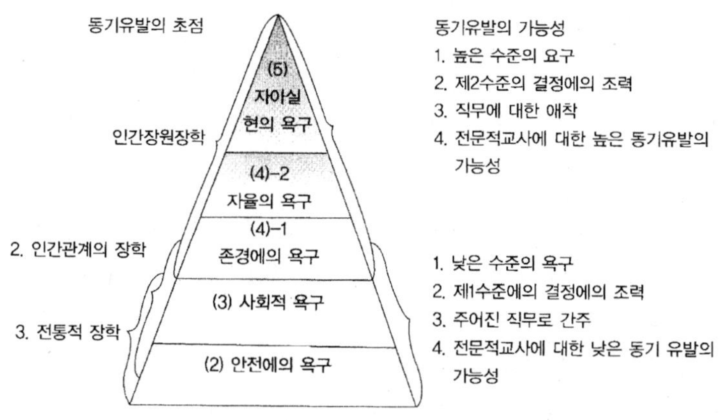

[그림 3-24] 욕구의 계층성: 장학을 위한 동기유발적 접근

동기란 사람들이 소망스러운 결과를 얻으려고 자신의 시간적·물리적 에너지, 창의성, 지식, 기능, 열성과 노력 등을 투자하는 것이다. 이에 대하여 조직은 금전, 존경, 안락, 성취의욕, 사회적 수용, 안전 등의 가시적·비가시적 보상으로 갚아준다. 투자에 비하여 보상이 적으면 개인은 실질적으로 또는 심리적으로 조직을 떠나고, 투자에 비하여 보상이 충분하다고 생각하면 만족과 사기가 높아져 동기는 가속화하게 된다.

서지오바니와 엘리어트(Sergiovanni & Elliott, 1975)는 이 투자의 종류를 참여적 투자와 수행투자로 나누어 설명하고 있다. 참여적 투자는 만족스런 유대관계를 위하여 법적으로 요구되는 수준에서 참여하는 정도의 투자이다. 예를 들면 교실에서의 만남, 수업준비, 만족스럽고 유익한 평가획득, 학교규칙의 준수, 회합에의 참여, 위원회의 요구충족 등 적정의 보상을 얻기 위한 보통 정도의 투자이다. 이에 대한 보상도 일상적인 보수, 퇴직금, 적정장학활동, 좋은 인간관계 유지, 안정감 등을 획득하게 된다.

이에 비하여 수행적 투자는 법적으로 요구되는, 정상적으로 요구되는 기대수준 이상으로 업무수행을 하는 투자이다. 이에 대한 보상은 일과 자신에 대한 정신적 만족감인데 교사로 하여금 수행적 투자를 하도록 하는 보상은 존경과 자율, 자아실현 같은 정신적인 것이 알맞을 것이다. 교사의 수행적 투자를 기대하는 것이 바로 인간자원 장학이다. 교사에게 전문적 성장의 기회를 제공하는 것이다.

매슬로우가 여러 욕구를 종합적으로 다룬 데 비하여 어떤 학자들은 한두 욕구에 대하여 집중적으로 연구하기도 한다. 교사와 관련된 두 가지 동기는 능력(competence)동기와 성취동기이다. 첫째의 능력 동기는 과거의 성공 또는 실패의 경험과 관련된 동기이다. 인간은 자기가 처한 환경을 이해하고 통제하며 환경에 대하여 적극적으로 참여하려 하는데 과거, 즉 6~9세까지의 경험이 성공적이었다면 계속 자신의 능력을 확장·발전시키려 한다는 것이다. 그런데 많은 교사들이 과거의 실패경험 때문에 또 실패할까봐 능력신장을 위한 노력을 하지 않고, 새로운 시도를 하지 않으며, 힘든 과제를 담당하려 하지 않는다는 것이다. 이런 교사를 장학하기 위해서는 교사와 학생들이 능력 동기를 발전시킬 수 있는 기회를 제공해 주고, 동시에 학교에서 교사와 학생을 좌절시키고 있는 학교경영체계가 무엇인가를 찾아내어 이를 제거하는 것이다. 그리고 교사와 학생이 어떤 일을 성취했을 때는 이를 강화시켜 준다.

두 번째의 성취동기는 한마디로 말하여 성공욕이라고 할 수 있다. 즉 성취 자체에 목적을 둔다. 성취욕이 강한 사람은 ① 우연한 기회를 엿보기보다 어느 정도의 모험을 감행하고, ② 정열적인 수단적 활동을 하고, ③ 행동에 대하여 자기책임과 책무를 지고, ④ 결과에 대하여 빨리 알고자 하며, ⑤ 미래의 가능성에 대하여 정확하게 예견하려고 하는 행동특성을 갖고 있다. 이런 성취동기를 가진 교사들은 학교에 많은 효과성을 가져오지만, 동시에 학교에 대하여 많은 것을 요구한다. 이러한 요구가 충족되지 않으면 학교 밖, 비교육적인 곳에서 성취욕을 채우려 하게 될지 모른다. 이들의 성취욕을 학교 안에서 채워 주고, 또 교육을 위하여 도전하도록 장학적 배려를 해야 할 것이다.

지금까지 교사의 동기를 중심으로 살펴보았는데 장학담당자의 동기에 대하여 살펴보고자 한다. 장학은 교사를 도와 개인과 집단의 효과를 가져오려는 것으로, 여기서 교사를 도와주는 데 있어서의 세 가지 동기를 생각할 수 있는데(주삼환·신익현, 1987) ① 성취동기인자, ② 권력동기인자, ③ 동화동기인자이다.

성취동기는 자신의 일의 성패에 책임감을 느끼며, 비교적 명확하고 성취 가능한 목표를 세우고, 목표도달에 계속적인 피드백을 요구한다. 성취동기가 높은 장학담당자는 대개 과업지향적이며, 불명확하고 장기적인 목적을 명확하고 단기적인 목표로 바꾸어 놓고, 상향지향적이고, 눈에 보이는 보다 높은 수준의 분명한 기준을 설정하고 성취지향적인 학교를 건설하려고 한다.

권력 동기는 다른 사람에게 영향력을 행사하여 자기 마음대로 움직이게 하고 사물을 마음대로 활용하고자 하는 것으로 부정적 시각이 있다. 그러나 이를 적당히 사용하면 학교와 장학에 많은 도움을 줄 수도 있다. 의사결정과정에 교사들을 적절히 참여시키고, 적절한 기준을 명확하게 세우고, 교사들을 알맞게 동기지우는 방식으로 권력동기를 건설적으로 활용할 수도 있다.

동화동기는 장학담당자가 교사와 온정적이고 친밀한 관계를 유지하고자 할 때 나타나는 그런 동기이다. 교사와의 조력적인 관계가 우호적이기는 하지만 생산성은 그리 높지 않다. 동화동기에 의하여 조력적인 관계를 유지하면서 문제해결전략을 추구하는 적극적이고 책임 있는 태도를 가질 때 교육의 생산성, 장학의 생산성은 높아질 수 있다.

우리는 이 3유형의 장학자 동기에서 어느 하나만을 가지고는 장학의 효과를 거두기 어렵다는 시사를 받을 수 있다. 실지로 연구한 결과를 봐도 3동기가 조화를 이룰 때 효과적인 조력자가 될 수 있다는 것을 알 수 있다([그림 3-25]).

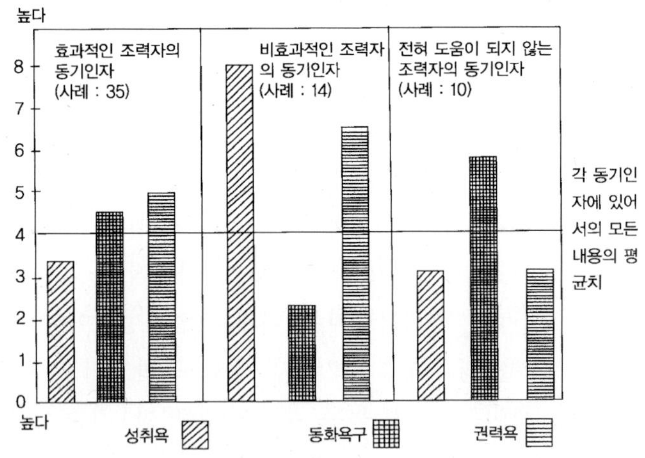

<자료> Kolb, D. A., & Boyatzis, R. E., "On the Dynamics of Helping Relationship," in David Kolb, Irwin M. Rubin and James M. McIntyre, *Organizational Psychology: A Book of Readings*(3rd ed.)

[그림 3-25] 조력자의 효과성 정도

　교사의 동기유발에 유용한 이론의 하나가 허즈버그의 동기위생이론이다. 허즈버그는 미국 피츠버그 지역의 200여 명의 기사와 회계사를 대상으로 직장생활이 가장 행복하고 보람 있으며 신났던 때와 반대로 가장 불행하고 재미없으며 떠나고 싶은 마음이 들었던 때의 두 경우를 회상해서 이야기해 달라고 요구하였다. 그 결과, 전자의 경우인 직무만족에 영향을 주는 요인과 후자인 직무불만족으로 영향을 주는 요인이 따로 있다는 사실을 발견하였다. 즉 직무만족으로 이끄는 요인으로는 ① 성취감, ② 인정감, ③ 일 자체, ④ 책임감, ⑤ 승진 등이고, 직무불만족으로 이끄는 요인은 ① 보수, ② 부하·상사·동료와의 인간관계, ③ 감독과 기술, ④ 회사의 방침과 기술, ⑤ 작업환경, ⑥ 개인생활, ⑦ 지위, ⑧ 직무안정성 등이었다. 이 연구결과 종래의 연속선개념, 즉 한 요인이 충족되면 만족요인이 되고 충족되지 않으면 불만족요인이 된다는 이론을 뒤엎게 되었다. 허즈버그 이론은 만족요인은 만족으로만 영향을 주고, 불만족요인은 불만족 쪽으로만 영향을 준다는 것이다. 직무만족으로 이끄는 요인들은 모두 직무자체와 관련되어 있고, 직무불만족 요인은 직무를 둘러싸고 있는 환경적인 것이라는 사실을 발견하고 사람들이 전자를 동기요인이라 부르고, 후자는 의학에 있어서 위생과 같다고 하여 위생요인이라 하여 허즈버그 이론을 동기위생이론이라 하였다. 위생요인은 병이 났을 때 적극적으로 치료하기보다는 병이 나기 전에 병을 막아 주듯이 불만족을 막아 주고 다음에는 적극적으로 치료의 역할을 하는 동기요인으로 동기 유발시켜야 한다는 암시를 주고 있다.

　허즈버그의 이론은 교직에서 많은 사람들에 의하여 검증되었는데 예를 들면 서지오바니(Sergiovanni, 1967)의 연구와 주삼환(1975)의 검증이 있다. 이들 연구도 비슷한 결과를 얻었다. 교사들은 가르치는 일 자체에 대하여 불만을 갖기보다는 일을 둘러싸고 있는 환경적인 주변적인 것들이다. 그러나 이런 불만 속에서 동기 유발하기는 어렵다. 환경개선 등으로 일단 불만족을 줄이거나 없애 놓고는 그 다음부터는 적극적으로 가르치는 일 자체에서 행복을 찾을 수 있도록 성취감, 인정감, 일자체, 책임감, 일로 인한 승진 등에 발동을 걸어야한다. 그래서 위생요인, 동기요인 둘 다 필요하고 또 중요하다. 처음부터 끝까지 위생요인만 붙들고 있어서는 개인도 조직도 성공적이기어렵다. 위생요인으로는 앞에서 배운 참여적 투자 수준에 머물고 만다. 즉 적정업무량은 해낼 것이다. 기대 이상의 수행적 투자, 신바람나서 일하게 하기 위해서는 동기요인에 스파크를 일으켜야 한다.

허즈버그의 동기위생이론과도 비슷하고 인간자원장학의 철학과도일치하는 상황 적응적 접근의 하나는 브룸의 동기 기대이론(Vroom, 1961)이다. 근본적으로 개인의 동기는 개인이 수행을 통하여 그의 개인적 목표에 도움이 되는 보상을 받을 수 있다고 인지되고 기대되면능력과 노력을 기울이게 되는 것이라고 본다. 즉 어떤 교사의 목적이 교육 의사결정에 영향력을 행사하는 것일 경우 교사가 수행을 통하여 이 목표에 도움이 되는 적절한 보상이 있을 것으로 인식하고기대하면 동기유발이 된다는 것이다. 또 그렇게 기대되지 않으면 그일에는 동기부여가 안 된다. 그런데 개인의 목적은 다양하므로 학교의 목적과 개인의 목적이 부합되는 선에서 교사에게 주는 보상을 개별화시키고, 개인목표를 학교의 목표와 일치시키도록 도와주는 일이중요하다. 브룸의 기대이론을 요약한 그림은 [그림 3-26]과 같고 이이론의 주요개념은 다음 인용문과 같다.

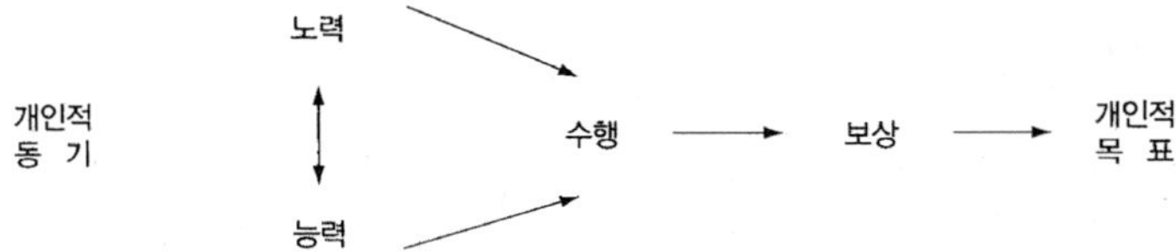

<자료> Vroom, V. H. (1961). *Work and Motivation*. New York: Wiley.

[그림 3-26] 기대이론의 확대모형

(1) **성취-결과 예측**: 모든 행동은 개인의 생각 속에서 특정결과(보상
이나 벌)와 결부되어 일어난다. 달리 말하여 개인은 특정방식으로
행동하는 경우 어떤 사태를 연유케 되리라고 믿고 또 예측한다.

(2) **유인가**: 모든 결과는 특정 개인에 대하여 하나의 유인가(valence;
가치관·가치·유인가)를 가진다. 이러한 결과는 각기 다른 성향
의 개인에게 각각 다른 성격의 유인력을 가진다. 이러한 현상은
유인력이 개인이 가지고 있는 요구나 지각에 따라 발생되기 때문
에 결과 되는 것이다. 개인의 요구나 지각은 그 개인의 생활에 있
어 다른 요인에 영향을 끼쳐 준다는 점에서 서로 다르다.

(3) **노력-성과 기대**: 모든 행동은 개인의 생각 속에 성공에 대한 어
떤 예측이나 가능성을 함께 가진다. 이러한 예측은 이 행동을 이
루어 내는 데에 얼마만한 노력이 요청되며 또 그 행동의 성공적
인 성취가 가능한가에 대하여 개인이 지각하고 있는 내용을 나타
내 준다.

마지막으로 직무풍요화(job enrichment 또는 직무특성화, job charactre-
ristics) 전략에 대하여 설명하고자 한다. 이는 인간자원장학, 동기이
론, 기대이론과도 관련되는 종합전략으로 교사 장학에도 많은 시사
를 준다. 우선 핵맨 등(Hackman, 1975)의 직무풍요화 개념을 그림으
로 제시하고 편의상 이 [그림 3-27]을 중심으로 설명한다.

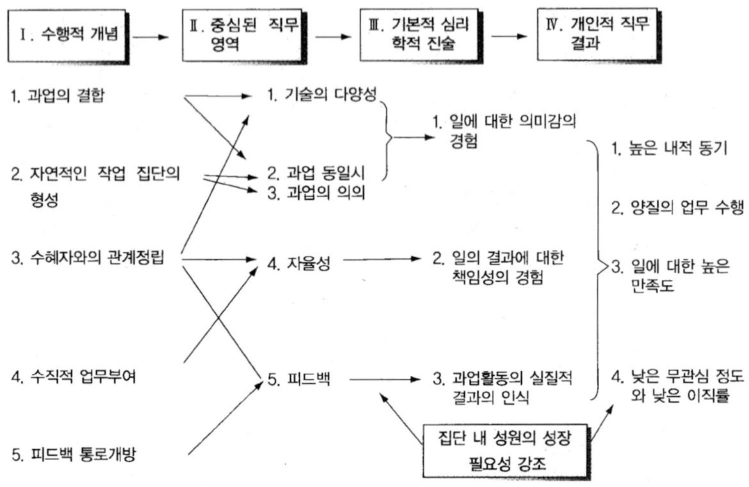

<자료> Hackman, J. R., & Oldham, G., Johnson, R., & Purdy, K. (1975), "A New Strategy for Job Enrichment." *California Management Review*, *17*(4), p.64.

[그림 3-27] 직무풍요화 개념과 그 실제

　인간은 심리적으로 (Ⅲ) ① 일에 대한 의미를 경험하고, ② 일의 결과에 대한 책임감을 경험하고, ③ 자기가 일한 실제 결과를 눈으로 보고 알게 되면, 결과적으로 (Ⅳ) ① 높은 내적 동기를 일으키고, ② 양질의 업무수행을 하고, ③ 일에 대한 높은 만족도를 가지며, ④ 일에 대한 무관심과 이직률은 줄어들어 행복하게 일할 수 있다. 일의 의미를 발견하고, 책임을 느끼고, 결과에 대한 인식을 하게 하기 위해서는 직무의 핵심을 (Ⅱ) 어떻게 할 것인가? 의미 있는 일을 하고 있다는 것을 알게 하기 위해서는 ① 다양한 기술을 사용하게 하고, ② 자신을 과업과 동일시하게 하고, ③ 과업의 의의를 발견하게 한다. 또 일의 결과에 대한 책임의식을 위해서는 ④ 자율성을 보장해 주어야 한다. 자율에는 책임이 따른다는 원리이다. 그리고 일의 결과에 대한 인식을 위해서는 ⑤ 즉각적인 피드백을 제공해 주어야 한다.

그러면 구체적으로 교육 또 장학에서 어떻게 적용할 것인가? (Ⅰ) ① 일을 단순화시키거나 지나치게 분화시키지 말고 오히려 과업을 결합시키고, ② 인위적이 아닌 자연적인 작업집단을 형성하고, ③ 수혜자와의 관계성을 정립하고, ④ 수직적 업무부여를 하고, ⑤ 피드백 통로를 개방하는 것이다.

"과업의 결합"을 위해서는 통합교육과정을 개발하고, 다학문적 학제적 접근을 하고, 팀티칭을 생각할 수 있는데 이는 다양한 기술을 증가시키고 일과 동일시하게 한다.

"자연적 작업집단"의 구성은 일에 대한 주인의식, 계속적 책임감과 관련되는 것으로 중등학교의 학과담임제보다 초등학교의 학급담임제와 일치되는 개념이다. 억지로 인위적인 작업집단을 만드는 것이 아니다.

"수혜자와의 관계정립"을 위해서 학생, 학부모 등 교육수혜자들과 대면적 접촉을 하여 피드백을 얻을 수 있는 통로를 열어 주는 것도 한 방안에 속한다.

"수직적 업무부여"로서 교수의 계획에서부터 전개, 평가에 이르기까지 전 과정을 묶고 심지어는 가용재원까지를 맡겨 자율권을 신장시키는 방안을 생각할 수 있다.

"피드백 통로 개방"은 장학활동을 통하여 교사에게 피드백을 제공해 주는 것이다. 임상장학, 동료장학에서는 피드백이 자유스럽게 이루어진다.

장학담당자가 아무리 유용한 지식을 가지고 있어도 교사들이 받아들이고자 하지 않으면 그 지식은 무용지물이 된다. 그래서 장학자는 우선 지금까지 배운 동기이론이라도 활용하여 교사의 동기유발에 조력해야 한다. 그렇다고 교사를 조작하려고 한다면 일을 근본적으로 망치게 된다. 그리고 교사 자신들도 평생사업으로 하는 교직에서 어떻게 보람을 찾고 생의 의미를 찾을 것인가에 대하여 이제는 심각하게 생각해 보아야 한다.

8. 조직풍토 · 변화 · 문화이론

1) 조직풍토

농작물에게 기후 · 풍토가 중요하듯이 인간에게도 조직풍토가 중요하다. 인간은 진공상태에서 생활하는 것이 아니라 풍토라는 공기 속에서 생활하게 된다. 학문적 · 연구적 · 발전적 풍토가 있는가 하면 나태하고, 일상적이며, 퇴보적인 풍토가 있을 수 있다. 어떤 학교에서는 젊은 교사들이 대학원에 진학하고 현장논문을 쓰기에 열중하는 분위기인데, 다른 어떤 학교의 교사들은 오락과 잡담, 불평불만의 토로로 아까운 젊은 시절을 허비하고 있는 분위기를 발견할 수 있었다. 어떤 학교풍토에서 근무하느냐는 교사 본인의 앞날에 중요한 영향을 줄 뿐만 아니라 학생과 학부모에게도 많은 영향을 주게 된다.

개인에게 인성과 성격이 있듯이 조직도 다른 조직과 다른 어떤 특성을 갖고 있다. 이것을 우리는 조직풍토라고 부른다. 한마디로 말하면 조직의 성격이라고 할 수 있다. 다른 말로 하여 분위기라고도 한다. 건전한 풍토의 조성을 위해서는 모든 조직구성원이 합심, 노력해야겠지만 그중에서도 리더와 장학담당자의 책임이 크다.

리트윈과 스트링거(Litwin & Stringer, 1968)는 리더십 행동과 조직풍토에 대해 보다 직접적인 방법으로 조사하고 세 개의 모의조직에서 리더십 형태를 각기 다르게 조작하여 성원들의 성취도와 만족감에 분명한 의미를 던져 주는 3개의 상이한 풍토를 만들어 냈다. A조직에서는 구조, 지위, 부여된 역할, 지위에서 파생되는 권위, 수직적 의사소통, 법규와 규칙에 의한 벌칙제도를 강조한다. 이 조직은 고전적 관리론이나 관료제적 관리론과 조직론을 표방한 것이다. B조직에서는 느슨한 비공식적 권위, 분산된 의사결정수단, 협력 및 친근성이 강조되었다. 이 조직은 인간관계론적 신념에 일치하는 형태의 것이었다. C조직은 개인 간의 지지나 협동이 특징이며 질적인 면에서의 과업수행과 창의성을 문제 삼고 있다. 여기에서는 인간자원적 모형이 선택되었다. 각 경우에 있어 책임을 맡게 된 리더가 행사하는 리더십의 형태는 다양하게 조직되었다.

A조직 내에서는 성원들은 처벌 중심으로 비협조적이며 또 개인에게 창의성을 발휘할 기회를 거의 주지 않는 풍토를 인식하게 되었다. 리더는 무관심한 대상으로 여기고 있었으며 개인 간의 갈등은 리더의 노력에도 불구하고 흔히 나타나곤 했다. B조직의 성원들은 따뜻하고 협력적이며 참여적이고 긴장이 없는 친근한 풍토를 인식할 수 있었다. 조직에서는 다소 협동적이고 느슨하게 조직된 풍토가 느껴지고 있었으나 책임감이 바탕이 되고 있었다. 이 조직 내에서는 성원들이 보상체제를 인식할 수 있었으나 갈등상황도 흔히 볼 수 있는 특징이 있었다.

각 조직에 있어 풍토가 각기 상이한 결과를 가져다주고 있었다. 직무만족도와 성취도가 A조직에서는 아주 낮았다. B조직에서도 성취도는 낮았으나 혁신도가 상당히 높은 수준이었고 직무만족도가 아주 높았다. C조직에서는 아주 높은 성취도·혁신도·직무만족도가 느껴지고 있었다. 이러한 관계는 <표 3-8>에 요약되어 있다.

때로 장학담당자들은 학교 내의 광범한 조직상의 문제나 기능에 그들이 원하는 수준까지 영향력을 행사할 수 없는 경우가 있다. 그러나 그들이 행사하는 리더십의 성질에 따라서는 학교문제 및 기능을 좌우하는 학교풍토에 큰 영향을 끼칠 수도 있다.

표 3-8 리트원과 스트링거의 리더십·조직풍토 및 효과성		
지 도 성	풍 토	효 과 성
조직 A 관료제적 리더십	폐쇄적임	낮은 성취도 낮은 직무만족도
조직 B 인간관계적 리더십	온정적임 조력적임 친근감	낮은 성취도 아주 높은 직무만족도 높은 혁신도
조직 C 인간자원론적 리더십	조력적인 목표지향적임	아주 높은 성취도 높은 직무만족도 아주 높은 혁신도 시학과 강제적 장학

헬핀과 크로프트(Halpin & Croft, 1969)는 학교풍토를 측정하기 위한 조직풍토측정도구(Organizational Climate Description Questionnaire, OCDQ)를 만들어 냈는데 이는 교사의 행동에서 ① 이탈성, ② 부담감, ③ 사기, ④ 친밀감의 4개의 하위변인과 교장의 행동에서 ⑤ 무관심, ⑥ 생산성 강조, ⑦ 정열적인 행동, ⑧ 사려성의 4개의 하위변인으로 되어 있다.

OCDQ를 가지고 조직풍토를 재면 개방풍토와 폐쇄풍토를 양극으로 하는 연속선상에 여섯 개의 풍토유형을 구별해 낼 수 있다. 그중에서 양극의 풍토만을 기술해 보기로 한다.

개방풍토의 학교에서는 이탈의 정도가 낮고, 부담감이 적으며, 사기가 높고, 친밀감이 크며, 무관심의 정도가 낮고 생산성을 크게 강조하지 않으며, 정열적 행동을 하고, 사려성이 높은 행동을 하는 것이 특징이다. 폐쇄형 학교에서는 이탈의 정도가 높고, 부담감을 많이 느끼며, 사기가 아주 낮고, 친밀감이 높으며, 무관심의 정도가 심하고, 생산성을 높이 강조하며, 정열적 행동을 보기 어렵고, 사려성이 낮은 행동이 특징적으로 나타난다. 핼핀이 제시한 개방적 학교풍토와 폐쇄적 학교풍토는 다음과 같이 설명된다.

> 개방적 풍토는 성원들이 극도로 높은 사기를 나타내 주는 상황을 말한다. 교사들은 서로 방해를 받지 않고 함께 일한다. 그들은 산더미 같은 일이나 상례적 보고 등의 일에 시달리지도 않는다. 교장의 행정 방침은 교사의 성취의욕을 촉진시키는 것이다. 전반적으로 교사들은 동료들과 친밀한 관계에 있다. 교사들은 상당한 정도의 직무만족감을 느끼며 곤란이나 욕구좌절을 극복할 수 있도록 충분히 동기지어진다. 그들은 일할 수 있는 충동을 느끼며 조직이 살아 움직이도록 기여한다. 교사들은 자기가 속해 있는 학교에 대하여 자부심을 느낀다.
> 폐쇄적 풍토는 교사들이 과업성취에 있어서나 사회적 욕구충족에 있어 별로 만족을 느끼지 못하는 환경이다. 간단히 말하여, 교장들을 지휘할 때 비효과적이며 동시에 교사들의 복지에도 별로 관심이 없다. 이 풍토는 가장 폐쇄된 달갑지 못한 풍토이다.

인간자원장학론적 가치관은 학교업무가 개방적 풍토에서 수행되어야 한다는 것을 제안한다. 풍토에 대한 관심은 교실활동이 쇄도하는 학교풍토로부터 보호를 충분히 받지 못한다는 점을 고려할 때 특히 중요한 것이다. 학교의 폐쇄적 풍토는 폐쇄된 수업풍토를 육성하려는 경향성을 띠게 되기 때문이다. 지도적 장학행동의 방향은 역동적 수업리더십에 기여할 수 있는 풍토를 개발하거나 유지하는 쪽으로 의도되어야 한다.

마일즈(Miles, 1965)는 조직풍토라는 말 대신에 더 구체적인 "조직건강(organizational health)"이란 말을 사용하여 조직의 건강정도를 재는 도구(Organizational Health Description Questionnaire, OHDQ)를 제작하였다. 마치 우리가 병원에 가서 건강진단을 받기 위하여 X레이도 찍고 각종 병리검사도 받는 것처럼 조직도 ① 목표에의 집중정도, ② 적정의사소통망, ③ 적정권력배분, ④ 자원 활용, ⑤ 응집력, ⑥ 사기, ⑦ 혁신성, ⑧ 자율성, ⑨ 적응성, ⑩ 적정한 문제해결력의 열 개의 하위척도에 의하여 건강의 정도를 잰다는 것이다.

장학담당자는 학교풍토뿐만 아니라 건전한 장학풍토의 조성에도 책임이 있다. 장학을 통해서 교사들이 성장하고자 하는 풍토는 교사의 동기와 함께 중요하다.

2) 조직변화

이와 같이 조직풍토를 포함하여 조직을 발전시키고 변화시키는 것과 관련된 이론이 조직발전·조직변화이론이다. 사회변화를 포함한 조직변화를 포괄적으로 변화이론으로 크게 다룰 수 있으나 여기서는 간단히 개괄하기로 한다. 장학도 근본적으로는 변화를 시도하는 것이고 리더는 행정가와 달리 변화를 특성으로 한다. 외국에서는 행정가와 리더를 구분할 때 흔히 행정가는 현상유지에 초점을 맞추고 리더는 변화와 발전에 노력하는 것으로 본다. 장학에서의 개인의 변화와 발전에 중점을 두는 교사의 능력개발(staff development)과 조직의 변화와 발전에 초점을 맞춘 조직발전(organizational development)이 핵심이라고 할 수 있다.

해방 후 우리나라 교육에서 많은 변화가 시도되었으나 깊이 뿌리

내린 것은 없다고 한다. 그렇다고 하더라도 옛날의 그대로가 아닌 것을 보면 무엇인가 조금씩 바뀐 것은 사실이다. 전통적인 변화의 모형은 ① 자연적 전파과정, ② 보급의 사화학적 관점, ③ 계획적·관리적 보급의 예를 들 수 있다. 자연적 전파과정은 미국의 유치원 전파가 대표적인 사례이다. 독일로부터 미국에 유치원이 처음으로 소개된 지 약 20년 후인 1873년에야 미국 세인트루이스 시에 첫 공립유치원이 세워졌다. 그런데 1950년대 중반까지 유치원이 중요하다는 데 의심의 여지가 없었고 또 연방정부로부터 헤드스타트(head start) 프로젝트로 자금까지 지원해 주었는데도 1967~1968학년도(첫 유치원 설립 94년 후)에 46%의 교육구만이 유치원 교육을 제공하고 있다는 것이다. 이러한 자연적 전파모형을 따를 경우 교육에서 혁신과 전파를 기대하기는 상당히 어렵다. 현재 교육은 어느 조직보다도 보수적이어서 혁신·전파가 어렵다. 옛날에는 의학 분야가 비교적 혁신·전파가 빠르고 농업분야가 제일 보수적이었는데 이제는 교육이 제일 처진 것 같다. 농부들도 종자를 쉽게 바꾸고 개량농법을 사용하여 우리나라에서도 쌀이 남아돌아간다고 하기까지 한다. 그러나 교실에서는 아직도 칠판의 장벽을 넘지 못하고 있다.

혁신전파에 대한 사회학적 관점은 혁신의 채택과 양과 속도를 사회구조와 관련지어 보는 것이다. 예를 들면 교육장을 리더로 존경하는 교육청 관내에서는 혁신·전파가 빠르고 완벽한 반면, 혁신·전파에 많은 돈을 투자해도 효과를 보지 못하는 경우가 있다. 혁신전파의 양과 속도는 사회적 신분, 교육정도 등 사회구조와 관련이 있다는 것이다.

계획적·관리적 전파는 계획적이고 전략적인 모형이다. 예를 들면 1956년 소련의 스푸트니크 인공위성 쇼크 이후 미국에서 PSSC(Physical Science Study Committee) 교육과정을 개발·전파한 것은 이 범주의 좋은 보기이다. 수많은 교사를 재교육하고, 모든 크기의 교육청에 맞는 새 교육과정을 개발하고, 새로운 자료와 기구를 구입하도록 교육위원들을 설득한 결과 10년 후에는 PSSC를 제공하지 않는 학교는 뒤쳐진 학교로 인식되게 되었다. 짧은 기간에 전파하기 위하여 ① 새 교육과정의 개발, ② 새 교육과정에 관한 지식을 널리 그리고 빨리 전파하기, ③ 학교에서 새 교육과정을 채택하게 하기의 3단계 전략을 짰다.

그러나 현대에는 보다 더 새로운 계획적인 변화전략이 요구된다. ① 경험적-합리적 변화전략, ② 권력-강제 변화전략, ③ 규범적-재교육전략으로 알려진 조직 자기갱신전략의 셋을 들 수 있다.

경험적-합리적 전략은 연구자와 실제자 사이에서 의사소통을 개선함으로써, 또 보다 생산적이고 협동적인 관계성을 형성함으로써 그 틈을 좁히려는 전략이다. 즉 이론과 실제 사이에 다리를 놓으려는 것으로 "지식생산과 활용(Knowledge Production and Utilization, KPU)"이라 알려졌다. 과거에는 흔히 R & D(Research and Development)라고 하여 연구·개발로 끝났었는데 이것만으로는 실제자들이 이해하고 R & D 자체에 접할 수도 없어 R, D & D(diffusion)라고 하여 전파까지 책임지려고 하였다. 그래도 마지막으로 채택하지 않으면 아무 의미가 없기 때문에 채택(adoption)까지 하게 하여 제도화시키는 R, D, D & A의 전략으로 발전하였다. [그림 3-28]의 변화모험을 보면 이해가 되리라 믿는다.

권력-강제 전략은 채택자로부터 수락을 얻어내기 위하여 제약 또는 협박을 사용한다는 점에서 채택의 자발성에 근거한 경험적-합리적 전략과 근본적으로 다르다. 이런 제약은 흔히 정치적·재정적·도덕적인 것이 많다. 정치적 권력을 행사하는 방법은 입법기관, 시행령 공포기관, 재판결정기관에 대하여 통제하는 힘을 갖고 있다. 이런

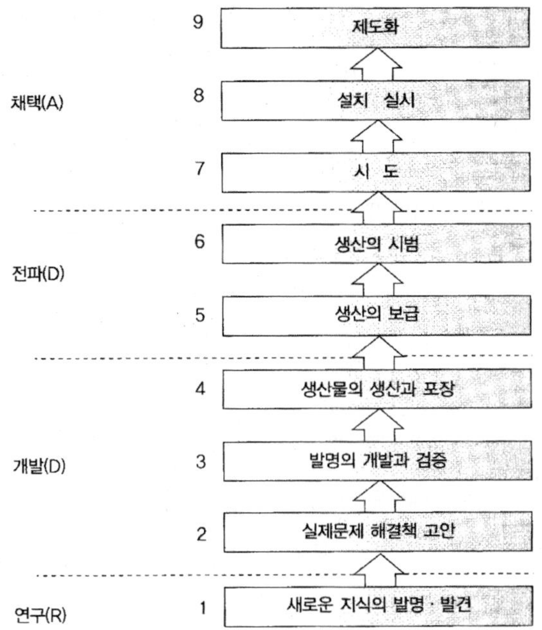

<자료> Owens, R. G. (1987). *Organizational Behavior in Education*(3rd ed.). Englewood Cliffs, N. J.: Prentice-Hall Inc, p.211.

[그림 3-28] 변화의 R, D, D & A모형

때 대개는 강력한 효과를 높이기 위해 재정적 제약을 동반하는 경우가 많다. 권력 엘리트들이 재구성되고, 소수집단들이 뭉치고, 교사들이 단체를 구성하는 현상들은 교육 주변에서도 쉽게 볼 수 있다.

앞의 두 전략의 기본전제는 조직은 변화에 저항하고 안정성을 추구하기 때문에 ① 좋은 아이디어는 조직 밖에서 잘 개발되고, ② 조직은 변화를 위한 외부세력의 목표물이 된다는 것이다. 그런데 이와는 반대로 조직자체 갱신 전략은 조직 내부에서의 자기경신의 노력이다. 변화가 심한 현대사회에서 현실유지와 관료제의 경직성 증가나 전통추구는 불건전한 조직으로 보인다. 오히려 조직의 문제해결을 촉진하고, 조직구성원의 성장을 조장하고, 창의성을 자극하는 방법으로 조직의 상호작용－영향체제를 관리하는 자기 경신조직이 많이 나타나고 있다. 이러한 자기경신의 과정은 ① 발생하는 문제의식과 확인, ② 목적과 목표, 우선순위설정, ③ 타당한 해결대안의 창출, ④ 선택된 대안의 실행으로 과학적 사고의 과정과 거의 일치한다.

자기경신 전략은 조직건강이나 라이커트(Likert)의 4관리체제, 조직발전(Organizational Development, OD)과도 일치한다. OD는 교육청과 학교의 자기경신 능력을 증대시키는 가장 중요한 과정이다. OD를 한마디로 정의하기는 어렵다. 그런데도 종합적으로 정의하려 한다면 "OD란 행동과학의 개념을 사용하여 공식적·비공식적 절차, 과정, 규모, 또는 구조의 변화에 표면적으로 초점을 맞추고, 체제의 자체평가 연구와 개선을 위하여 집중적이고 체계적이고 계획적인 지속적인 노력을 하는 것이다."(Fullan, Miles, & Taylor, 1978).

OD는 다음 10개의 주요개념으로 되어 있다.

(1) **OD의 목표**: OD의 원초적 목표는 조직 자체의 기능을 개선하는 것이다.
(2) **체제경신**: 체제경신은 변화를 시도하고, 환경에의 영향력을 증대하고, 새로운 조건에 적응하고 새로운 문제를 해결하는 능력을 개발하고, 목표의식과 방향의식을 높이는 능력을 신장하는 것이다.
(3) **체제적 접근**: OD는 조직을 복합적인 사회기술체제로 보고 접근한다.
(4) **사람에의 초점**: OD의 주요관심은 조직 내 과업, 기술, 구조보다는 인간의 사회체제에 있다.
(5) **교육적 전략**: OD는 교육을 통한 의미 있는 방법으로 조직 내 사람의 행동을 변화시킴으로써 조직의 자기경신을 자극한다.
(6) **경험을 통한 학습**: 행하는 학습(learning by doing)의 개념을 조직생활에 적용하는 것이 OD에서의 학습기초이다.
(7) **실제 문제의 다룸**: OD는 현존하는 문제를 다루기 위해 조직에

적용된다.

(8) **계획적 전략**: 전반적·체계적 접근과 함께 모든 노력이 체계적으로 계획된다는 점이 특징이다.

(9) **변화촉진자**: 적어도 변화노력의 초기단계에서는 변화촉진자(change agent)가 활동적이고 매우 구체적인 역할을 하여 참여하는 것이 OD의 특징이다.

(10) **최고수준 행정의 참여**: OD의 성공을 위해서 최고수준의 행정가가 참여하여 조직의 전 부분이 움직인다.

최근에 OD와 관련된 연구로 학교문화가 강조되고 있는데 학교문화에 영향을 주는 보다 더 넓은 환경의 외적 요인의 영향을 밝히고, 또 학교 문화가 교사행위에 어떻게 영향을 주고 궁극적으로는 학생의 성취가 어떻게 되는지 밝히려는 패러다임이 중시되고 있다([그림 3-29]).

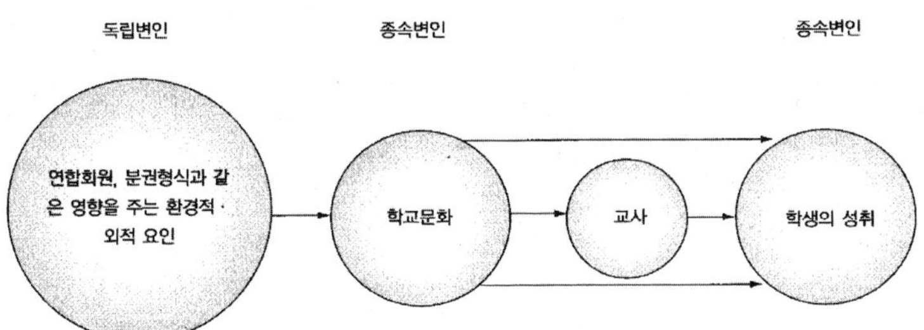

<자료> Goodlad, J. I. (1975). *The Dynamics of Educational Change.* New York: McGraw-Hill Book Co, p.114.

[그림 3-29] 전체학교문화에 의한 교육실제의 개선·연구 패러다임

3) 조직문화

최근에 사회과학 전체에 대한 패러다임 변화와 함께 조직풍토나 조직분위기라는 차원을 넘어 조직문화에 대한 관심이 증가되고 있

다. 미국 기업들이 망해가고 있을 때 일본 기업들은 끄떡없더라는 것을 발견한 미국 기업인들은 눈이 둥그레졌다. 일본 기업인들은 제복을 입고, 배지를 달고, 사가를 부르며 조회를 하는 등 어떤 상징적인 측면이 있고 사원가족이라는 분위기가 있으며 회사마다 독특한 문화가 있다는 것을 발견하였다. 그리고 미국의 번창하는 10대기업을 연구해 보니 거기에도 상징적인 문화가 있는 것을 알아냈다. 그리고 효과적인 학교를 조사해 보아도 모두 독특한 문화가 있다는 것을 발견하고는 학교문화의 중요성을 강조하게 되었다.

문화라는 개념을 포착하여 한마디로 정의하기는 어렵다. 학교마다 상징적 측면으로 공유된 가치가 있고, 영웅적 인물이 있고, 반복적인 의식과 의례가 있으며, 전해 내려오는 이야기가 있고 문화전파망이 있다. 이런 것을 종합하여 문화라고 한다. 조직문화란 조직구성원이 공유하는 가치, 규범, 신념, 언어 등의 총체라고 할 수 있다.

그런데 이런 학교문화들이 사라지고 있다. 아침 조회를 하면서 하루의 각오를 하고 학교에 대한 긍지와 자부심을 갖는 일도 없어지고, 학교대항경기로 단결심과 집단의식을 심어 주는 일도 줄어들었다. 입학식, 졸업식도 엉망이 된지 오래다.

교직원들이 순환근무제라고 하여 소속감이 없이 4, 5년마다 떠돌아다니고 있다. IBM 회사 다닌다고 자랑스럽게 생각하며 근무하는 사람과 초등학교 교사이면서 회사 다닌다고 속이고 학생을 가르치는 사람 사이에 어떤 차이가 생길 것인가는 너무나 자명하다. 문화와 생산성과는 아주 밀접한 관계가 있다는 것을 쉽게 발견할 수 있다.

그래서 최근에 리더의 핵심과업은 문화를 형성하고 재충전하는 일로 여겨지고 있다. 그런 결과 문화리더십이란 용어가 생기기까지 하였다. 그런데 문화라는 말과 변화라는 말은 모순을 일으킨다. 문화는 전통과 역사 속에서 형성되어 다음 세대로 전달되는 것으로 유지적인 데 비하여 변화는 이와는 반대로 바꿔 놓아야 하기 때문이다. 그리고 변화를 위해서는 문화를 바꿔 놓아야 하기 때문에 어렵다. 학교에 어떤 의미를 주는 문화형태를 바꾸는 일이 쉽지는 않다. 그래서 변화를 위해서는 의미를 바꾸는 일, 옛 뿌리 위에 새로운 시작을 하는 전이의식이 필요하다.

문화리더로서 학교문화를 다시 부활시키기 위해서는 ① 각 학교의 역사를 재창조하고, ② 상징, 의식, 슬로건을 통해서 공유가치를 형성하고, ③ 영웅적 인물을 축하해 주고, ④ 개인을 전통과 가치와 묶는 의식을 되살리고, ⑤ 훌륭한 이야기를 들려주고 훌륭한 사람을 표창하고, ⑥ 문화 관련자와 비공식적 접촉을 하고 학교의 산 증인 같은 사람을 인정해 주는 일들을 하여 학교문화를 형성할 수 있을 것이다.

그리고 외부의 학교개혁분위기와 압력을 학교내부문화 형성에 활용하는 것도 한 방안이 될 것이다. 장학담당자로서 우리의 학교문화를 재형성하고 재창조하는 데 지도력을 발휘해야 한다는 시사를 받을 수 있다.

연구과제

1. 장학관련 이론의 핵심을 하나의 그림이나 표로 요약·정리해 보시오.
2. 여기에 제시된 일곱 개 분야의 각 이론을 적용하여 장학의 실제를 어떻게 개선할 수 있었을 것인가 그 방안을 모색해 보시오.

제 4 장 장학의 여러 모형

개 요

이 장에서는 장학이론과 관련하여 여러 가지 종류의 장학모형에 대하여 간단히 그 핵심만을 제시하여 여러 형태의 장학을 구별해 보고자 한다. 대표적인 것으로 일반장학, 임상장학, 발달장학, 인간자원장학, 협동적, 동료장학, 자기장학, 선택적 장학체제, 기타 여러 장학형태를 소개하게 된다.

우리나라에서 장학이론과 방법은 많이 개발되지도 않고 발전하지 못하고, 또 장학의 질적 수준도 향상되지 않은 상태에서 각종 이름의 장학명칭만 난무하여 오히려 혼란을 야기하고 있는 실정이다. 예를 들면 교육부장학·학무장학·교내장학·동료장학·장기장학·계획장학·불시 또는 수시장학·예고장학·진단장학·확인장학·종합장학·집단장학·개별장학·요청 또는 초청장학, 협동장학, 통신장학, 일반장학·수업장학·임상장학·발달장학, 인간자원장학·인간관계장학·전통적 장학, 선택적 장학, 민주장학, 창의적 장학, 과학적 장학, 기예적 장학, 지역장학협력회, 동료코치, 마이크로티칭 등 수를 헤아릴 수 없을 만치 많은 종류의 장학 이름이 있다. 그러나 장학 관련문헌에는 이렇게 많은 장학의 이름이 거의 나타나지 않고 있다. 남이 하지 않는 뭐 특별한 짓을 하려고 하다 보니 그때그때 수시로 이름을 붙여 사용했던 것이다. 엄격한 개념정의도 없이 즉흥적으로 이름 붙였던 것들도 많다. 여기서 이러한 모든 이름의 장학에 대하여 다 설명할 수도 없고 또 그럴 필요도 없다. 주로 학술서적에 나와 있는 이름들을 중심으로 간단히 소개하기로 한다.

1. 일반장학과 수업장학

원래 일반장학(General Supervision)이라고 제목을 붙인 책은 보지 못했다. 그냥 장학론(Supervision, 또는 Supervision in Education, Supervision of Teachers)이라고 한 것을 일반장학으로 보아야 할 것이다. 일반장학이란 말은 다른 장학, 예를 들면 수업장학이나 임상장학 등과 구별하려고 하다 보니 나온 것으로 본다.

원래 우리나라에서는 장학이 행정과 거의 동일시되고 지도·감독적 입장에서 접근했기 때문에 특별한 경우를 제외하고는 거의 모두가 일반장학이라고 해도 과언이 아니다. 그러나 외국에서는 장학이라고 하면 으레 수업장학을 의미할 정도로 장학이 수업개선과 관련되어 있다. 그래서 그냥 "장학론"이라고 제목을 붙인 장학론 책이나 "수업장학(Supervision of Instruction, 또는 Instructional Supervision)"이라고 제목을 붙인 책이나 내용상으로 보면 차이가 없다. 그러나 한국에서 수업장학이라고 하면 교실의 수업에 초점을 맞춘 것 같고 일반장학이라고 하면 행정적인 장학의 이미지를 준다. 그러나 외국에서 아무리 장학이 수업에 중점을 둔다고 해도 수업장학은 일반장학 안에 포함되는 것으로 보아야 한다.

수업장학의 과정은 듀이(Dewey)의 반성적 사고(reflective thinking)에 기초를 둔 문제해결과정으로 접근하고자 한다. 문제해결의 과정은 [그림 4-1]과 같다.

수업장학의 궁극적 목표는 학생의 학습개선이지만 보다 가까운 목표는 수업프로그램 개선이다. 이를 위해서는 첫째로 개선의 필요성 또는 문제를 확인해야 한다. 문제는 ① 관련된 사람, ② 전문적 기준과 권고, ③ 그 지역에 관한 연구를 통해서 확인할 수 있다.

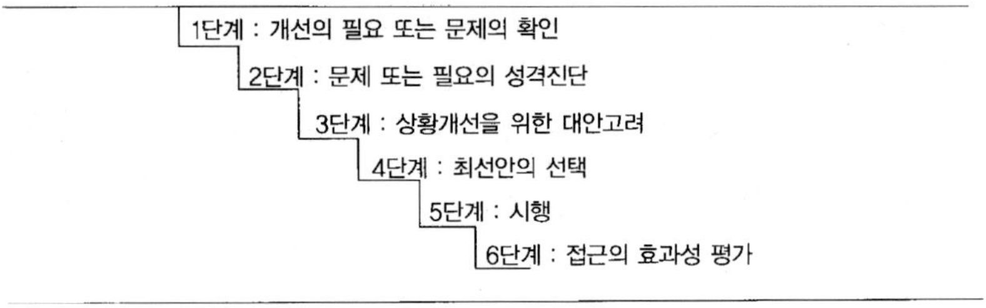

1단계 : 개선의 필요 또는 문제의 확인
2단계 : 문제 또는 필요의 성격진단
3단계 : 상황개선을 위한 대안고려
4단계 : 최선안의 선택
5단계 : 시행
6단계 : 접근의 효과성 평가

[그림 4-1] 수업장학에의 문제해결적 접근

둘째 단계는 개선의 필요를 진단하는 일이다. 이것은 우리가 병원에 가면 치료에 앞서 여러 가지 검사에 의하여 진단하는 것과 같은 단계이다.

셋째 단계는 수업의 문제를 정확히 밝히고 진단했다면 개선을 위한 여러 가능한 대안들을 고려하는 것이다. 이 대안에 대하여는 다음에 자세히 살펴보기로 한다.

넷째 단계는 상황에 맞는 최선안을 선정하여, 다섯째 그 안을 실행하고, 여섯째 그 장학의 효과성을 평가하는 단계로 이어지는데 여기서는 자세한 것을 줄인다.

수업리더가 되기 위해서는 첫째, 개선의 필요가 있는 수업문제나 영역의 존재현실을 정확히 지각해야 한다. 리더십은 문제인식으로부터 자극을 받는다. 문제가 있는데도 그것을 무시하거나 방어적 자세가 되어서는 안 될 것이다. 그리고 정기적으로 학생, 교사, 학부모로부터 피드백을 받고자 노력해야 한다. 그러기 위해서는 교장의 경우 교장실에서 많은 시간을 보낼 것이 아니라 교실과 복도, 수업현장에서 많은 시간을 보내야 한다.

둘째, 수업리더는 교육적 비전(educational vision)을 가져야 한다. 리더는 그때그때의 문제해결에 만족하지 말고 먼눈으로 보고 근본적인 변화를 계획해야 할 것이다. 이러한 비전은 계속적인 전문적 성장을 통해서 개발될 수 있다.

셋째로는 수업과 교육과정 프로그램의 여러 측면에 대한 지식과 프로그램과 교사를 변화시키는 기술은 효과적인 수업리더가 되고자 하는 사람에게 필요한 전문성의 주요요소이다. 교사들을 도와줄 수 있을 만큼 교장도 전문성을 가져야 한다.

넷째, 리더의 강한 의욕과 욕구이다. 문제해결, 인간관계 개선, 목표달성에 대한 강한 욕구는 수업리더십에도 중요한 요인이 된다.

다섯째, 수업개선에 대한 강력한 관여의식을 생각할 수 있다. 다른 해야 할일이 많더라도 또 어떤 장애가 있더라도 수업개선을 최우선순위에 두고 깊이 참여하고자 하면 어느 정도 해결될 것이다.

여섯째, 수업리더가 되고자 하는 사람은 정력가이어야 한다. 여기에 시간도 많이 투입해야 하고 전문서적도 많이 읽어야 한다. 남보다 더 일해야 한다. 목적 설정을 하고, 직무수행기준도 세워야하고, 생산적 근무환경도 만들어야 하고 다른 사람의 지지도 받아야 한다.

일곱째, 리더십을 발휘하고자 하는 사람은 기꺼이 모험을 감행하고자 해야 한다. 리더는 현상유지자가 아니라 "현상파괴자"이다. 목이 두려워 목을 밖에 내놓지 못하는 거북이는 앞으로 전진할 수 없다.

마지막으로 리더가 갖추어야 할 필수적인 것은 사람과 함께 일하는 능력이다. 인간관계기술의 중요성은 아무리 강조해도 오히려 부족하다.

이외에도 수업리더로서 갖추어야 할 많은 자질이 있겠으나 이들을 여기서 일일이 열거할 수는 없고 다만 행정가가 충분히 전문적·개

인적 능력을 가지고 있을 때만 수업리더로서 가능하다는 점을 한 번
더 강조한다.

이제 다음에 다룰 임상장학(clinical supervision)과 수업장학의 관계
를 밝힐 필요가 있다. 한국에서 어떤 사람들은 "수업장학＝임상장
학"으로 같은 것으로 생각하는데 이는 잘못된 것으로 본다. 그 이유
는 수업장학론 책의 내용과 방법은 임상장학론의 내용이나 장학기술
과 완전히 구별되기 때문이다. 그리고 임상장학방법을 개발한 사람
들이 임상장학은 여러 장학방법 중 하나의 대안(alternative)에 불과하
다고 하면서 분명히 그림으로 구별하여 나타내고 있기 때문이다
(Goldhammer, Anderson, & Krajewski, 1980). 그래서 필자는 임상장학은
수업장학에 포함되며 여러 수업장학 방법 중의 하나의 구체적인 절
차와 방법, 기술을 가지고 있는 대안으로 본다.

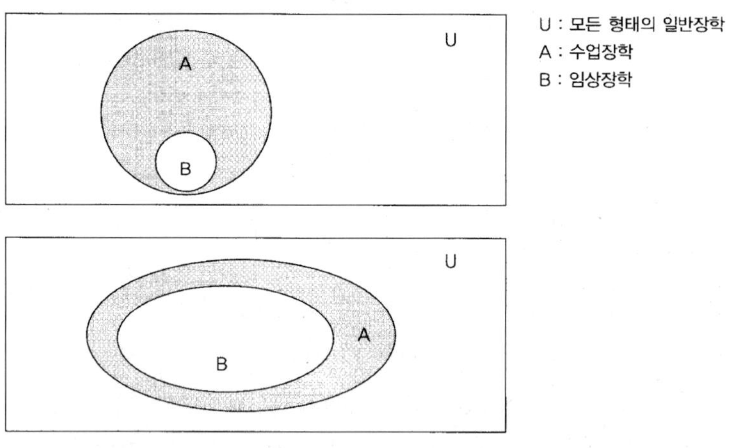

[그림 4-2] 일반장학, 수업장학, 임상장학의 관계

임상장학은 수업장학에 포함되고, 수업장학은 다시 모든 형태의
일반장학에 포함되는 것으로 [그림 4-2]와 같이 나타낸다. [그림

4-2]의 위 그림과 아래 그림의 차이는 수업장학이 일반장학에서 차지하는 비중이 많고 또 수업장학 중에서도 임상장학이 차지하는 비중이 많다는 것을 나타내려고 한다. 임상장학방법이 많이 퍼져 나가 대부분의 수업장학을 임상장학방법으로 한다고 하더라도 임상장학은 분명히 개념상으로 하위에 속한다는 것을 밝혀 두고자 한다.

2. 임상장학과 마이크로티칭

임상장학은 ① 교육현장인 교실로, 밑으로 내려와서 범위를 좁히고, ② 장학자와 교사의 친밀한 관계 속에서, ③ 교사의 전문적 성장과 교수기술 향상에 목적을 두고, ④ 수업과 장학에 임하기 전에 사전 계획협의를 하여 여러 가지 약속을 하고 약속대로 수업관찰을 하려 자료를 수집하고 이를 분석하고 협의회전략을 세워 다시 만나서 피드백협의회를 하여 다음 수업전략을 세우고 장학의 과정에 대하여 종합적인 반성을 하는 특수한 과정과 절차를 밟는 하나의 장학대안이라고 할 수 있다.

임상이라고 하면 얼핏 비정상적인, 병리적인, 불건강한 의미를 풍기나 사실은 오히려 스스로 성장하고자 하는 건전한 교사가 자신의 필요에 의하여 교수기술을 향상시키고자 하여 장학담당자의 도움을 요청할 정도로 아주 건전하다는 전제하에서 출발된 것이다. 그래서 임상장학은 Y이론의 입장에서 교사를 선하게 본다는 점과 교사의 능력을 개발하여 교사를 행복하게 해 주자는 인간자원 장학의 철학을 밑바닥에 깔고 있는 교사중심장학이라고 할 수 있다.

임상장학을 처음 개발한 코간(Cogan) 등은 8단계로 세밀한 절차를 채택하였으나 리비스(Reavis) 등 많은 사람들이 이를 좀 단순화시켜

5단계로 줄였다. 이것을 더욱 압축시킨 것이 애치슨과 골(Acheson & Gall)의 3단계이다. 8단계를 염두에 두고 5단계나 3단계 중 실정에 맞게 적용하는 것이 좋을 것이다. 그러나 3단계라고 하더라도 결국 5단계에서 하던 일을 어차피 다 하게 된다. 임상장학의 과정을 [그림 4-3]과 같이 종합할 수 있다.

이 임상장학이 만병통치약은 아니다. 모든 교사에게 적용할 수도 없고 또 그럴 필요도 없는 것이다. 임상장학을 필요로 하는 교사에게 적용해야 할 것이다. 그동안 우리나라에서 타성에 젖은 학교시찰적 장학에 빠져 있을 때 수업개선에 초점을 맞춘 구체적인 임상장학이 소개됨으로써 신선감을 주고 장학계에 생기를 불어넣는 계기가 되었다고 본다. 그래서 많은 사람들이 실제 현장에 적용하려고 노력하고, 또 연구적으로 접근하여 현장논문, 석사·박사 학위논문도 여러 편 나왔다. 이 임상장학에 대하여는 제Ⅳ부에서 자세히 다룰 예정이다.

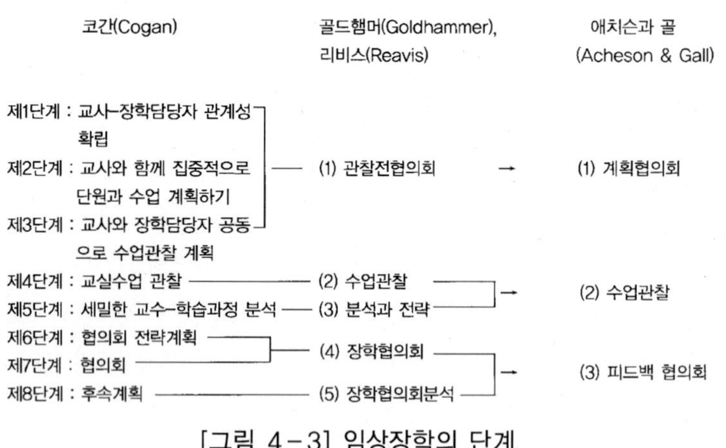

[그림 4-3] 임상장학의 단계

마이크로티칭도 임상장학의 원리와 비슷하고 원래 교사 양성기관에서 교수기술 향상훈련을 위해서 개발되었다는 점에서 비슷하다. 우선 "마이크로"라는 말이 의미하듯이 축소된 수업이다. 이것은 실제상황의 수업이 아니라 시간을 4~20분간 축소하고, 학생을 3~10명의 소집단을 대상으로 축소하고, 학습주제도 한두 주제로 축소하고, 교수기술도 한두 특정 교수기술에 초점을 둔 하나의 연습수업이다. 축소된 수업을 하는 동안 녹화 또는 관찰하고, 이 녹화·녹음을 보거나 들으면서 피드백을 해 주고 비평하고, 이 피드백과 비평을 참작하여 다시 수업계획을 세워 재수업을 하고 다시 비평하는 식으로 반복하면서 교수기술을 향상시키는 방법이다. 즉 계획(plan)-교수(teach)-관찰(observe)-비평(critique)-재계획(replan)-재교수(reteach)-재관찰(reobserve)-재비평(recritique)의 과정으로 반복된다. 마치 권투선수가 동작 하나하나를 녹화하였다가 되돌려 보면서 동작을 수정해 나가는 과정과 비슷하다.

마이크로티칭도 최선의 방법은 될 수 없지만 주먹구구식 장학을 하던 우리나라의 풍토에 많은 시사점을 주고 있어 부분적으로 활용할 필요는 있다고 본다.

마이크로티칭은 1963년 스탠포드(Stanford)에서 실제 교실수업 책임을 맡기기 전에 교사 교육을 받고 있는 학생들에게 현실적이고 기능적인 경험을 주면서 하나씩 하나씩 수업기술을 향상시키기 위하여 개발되었다. 1968년의 한 연구에 의하면 미국 교사 교육 프로그램의 44%의 대학에서 이 소규모 수업방법을 사용하고 있으며 현직교육과 장학에서도 보편화되었다. 한국에서도 이정근(1983)과 고영희(1983) 등에 의하여 이미 적용되어 그 성과가 검증된 바 있다.

이 방법은 수업자의 강점과 약점을 금방 발견할 수 있고, 즉각 피드백을 줄 수 있고, 새로운 교수자료와 기술을 시험 적용하는 데 사용될 수도 있으며, 경험 있는 교사가 경험이 적은 교사를 지도하는 동료장학에서 사용하기 좋으며, 교사 혼자서 자기분석(self-analysis)하기에도 좋으며, 장학자 자신의 장학기술 향상방법으로도 사용할 수 있는 이점을 가지고 있다.

우리나라에서도 비디오테이프 기재들이 널리 보급되고 있으며 교수기술을 정교하게 다듬어야 할 입장에 있으므로 앞으로 널리 보급될 가능성이 있다. 특히 교사 양성기관에서는 학생들을 현장에 직접 내보내기 전에 이러한 소규모 수업을 꼭 거쳐야 할 것이며 교육실습 중에도 실제로 학생들을 가르치게 하기 전에 소규모 수업으로 충분한 장학을 받은 후 실제 교단에 서게 해야 할 것이다.

앞으로 학교의 모든 사람들이 비디오기재와 카메라를 다루는 기술을 익혀야 할 것이며 이러한 기재를 활용하여 스스로 전문적으로 성장하고자 노력해야할 것이다.

3. 발달장학

이것은 그리크맨(Glickman, 1981)이 개발한 것으로 교사의 발달정도와 장학방법에 맞게 장학하여 교사의 발달수준을 높인다는 원리에 근거하고 있는데 근본정신은 선택적 장학과 마찬가지이다.

인간주의 심리학자(humanistic psychologists)들은 학습을 "세상에서 합리성과 질서를 발견하기 위한 개인의 호기심의 결과"라고 보는 데 비하여, 인지심리학자(cognitive psychologists)들은 학습을 "외부환경에 대하여 행동하는 개인과 개인에 작용하는 생물적·무생물적 외부환경 사이의 상호교환의 결과"라 보고, 행동주의 심리학자(behavioral psychologists)들은 학습을 "외부환경에 의한 개인의 흔적(imprinting)

또는 조건화(conditioning)"라 보고 있다. 이러한 세 관점을 표로 요약하면 <표 4-1>과 같다.

표 4-1 장학의 세 관점

학생의 책임	고	중간	저
교사의 책임	저	중간	고
학습의 심리학적 관점	인간주의자	인지론자	행동주의자
학습방법	자기발전	실험	조건화

이와 마찬가지로 장학도 비지시적(nondirective), 협동적(collaborative), 지시적(directive) 지향으로 구분되는데 <표 4-2>와 같이 요약된다.

표 4-2 장학의 세 관점

교사의 책임	고	중간	저
장학자의 책임	저	중간	고
장학의 지향	비지시적	협동적	지시적
주요방법	자기평가	상호규약	구체적 기준

이 장학의 세 관점과 교사의 수업을 변화시키도록 영향을 주는 장학행위를 연결시켜 보면 [그림 4-4]와 같다.

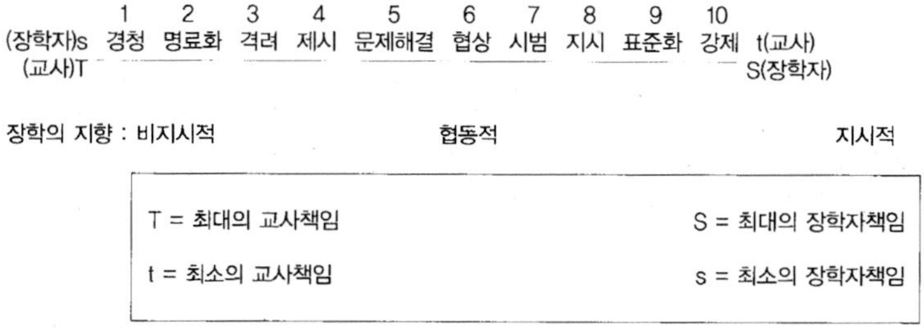

[그림 4-4] 장학행위 연속선(The Supervisory Behavior Continuum)

　지시적·협동적·비지시적 장학방법을 교사의 발달정도에 맞게 적용하여 교사를 최상의 발달상태로 변화시키자는 것이다. 그러기 위해서는 교사의 발달정도를 발견해야 하는데 먼저 발전의 기준이 있어야 한다.

　교사의 발달정도를 찾아내는 첫째 기준은 참여수준(level of commitment)이다. 교사는 참여가 낮은 수준에서 높은 수준으로 참여 연속선 [그림 4-5]에 따라 발달한다고 볼 수 있다.

저　　　　　　　　　　　　　　　　　　　　　　　　　　　　　　　　　　고

•학생에 대한 낮은 관심
•적은 시간 또는 정력의 사용
•자기 직무유지에 주관심

•학생과 다른 교사에 대한 높은 관심
•많은 시간 또는 정력의 사용
•다른 사람을 위하여 더 일하는 데 주관심

[그림 4-5] 참여의 연속선

　발달의 두 번째 기준은 추상적 사고의 수준이다. 장학자는 교사가 추상적 사고의 연속선 [그림 4-6]을 따라서 발달한다고 생각한다.

저　　　　　　　　　　　　　　　　　　　　　　　　　　　　　　　　　　고

•문제에 대하여 혼동	•문제를 정의할 수 있다.	•여러 관저에서 문제를 생각할 수 있다.
•어떻게 될 것인지 모른다.	•문제에 대하여 가능한 한두 반응을 생각할 수 있다.	•많은 대안적 계획을 생각해 낼 수 있다.
•"보여줘요"	•종합적 계획을 통해서 생각하는 데 곤란을 갖고 있다.	•각 단계에 따라 생각하고 계획을 선택할 수 있다.
•문제에 대하여 한두 습관적 반응		

[그림 4-6] 추상적 사고의 수준

이 두 기준을 결합하면 ① 탈락교사(teacher dropouts), ② 분석적 관찰자(analytical observers), ③ 무초점교사(unfocused workers), ④ 전문가(professionals)로 [그림 4-7]과 같이 분류될 수 있다.

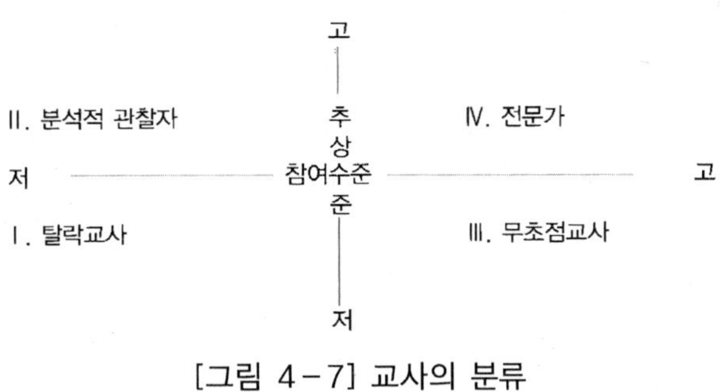

[그림 4-7] 교사의 분류

이제 교사의 분류에 따른 장학방법과 장학의 발달방향을 제시하면 [그림 4-8]로 요약된다.

이 발달장학은 교사의 발달정도에 따라 알맞은 장학방법을 결정한다는 데 "발달"이란 말이 의미가 있으며 또 그렇게 해서 교사를 이상을 향해서 발달시킨다는 데 "발달"이란 말은 의미가 있다.

각 교사에게 알맞은 장학을 한다는 의도는 좋으나 여기에도 문제가 있다.

첫째, 복잡한 교사들을 발달정도에 따라 이렇게 분류하기가 그렇게 쉽지 않다는 점이다. 아마 정확하게 분류하자면 장학보다는 분류에 더 시간을 많이 보내야 할지도 모른다.

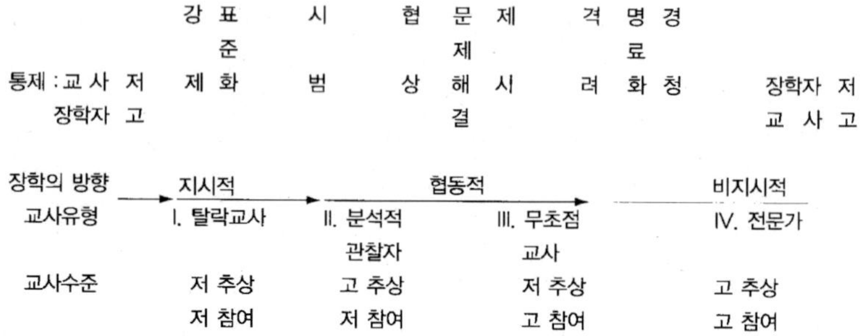

[그림 4-8] 장학행위 연속선상의 발전방향

둘째, 바쁜 장학자나 교장이 각 교사를 평가하고 각 교사에게 독특하게 반응을 줄 수 있을 만큼 충분한 시간과 정력을 가질 것이라 기대하기는 현실적으로 어렵다.

그래도 특이한 각 교사에 알맞은 장학을 시도하였다는 것은 큰 공헌이라 아니할 수 없다.

4. 협동적 동료장학

학교는 대형화하고 장학인원은 줄어드는 데다 교사들이 행정가에 의한 장학을 싫어하고 오히려 동료전문가의 도움을 필요로 한다는 점을 감안하면 동료교사에 의한 상호장학은 좋은 방법이 될 것이다. 더구나 교사들의 발달수준은 각각 다르기 때문에 동료장학에 의한 수업개선은 충분히 가능하다.

같은 학교 내에 있는 동료는 쉽게 만날 수 있고 행정계층에서 오는 위화감 없이 오히려 친근감을 갖는 분위기에서 도와줄 수 있으며 같은 처지이기 때문에 부닥치는 사정과 상황을 잘 이해할 수 있다는 강점을 가지고 있다.

동료장학에 있어서 무조건 집단만 만들어 맡겨 버리는 것이 아니라 장학방법에 대하여 연수를 실시하여 장학자나 교장을 대신하여 장학할 수 있는 능력을 길러주고 실시해야 효과를 거둘 수 있다. 동료교사들끼리 팀을 만들어 앞에서 설명한 임상장학방법을 적용하는 방안도 가능하고, 교과단위·학년단위의 동료장학도 가능하다. 새로운 교수전략, 새로운 교수자료, 새로운 수업구조 등을 모색하고 새로운 아이디어와 경험을 나누어 가질 수 있다. 다만 교사들의 전문적 성장에 대한 동기유발과 의욕을 고취시키는 일이 중요하다.

비슷한 입장에 있는 6, 7명의 자발적 집단을 구성하여 같이 수업계획을 하고, 관찰·분석하는 임상장학도 바람직하다.

경험 있는 유능한 교사를 초임교사에게 짝을 지어 주어 동료장학을 하게 하는 "buddy system"도 자연스럽게 동료로부터 배우고 사회화하는 방법이 될 수 있다. 물론 이러한 경우도 교장은 지도력을 발휘하고 치밀한 계획하에서만 효과적일 수 있는 것이지 모든 것을 맡기고 방치하는 속에서는 아무리 좋은 방안이라도 성공적일 수 없다.

이제 장학도 행정적이고 일반적이며 상부적인 장학에서 수업개선적이고 구체적이며 하부적인 학교와 교실로 내려와 교사와 밀착되는 장학으로 그 강점이 바뀌어 가고 있다. 이러한 때에 교사들끼리 자율적으로 동료장학을 한다는 것은 세계적인 조류에도 맞고 우리나라에서는 선구적인 노력이라고 할 수 있다.

이제 동료장학의 이유와 필요성 또는 중요성과 몇 가지 방법에 대하여 좀더 자세히 살펴보기로 한다.

1) 동료장학을 해야 하는 이유

협동적 동료장학이란 교사의 교수기술 향상과 전문적 성장을 위하여 교사 상호간에 협동적 노력을 하는 과정이다.

그런데 이 동료장학은 다음과 같은 두 가지 중요한 세계적인 거대조류와 일치한다.

첫째, 동료장학은 분권화의 조류와 맥을 같이 한다. 모든 일이 수요자와 고객 가까이로 접근하고 있다. 따라서 모든 권한이 집권으로부터 분권으로 가고 있으며, 교육도 중앙으로부터 현장으로 권한이 이양되고 있다. 필자는 이를 "장학의 중심이동"이라고 표현했었다. 장학이 교육과학기술부·지방교육청·지역교육청의 장학으로부터 교장·교감을 중심으로 한 교내장학, 그중에서도 교사들끼리 협동·노력하는 동료장학과 궁극적으로는 교사 스스로 교수기술 향상과 자기성장을 위해서 노력하는 자기장학으로 장학의 중심이 이동해야 한다고 했는데, 동료장학은 이러한 주장과 일치한다. 교육과학기술부나 시·도 교육청·시·군·구 교육청의 장학은 각 수준 고유의 장학을 하면서 교내장학·동료장학·자기장학이 잘 이루어지도록 지원하는 노력을 해야 할 것이다.

장학의 중심이동은 일반장학·행정장학으로부터 수업장학·임상장학 등 미시적으로 파고 들고, 행정가·장학자로부터 교사·학생에게로 접근하려는 노력도 포함되는데, 그런 의미에서 동료장학은 내용적으로 교사가 하는 일과 가장 밀접한 "수업"과 밀착하게 된다.

둘째, 동료장학은 참여·자율화의 거대조류와도 일치한다. 장학은 이제 더 이상 일방적인 피동적 장학으로 남아 있을 수는 없다. 민주주의가 대의민주제에서 참여민주제로 바뀌어 가고 있는 이즈음 장학 또한 교사의 적극적인 참여를 바탕으로 한 참여 장학이 요구된다. 동료장학이야말로 교사들 상호간에 하는 참여 장학의 정수라고 할 수 있다. 민주주의는 자율을 근거로 하고 있다. 즉 스스로 결정하고, 자신의 결정과 행동에 책임을 지는 것이다. 동료장학은 교사들의 자율과 참여에 근거한 바람직한 장학의 방향이라고 할 수 있다.

셋째, 동료장학은 전문적 특성과 일치한다. 전문직의 전문가는 관료적 상급자보다 동료전문가를 지향한다. 전문의사는 동료전문가 의사와 협의하여 수술을 집도하는 것이지 행정가인 병원장과 협의하는 것은 아니다. 교육에서도 옛날에는 교사들이 가르치다가 문제가 생기면 교장을 찾아갔으나 이제는 교장대신 동료교사를 찾아간다. 드생크티스와 블룸버그(DeSanctis & Blumberg)의 연구에서 교사들이 수업과 학급관리에 대하여 대화를 나눈 사람 중 64%는 다른 동료교사와 23%는 전문가와 7%는 교장과 6%는 사무직원이나 기타 식당종업원 등이라고 응답하였다는 것은 흥미롭다. 교사들은 교장과 비슷한 비율로 일반직원들과 전문적인 일에 관하여 대화를 나누는 것이다. 교사의 문제에 대하여 가장 잘 알고 도와줄 수 있는 사람들은 동료전문가인 교사들이다. 그리고 동료교사들은 쉽게 만날 수 있고 약점도 털어놓으며 서로 도움을 청할 수 있는 위치에 있다는 장점도 있다. 교사는 교장과 교감의 평가를 받기 때문에 거리감이 있으며 위협감을 느끼는 데 비하여 동료교사들은 서로 접근이 가능하고 비공식적으로도 각자 가지고 있는 능력을 상호간에 최대한 활용할 수 있다.

장학을 상호간에 도움을 제공해 주는 넓은 의미로 사용한다면 교사들은 서로 훌륭한 동료장학자가 될 수 있다. 우리나라와 같이 장학자나 교장·교감에 대하여 별도로 전문적인 장학사 양성교육이나 연수교육을 충분히 실시하지 못하는 상황에서는 오히려 동료장학을 체계화하고 교사에게 장학적 기초교육을 시켜 장학요원으로서 확대하는 것이 더욱 효과적일 수 있다.

넷째, 앞으로의 교직사회는 개방과 협동을 요구하게 된다. 그래서 동료 간에 상호개방과 협동을 필요로 하는 동료장학의 가치는 높아지게 될 것이다. 지금까지의 교사는 "외로운 운영자"였다. 경험 있는 교사도 신출교사도, 혼자서 수업을 계획하고 혼자서 실천하고 혼자서 평가해야 했다. 성공해도 혼자서 기뻐했고 실수도 혼자서 하게 되는, "고독한 직업"이었다. 그러나 이제 교사들의 능력을 골고루 발휘하게 하고 강점을 골고루 학생들에게 나누어 준다는 의미에서 "팀티칭"이 필요하게 되고, 또 "열린 수업"과 "열린 학교"로 인해 교사들이 하는 일이 열리게 되었다. 따라서 이제는 교직도 다른 직업들과 같이 절대적으로 개방과 협동을 요구받고 있다. 가르치는 지적인 일을 나누어 갖고 곁에 전문가 동료가 있어 외롭지 않다는 것을 느끼게 되는 것은 유쾌한 일이 될 것이다. 그리고 현명한 교사라면 실수를 감춤으로써 영원한 패배자가 되는 길을 더 이상 택하지는 않을 것이다. 그런 의미에서 동료장학의 가치는 인정받게 될 것이다.

<여기서 여러분들 스스로가 동료장학의 필요성과 이유, 그 중요성을 더 열거해 보시오.>

2) 협동적 동료장학방법

협동적 동료장학의 초점을 수업에 맞추면, 둘 이상의 교사가 서로 수업을 관찰하고, 그 결과에 대하여 피드백을 제공해 주고, 공통적인 전문적 관심에 대하여 토의하면서 자신들의 전문적 성장을 위해 함께 일하기로 약속한, 비교적 반형식적 과정이라고 할 수 있다. 교사들이 전문적 성장을 위해 서로 돕는 방법은 형편과 상황에 따라 아주 다양하다. 두세 명의 교사가 서로 수업관찰을 하고 그 결과에 대하여 서로 의견을 교환하는 간단하고 간소한 방법으로부터 아예 교사를 한 팀으로 조직하여 수업을 하기 위하여 여러 측면에서 협동하는 야심적이고 종합적인 동료장학도 있을 수 있다.

그러나 적어도 장학의 관점에서 동료장학을 생각한다면 첫째, 동료의 관계성은 비교적 반형식적이고 반제도적일 필요가 있다. 우연히 수업을 보게 되거나 도움을 주고받는 비공식적 교류에 맡기는 것까지 동료장학의 범주에 넣을 수는 없다. 둘째, 교사들은 적어도 두 번 이상은 서로 수업을 관찰하고 관찰 후에 협의회를 가져야 할 것이다. 셋째, 교사 간의 관계성은 상호 우호적인 동료적 관계여야 한다. 교장·교감이나 장학자가 지원해 주거나 가끔 확인해 보더라도 관찰과 협의회·토의는 전적으로 교사들만이 참여하게 하는 것이 좋다. 넷째, 또 이들의 관계성은 평가적이 아니어야 한다. 상호평가로 이용될 때에는 진실 된 상호성장의 목적은 달성되기가 어렵다. 무엇보다도 중요한 것은 교사의 자발성과 성장의욕, 동기유발에 호소하는 일이다. 모든 일이 다 그렇지만 이 동료장학도 교사들의 자발성에 기대해야 한다. 그래서 동료의 짝이나 팀을 구성할 때도 가능한 한 그들의 희망을 들어서 하는 것이 좋다.

이제 몇 가지 협동적인 동료장학의 예를 들기로 한다.

① 비공식적 관찰·협의

가장 쉽게 접근할 수 있는 방법으로서, 피관찰교사의 희망에 따라 수업관찰을 하고 피드백을 제공하며 관심과 문제점에 대하여 협의하게 하는 방법이다. 수업관찰은 피관찰교사가 관심을 갖는 특정내용에 초점을 두는 "초점관찰"이 될 수도 있고, 수업전반을 관찰하는 "무초점관찰"이 될 수도 있다. 이는 피관찰자에게 주도성을 주고 비공식성에 근거한 자유스러운 분위기에서 이루어진다.

② 초점관찰 – 자료제공

이는 피관찰교사가 관심을 갖는 내용에 초점을 맞추어 수업관찰도구에 의하여 수업관찰을 하고 여기서는 수집된 관찰 자료를 수업자에게 전해 주어, 분석이나 평가는 수업자에게 맡기는 방법이다. 예를 들면 수업 중 교사와 학생 간의 상호작용의 종류에 따라 상호작용의 빈도만 표시해 주고 분석이나 평가·결론 등 그 자료 활용은 전적으로 수업자인 피관찰교사에게 맡기는 것이다. 이 방법은 수업자가 자료를 분석할 수 있고 활용할 수 있는 능력이 있고, 또 관찰자도 자료 수집을 할 수 있는 능력이 있다는 것을 전제로 하고 있다. 관찰자에게는 도움이 안 될 것으로 생각되기 쉬우나, 다른 동료의 수업을 관찰하고 관찰도구에 표시하는 것만으로도 많은 것을 배우게 된다. 능력 있는 교사는 이 정도의 협동으로 많은 전문적 성장을 할 수 있으리라 본다.

③ 소규모 현직연수위원회

3~5명의 교사들이 집단을 이루어 ㉠ 집단의 요구를 분석하여, ㉡ 교육과정과 수업을 관찰하여 분석하고, ㉢ 관찰 자료에 근거하여 피드백을 제공해 주고, ㉣ 관찰 기록을 나누어 갖는 가운데 현직연수의 목표를 달성하는 협동적 노력을 하게 할 수 있다. 비슷한 현직연수의 요구를 가지고 있는 집단이면 더욱 좋을 것이고, 그렇지 않다면 집단을 구성하고 나서 거기서 공통적인 요구사항을 찾아내야 할 것이다. 현직연수를 강연회로만 생각할 필요는 없다. 수업에 관한 연수가 더 중요한 연수이다.

④ 팀티칭

우리나라에서 한때 팀티칭이 소개되었으나 일반화되지는 않고 있다. 그러나 이 팀티칭은 필요성이 충분히 있다. 교사들은 누구나 강점과 약점을 갖고 있는데, 팀을 이룸으로써 약점을 보완하고 강점을 살려 학생들에게 제공해 줄 수 있기 때문이다. 이런 팀티칭 속에서는 자연스럽게 수업관찰을 하고 피드백을 제공해 주게 되는데, 이를 학교에서 공식화하면 더욱 효과적일 수 있다.

⑤ 임상장학에 의한 동료장학

동료교사끼리도 훈련만 받으면 임상장학을 할 수 있다. 임상장학의 모형에 대해서는 앞에서 설명되었고 뒤에 가서 더 자세히 설명될 것이기 때문에 여기서는 임상장학에 의하여 동료장학을 할 수 있다는 것만 강조한다.

⑥ 동료코치

최근에 미국에서는 장학이라는 개념 대신에 동료교사 간에 이루어지는 "동료코치"라는 개념이 환영받고 있으며 널리 번져 가고 있다. 마치 운동선수들이 트레이너와 코치의 지도를 받아 새로운 전략과 기술을 익히는 것과 같은 관계성을 교사 장학에서 빌려 온 것이다.

동료코치의 목적은 ㉠ 교수기술의 연구를 위하여 계속적인 노력을 기울이는 교사들의 공동 사회풍토를 형성하고, ㉡ 새로운 지식과 기술을 협동적으로 연구하는 데 필요한 공동언어와 이해를 갖게 하고, ㉢ 새로운 교수기술과 전략을 획득하는 데 필수적인 훈련을 계속하기 위한 구조를 제공하려는 데 있다.

코치의 과정은 다양하겠지만 우선 ㉠ 관찰과 피드백을 통해서 새로운 교수전략에 필요한 기술을 증대시키는 데 초점을 맞추고, ㉡ 기술이 개발되고 숙달되면 새로운 교수전략을 적절하게 사용하는지 상호 검사하는 보다 복잡한 단계로 넘어간다. 이 단계에서는 공동수업계획을 세우고 실험을 하게 되는 "협동적 문제해결을 위한 협의회"를 갖게 된다.

이러한 동료코치는 ㉠ 수업관찰을 통하여 단순히 자료만을 수집하여 수업자에게 제공해 주는 자료제공적 코치(mirroring)와 ⓒ 임상장학의 전 과정을 거치면서 동료로서 공동으로 문제를 해결하려고 노력하는 협동적 코치(collaborative coaching)와 ⓒ 전문가로써 도움을 주는 전문적 코치(expert coaching)의 수준으로 나누어 볼 수 있다.

또한 초임교사에게 또는 교육청이나 학교에 새로 전입해 온 교사에게 조언교사(adviser)를 짝지어 주어 동료가 코치하게 하는 방안도 생각할 수 있다. 존경하는 선배나 유능한 교사 중에서 희망을 받아, 한 조언교사가 2~3명의 교사를 계속 조언하게 하면 될 것이다. 조언교사에게 수업시간을 줄여주든가 수당을 지급해 주면 금상첨화이다.

그 외에 동 학년, 동 교과를 중심으로 팀을 이루어 동료코치를 알수 있으며, 다른 학년이나 다른 교과의 교사를 섞어서 팀을 이루어 코치를 하게 하는 방안도 가능하다.

⑦ 동료연수회

흔히 직원연수회라고 하면 외부초청강사를 모셔다가 강연회 하는 것을 연상하는데, 학교내부나 교육청 내부에 동료교사 중 유능한 자원인사를 먼저 찾아보기를 권고한다. 강연·강의도 가능하고, 실험·실기연수도 가능하리라 본다. 그리고 좋은 수업 또는 문제의 수업장면을 담은 비디오테이프나 교육용 비디오테이프를 구해다가 시청하고 나서 토의·토론하는 것도 좋은 연수가 될 수 있다.

<여기에 이어서 동료장학·동료코치방법을 더 제시해 보시오.>

3) 협동적 동료장학에 대한 찬·반론

협동적 동료장학의 필요성과 이유를 말하는 동안 찬성론은 제시되었으나 이를 다시 요약하면 다음과 같다.

첫째, 교사들은 수업과 학급에 관한 조언을 얻기 위하여 장학자나 교장·교감보다 동료교사를 더 선호하고 이에 더 가치를 둔다는 연구결과는 협동적 동료장학을 강력히 지지한다.

둘째, 교사들은 장학에 관한 전반적인 훈련을 시키지 않고도 또 복잡한 수업관찰 양식을 사용하지 않고도 동료교사들끼리 서로 유용한 피드백을 제공할 수 있다는 점이다. 웬만한 교사는 피드백만 받아도 많은 것을 배울 수 있고 개선방안을 모색할 수 있다.

셋째, 동료장학과 동료코치를 통하여 학교에 동료적 규범이나 동료의식 등 협동적 조직풍토를 형성할 수 있다는 장점이 있다. 이러한 조직특성이 형성되면 모든 면에서 성공적인 학교가 될 수 있는 저력이 된다.

이에 대하여 몇 가지 점에서 반대론과 문제점이 지적될 수 있다.

첫째, 이러한 동료장학이 꼭 바람직하며 이것이 실현 가능성이 있느냐 하는 문제이다. 정교한 훈련을 받지 않은 교사들이 고도로 전문성을 요구하는 장학을 스스로 해낼 수 있느냐는 점에서 이의를 제기한다.

둘째, 마찬가지로 관찰과 피드백협의회를 치밀한 계획 없이 해도 효과를 얻을 수 있겠느냐는 회의적 반응이다.

셋째, 학교의 관료적 구조, 즉 시간부족, 동료와의 부적절한 상호작용, 학교건물의 부적절한 물리적 구조 등이 동료장학의 장애물로 지적되고 있다.

넷째, 아직도 장학체제는 교사의 협동적 작업보다는 고립적 분위기라는 점도 장애물이다.

이러한 반대론과 장애물이 있지만 우리나라의 상황은 오히려 동료장학을 유리하게 작용하게 할 수도 있다. 예를 들면 현지의 장학자

나 교장·교감도 고도의 장학훈련을 받지 않고 있다는 점은 동료장
학을 정당화시킬 수 있다.

<찬·반 양론의 예를 더 들어보시오.>

4) 동료장학을 위한 행정적·제도적 지원

성공적인 협동적 동료장학을 위해서는 교육청과 학교의 행정적·
제도적 지원을 필요로 한다.

예를 들면 첫째, 동료장학을 공식화·제도화시키고 이를 실시하는
학교·교사들에게 유인가를 주는 일이다. 유인가는 정신적·물질적
보상의 양자를 포함시킬 수 있다. 동료장학을 하지 않는 교사가 손
해 보게 하기보다는 동료장학을 하는 교사가 이익과 득을 얻게 하도
록 해야 할 것이다.

둘째, 교사의 자율성을 가능한 한 보장해 주고 행정가가 깊이 개
입하거나 간섭하지 않는 태도가 중요하다.

셋째, 최대한의 자원을 제공해 주는 일이다. 우선 동료장학에 관
한 연수를 실시하여 교사들의 호응을 받을 수 있도록 하고, 동료장
학을 할 수 있는 시간을 마련해 주고, 동료장학 시 수업을 희생하지
않도록 대체교사의 비용을 마련해 주고, 비디오 등 장비와 자료를
제공해 주어야 한다. 어떤 것이든 재정적인 지원이 따르지 않는 사
업은 없다.

넷째, 동료장학의 증거를 확인하기 위해 교사들에게 또 하나의 잡
무를 요구하고 괴롭히게 되면 자발성에 근거한 동료장학의 싹은 질
식당하게 된다는 사실을 염두에 두어야 한다.

교직의 전문성과 자율성에 바탕을 둔 동료장학의 성공으로 교육의

질을 향상시키려는 시도는, 교육면에서 어려운 상황을 맞고 있는 우리나라 현실에서 아름답게 보이기까지 한다. 우리 교사 스스로가 이러한 방향으로 나아갈 때 우리 스스로의 권위를 지키고, 관료적 간섭과 타율을 미리 막아낼 수 있고, 우리가 확장시킨 전문성과 자율의 범위 내에서 우리의 생을 즐길 수 있을 것이다. 그리고 하늘을 우러러 한 점 부끄럼 없이 우리의 길, 스승의 길을 걸어갈 수 있을 것이다.

5. 자기장학

이것은 교사 혼자서 일정한 목표를 세워 놓고 그 목표를 향해서 혼자서 독립적으로 노력하는 것이다. 원래 교사는 고독한 직업이다. 오늘날 대부분의 직업이 여러 사람과 어울려 일을 하게 되어 있으나 교직은 아직도 혼자 계획하고 수업하고 평가하는 외로운 직업이다. 팀티칭과 협동수업방법이 있으나 아직 우리나라에서는 보편화되지 못하고 있다.

자기장학의 한 방법을 예로 들면 미국 뉴욕의 하이드 파크(Hyde Park) 교육구에서 1972년 이래 계속 MBO(management-by-objective) 체제에 의하여 실시하고 있는 자기평가 체제(self-appraisal system)이다. 이를 간단히 요약하면, 그해 교육구·학교교육목표에 의하여 교사가 개인의 목표와 직무수행목표와 그 성취도달방법, 필요한 자원, 도달평가방법을 제시하여 계약을 맺고, 정기적으로 그 진전 상황을 협의하고, 최종적으로 총괄평가·협의하는 과정으로 이어지는 교사의 자기평가방법이다.

자기장학의 또 다른 한 방법은 자기의 수업을 비디오테이프나 학생반응 조사 등에 의하여 자기 스스로 자기의 수업을 분석하는 자기 분석방법이다. 비디오도 한쪽은 학생장면, 다른 한쪽은 교사의 장면을 녹화하는 이분법(splitscreen technique)에 의하여 녹화하며, 분석할 때도 처음에는 오디오(소리)를 끄고 비언어적 행동(nonverbal behavior)만을 집중적으로 분석하고 이어서 비디오(화면)를 끄고 언어적 행동을 집중적으로 분석하고 나서 전체를 분석하는 식으로 되풀이하여 분석하면 많은 것을 발견할 수 있을 것이다. 이 방법은 미국 오하이오(Ohio) 주의 마우미(Maume) 교육구에서 개발하여 사용하고 있다. 또 이것을 적용한 이 교육구의 교사들은 전통적 평가나 장학보다 이 비디오테이프에 의한 자기평가를 더 좋아하는 것으로 나타났다.

이제 우리나라도 많은 가정과 학교에서 비디오와 캠코더를 갖고 있기 때문에 수업을 녹화하기는 용이하다. 또 교사들 자신도 이러한 장비를 활용하여 적극적으로 자기의 전문적 개발에 힘써야 한다는 점을 지적하고 싶다. 비디오와 캠코더가 없더라도 카세트 녹음기를 가지고도 자기 수업분석에 많이 활용할 수 있을 것인데 그렇게 흔해 빠진 녹음기를 수업분석에 교사들이 얼마나 활용하였었는지 의심이 간다.

또 중·고등학교나 초등학교 상급학년에서는 분석목적에 따라 학생들의 반응이나 피드백에 의한 자기장학으로 수업개선에 노력할 수도 있을 것이다. 교사가 전문가라면 스스로 발전하고자 노력하는 것이 가장 좋은 방법이다.

원래 자기장학(self-supervision)이라는 말은 모순을 안고 있다. 장학(supervision)이라는 어원이 감독이란 말에서 나왔기 때문에 반드시 타인의 감독, 그중에서도 높은 사람, 우수한 사람의 감독이란 것이 전제가 되기 때문에 자기감독, 자기장학이라는 용어에는 원칙상 모순이 있다. 그러나 장학의 목적이 교사의 전문적 성장과 교수기술 향상이라고 한다면 타인의 도움을 받지 않고도 이 목적만 달성할 수 있다면 이를 장학이라고 해서 크게 잘못될 것은 없다. 오히려 "스스로 돕는 자"가 더 바람직하다. 그래서 교사 스스로의 동기유발에 의하여 자기장학을 하고 장학적 효과를 가질 수 있다면 이는 장학의 가장 바람직한 형태라고 할 수 있다.

자기장학에 의한 전문적 성장과 교수기술 향상방법으로는 여러 가지가 있을 수 있다. 예를 들면, 앞에서 말한 것처럼 녹화·녹음에 의한 방법, 학생·학부모·동료교사로부터의 피드백을 받는 방법, 전문서적 독서, 대학원 수강, 연수회·세미나 참가 등 다양한 방법이 있을 수 있다. 다만 자기장학도 연간계획에 의하여 계획적으로 해야 한다는 점을 첨언하고자 한다.

여기서는 ① 자기장학의 성격을 보다 자세히 설명하고, ② 현재 운영되고 있는 자기장학의 몇 가지 대안적 형태에 대하여 기술하며, ③ 그 적용에 대한 찬·반 주장을 살펴보고, ④ 이와 관련된 연구를 요약해 보며, ⑤ 선택장학체제 프로그램 내에서 어떻게 운영할 것인지에 관하여 자세히 기술하고자 한다.

1) 자기장학의 성격

자기장학은 다음 네 가지 특성을 가지고 있는 전문적 성장의 과정이다.

① 전문적 성장의 프로그램에 의하여 개인이 독립적으로 일한다. 팀의 지도적(leadership)인 구성원이 교사를 위한 자원인사로서 활동하지만 다른 사람이 교사를 위해 전통적인 의미의 장학을 하지도 않고 교사가 팀의 다른 교사와 협동적으로 일하지도

않는다.

② 개인교사는 목표지향적인 전문적 개선 프로그램(goal-oriented program of professional improvement)을 개발하고 추구한다. 이 프로그램의 목표는 교사 자신의 전문적 필요성에 대한 평가로부터 나온다. 교사의 목표가 반드시 조직의 목표로부터 나올 필요는 없다. 교사 개인의 전문적 성장이 적어도 학교목표를 위해서 간접적으로 기여할 것이라고 가정될 뿐이다.

③ 교사 개인은 이러한 목표를 달성하기 위하여 일하는 데 있어서 다양한 자원에 접근한다. 목표들의 성격에 따라 리더와 교사는 하나 이상의 다음 자원과 경험이 적절한지를 결정한다. 즉 ㉠ 교사의 수업을 녹화한 비디오테이프, ㉡ 학생으로부터 받은 피드백, ㉢ 전문서적과 컴퓨터에 의한 정보 서비스, ㉣ 대학원과정과 집중적 워크숍, ㉤ 학교와 교육청의 장학사와 행정가로부터 받는 지지, ㉥ 학교 상호간 방문과 같을 자원과 경험이 적절한지 등을 알아보아야 한다.

④ 자기장학 프로그램의 결과를 교사의 근무평정과 업적평가에 사용하지 않는다. 이 자기장학 프로그램과 평가는 완전히 분리한다. 교육청의 프로그램이 어떻게 되었는지 교사는 평가받지 않는다는 가정이다.

이 네 가지 특성은 자기 지향적 전문적 성장과 다른 현직 연수교육의 형태와도 구별된다.

2) 자기장학의 여러 형태

관련문헌을 상세히 고찰해 보면 용어상 모순성을 내포하고 있는 자기장학(self-supervision) 또는 자기지향 전문적 성장(self-directed professional growth)에 관한 언급은 거의 없다. 그러나 자기평가 체제(self-appraisal system)와 비디오테이프를 통한 수업의 자기분석(self-analysis of instruction with video tape)이라는 두 가지 비유적 접근에 대한 참조가 있다. 이 접근은 앞서 정의한 자기장학과 어떤 관점에서는 각각 다르지만 이들 비유적 접근을 고찰해 보면 논의대상이 되는 접근의 강점과 약점에 대한 어떤 관점을 밝혀 주리라 믿는다.

자기장학은 그 성격상 비평가적이지만 몇 가지 다른 측면에서는 자기평가 체제와 비슷하다. 이 자기평가 체제에 대해서는 전문학술지에서 자주 논의되어왔다. 거의 모든 자기평가 프로그램이 목적관리(Management By Objective, MBO)체제를 변경시킨 것이기 때문에 다음의 논의는 자기장학의 특별한 형태에다 초점을 둔다.

어떻게 자기평가 체제가 운영되는가? 개개의 계획에 따라 약간의 변화가 있기는 하지만 일반적으로 어느 정도 유사한 과정을 따르는 것 같다.

① 행정가는 당해연도 교육청의 목표와 학교목표를 설정하고 이것을 장학직원과 수업관계 직원이 알 수 있도록 발표한다.

② 각 직원은 자체평가(self-evaluation)를 하고 개별수행목표(individual performance targets)를 설정하는데 이것은 교육청의 목표나 학교목표와 관련될 것으로 기대된다.

③ 각 직원은 수행목표(performance objectives)와 그 목표도달 방면의 반을 차지하고 학생들이 나머지 반을 차지하도록 녹화하는 방법이다. 모리츠와 마틴레이놀즈(Moritz & Martin-Reynolds)가 이 과정을 기술한 것처럼 교사는 동료들에게 마이크로티칭(micro-teaching: 4, 5명의 학생을 대상으로 5~15분간 한 가지 내용

을 가르치는 축소된 수업) 수업을 실시함으로써 시작하여, 단순히 녹화과정에 익숙하게 되도록 하려는 목적으로 교실에서 간단한 녹화연습을 하게 된다. 그리고 나서 교사는 자기가 녹화하기를 원하는 수업이나 활동을 선택하여 녹화를 한다. 다음에 교사가 비디오테이프를 검토하는데, 첫째, 녹음을 끄고(audio off) 비언어적 행동에만 초점을 맞추어 보고, 두 번째는 화면을 끄고(video off) 언어적 행동에 초점을 두고 본다. 비디오테이프를 시청·분석한 결과를 토대로 교사는 다음 달부터 개선시키고자 하고 교사개발의 초점이 될 한두 가지 언어적 또는 비언어적 기술을 확인해 낸다. 분석이 완전히 끝나면 교사는 비디오테이프와 자기분석의 결과에 대하여 의논하기 위하여 장학자나 행정가와 만나게 된다.

모리츠와 마틴레이놀즈는 녹화(taping) - 목표설정(goal setting) - 협의(sharing)의 주기는 프로그램의 첫해에는 3~4회 실시하고 다음해에는 그 빈도를 줄여서 운영할 것을 권고하였다. 미국 오하이오 주 교사들을 표집하여 3년 이상 조사한 연구를 인용하면서 이들은 교사들이 프로그램에 대하여 긍정적 감정을 나타내고, "전통적(traditional)" 평가보다 녹화에 의한 자기평가를 더 좋아하며, 행정가와 비디오테이프에 대하여 의논하는 것이 "위협적이 아닌(nonthreatening)" 경험이라고 믿는다는 보고를 하였다.

3) 자기장학에 대한 찬·반 주장

그 형태가 어떻게 되었든지 자기장학은 일반적으로 전문적 성장모형으로는 인정되지 않았었다. 우리는 여기서 자기장학에 관한 연구로 눈을 돌리기 전에 자기장학에 대한 찬·반 주장에 관하여 살펴보는 게 좋을 것 같다.

자기장학을 주장하는 사람들은 대개 ① 교사의 개별화 욕구, ② 성인학습의 성격, ③ 교수(teaching)의 전문주의라는 세 가지 측면에 기반을 두어 주장한다. 이들은 첫째, 교사들은 매우 독특한 욕구와 학습방식을 가지고 있는 개인(individual)이라는 점을 지적한다. 예를 들면 벤츠와 허위(Bents & Howey, 1981)는 성인으로서의 교사는 상호 간, 또 인지적 양 측면에서 각각 다른 발달단계에 놓여 있다는 점에 주목하였다. 산트미르(Santmir, 1979)의 연구로부터 도출된 결론으로 벤츠와 허위는 어떤 교사들은 훨씬 기초적인 개념 발달수준에 놓여 있다고 지적하였다. 교사들의 학습방식도 다음과 같은 특성으로 특징지어진다. 즉 ① 교사들은 실제 지향적이고, ② 옳고(what is "correct") 그른 것(what is "incorrect")을 알고자 원하며, ③ 권위를 가지고 제공되거나 제약되는 학습을 선호하며, ④ 분명하게 조직되고 체계화된 자기장학 프로그램에 참여하기를 좋아한다는 것이다. 또 다른 교사들은 어느 정도 발달된 개념수준에 있다는 것을 벤츠와 허위는 시사하는데 이 발달된 개념수준에 있는 교사들은 아주 다른 특성을 가진 것으로 특징지어진다. 즉 ① 이 교사들은 보다 많이 질문하는 경향이 있고, ② 원리와 문제(issue)에 보다 많은 관심을 나타내며, ③ 때로는 권위에 도전하고자 하며, 강의 보다 집단토의와 탐구수업을 좋아한다는 것이다.

두 번째 주장은 성인학습 이론에 근거를 두고 있다. 성인학습에 관한 이론과 연구를 종합하여 노올스(Knowles, 1978)는 성인학습 이론의 "초석(foundation stones)"이라고 생각되는 다섯 가지 원리를 제시하고 있는데 이 가운데에 둘은 교사의 전문적 성장을 개별화할 필요성과 직접적으로 관련되는 것이다. 첫째, 성인은 자기지향적(self-directing)이고자 하는 깊은 욕구를 가지고 있으므로 이러한 자기지향을 조장하는 프로그램에 참여할 수 있어야 한다. 둘째, 개인차는 나이가 많아짐에 따라 증대된다. 그러므로 성인학습은 학습의 시간, 장소, 속도의 차에 맞게 최적의 준비가 되어야 한다. 그래서 자기장학 프로그램은 자기지향의 욕구와 성인발달의 차에 보다 더 적합하도록 반응해야 한다.

자기 장학에 대한 마지막 주장은 교수의 전문적 성격에 근거를 두고 있다. 암스트롱(Armstrong, 1973)은 교수가 점점 더 전문화되고 있다는 점을 지적하였다. 즉 교사들은 보조원과 유사전문가(parapro-fessionals), 교생, 자원봉사자들의 일을 지시하는 등 유사관리적 역할(quasi-managerial roles)을 떠맡고, 또 의사결정과정에서 점점 더 많은 역할을 담당하고 있다. 자기지향 학습을 주장하는 사람들은 전문가로서의 교사는 자신의 업무수행을 판단할 수 있어야 한다고 믿는다.

그러나 이러한 주장으로도 이 분야의 다른 전문가들을 모두 설득하지는 못하고 있다. 이에 반대하는 사람들은 교사의 개인적 욕구는 집단 상호작용을 통해서 효과적으로 충족될 수 있다는 점에 주목한다. 즉 동료집단과 함께 일하는 전사들은 전문적 성장에 필요한 것은 무엇이나 상호작용을 통해서 얻을 수 있다고 본다. 이들의 말에 의하면 모든 참여자는 서로의 만남을 통해서 개인적 의미를 만들기 때문에 모든 학습은 개별화된다는 것이다. 이들의 두 번째 주장은 사실상 학습에 있어서 이러한 상호작용의 중요성을 강조한다. 최선의 학습은 전문적 대화와 접촉으로부터 얻는 성장인 것이다. 교사는 자극과 도전, 지지를 받기 위하여 다른 교사와 장학자를 필요로 한다. 끝으로 맥네일과 포팜(McNeil & Popham, 1973)의 지적처럼 대부분의 교사는 자율적이고 자기지향적인 학습자가 되지 못하고 있다. 교사들은 자신을 정확하게 평가하고, 개선영역을 확인하며, 개별적 독립연구 프로그램을 수행할 수 있는 능력이 부족하다는 것이다.

그래서 이 주장들은 이론적 배경으로 수렴된다. 그러면 경험적 증거는 무엇을 암시하는가?

4) 자기장학에 대한 연구

자기장학 프로그램을 표면적으로(explicitly) 검토한 연구마저도 거의 없기 때문에 이 프로그램의 기반이 되는 가정을 간단히 고찰해 보기로 한다. 몇몇 이용 가능한 연구에 근거하여 얻은 다음과 같은 잠정적 결론은 어떤 행동을 위한 유용한 지침을 마련해 주리라 본다.

① 교사는 자기 자신의 교수(teaching)에 대하여 신뢰로운 평가를 할 수 있을 것 같지 않다. 캐롤(Carroll, 1981)은 자기평가에 관한 연구를 고찰한 후 "경험적 연구에 의하면 자기평정은 학생이나, 동료, 행정가의 평정과 거의 일치하지 않는다."(p.181)고 결론을 내렸다. 캐롤은 자기평정과 학생의 평정 사이의 상관관계는 단지 .28인 데 비하여 학생에 의한 평정과 동료의 평정 사이의 상관관계는 .70이라는 것을 지적한 연구를 인용하고 있다.

② 교사의 자기 수업행동에 관한 보고는 관찰자의 보고와 일치하지 않는 경향이다. 자기수업이 어떻게 진행되었는지에 관한 교사의 보고와 그 수업에 참석한 관찰자의 보고를 비교한 연구들을 고찰하고 나서 후크와 로젠샤인(Hook & Rosenshine 1979)은 "사람들은 구체적 행동에 관한 교사의 보고를 특별히 정확한 것으로 받아들이라는 충고를 받지 않았다. 비방하려는 의도는 아니지만, 교사들은 자기행동을 예측하고 나서 실제 수행한 것을 확인하려는 연습을 하지 않았다."(p.10)고 결론을 내렸다.

③ 비디오테이프를 사용하여 교사에게 피드백 하는 것은 제2의 관점을 제시해 주고 또 교사의 주의에 초점을 맞추기 위해 다른 관찰자가 참석해 있을 때 가장 효과적이다. 비디오에 의한 피드백에 관한 연구에 대하여 고찰한 것을 근거로 풀러와 매닝(Fuller & Manning, 1973)은 문제에 초점을 맞추고 대처하기 위해 관찰자가 있는 것이 매우 바람직하다는 결론을 얻었다.

④ 교사들은 장학이나 강의지도 교수로부터 배울 수 있을 뿐만 아니라 자기교수적 자료(self-instructional materials)로부터도 배울 수 있다. 몇몇 연구는 성숙한 학습자에 의한 자기 교수자료의 사용을 지지하였다. 장학자 없이 자기 교수자료를 가지고 마이크로티칭을 한 학생은 장학자의 도움으로 자기 교수자료를 사용한 학생과 똑같은 수행을 하였다고 에드워즈(Edwards, 1975)는 결론을 맺었다. 켈러(Keller)의 개별화 수업체제(Keller personalized system of instruction: 이 수업체제는 독립적이며 자기 속도대로의 학습을 강조한다.)의 사용을 전통적인 학급수업과 비교한 75개의 연구를 메타분석(meta-analysis)하여 쿠릭과 쿠릭, 코헨(Kulik, Kulik, & Cohen, 1980)은 이러한 체제를 사용한 대학생들이 공부시간을 늘리지 않고도 시험점수를 받고 또 그 과목에 대하여 높은 평정점수를 주었다는 결론을 얻었다.

⑤ 개별화 직원개발(individualized staff development) 프로그램은 모든 참여자에게 획일적인 경험을 제공해 주는 프로그램보다 더 효과적인 경향이 있다. 97개의 현직연수(in-service) 프로그램에 관한 로렌스(Lawrence, 1974)의 고찰에서 개별 활동(individualized activities)을 포함한 프로그램이 모든 참여자에게 유사한 경험을 제공하는 프로그램보다 목표를 달성할 가능성이 높다는 결론이 나왔다.

그렇다면 두 입장에 다 강점이 있다는 것을 연구들은 시사하는 경향이다. 교사들은 개별 독립학습으로부터 어떤 기술과 정보를 얻을 수 있고 자기들의 활동에 어떤 선택의 기회를 제공해 주는 프로그램을 더 좋아한다. 그러나 만일 교사들이 자기 자신의 지각 이외에 다른 원천으로부터 피드백을 받고 자기들의 학습에 초점을 맞추고 있는 어떤 다른 사람과 함께 일할 수 있다면 교사들의 전문적 성장은 훨씬 더 촉진될 것이다.

5) 자기장학의 적용

자기장학은 전문적 성장을 위한 각 개별화 접근의 함정과 약점을 피하려고 노력하는 동시에 몇몇 접근의 강점에 바탕을 두고 형성하려고 시도하였다.

협동적 동료장학 프로그램에서처럼 이 자기장학에서도 한 명의 행정가나 장학자가 리더십을 발휘해야 할 것으로 기대된다. 교감이나 교육청 장학자나, 학교장학자도 또한 필요한 기술을 가지고 있겠지만 특히 교장이 이 역할을 성공적으로 해낼 수 있다는 것을 우리의 탐색연구는 지적하고 있다. 우리의 경험에 의하면 이 자기장학의 형태는 성숙하고 능력 있는 교사에게 가장 적합하기 때문에 초임교사와 문제를 가지고 있는 경험 있는 교사에게는 임상장학이 적용되어야 한다는 것이 시사되고 있다.

지정된 리더와 자기장학 해당교사와의 첫 모임에서 다음과 같은 문제(issues)를 공개적 토의를 통해서 해결해야 한다.

① 전문적 성장을 위한 교사의 계획은 어느 정도까지 형식화(formalized)되어야 하나? 우리의 탐색연구에 의하면 교사들에

게 자기장학(자기지향 개발)을 위한 비교적 간단한 계획서(proposal)
를 만들어 제출해 달라고 요청할 때 이 자기장학 프로그램은
가장 효과적으로 운영된다는 것이 밝혀졌다. 그러므로 이 과
정을 너무 관료적인 것같이 보이지 않게 하며 약간의 구조
(structure)만이 필요한 것이다.

② 자기장학을 위하여 어떤 자원과 자료를 이용할 것인가? 이용
가능한 자원의 범위, 즉 필요한 재정적·시간적 제약을 지적하
는 것은 처음부터 아주 중요하다. 참가자들은 ① 비디오테이
프, ② 학생의 피드백, ③ 전문서적과 전산처리된 정보자료
(computerized information sources), ④ 동료의 자문(consultation),
⑤ 장학자와 행정가의 도움(assistance), ⑥ 교내 외의 관찰, ⑦
대학원과정과 특수연수, 일반 현직연수 프로그램, ⑧ 전문학회
를 위한 여행과 학술발표회 참석과 같은 자원의 활용을 어느
정도까지 할 수 있는지 알 필요가 있다.

③ 어떤 형태의 감독이 예상되는가? 이 자기장학은 평가과정을 제
외하는 반면 장학자나 행정가가 감독·확인할 필요가 있다. 이
러한 감독의 목적으로서 간단한 비공식적 협의회면 충분한데
문제는 최초에 해결되어야 한다.

이제 이 프로그램에 참여하는 각 교사는 자기장학을 위한 계획을
세우는 일이 필요하다. 우리의 경험에 의하면 간단한 계획서로서 충
분하다. 교사는 전문적 발달을 위한 한두 가지의 목표를 먼저 특정한
양식으로 나타내야 한다. 측정 가능한 목표를 고집하는 MBO접근의
주창자들과는 아주 대조적으로 목표를 계량화하거나, 측정 가능하게
하거나, 정확히 진술할 수 있을 지에 대하여 걱정하지 않고 자신을
위한 목표를 설정하도록 교사를 격려해 주는 것이 보다 유용하다고

믿는다. 훈련받고 경험 있는 교사와 장학자는 보다 쉽게 목표 설정과
정을 채택할 것이라는 점을 맥그릴(McGreal, 1983)은 주목하였다.

 목표의 형태에 관한 예로써 탐색연구에 참여한 교사들이 개발한
다음과 같은 것을 살펴보기 바란다.

① 작곡과정에 대하여 더 알게(knowledgeable) 되는 것 그리고 자신
  의 수업에서 과정을 활용하게 하는 것
② 4학년 과학수업에서 비판적 사고(critical thinking)를 가르치는 법
  을 배우는 것
③ 학생들에게 질문할 때, 또 학생들의 대답에 반응할 때 보다 더
  기술적으로 하게 되는 것
④ 학급에서 도덕성 발달에 대하여 더 많이 발견하는 것
⑤ 학생들의 창의성을 자극하는 자료를 개발하는 것

 그 다음에 교사들은 진술된 목표를 달성하기 위한 잠정적인 행동
계획을 양식(from) 위에 표시한다. 다시 말하지만 이 행동계획을 일
반적인 용어로 진술할 수 있다. 이것은 단지 교사들로 하여금 목표
달성을 위하여 취할 수 있는 어떤 구체적인 단계를 생각하도록 도와
주려는 것이다. 이 계획서의 마지막 구성요소는 필요한 개인적인 인
적 자원과 물적 자원을 적어 달라고 교사에게 요청하는 것이다.
 그리고 나서 이 자기장학 계획서를 프로그램을 책임지고 있는 리
더에게 제출하고 이 리더는 각 참여교사와 개별적으로 협의회를 갖
는다. 이 협의회의 목적은 단지 ① 리더와 교사가 설정된 목표를 분
명히 이해하고 있는지 확실히 하기 위한 것이며, ② 행동계획에 대
하여 아이디어를 교환하고, ③ 투입될 자원에 대하여 합의를 보는
것이다. 여기서는 리더가 교사에게 다른 목표를 제시하라고 설득하

려고 할 것이라는 기대는 있을 수 없다. 자기장학은 전적으로 개인적 목표에 바탕을 두고 있는 것이지 조직의 목표에 근거를 두고 있는 것이 아니기 때문이다.

다음에 교사는 프로그램의 진전 상황과 문제점에 대하여 때때로 리더와 협의를 하면서 자기장학의 계획에 따라 실천하기 시작한다. 교사들은 대부분 혼자 독립적으로 일해 나가지만 지정된 리더가 자료를 제시해 주고, 아이디어를 교환하며, 문제를 교사에게 제시해 주며, 전 프로그램을 통하여 지지를 해주면서 교사를 위한 자원으로서 적극적인 역할을 할 것으로 기대된다. 자기장학과 관련된 평가는 없기 때문에 행정가나 장학자는 지지적이고 자원적인 동료의 역할을 할 수 있게 된다.

학년 말에 교사와 리더는 어느 정도 목적을 달성하였는지 검토해 보기 위하여 다시 협의회를 갖는다. 협의회는 주로 교사들로 하여금 무엇을 배웠는지 반성해 보는 시간이다―달성하지 못한 것에 대하여 지나치게 걱정할 필요 없이 리더는 교사로 하여금 교사의 개인적·전문적 성장을 위한 모든 경험의 의미를 탐색하도록 도와주면서 반성적 청취자의 역할을 한다.

물론 교사들 모두가 이러한 형태를 통해서 성장을 원하는 것은 아니다. 이것은 자율성과 독립성에 높은 가치를 둔다. 그러나 우리의 연구에 의하면 이 자기장학은 임상장학을 대체할 수 있는 가장 의미 있는 대안이 될 수 있다는 확신을 가질 수 있다.

6. 전통적 장학

여기서 전통적 장학이란, 학교장이나 교감이 잠깐(5~10분) 비공식적으로 교실에 들러서 수업을 관찰하는 방법을 말한다. 이것이 전통적 장학의 전부는 아니지만 여기서는 그렇게 이름을 붙였다. 모든 교사를 다 임상장학을 할 수도 없고 또 할 필요도 없기 때문에 많은 교사들은 이러한 전통적 장학을 받을 수밖에 없다.

행정가가 잠깐 비공식적으로 교실에 들러 보고 교사의 행위를 바꾸기는 어렵다. 관찰 전에 사전계획이 있었던 것도 아니고 관찰 후에 협의회가 뒤따르는 것도 아니다. 그러나 많은 학교행정가들이 오랫동안 이 방법을 써왔다. 경험 많은 교장은 수업을 잠깐 둘러보아도 무엇을 하는지, 어떻게 진행되고 있는지 알 수 있다는 것이다. 어떤 느낌을 받을 수 있는 것이다.

그런데 잠깐 들르는 것으로 끝나서는 안 된다. 어떤 충고나 느낌을 간단히 적어 교사에게 피드백을 주는 것을 잊지 말아야 한다. 그렇지 않으면 수업을 하나 안 하나 감독하려고 들른 것밖에 안 되고 또 교사를 평가하기 위한 것밖에 안 된다.

또 하나 첨가할 것은 아무 학급이나 무작위로 방문하지 말고 체계적으로 스케줄과 계획에 의하여 방문할 것을 권고하고 싶다. 학교가 시작하는 첫 시간, 점심시간, 또는 일과가 끝나는 시간, 학년별로 또는 과목별로 차례로 방문하는 것이 여러 면으로 이롭다.

셋째로 권고할 것은 비록 잠깐 동안의 관찰이지만 학습 측면에 집중하라는 것이다. 교수 학습모형, 학생의 학습 집중도, 학습목표 의식정도, 학생에게 주는 교사의 피드백 등 학습에 초점을 두어 관찰하라는 것이다.

앞에서 임상장학 등 교수기술 향상을 위한 여러 가지 방법이 제시되었으나, 장학인력과 시간의 부족으로 모든 교사에게 이를 적용하기는 어렵다. 그리고 또 모든 교사에게 적용할 필요도 없다. 그래서 어쩔 수 없이 전통적 장학에 의존하지 않을 수 없는 실정이다. 다만 가능한 한 수업에 초점을 맞추려고 더 노력하고, 또 감독이 아닌 도와주기 위한 장학으로 관점을 바꿀 적을 권고한다.

1) 전통적 장학의 특징

(1) 전통적 장학은 공개적이어야 한다. 교장은 관찰 받는 교사들과 관련된 다음과 같은 중요한 문제(issue)들을 교사들과 공개적으로 토의해야 할 것이다.

① 누가 장학할 것인가? 이 용어가 내포하고 있는 것처럼 장학사가 아니고 학교행정가가 하는 것이 가장 좋다. 이것은 본질적으로 행정적인 기능이고 그 의도가 단지 장학적인 의도(교사로 하여금 수업을 개선하도록 도와준다는 의미에서)만은 아니기 때문에 교장이나 교감이 실시하는 것이 더 적절하다.

② 감독적 방문의 목적으로 잠깐 들르는 행정가로부터 교사는 대개 어떤 종류의 행동을 기대할 수 있는가? 어떤 교장은 교실을 방문한 것에 대하여 수업 중에 감사하다는 말을 듣고 싶어 하는가 하면, 다른 교장은 교사가 방문자가 온 것에 대한 언급 없이 수업을 계속하는 것을 더 좋아한다. 또 어떤 교장은 특히 덜 형식화된 초등학교 교실에서 학생들에게 간단히 말하기를 좋아하는 반면 다른 교장은 단지 관찰하기만을 바란다. 교사와 행정가 모두가 이런 문제들을 분명히 하기 위하여 토의해야 한다.

③ 불시방문자로부터 교사는 어떤 종류의 피드백을 기대하는
   가? 비록 잠깐 동안일지라도 관찰 받는 사람은 관찰자의
   방문에 대하여 어떤 불안감을 갖게 되며, 비록 몇 마디의
   논평일지라도 어떤 피드백을 원한다. 그러므로 교장은 교
   사에게 체계적인 방법으로 피드백을 제공해 줄 것을 권고
   한다. 그러나 어떤 결정을 내리느냐에 관계없이 이 문제에
   대해서 토의가 이루어져야 한다.
④ 이런 감독에 대하여 어떤 기록을 유지해야 하는가? 관찰
   자는 아마 각 방문 때마다 간단한 기록을 해야 할 것이다.
   그리고 만일 교사가 기록한 문제에 대하여 걱정한다면 이
   것을 검토해 볼 수 있다는 점을 확신시켜 줘야 한다.
⑤ 감독적 방문에서 나온 자료를 평가과정의 한 부분으로 쓸
   것인가? 이것은 아주 민감한 문제인데 솔직하게 토의할
   필요가 있다. 교사의 직무수행에 대한 공식적인 평가는 주
   로 조심스럽게 구조되고 시행된 관찰에 근거를 두어야 하
   지만 감독적 방문으로부터 얻은 자료도 어쩔 수 없이 행
   정가의 판단에 영향을 준다는 사실을 인정해야 한다. 이런
   종류의 이야기는 대개 다음과 같이 나타난다.

  전통적 장학에서 나는 주로 당일의 교수학습에 대한 정보를 얻기
위하여 여러분의 교실을 잠깐 방문하게 될 것입니다. 나는 여러분의
교수에 대하여 공식적인 평가를 하지는 않을 것입니다. 공식적 평가
는 평가방문 중에 할 것입니다. 그러나 나는 여러분의 수업에 대한
인상을 갖게 되고 방문에 대한 간단한 노트를 할 것입니다. 그리고
만일 잠깐 동안의 방문으로부터 어떤 심각한 문제가 있다는 것을 알
게 될 때는 여러분에게 직접 알려 줄 것입니다.

(2) 전통적 장학은 임의로 무체계적으로 아무렇게나 이루어지는 것
    이 아니라 계획적으로 정해진 일정에 의하여 이루어져야 한다.
    행정가는 주별 일정표에서 대강의 시간계획을 세움으로써 출
    발해야 한다. 어느 정도 체계적 관찰을 할 수 있게 하는 감독
    일정표를 개발하는 것이 또한 유용하다. 감독과정에 접근하는
    방법에는 여러 가지가 있다.
    ① 많은 효과적인 교장은 학교 일과 중 중요한 시간(at crucial
       times) 즉 학교 시작시간, 점심시간, 일과가 끝나는 시간에
       방문·감독한다.
    ② 어떤 교장은 학년단위(grade by grade), 즉 일정한 주일에
       전 6학년 학급을 방문하는 식으로 감독한다. 그래서 며칠
       새에 특정학년에서 무엇이 진행되고 있는지에 관한 조감
       적 관점(bird's-eye view)을 갖게 된다.
    ③ 어떤 다른 교장은 과목별로, 예를 들면 일정한 주일에 모
       든 수학수업을 방문·관찰한다. 이렇게 해서 학교 전체에
       걸쳐서 수학수업 학습의 단면을 알게 된다.
    ④ 아직도 어떤 교장들은 연속적인 대조적 순간방문(a series
       of contrastive snapshots)을 좋아한다. 예를 들면 천재아(the
       gifted)를 위한 국어수업은 대입준비 학생을 위한 국어수업
       과 어떻게 다르며, 또 이것은 능력이 좀 부족한 학생들을
       위한 국어수업과 어떻게 다른가 대조하여 알아보는 것이다.

만일 전통적 장학방문이 계획적이고 체계적이라면 행정가는 비교
적 짧은 시간 내에 그 학교에서 교수학습에 관한 어느 정도 신뢰로
운 모습을 포착할 수 있다. 만일 교장이 45분 동안(교실에서 교실로
옮기는 시간까지 계산하여)에 이러한 방문을 네 번 할 수 있다면 하루

에 한 수업시간(45분)을 할당한다 해도 일주일에 20교실을 방문할 수 있을 것이다(만일 방문을 조심스럽게 계획한다면 대표적인 몇 개의 표집으로).

(3) 전통적 장학은 학습 중심적이어야 한다. 감독적 방문은 잠깐 동안으로 짧기 때문에 학습의 중요한 측면에만 초점을 두는 것이 본질적이다. 교수(teaching)하는 일이 어떻게 그 학습을 촉진 또는 방해했는지 등에 초점을 두어야 한다. 다음과 같은 주요 질문에 집중함으로써 관찰자는 빗나가는 것을 막고 학습중심에 초점을 유지할 수 있고 최단시간의 방문을 할 수 있게 된다.

① 교사는 어떤 교수 학습모형을 적용하려고 시도하는가? 이 수업은 발견학습인가 아니면 탐구학습인가, 또 지시적 수업인가 아니면 창조적·예술적 워크숍인가?

② 몇 명의 학생이 과업에 집중하고(on-task) 또 얼마나 많은 학생이 공부하지 않고(off-task) 있는가? 교사는 놀고 있는 학생들의 행동을 어느 정도 의식하고 이에 대하여 반응하는 것 같은가? 다른 학생과 교사의 어떤 행동이 놀고 있는 학생행위(off-task behavior)를 조장하는 것으로 나타나는가?

③ 학생들은 어느 정도 학습목표를 의식하고 또 목적의식을 가지고 참여하는 것 같이 보이는가? 학습시간 중 일정한 시점에서 얼마나 많은 학생이 학습에 적극적으로 참여하고 있는 것 같이 보이는가? 이러한 학습에의 참여를 교사가 촉진 또는 방해하고 있는 것은 무엇인가?

④ 학생들은 자기들의 학습에 대하여 어떤 종류의 피드백을 받고 있는가? 학생들은 진도와 문제점에 대하여 충분히

의식하고 있는가? 이러한 의식을 촉진하기 위하여 교사는
어떻게 하고 있나?

(4) 전통적 장학은 두 가지 차원을 통해서 상호 작용할 때 가장
효과적일 것이다. 즉 행정가는 교사에게 피드백을 제공해 주
고, 또 교수 프로그램(instructional program)과 학교풍토의 현상
에 대한 평가의 부분으로 관찰 자료를 사용할 때 가장 효과적
이다. 앞에서 살펴본 것처럼 교사들은 긍정적이고 부정적인
두 종류의 피드백을 적절한 것으로 받아들인다. 관찰자는 "나
는 선생님이 소집단토의를 청취한 방법을 좋아해요."와 같은
칭찬으로 효과적인 교사행위를 강화해야 한다. 약간 비효과적
이었던 행위에 대해서는 "교실 뒷자리에 앉은 학생들은 주의
집중이 잘 안 되는 것 같은 사실에 좀 우려를 했습니다. 선생
님은 어떻게 보십니까?"와 같이 의문형식으로 표시하는 것이
좋다. 그리고 현명한 행정가라면 당일의 학교분위기를 청취·
확인하는 데 관찰을 사용한다.
① 학생들이 수업 중에 주의집중이 안 되고 소란스러운 행동
  을 하는 특정시간(하루 중)이 있는가?
② 학생들이 쉽게 빗나가기 쉬운 학교 내의 어떤 특정장소가
  있는가?
③ 학년, 능력수준, 교과목에 따라서 얼마나 지시적 수업이
  진행되고 있나?
④ 이런 지시적 수업이 과도하게, 불충분하게 또는 부적절하
  게 사용되고 있는가?
⑤ 교사들이 비판적 사고와 고등사고과정에 어느 정도 주의
  를 기울이고 있는가?

⑥ 교사들은 학생집단에 따라 지도내용과 방법을 얼마나 달리 바꾸는가?

이러한 질문에 대한 대답은 보다 더 체계적인 검토와 분석을 필요로 하는 문제점이 있다는 것을 가르쳐 준다.

2) 전통적 장학의 적용

첫째, 리더 집단은 누가 장학방문을 할 것인가를 결정한다. 앞서 말한 것처럼 이것은 행정가의 책임인데 가장 바람직한 것은 교육청 수준의 행정가가 아닌 학교수준의 행정가이다.

전통적 정학에 책임을 진 행정가는 장학하게 된 모든 사람과 만나야 하며, 앞서 언급한 모든 문제에 대하여 토의를 하고 또 해결해야 한다. 예를 들면 책임자·방문자로서의 관찰자의 행동, 피드백과정의 성격과 보존해야 할 기록, 평가와의 관련성 문제 등을 다루어야 한다. 그 다음에 행정가는 자기만이 사용할 장학방문 일정표를 개발해야 한다. 이 일정표의 의도는 자세히 밝혀지지 않은 전체적 모습을 얻는 것이기 때문에 아직 이 일정표를 교사에게 알릴 필요는 없다고 본다.

그리고 나서 방문을 시작한다. 행정가는 5~10분 동안 교실에 머무른다. 단지 어떤 교수학습이 진행되고 있는지 직감하기에 충분한 시간이면 된다. 관찰자는 교수학습의 주요 요소, 즉 교수 학습모형, 과업집중, 과업이탈행위, 목표의식, 목표와의 관련, 학습에 대한 피드백의 성격과 원천 등에 초점을 둔다. 관찰자는 비언어적 신호를 보내든지, 또는 방문할 기회를 줘서 고맙다는 간단한 몇 마디를 남기고 교실을 떠난다.

교실을 떠나자마자 아직 그 수업에 대한 인상이 생생할 때 행정가는 관찰에 관한 간단한 기록을 해 놓는 것이 아마 유용할 것이다. 기본정보(일시, 관찰교사, 수업형태)와 주요 교수 학습요소에 관한 관찰기록 등 두 가지 기록을 위하여 4×6인치 카드가 유용하게 쓰이는 것을 보았다. <표 4-3>은 이러한 점을 보여주고 있다.

행정가는 교사에게 관찰결과에 대하여 즉각적인 피드백을 주어야 한다. 가능하다면 대면관계에서, 즉 수업시간과 수업시간 사이, 점심시간, 일과가 끝나자마자 간단한 토의를 통하여 피드백을 해줘야 한다. 만일 이런 구술 피드백이 가능하지 못하다면 간단한 기록으로 대신할 수 있다. 상호작용의 형식이야 어찌되었든 상관할 것 없이 논평에 긍정적인 어떤 것을 발견하려고 항상 노력해야 한다. 그리고 만일 문제점이 있다면 피드백은 아마 단지 하나의 문제 또는 하나의 관심으로 제한해야 할 것이다.

표 4-3 전통적 장학의 관찰 기록

2003. 10. 10. 제2교시 조 노래교사, 6학년 국어과
○○의 시에 관한 소집단토의
조 교사는 한 집단과 함께 앉아 있다. 약 1/3의 다른 집단 학생이 과업이탈 상태인 것 같다.
조 교사는 이들을 의식하지 못하고 있다.
내가 살펴 본 집단에서는 학생들이 무얼 해야 할지 과제를 분명히 모르고 있는 것 같다. 아무도 그 집단의 리더로 활동하는 것 같지는 않다. 각 집단에서 한 학생이 토의를 독점하는 것 같다.

교장 왕고조

만일 간단한 협의회가 열린다면 시간의 제약을 받기 때문에 보다 직접적이고 확실한 방법이 요청된다. <표 4-3>에 기록된 방문이 끝

난 다음 교장은 조 노래 교사에게 이렇게 말하게 될 것이다.

> 오늘 아침 잠깐 들을 수 있도록 해줘서 고마워요. 시에 대하여 토의하는 데 소집단을 이용한 것을 좋게 생각해요. 여러 명의 학생들이 시에 대하여 얘기할 수 있는 기회를 가졌던 것 같은데 이들은 시에 관심이 있었던 것 같아요. 저는 선생님과 같이 앉지 않았던 집단에 대하여 관심을 가졌었는데 몇 집단에서는 토의의 목적을 분명히 알고 있지 못한 것 같았어요. 선생님은 어떻게 생각하셨어요?

간단한 기록도 똑같은 내용을 담게 되는데 항상 하나 정도는 긍정적 논평, 그리고 만일 문제가 있다면 하나 정도의 문제와 우려를 포함하는 게 좋다.

훌륭한 교장은 항상 장학적 방문을 한다. 만일 본 절에서 제시된 지침을 명심한다면 전통적 장학은 보다 더 효과적인 실천이 될 것이다.

7. 인간자원 장학

임상장학의 기본 가정의 하나가 교사는 잠재가능성을 갖고 있으며, 그것을 스스로 개발하려 하며, 그렇게 함으로써 교사도 학생도 장학담당자도 행복하다는 것이었다. 이와 같은 철학을 갖고 있는 접근이 또 인간자원 장학(human resources supervision)이다.

인간관계 장학이 종종 인본적이란 말과 혼동되고 있는데 인간자원 장학이 기반을 두고 있는 효능감, 참여, 성숙 등의 내적 만족에 대한 강조를 덜하고 있다. 둘 다 인간과 인간의 욕구와 관련된 것은 사실이지만 인간관계 장학에서는 안정과 사회적 욕구에만 관심을 갖는 반면 인간자원 장학에서는 내적 만족의 요인인 일에 대한 동기, 책임, 성공에 대한 열망과 가능성에 초점을 맞춘다.

인간관계 장학에서나 인간자원 장학에서나 교사를 의사결정에 참여시키고 그래서 교사의 만족감을 증대시킨다는 점에서는 마찬가지이다. 그러나 인간관계 장학에서는 궁극적인 목적은 학교의 효과성 증대이고 교사의 만족감 증대는 하나의 수단이 된다. 이러한 입장에서 참여장학(participatory supervision), 허용장학(permissive supervision), 방임장학(lassez-fair supervision)이 한참 성행했었다. 이 인간관계 장학의 초점은 교사의 기분을 맞추어 주어(winning friends) 학교 조직목적을 달성하자는 것이었다.

그러나 인간자원 장학에서는 교사의 참여는 학교의 효과성 증대를 낳고 궁극적 목적은 교사의 행복과 만족을 증대시키자는 것이다. 이것은 인본주의철학에 바탕을 두고 있는 것이다.

서지오바니와 스타라트(Sergiovanni & Starratt, 1979)는 이 인간자원 장학에 초점을 두어 책을 구성하고 있는데 서론의 개념정의에서 언급한 바 있는 행정적 방법과 장학적 방법의 비율과 관료지향학교와 전문지향학교의 관계에서 장학적 방법을 많이 쓰고, 전문지향학교로 나아가고 사회과학에 바탕을 둔 인간자원 장학으로 나아가야 할 것을 제안하고 있다.

이 인간자원 장학은 인간적 접근에 바탕을 두고 있는 HRD(Human Resources Development)와 맥을 같이 하는 세계적인 물결이며 모든 학문분야에서의 흐름이다. 인간자원행정(Human Resources Administration)(Rebore, 1982: 12-18), 인간자원경영(Hersey & Blanchard, 1977), 교육인사행정에서의 인간자원적 접근(Rebore, 1982; Castetter, 1981)과 함께 인간자원 장학은 앞으로의 장학의 방향이 될 것이다. 교육부의 명칭을 교육과학기술부로 바꾼 것도 같은 맥락이다.

이 인간자원 장학에 대해서는 주삼환과 신익현 번역의 『인간자원 장학론』을 참고하기 바란다.

8. 선택적 장학

이 선택적 장학은 글래트혼(Glatthorn)의 "Differentiated Supervision" (1984)을 이렇게 이름 붙인 것이다. 이것은 이미 필자에 의하여 소개된 바 있으므로 여기서는 요점만 살펴보기로 한다.

장학의 대상인 교사의 발달수준과 장학적 필요는 다 다르기 때문에 앞에서 소개한 장학의 여러 대안 중 어떤 한 방법만 가지고 한 학교의 모든 교사를 장학하려 한다면 몇 사람 이외의 모든 교사에게 다 맞지 않는 비효과적인 장학이 된다는 결론이 나온다. 그래서 이 장학방법을 처음으로 고안한 글래트혼은 교사에게 따라 장학에 차등을 두어야 한다고 하여 차등장학(differentiated supervision)이라고 하였으나 필자는 교사와 교장이 필요와 사정에 의하여 여러 장학적 대안 중에서 그 교사에게 맞는 것을 합의·선택하여 그것을 적용한다는 의미를 강조하기 위하여 "선택적 장학"이라고 이름을 붙였다. 또 여러 장학적 대안을 종합하여 섞어서 쓴다고 하여 절충적 장학(eclectic supervision)이라고 해도 좋다.

예를 들면 교사의 경력적 주기(career cycle)를 카츠(Katz, 1972)는 ① 생존기(survival stage), ② 정착기(consolidation), 3, 4년 후의 ③ 갱신기 (renewal stage), 5년 후 마지막 단계에 ④ 성숙기(maturity stage)로 나누고 있는데, 제1기에 있은 교사에게는 임상장학, 제2기에는 동료장학, 제3기는 전문학회 참가, 교실방문, 전문학술지 구독, 교사센터 이용, 비디오에 의한 자기분석 등으로 수업개선을 자극하고, 제4기는 대학원수강, 자기장학에 의한 선택적 장학이 좋을 것이다. 글래트혼은 50명의 교사로 구성된 학교라면 5명은 임상장학, 10명은 동료장학, 5명은 자기장학, 30명은 전통적 장학을 예시하고 있는데 교사·개인에게 맞는 장학을 위하여 좋은 시사가 된다. 이를 간단히 요약하면 <표 4-4>와 같다.

표 4-4 선택적 장학의 대상

선택적 장학대안*(비율)	대상교사(교사의 희망에 따르지만 적절한 대상 선정기준)
1. 임상장학(5)	초임교사(생존기) (첫 3년 계속, 그 후 3년마다), 경력조사(갱신기) 3년마다
2. 동료장학(10)	높은 동료의식을 가지고 있는 경험 있는 능력 있는 교사 (정착기)
선택적 장학대안*(비율)	대상교사(교사의 희망에 따르지만 적절한 대상 선정기준)
3. 자기장학(5)	혼자 일하기를 좋아하는 경험 있고 유능한 교사 (성숙기)
4. 전통적 장학(30)	모든 교사 또는 1, 2, 3을 선택하지 않는 교사 (모든 단계의 교사)

* 선택대안은 학교형편에 따라 더 늘일 수도 있고 줄일 수도 있음.

이것을 그림으로 나타내면 [그림 4-9]와 같다. 1년간 이런 식으로 하고 나서 다음해에는 바꾸어 선택하도록 하는 것이 좋을 것이다.

이것은 교내 장학에서의 선택적 장학체제를 예시한 것인데 시·도나 시·군·구 교육청에서 이를 응용하여 [그림 4-10]과 같이 실시할 수 있다. ① 몇 학교는 집중적으로 임상장학을 실시하고, ② 몇 학교는 지역장학협력회를 구성하여 교장·교감들이 상호장학을 하게 하고, ③ 또 능력 있는 교장이 맡고 있는 학교는 교장·교감에 의한 교내장학에 맡기고, ④ 나머지 학교는 전통적 장학을 실시하되 수업에 좀더 초점을 맞추도록 노력한다. 그리고 그 다음해에는 이러한 선택과 배분을 바꾸어서 실시하면 모자라는 장학인력을 분산시키고 장학의 효과를 거둘 수 있을 것이다.

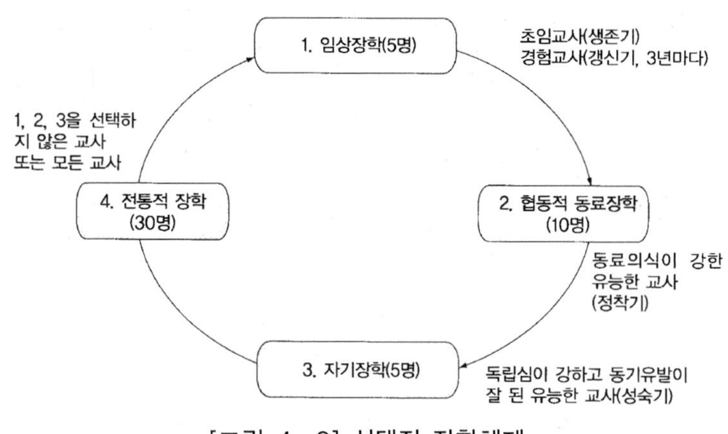

[그림 4-9] 선택적 장학체제

　학습에 있어서 일대일의 개별화 학습이 요구되듯이 장학에서도 일대일의 개별화 장학(individualized supervision)이 바람직하다. 그런데 적은 장학인력을 가지고 개별화 장학을 하기는 거의 불가능하다. 그래서 비슷한 필요·욕구를 가지고 있는 교사들을 집단으로 하여 장학하는 집단장학(group supervision, 현재 우리나라에서는 장학사가 집단으로 장학하면 이를 집단장학이라고 하여 반대개념으로 쓰이고 있음)을 할 수밖에 없다. 그리고 기왕이면 몇 개의 장학대안을 마련해 놓고 교사가 필요로 하는 장학대안을 선택하게 하자는 것이 선택적 장학체제이다. 획일적인 장학에서 벗어나 장학의 개별화로 가기 위한 노력이며, 또 개인에게 선택권을 주는 민주화를 위한 노력의 일환으로 보아야 할 것이다.

　이 선택적 장학체제에 좀더 자세히 알고 싶은 사람은 주삼환 역 『장학론: 선택적 장학체제(1986)』를 참고하기 바란다.

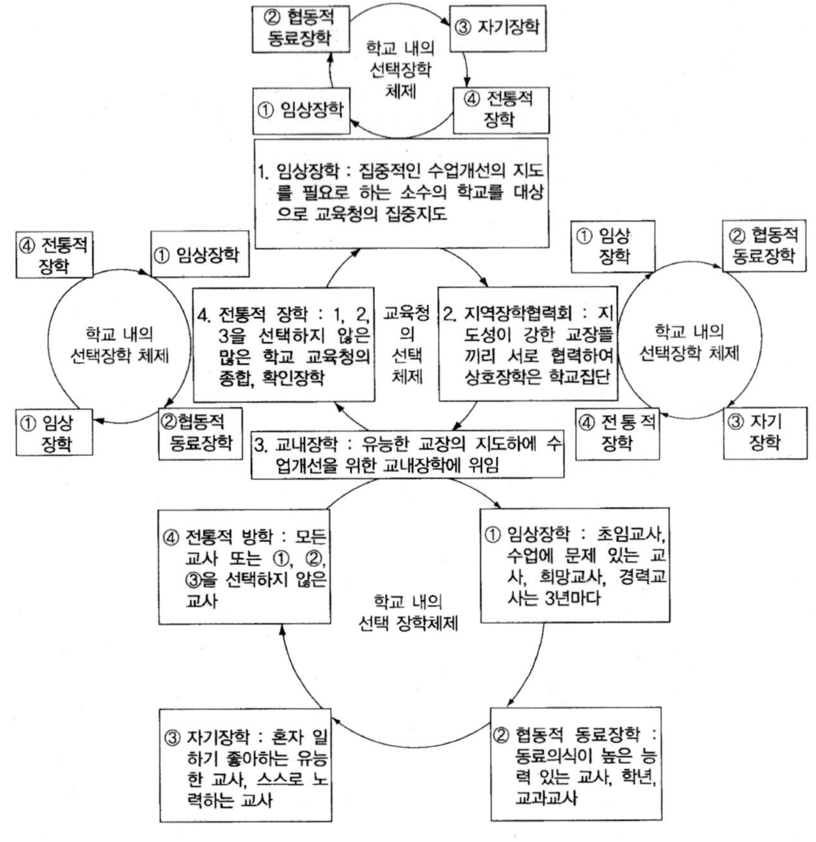

[그림 4-10] 교육청의 선택적 장학체제 응용

9. 기타의 장학모형

기타의 장학모형으로 과학적 장학(scientific supervision), 책임 장학(accountable supervision) 예술적 장학(artistic supervision), 요청장학을 예시로 들고자 한다. 과학적 장학과 책임 장학, 예술적 장학은 임상장학의 범주 내에 드는 것이나 구체적인 방안이 제시되었으므로 여기에 소개한다.

1) 과학적 장학

과학적 장학 주창자들의 주장은 과학적 연구에 의해서 분명히 지지되었는데(과학적 장학의 역사와 주장에 대한 아주 좋은 고찰은 McNeil, 1982를 참조), 이 과학적 장학은 교사의 행위에 초점을 둔 임상장학이다. 가장 널리 알려진 과학적 접근은 매드린 헌터(Madeline Hunter, 미국 캘리포니아대학 부속 초등학교 교장)의 접근이다. 헌터는 교수와 학습에 관한 연구를 고찰한 후 9개의 구체적 구성요소로 된 교수모형을 만들었는데 이 과정에 따른 장학이 과학적 장학의 대표가 된다 (Russel & Hunter, 1980).

① **진단**(diagnosis): 일반목표를 확인하고, 그 목표와 관련된 학생들의 현재의 성취도를 평가한다.
② **구체적 목표**(specific objectives): 진단에 근거하여 당일수업의 구체적 목표를 설정한다.
③ **예상**(anticipatory set): 주의를 집중하고, 선행 학습상태를 검토하며, 학습에 대한 준비성을 개발한다.
④ **목표인지**(perceived purpose): 학생을 위한 학습목표를 명료화하고, 그 목표의 중요성을 설명하며, 그 목표와 선행학습을 관련지어 준다.
⑤ **학습기회**(learning opportunities): 학습자가 학습목표를 달성하는 데 도움이 되는 학습기회를 선택한다.
⑥ **모형제시**(modeling): 학습되어야 할 목표의 언어적 예와 시각적 예의 양 측면을 제공해 준다.

⑦ **이해도 확인**(check for understanding): 학생들의 목표성취정도를 평가한다.

⑧ **교사의 지도활동**(guided practice): 학생들이 성공적으로 수행하는 지를 확인하면서 학생들의 학습을 지도한다.

⑨ **학생의 개인적 활동**(independent practice): 학생들 스스로 새로운 기술을 연습할 수 있는 기회를 학생들에게 제공해 준다.

헌터의 모형 및 이와 유사한 과학적 장학의 모형들은 다음과 같은 분명한 이유 때문에 전문가들에게 널리 받아들여지고 있는 것 같다.

첫째, 이러한 모형은 교사중심(teacher-centered)이기 때문에 호응을 얻는 것 같다. 이 모형들은 세부적인 면에 있어서는 각각 다르지만 핵심은 근본적으로 지시적 수업(direct instruction)과 비슷하다. 즉 대부분의 교사들에게 일반적으로 호응을 얻고 있는 교사중심의 교수방법의 종류들이다.

둘째, 이 모형들은 연구에 기반(research-based)을 둔 것이기 때문에 또한 교사들의 호응을 받고 있다. 그 지지자들의 주장에 의하면, 과학적 모형들은 교육의 효과성에 관한 연구들에 의하여 지지를 받고 있다. 이들 연구에 의하면 교사들이 신봉하는(좋아하는) 교수방법을 사용할 때 학생들의 성취도(표준화 성취도 검사에 의하여 측정해 볼 때)는 향상된다는 것이다(Medley의 1979년도 연구고찰 참조).

셋째, 과학적 모형은 그 단순성(simplicity) 때문에 호응을 받고 있다. 이 주창자들은 한마디로 "성공적인 교수에는 단지 9단계 처방이 있다."고 말한다.

물론 과학적 모형이라고 전혀 비판점이 없는 것은 아니다. 휀스터매처(Fenstermacher, 1978)는 과학적 모형을 지지하는 지시적 수업연구가 교사들에게 충분한 주의와 관심을 얻지 못하고 있다고 지적하였다. 피터슨(Peterson, 1979)도 지시적 수업을 지지하는 연구가 설득력을 갖고 있지 못하다는 점에 주목하였다. 헌터는 지시적 수업을 지지하는 것으로 생각되는 많은 연구를 고찰한 다음 단지 일부의 효과만이 지시적 수업에서 나온 것이라고 지적하였다. 헌터는 지시적 수업방법과 비교해 볼 때 오히려 "열린 수업(open classroom)" 방법이 더 높은 창의성을 길러 주고, 학습에 대하여 보다 더 긍정적인 태도를 길러 준다는 것을 여러 연구들이 보여주는 경향이 있다는 데 더 주목하였다. 칼피(Calfee, 1981)는 과학적 모형의 편협성에 대하여 다음과 같이 비판하기까지 하였다.

> 지시적 수업모형이 나오게 된 연구는 경험적이고, 행동적이며, 상관관계적이고, 처방적인 경향을 갖고 있다. 대개의 연구에 이론적 기초가 부족하고, 사고력보다는 행동에 초점을 두고 있으며, 정밀하게 통제하지 못하고 거칠게 통제된 매개 변인을 가지고 있다. 그러나 교실수입을 어떻게 행하느냐에 대하여 교사에게 충고하는 효과는 있다(p.53).

그러나 헌터 모형 및 이와 유사한 모형들의 최대 약점은 이 모형이 마치 유일한 것처럼 하나의 교수모형만을 제공한다는 점이다. 헌터의 9단계 처방을 과학과의 연구수업이나 산업미술과의 창조과제수업에 적용하려 할 때 얼마나 곤란한가 생각해 보면 좋을 것이다. 조이스와 웨일(Joyce & Weil, 1980)처럼 교수를 다양하고 다채로운 것으로 보는 것이 보다 타당할 것이다. 조이스와 웨일의 저서에 대하여 잘 아는 사람은 이들이 23개의 교수모형에 대하여 기술하고 있으며 단지 하나의 모형만을 기술하고 있지 않다는 것을 기억할 것이다.

2) 책임 장학

책임 장학은 교사가 무엇을 하느냐에 관심을 갖는 것이 아니라 학생이 무엇을 배우느냐에 관심을 갖는다. 맥네일(McNeil, 1971)이 말하고 있는 것처럼 "책임적(accountable)" 접근을 사용하는 장학자는 주어진 학습에서 어떤 학습목표를 강조할 것인가를 교사가 스스로 결정하도록 도와줌으로써 장학을 시작한다. 또한 장학자와 교사는 학습을 어떻게 평가할 것인가에 대하여 계획협의회에서 합의·결정한다. 그런 다음 장학자가 교실을 방문할 때 장학자는 주로 학생이 의도한 목적을 달성하였는지 알아보기 위한 관찰을 한다. 교수방법의 문제(issues)는 단지 학생의 성취도와 관련시켜 고려한다. 만일 특정방법이 학생집단으로 하여금 담당교사와 함께 학습하도록 도와주는 것처럼 보인다면 싫증나게 하거나 교과목에 대한 부정적 태도와 같은 바람직한 부작용이 없는 한 그 교수방법은 칭찬받을 만한 것으로 생각이 된다.

이 접근법이 유용하다는 것을 지지하는 몇몇 연구가 있다. 영과 하이취버거(Young & Heichberger, 1975)가 조사한 교사는 70%의 장학자와 교사가 수업목표에 합의하고 그 목표의 달성정도를 평가하기 위해 함께 일하는 것을 인정하였다는 것이다. 그리고 스미스맨과 루시오(Smithman & Luico, 1974)에 의한 연구는 수업목표에 의하여 평가받은 교사의 학생들이 평정표(rating scale)에 의하여 평가받은 교사의 학생들보다 훨씬 우수한 성취를 이룬다는 결론을 얻었다. 이 모형을 환영하지 않는 교사들은 책임(accountable)이라는 용어가 흔히 나타내는 제한점을 중시하고 있다. 즉 측정 가능한 목표는 대개 교수결과로서는 그렇게 중요한 것이 못된다는 것이다. 오히려 측정을 강조하다 보면 교사로 하여금 단지 편협되고 성취하기 쉬운 목표만을 설정

하도록 하기 쉽다. 그리고 교실에서 교사들이 흔히 사용하는 평가측
정도 정의적 목표와 고차적인 목표를 타당성 있게 측정하지 못한다.

3) 예술적 장학

이 예술적 장학은 주로 엘리어트 아이스너(Elliot Eisner, 1982: 59)가
개발한 장학적 접근이다. 아이스너는 예술적 장학을 다음과 같이 정
의하고 있다.

······교실에서 일어나는 중요한 미묘한 장면들을 감상하는 하나의
방법으로서 장학자의 지식과 예민성, 지각에 의존하는 장학의 한 접
근, 또는 학교에서 진행되고 관찰할 것을 결정하는 교사나 다른 사람
에게 전달하고자 하는 표현적이고, 시적이며, 흔히 은유적(metaphorical)
언어의 가능성을 이용하는 장학의 한 접근

아이스너는 장학자를 교수수행의 전반적인 질적 성격과 특징적 성
격 양면을 감상하려고 하는 일종의 교수감식가(connoisseur of teaching)
로 보고 있다. 그리고 장학자는 수업에서 지각한 것을 교육비평
(educational criticism)이란 언어로 보고한다. 아이스너는 이것을 영화비
평, 음악비평에 비유하고 있다. 즉 창조되고 연출된 것을 다른 사람
들이 감상할 수 있도록 도와주는 언어에 비유한 것이다.
이 장학의 효과성에 대한 보고서는 없으나 아이스너 자신의 책(예
를 들면 『The Educational Imagination』, 1979(제1판)과 1984(제2판)를 참조)
에 보고된 예술적 장학에 대한 설명은 이 접근이 유용하다는 증거를
제공해 주는 것 같다. 예술적 장학으로 훈련받은 사람들은 임상장학
자의 표준적, "객관적" 보고를 보완해 주는 교수에 대한 설명을 해
줄 수 있다. 아이스너의 제자들이 쓴 이러한 설명은 객관적 시도라

기보다는 인상적이다. 또 교사의 행동에만 초점을 두기보다는 교실의 전체 분위기를 포착하려고 애쓴다. 이들의 언어는 전적으로 문자에 의존하기보다는 은유적이고 감각적 이미지로 충만되어 있다. 그리고 가장 중요한 것은 아이스너를 따르는 예술적 장학지지자들은 그 수업세계에 참여한 사람들의 행위를 평가하거나 변화시키기보다는 교실세계의 의미를 해석하려고 한다는 점일 것이다.

예술적 장학은 여러 다른 형태의 장학을 대체하는 것으로 생각되기보다는 과학적 장학과 책임 장학의 접근을 보완해 주는 것이라고 할 수 있다. 이 예술적 장학의 주요가치는 서지오바니(Sergiovanni, 1982)가 지적한 것처럼 지식에 이르는 이론적-규범(theoretical-normative) 통로를 제공하는 데 있다. 이 장학은 교사의 신념체제를 검토함으로써 학급의 의미를 해석한다.

우리가 임상장학이라고 하면 흔히 객관적이고 과학적인 정확한 자료에 근거하여 수업분석을 하는 것으로만 생각하기 쉬우나, 우리가 예술을 주관적으로 감상하듯이 수업도 육감으로 감상할 수 있다고 본다. 수업을 많이 감상한 사람은 잠깐 동안 교실에 들어서기만 해도 거의 정확하게 느낄 수 있다. 그래서 임상장학방법 중 과학적 장학과 예술적 장학은 상호보완적으로 활용될 수 있다.

4) 요청장학

요청장학은 일선에서 환영하지도 않는 형식적이고 상투적이며 연례행사적인 장학에 대한 반작용으로 나온 이름이라고 본다. 즉 일선학교나 교사가 장학의 필요성을 느껴 장학자를 초청함으로써 이루어지는 장학이라고 할 수 있다. 이는 장학의 내용이나 장학방법상의 분류라기보다는 장학이 이루어지는 원인이나 형식에 의한 분류라고 할 수 있다.

요청장학은 다시 기관수준과 개인수준으로 나누어 볼 수 있다. 서울시내 한 고등학교가 서울시교육청 중등교육국에 장학을 요청하는 경우는 기관수준의 요청장학이다. 또한 어떤 학교의 한 교사가 그 학교 교장이나 또는 교육청이나 시·도 교육청의 장학사에게 개별적으로 장학을 요청하고 지도 받기를 원한다면 이것 역시 개인수준에서의 요청장학이라고 할 수 있다. 그러나 교사개인이 장학을 요청하는 경우는 별로 없기 때문에, 통상적으로 학교장이 시·군·구, 시·도 교육청에 장학을 요청하여 이루어지는 장학을 요청장학이라고 할 수 있다.

요청장학의 사례를 들어보기로 한다. 어떤 시·도에서는 유치원·초등학교·중학교의 "학교장학은 학교의 요청에 의하여 학교 교육현장의 당면과제를 협의, 조언, 지원함으로써 장학기능의 효율화를 도모"하도록 하고, 고등학교에 대한 장학은 시·도 교육청이 직접 요청장학과 개별장학을 하도록 하고 있다.

그러면 여기서 어떤 시·도 교육청의 요청장학의 계획을 예시하기로 한다.

(1) 대상: 전체 고등학교 263개교
(2) 기간: 1989년 4~11월
(3) 방법
　　•요청교과 또는 요청영역에 따라 교과별·영역별 장학반을 편성하여 장학에 임하되, 장학사(관)를 지명하여 장학을 요청했을 때는 당해장학사(관)로 하여금 장학에 임하도록 한다.
　　•장학반에는 연구사, 교감, 교사를 포함시킬 수 있다.
　　•장학사(관)는 장학에 앞서 요청내용에 대한 철저한 사전연구와 자료를 준비해야 한다.

- 장학은 협의·토론중심으로 진행한다.
- 수업연구에 대한 협의·조언 및 영역별 교육활동 연수자료 등을 제공하여 학교교육 발전에 도움이 되도록 한다.
- 일·시를 지정하여 장학을 요청하는 경우 일주일 전에 요청하도록 한다.
- 불가피한 사정으로 인하여 학교가 요청한 일정에 장학이 불가능할 경우에는 학교와의 사전협의로 일정을 조정한다.
- 학교 담당장학사는 담당학교로부터 '장학요청서'를 받아 장학업무 담당장학사에게 제출한다(장학 후에는 '협의내용', '교수 학습 활동참관록', '○○과 협의록'을 포함하는 요청장학록을 작성한다).

<여기에 이어서 더 많은 사례를 들어보시오.>

이와 같은 요청장학은 여러 가지 이점과 장점을 갖고 있다. 첫째, 학교의 필요에 의한 장학을 할 수 있다. 학교가 교육목표 추구활동을 하다가 필요한 교과, 필요한 영역에 대한 장학을 요청할 수 있다. 그리고 학교계획상 필요한 시기에 장학을 할 수 있으며, 1주일 전에만 장학을 요청하면 필요한 장학을 편리하게 받을 수 있다. 그런 의미에서 장학의 비중이 학교 쪽으로 많이 쏠리게 되는 좋은 점이 있다.

둘째, 시·도, 시·군·구 교육청에서는 장학을 요청받았을 때 필요한 교과와 필요한 영역을 장학전문가로 장학반을 구성하여 사전준비를 철저히 해서 질 높은 장학을 할 수 있다. 그리고 다른 장학 인력은 안정되게 다른 장학업무를 추진할 수 있다는 장점이 있다. 그리고 요청장학으로 할 수 없는 부분은 "개별장학"으로 보완할 수 있다.

셋째, 장학에 초청을 받고 초청을 한다는 일은 피차에 기분 좋은 일이다. 뿐만 아니라 장학의 출발로서 가장 중요한 상호신뢰성이 형성된다. 초청을 하고 초청을 받을 정도라면 장학의 상호관계성은 바람직한 상태로부터 출발되었으므로 그 다음에 이어지는 장학의 과정도 바람직하게 전개될 것으로 기대된다.

그러나 현 시점에서 여러 가지 문제점도 있다.

첫째, 자발적으로 장학을 초청하고자 하는 학교가 얼마나 될 것인가가 의문시 된다. 초청하지 않으면 억지로 초청하게 하거나(옆구리 찌르고 절받기) 아니면 초청하는 학교에 유인가나 보상을 해 주는 방안을 동원해야 할 것이다. 교사나 학교가 배우고 발전하고자 하는 갈증과 허기를 느낀다면 얼마나 좋겠는가?

둘째, 시·군·구, 시·도 교육청이 초청에 응할 만큼의 준비가 되어 있느냐에 회의적이다. 장학진의 수가 적고 일상적인 잡무로 시달리고 있는 것을 일선학교에서도 잘 알고 있다. 그리고 요청장학에 응하기에 벅찬 너무나 많은 학교를 부담하고 있다.

셋째, 교육계에서 전반적으로 초청에 의한 장학을 할 수 있는 장학풍토가 성숙되지 못했다는 점이다.

<여기에 이어서 장·단점, 문제점, 장애요인을 더 열거해 보시오.>

그러나 학교계획과 필요에 상관없이 불시에 방문하여 실시하는 장학의 형태보다는 바람직한 방향이므로, 앞으로 어려움을 극복하고 그 방향으로 지향해 나가도록 해야 할 것이다.

요청장학이 성공을 거두기 위해서는 몇 가지 전제되어야 할 것이 있다.

첫째, 요청장학이 이루어지기 위해서는 우선 장학담당자 측에서 전문성을 갖추고 또 신뢰를 받아야 한다. 충분히 도움을 줄 수 있다는 믿음을 주기 위해서는 자질을 갖춘 장학사를 선발·교육, 자격을 갖추고 계속적인 연구를 해야 한다.

둘째, 학교나 교사 측에서도 기꺼이 장학을 받고자 하고 계속 성장하고자 하는 동기유발이 필요하다. 그리고 장학으로 한꺼번에 문제가 해결되는 것이 아니라 어느 정도 장학적 도움을 받고 최종적으로는 자신이 해결하는 것이라는 점을 이해해야 한다. 교사의 성장의욕과 동기유발이 무엇보다도 전제되어야 한다.

셋째, 장학상황·풍토가 바뀌어야 한다. 불신과 눈가리기식, 숨바꼭질의 상황에서는 이름만 바꾼 강제장학으로 실패하기 쉽다.

　　<여기에 이어서 요청장학이 성공을 거두기 위한 기본적인 전제조건을 더 제시해 보시오.>

요청장학은 장학의 이상형이라고 할 수 있으며, 교사주도·학교주도의 장학으로서 선진국 장학의 중심이 되고 있다. 장학은 장학담당자의 필요에 의하여 이루어지기도 하지만 적극적인 의미에서는 교사의 필요에 의하여 이루어지는 것으로 볼 수 있다. 그래서 요청장학은 학교수준의 기관차원의 요청에서 교사 개인차원으로 확대되어야 한다.

그러나 현재의 장학상황은 요청장학을 실현하기에는 ① 장학담당자 측면에서도, ② 피장학자인 교사의 측면에서도, ③ 장학상황 측면에서도 어려운 여건에 있다. 그렇다고 형식만 요청장학으로 이름 붙여 놓고 실질적으로는 강제장학을 하게 된다면 더 많은 불신과 실망을 불러일으키게 될 것이다. 요청장학은 교사와 학교의 자발성에 바탕을 두지 않으면 실패한다는 것을 명심해야 한다.

그러면 모든 장학을 요청에만 맡길 것인가? 그럴 수 없다고 본다. 교사 교육의 질이 그리 좋지 않으며 학교교육을 책임지고 있는 학교장의 수준이 다른 나라에 비하여 그리 높은 것도 아니다. 그런데 수많은 사람, 넓은 공간과 시간을 다루는 거대한 공기업인 국가교육의 질을 관리해야 하는 장학을 전적으로 고객인 교사와 학교의 요청에만 의존할 수는 없다. 그러므로 요청장학은 여러 장학형태 중 한 작은 부분으로 고려되지 않으면 안 된다. 요청이 너무 많아도 어려울 것이나 너무 없어도 유명무실 하게 될 것이다. 따라서 요청이 없어도 일반장학은 진행될 수 있어야 한다.

또 모든 영역을 요청장학이 감당할 수는 없을 것이다. 이런 의미에서 교과장학과 특별영역의 장학에만 국한시키는 경우도 있을 것으로 본다. 미리 요청장학으로 자신 있게 감당할 수 있는 메뉴나 레퍼토리를 제시해 주고 그 범위 내에서 요청하도록 하는 방안도 고려할 수 있을 것이다.

다른 장학에도 공통되는 일이지만 요청장학이 성공을 거두기 위해서는 장학담당자의 질을 높여야 하는데, 무엇보다도 훌륭한 장학사 후보를 선발하여 훈련과 연수차원보다 높은 양성교육과 수습기간을 거쳐 전문자격증을 부여하고 채용한 후에도 계속적인 연수활동을 통하여 전문성을 기르는 길밖에 없다.

장학의 민주화·자율화와 함께 요청장학은 필요하지만 무리하게 이를 추진하다가 장학을 더 이상 약화시키거나 포기하는 상황이 되어서는 안 된다.

앞으로 장학지도력은 더욱 강화되고 높은 수준이 되어야 하는데, 장학방법을 모두 요청장학으로 전환하는 것은 경계해야 한다.

<성공적인 요청장학을 위한 전략을 중지를 모아 열거해 보시오.>

연구과제

1. 장학의 여러 종류와 모형을 어떤 분류기준(예: 시기, 대상, 담당자, 방법, 기술 등)에 의하여 분류하여 표나 그림으로 종합해 보시오.
2. 여기에 제시된 장학모형 이외의 다른 모형을 더 제시하고 이에 대한 설명을 보충해 보시오.
3. 여기에 제시된 장학모형별로 장점과 단점을 지적하여 비판해 보시오.

3

장학의 과업

【개 관】

장학이 해내야 할 과업은 장학론의 핵심부문으로서 제1, 2부를 이 책의 서론이라고 한다면 제3, 4부는 본론에 해당한다. 장학의 과업은 제Ⅰ부에서 잠깐 언급된 것처럼 행정적인 일, 교육과정의 질을 관리하는 일, 수업에 관한 일로 나눌 수 있다. 그러나 여기서는 행정적인 일은 교육행정에 관한 책을 참고하도록 하고 대신 ① 교육과정의 질적 관리, ② 교수효과성, ③ 교사의 능력개발, ④ 학교개선 ⑤ 학습 환경개선과 학생성취도 평가의 다섯 가지 과업으로 나누어 다루기로 한다. 앞의 장학의 본질([그림 1–8])에서 제시한 다음 그림을 염두에 두고 제Ⅲ부를 구성한 것이다.

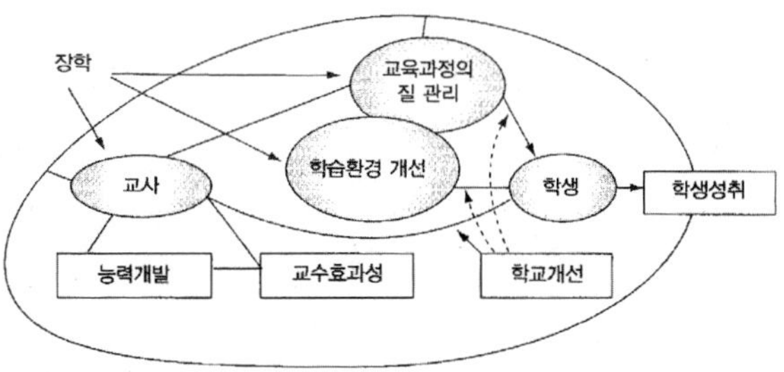

제 5 장 교육과정의 질 관리

개 요

  본 장에서는 장학이론에서 중요시되고 있는 교육과정과 수업을 장학과 관련시켜 알아보고자 한다. 먼저 교육과정의 개념을 개략적으로 설명하고 교육과정의 철학적 배경을 다루고자 한다. 다음에 우리나라 교육과정의 구성원리와 내용을 알아보기 위해 해방 이후의 변천사를 개관해 보고 특히 제7차 교유과정의 내용을 중심으로 기술하고자 한다. 마지막으로 교육과정을 운영함에 있어 교실 수업상황에 초점을 맞춰 다양한 교실 수업상황에 알맞은 교수전략을 설명함으로써 수업장학 담당자들의 대안적 기법으로 제시한다.

1. 교육과정의 의미와 철학적 배경

  제Ⅰ부에서 장학의 개념을 정의할 때 ① 행정(adminstration), ② 경영(management), ③ 인관관계(human relation), ④ 교육과정(curriculum), ⑤ 수업(instruction), ⑥ 리더십(leadership)의 여섯 가지 측면에서 고려하고 있다고 설명했다.

  교육의 질을 제고시키기 위하여 장학에 기대를 걸고, 또 장학의 초점을 교육과정과 수업에 맞추는 것은 세계적인 추세이다. 미국 장학 및 교육과정개발학회(ASCD)가 장학을 교육과정과 긴밀히 연결시키고 있음은 우리나라가 장학을 행정 지향적으로 운영하는 현실과 비교해 볼 때 시사하는 바가 크다. 커틴(Curtin)의 말대로 장학은 교육과정에서 의미를 찾아야 하며 그렇지 못하면 의미가 없다(Curtin, 1964: 162)는 것은 장학에서 교육과정의 중요성을 대변해 주고 있다. 또한 장학은 교육과정과 더불어 수업개선이란 두 측면을 강조하고 있으며, 최근에는 장학의 관점을 더욱더 좁혀 교실 수업상황의 개선 즉 교단 위에서 일어나는 교수 학습상황의 개선을 수업장학 활동을 통해 교육력을 극대화시키고자 노력하고 있다.

1) 교육과정의 의미와 변천

우선 교육과정의 의미를 알아보기로 한다. 교육과정이란 개념을 한마디로 간단하게 정의하기는 어렵다. 교육과정이란 말은 원래 로마시대에 4륜 마차가 달리며 경주하던 경마로(curriculum)에서 유래되었다. 그러나 교육과정이란 개념이 교육학의 전문분야에서 대두되기 시작한 것은 1920년경의 일로 추정된다. 1918년에 프랭크 보비트(Frank Bobbit)는 『교육과정』이란 제목의 책을 저술하였다. 그 후 교육학 분야에서 전문용어로 등장한 이래 교육과정의 개념은 여러모로 그 시대의 배경과 내면적 윤리에 부합되도록 변화를 거듭하였다. 그 변화의 큰 흐름은 일반적으로 네 가지 조류에 따른다. 다시 말해 ① 교과중심 교육과정, ② 경험중심 교육과정, 그리고 ③ 학문중심 교육과정과 인간중심 교육과정의 사조로 표현된다.

④ 여기서는 이 네 가지의 흐름에 따라 교육과정의 개념이 어떻게 변천하고 있는가를 개괄적으로 검토해 보기로 한다.

먼저 교과중심의 교육과정을 살펴보면, 사실 교과중심의 교육과정은 오늘날 학교교육에서 대종을 이루고 있을 뿐만 아니라 가장 오랜 역사적 전통을 갖고 있다. 각 교과는 그 자체의 윤리와 체계를 갖고 있으며 또한 학습이란 체계적으로 전개시키는 것이 가장 좋은 방법이라는 기본적인 생각에서 출발하였다. 여기서 교과라는 것은 곧 교사가 학생에게 가르쳐야 할 내용의 주제 또는 제목을 열거해 놓은 것을 의미한다. 이것을 흔히 교수요목(course of study)이라고 칭한다.

교과중심의 교육과정은 수업을 하기 전에 그 수업의 내용을 언제, 누가, 누구에게, 어떤 방식으로 전개시킬 것인가에 대한 예정된 계획과 조직을 갖고 있다. 따라서 수업의 통제는 교사의 손에 달려 있고 오로지 지식과 기예의 습득에만 중점을 두기 마련이다. 교과중심 교육과정에 의한 수업은 교사중심수업이 된다. 교육행정에서는 과학적 관리시대와 맥을 같이 한다고 볼 수 있다. 교과중심 교육과정에서는 똑같은 교재가 학생에게 제시되고 학습활동은 한정된 교과영역에서만 이루어진다. 다시 말해 교육은 획일적으로 되어 갈 가능성이 있다. 또한 교과중심의 교육과정은 비실용적인 지식의 습득이나 단순한 언어주의로 빠질 우려가 있다. 따라서 학습에 대한 흥미가 없고 학생의 적극적인 반응이나 행동을 유발시키기에 힘들게 된다. 또 지식의 체계와 교과의 윤리적 일관성을 중시하는 반면 학생의 요구를 등한시하며 단편적이며 분과적인 교과조직이 되기 때문에 교과의 전체를 통합하는 전체구조가 부족하다는 단점을 이야기할 수 있다. 그럼에도 불구하고 교과중심의 교육과정이 긴 역사를 통해 우리 학교교육에 영향을 크게 미치는 이유는 다음과 같다.

(1) 경험을 해석하고 문제를 해결할 때 어느 정도는 체계적인 지식이 필요하다.
(2) 교과중심의 교육과정은 간단하고 명료하게 되어 있어 알기 쉽다.
(3) 교과목의 가감, 교과서 변경 등으로 교육과정의 개편이 용이하다.
(4) 학습효과의 판정이 용이하고 객관적으로 측정하기 쉽다.
(5) 상급학교의 입학요건이 일반적으로 교과본위로 이루어져 있다.
(6) 일반적으로 교사에게나 학부모에게 또는 피교육자들에게도 오랫동

안 널리 익숙하게 되었다.
(7) 교육과정의 중앙집권적인 통제가 용이하다.

다음에는 경험중심의 교육과정에 대하여 알아본다. 루소(Rousseau)가 『에밀』이라는 교육명저를 출판한 이후 학생이 교육현장에서 중심이 되어야 한다는 생각이 널리 퍼지기 시작했다. 그 후 1896년에 존 듀이(John Dewey)가 시카고(Chicago) 대학에 실험학교를 세워 학생중심의 교육을 실시한 것으로부터 경험중심의 교육과정이 시작되었다.

경험중심 교육과정에서는 교육과정이 가르쳐야 할 교과의 내용이나 제목이라기보다는 학교의 지도하에 이루어지는 모든 생활의 경험을 총칭한다고 보고 있다. 따라서 경험중심의 교육과정의 기본행동은 사회적 행동, 조작적 행동, 탐구실험적 행동, 예능발표적 행동을 근간으로 말하기, 듣기, 발견하기, 창작하기의 네 가지 내용으로 교육과정을 구성한다. 홉킨스(Hopkins, 1941: 18-39)는 경험주의 교육과정을 다음과 같은 기본적 생각을 갖고 설명하고 있다.

(1) 교육과정의 중심을 교과에 두지 않고 학생에게 둔다.
(2) 교재를 가르치는 데 중점을 두지 않고 청소년의 원만한 성장을 추구 하는 데 둔다.
(3) 교재를 미리 선택하고 조직하지 않고 그것을 학습의 장에서 결정한다.
(4) 교육과정은 교사가 정하여 일방적으로 강요하지 않고 모든 학습자의 협력 참가에 의하여 진행된다.
(5) 산만한 사실을 가르치는 것보다 유력한 의미의 체험을 시키는 데 중점을 둔다.
(6) 기능이나 습관을 다른 학습에서 분리한 학습으로 가르치지 않고 더욱 큰 종합적 경험의 일부로 가르친다.
(7) 교재와 결부된 교수법에 주력하지 않고 청소년의 학습법에 따라

　　잘하도록 노력한다.
　(8) 모든 학생에게 일률적인 학습을 시키지 않고 개인의 흥미를 촉
　　　진시키려 한다.
　(9) 일정한 형에 맞추려 하지 않고 개개 어린이의 특성을 육성하려
　　　한다.
(10) 교육을 수업이라 하지 않고 끊임없는 성장의 과정이라고 생각한다.

　경험중심 교육과정의 특징을 살펴보면 우선 학생의 흥미와 필요를
토대로 교육내용을 구성하고, 자발적인 활동을 촉진한다. 또한 듀이
(Dewey)의 "행하면서 배운다(learning by doing)."는 말과 같이 지식과
행동을 결부시키고 있다. 또한 경험중심 교육과정은 비실제적인 학
문의 체계를 떠나 실제의 상황을 제시하여 실생활과 연결시킴으로써
생활문제를 올바르게 인식하고 체득할 수 있는 힘을 길러준다. 그렇
기 때문에 수업은 사전에 계획되지 않으며 학생들의 흥미나 필요는
그 능력에 따라 교육과정 그 자체가 각기 상황별로 대응하기 마련이
다. 경험중심과정에 의한 수업은 자연 아동중심, 흥미중심이 되고,
교육행정의 인간관계 시대와 맥을 같이 한다고 볼 수 있다.
　경험중심 교육과정은 뿌리 깊은 교과중심의 교육과정에 대항하여
교육의 실제에 많은 영향을 미쳤다. 그러나 많은 문제점이 있는 것
도 사실이다. 첫째로, 모든 인간의 실생활이 항상 즐거운 것으로 보
고 있으나 때로는 실제상황이 단조로우며 상규적인 반복에 지나지
않아 학습자에 대한 흥미유발에 한계가 있다는 점을 인정하지 않을
수 없다. 둘째로, 학생의 흥미와 욕구에 따라 교육과정을 구성하고
있다는 점이다. 사실 학교에서는 인류가 집적해 놓은 생활경험을 조
직하고 체계화시킨 내용을 습득케 할 필요가 있다. 셋째로, 교육과정
의 분류체계상 기본적인 교과목이 불분명하고 실제 교육과정을 교육
행정적으로 통제하기가 힘들다. 마지막으로 삶의 일반적 원리나 법

칙 혹은 경험 같은 원리적 소양을 학습하는 데 적합지 못하며 아울러 교수학습에 관한 전문적 지식이나 지도방법에 익숙지 못한 교사에게는 오히려 적용하기가 어렵다.

미국에서 경험주의 교육이 팽배해지고 있는 가운데 1960년대에 이르러 교육과정은 소련의 스푸트니크(Sputnik) 인공위성을 발사하게 됨에 따라 소위 스푸트니크 충격(Sputnik shock)에 휘말리게 되었다. 다시 말해 미국에서는 경험주의 교육과정 운동하에 아동이 중심이 되어 생활문제를 교육내용으로 여겼던 반면, 소련에서는 철저한 과학교육의 영향으로 미국보다 먼저 세계최초로 인공위성을 발사했다는 것이다. 이로 인하여 국방의 차원에서 미국은 초조하지 않을 수 없게 되었다. 이러한 시대적 상황에 따라 미국의 교육은 새로운 도전을 받게 되었으니 그것이 바로 학문중심 교육과정 운동이다.

학문중심 교육과정에서 교육과정이란 각 학문에 내재된 구조화된 지식체계라고 말한다. 학문의 구조를 이루고 있는 기본적이며 일반적인 개념이나 원리를 이해한다면 학습은 전이가 잘 될 뿐만 아니라 학문을 쉽게 이해할 수 있다고 보아 학문의 구조와 기본요소를 중요시했다. 이와 같은 생각을 브루너(J. S. Bruner, 1973)는 그의 저서『교육의 과정』에서 극명하게 지적하고 있다.

> 한 교과의 교육과정은 그 교과의 구조를 나타내는 일반적인 원리를 가장 깊이 이해하고 있는 사람들에 의하여 결정된다. 해당 학문분야의 폭넓은 기본구조와 관련을 맺지 않은 특수한 사실이나 기술을 가르치는 것은 몇 가지 근본적인 의미에서 비경험적이다.

> 첫째로, 그런 방식으로 가르치면 학생들은 이미 학습한 것을 앞으로 당면할 사태에 적용하기가 아주 어려울 것이다.

둘째로, 일반적인 원리를 파악하는 데까지 미치지 못하는 학습은 지적인 희열이라는 관점에서 볼 때 아무것도 주는 바가 없다. 교과에 대한 흥미를 일으키는 가장 좋은 방법은 학생들로 하여금 그것이 알 가치가 있는 것임을 느끼도록 하는 것이며 이것을 다시 학습에서 얻은 지식을 학습사태 이외의 다른 사태에서도 써먹을 수 있도록 할 때 가능하다.

셋째로, 학습에서 얻은 지식을 서로 얽어매는 구조가 없을 때 그 지식은 쉽게 잊어버린다. 서로 단절된 일련의 사실들은 그 기억 수명이 지극히 짧다. 원리나 개념을 중심으로 특수한 사실을 조직하고 그 원리나 개념에서 다시 특수한 사실들을 추리해 내는 것만이 인간 기억의 급속한 망각률을 감소시키는 현재까지 알려진 유일한 방법이다.

여기서 보면 교육과정은 교과전문가가 각 교과가 나타내고 있는 가장 기본적이며 본질적인 지식의 구조라고 명백히 표현할 수 있도록 구조화된 지식의 체계를 말한다.

학문중심 교육과정이 경험중심 교육과정의 내용인 아동의 흥미중심교육에 대항하여 나타남으로써 외견상 학문중심과 경험중심의 교육과정이 완전히 대립하고 있다고 생각되며 극단적으로는 교과중심교육의 교수요목으로서의 복귀를 의미하는 것으로 생각되기도 하나 사실상 학문중심 교육과정은 아동의 자발적인 탐구를 통한 지식의 구조를 이해한다는 점에 초점을 두기 때문에 오히려 경험중심의 교육과정을 보충·심화시킨 것으로도 볼 수 있다.

교육과정의 변천사에서 마지막으로 들 수 있는 것이 인간중심 교육과정이다. 이것은 최근에 세계적일 뿐만 아니라 우리나라에서도 강조되었다. 인간중심 교육과정도 개인에게 만족하고 유의미한 경험을 학교가 제공해 주어야 한다는 기본 가정하에 학교교육은 학습자가 하나의 전인으로서 성장할 수 있도록 필요한 경험을 충분히, 학습자의 필요요구에 맞도록 제시함으로써 균형 있는 전인적 인간의 양성에 그 핵심이 있다.

인간중심 교육과정은 본질적으로 인간의 잠재가능성을 최대한 실현시킬 수 있도록 학교교과목의 균형을 강조하고 있다. 오늘날은 학자에 따라서는 인간중심 교육과정운동을 기존의 교육과정 체제에 대한 하나의 대응적 조류로 간주한다. 리드(Reid, 1978)와 아오키(Aoki, 1979) 등은 기존의 교육과정은 경험과학철학에서 중시하고 있는 인간의 이성에 초점을 맞춘 것이라면 인간중심 교육과정은 이에 대한 하나의 대안으로 제시된 것이라고 하였다.

그러나 인간중심 교육과정은 그들의 윤리가 모호하고 그들의 내용을 프로그램화할 수 있을 정도로 구체적이지 못하며 지나친 개성신장에 역점을 둔 나머지 사회구조 속에서 이루어지는 교육본질을 소홀히 하는 등 많은 문제점을 내포하고 있다.

이상에서 본 것처럼 교육과정의 변동에 따라 교육과정의 개념은 많이 다르다. 그러나 일반적인 용어로 정의한다면 교육과정이란 조직의 목표를 달성하기 위해서 학습자에게 영향을 주도록 계획된 일련의 경험(이경섭 외, 1983)이라고 말할 수 있다.

우리나라 제7차 교육과정에서 교육과정의 의미는 "학교교육에 있어 학생들에게 어떠한 교육목표를, 어떠한 교육내용과 방법, 평가를 통하여 성취시킬 것인가를 정해 놓은 공통적·일반적 기준이라 하고 있다.

그래서 각 교육청에서는 이 교육과정에 따라 지역적 특수성과 실태를 반영한 지침을 만들고, 각 학교에서는 이 교육과정과 시·도 교육청별 지침에 따라 그 학교의 실정에 따른 학교 교육과정을 만들어 각 지역과 학교, 학생들에게 알맞은 교육을 하게 된다.

지금까지 교육과정의 변천과정을 살펴봄으로써 개념을 밝히려고 하였다. 이제 교육과정을 철학적 배경과 연결지어 보고자 한다. 글로벌시대에 살면서 국제화 사회에 대비하기 위한 조기외국어교육을 실시하기 위해 어느 초등학교에서 특별 활동시간을 통해 영어교과를 편성하였다고 하자. 또 정보화 시대에 맞춰 아이들로 하여금 정보처리과정의 기본기술을 습득시키기 위해 학교의 가용자원을 동원하여 교내 컴퓨터교실을 설치하였다고 하자. 이 모든 학교의 의사결정 판단기준은 바로 교육철학의 배경에 입각한 철학자 행동 판단이라고 할 수 있다. 모든 학교의 교육목표활동은 주먹구구식의 맹목적인 활동이 아니라 교육철학의 영향을 받지 않는 경우가 거의 없다. 교사들이 학교에서 수업에 임하고 교육 제반 과업을 수행함에 있어 교육철학의 바탕 위에서 출발한다. 교육철학이라고 하면 우선 일상적 활동을 하고 있는 교사 자신과는 무관한 것으로 생각하거나 위대한 교육철학자나 최고위층의 교육정책 입안자의 해당사항이라 생각하기 쉽다. 그러나 교육철학이란 말 대신에 소박하게 교육에 대한 생각이나 식견 등으로 표현한다면 교직에 있는 사람치고 교육에 대한 식견이나 생각이 없는 사람은 없을 것이다. 비록 교사 자신이 훌륭한 미사여구로 자신의 교육철학을 명확히 표명하지 못할지라도 객관적으로 교사는 자신의 가치 신념체계에 따라 선택한 교육철학적 행동을 하는 것이다.

교육과정과 관련해 볼 때 교육철학의 기능은 한층 더 중요하다. 왜냐하면 교육의 목적이나 목표를 세우고 교육의 평가방향을 설정하며 교육과정을 개선하는 등 모든 중요한 결정에 교육철학이 개입하여 작용하지 않을 때가 없다. 교과중심의 교육과정하에서는 형식도야이론에 입각한 지식에 대한 본질주의적 철학과 그 맥을 이루어 왔다면, 경험주의 교육과정은 미국의 개척정신(frontiership)을 근간으로 하여 가치판단을 실용성에 두었고, 또 미국은 광활한 대지 위에서 생활하기 위해서 실용주의 철학에 그 뿌리를 두지 않을 수 없었다. 이와 같이 모든 교육활동 즉 교육과정을 운영함에 있어 철학적 태도가 개입되지 않은 것이 없다면 교육에 관한 철학적 태도를 형성하는 기본적 준거의 틀이 무엇인가 알아야 한다. 이는 무엇이 진이냐, 또 무엇이 선이냐 그리고 무엇이 실재이냐는 물음에 대한 답으로부터 출발한다.

다시 말해 진리(truth), 선(goodness), 실제(reality)에 대한 지각의 차이가 바로 교육에 대한 태도의 독특한 형태로 나타난다. 철학적 용어로 ① 진리에 대한 물음을 인식론(epistemology)이라 칭하고, ② 선에 대한 물음을 가치론(axiology)으로 그리고 ③ 실제에 대한 물음은 존재론(ontology)이라 한다.

먼저 인식론의 물음이다. 인식론은 학습의 수단과 관련되어 있다. 이에 대한 물음으로써 "우리는 어떻게 아느냐?" "우리는 어떤 현상을 알고 있는 것을 어떻게 아는가?" 즉 진리를 탐구하는 가장 좋은 수단이 무엇인가에 관련된 내용들이다. 또 다른 물음으로 "초월적인 힘에 의하여 그냥 우리에게 그 절대적인 진리가 노출되어 우리는 알게 되는가?" "진리는 능동적인 과학적 탐구에 의하여 발견되는 것인가?" "우리는 경험을 통해서만 상대적인 진리만을 알게 되었을 뿐인가?" 등의 진리인식의 방법적 물음이 인식론과 관련된다.

가치론은 교육적 상황에서 우리가 가치롭다고 생각하는 것을 가르칠 때 그 가치는 궁극적으로 어디에서 도출해 낼 것인가에 관한 물음이다. 이에 대한 물음으로써 "나는 무엇을 해야 하는가?" "무엇이 진실로 바람직한 것인가?" "무엇이 옳고 무엇이 그른가?"라는 윤리적 물음으로부터, "인간은 무엇을 좋아해야 하는가?" "절대 선은 어디에 있는가?" "선이란 절대적인 것인가 아니면 상대적인가?" 등의 심미적 물음에 대한 내용이다. 이러한 물음이 교육에 대한 철학적 관점을 규명해 주는 하나의 준거틀이 된다.

마지막으로 교육내용을 구성함에 있어 실재에 관한 철학적 물음도 또한 중요하다. 이에 관한 물음으로써 "무엇이 실재(reality)인가?" "실재는 어디에서 찾는가?" "실재는 초월적인 존재인가 아니면 이 세상에 존재하는가?" "실재는 인간 자신의 경험세계에 존재하는가?" 등이다.

이들 세 가지의 철학적 준거의 틀은 교육내용을 결정하고 교육과정을 구성하며 교육과정을 운영함에 있어 중요하다.

이를 근간으로 하여 교육에 관련된 철학은 크게 항존주의(perennialism), 이상주의(idealism), 현실주의(realism), 실험주의(experimentalism), 실존주의(existentialism)로 대별할 수 있다. 그러나 여기서는 철학에 관한 깊은 논의를 하고자 하는 것이 아니기 때문에 이와 같은 철학이 교육의 방향을 결정짓고, 특히 교육과정을 운영함에 지대한 영향을 미친다는 사실만을 인식하고 이에 관한 자세한 철학적 내용은 전문서적을 참고하기를 바란다.

장학담당자는 교육과정의 질을 관리함에 있어서 교육과정이란 철학이 겉으로 반영된 것이라는 생각, 교육과정의 밑에는 보이지 않는 엄청난 철학이 깔려있다는 생각을 갖고 철학적 배경을 튼튼히 할 것을 권고한다.

2. 현행 제7차 교육과정의 구성과 내용

우리는 전절에서 교육과정의 개념과 철학적 배경에 대하여 살펴보았다. 이 장에서는 장학과 관련하여 교육과정을 살펴보는 데 그 초점이 있으므로 교육과정의 일반적 구성과 조직원리는 전문서적을 참조하도록 하고 여기서는 실제로 우리나라 교육과정이 어떻게 구성되었으며 어떤 과정을 거쳐 변천했는가를 알아본 다음 제7차 교육과정의 내용을 간단히 제시하는 것으로 그친다. 앞으로 새로 개정되는 대로 최신 것을 알고 있어야 한다.

1) 개정추진과정

제7차 교육과정 개정의 과정을 요약하면 [그림 5-1]과 같다.

전국 적용은 2000학년도 초등 1, 2학년, 2001학년도 초등 3, 4학년과 중학 1학년, 2002학년도 초등 5, 6학년과 중 2, 고 1학년, 2003학년도 중 3, 고 2학년, 2004학년도 고 3학년 순서로 적용하게 되어 있다.

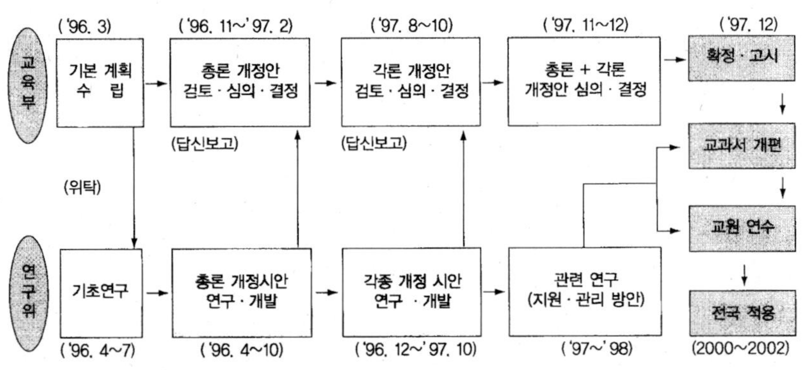

[그림 5-1] 제7차 교육과정의 개정 과정

2) 개정이유

그러면 제7차 교육과정을 개발하게 된 이유는 무엇인가?

교육과학기술부는 정부수립 후 교육과정을 7차에 걸쳐 마련해 오면서 초·중등교육을 발전시켜 왔다.

- 제1차 교육과정(1955년 제정)
- 제2차 교육과정(1963년 제정)
- 제3차 교육과정(1973년 제정)
- 제4차 교육과정(1981년 제정)
- 제5차 교육과정(1987년 제정)
- 제6차 교육과정(1992년 제정)
- 제7차 교육과정(1997년 제정)

이번 제7차 교육과정은 21세기의 세계화·정보화 시대를 주도하며 살아갈 자율적이고, 창의적인 한국인을 육성하기 위하여, 다음과 같은 성격을 지닌 교육과정으로 마련되었다.

① 국가 수준의 공통성과 함께 지역, 학교, 개인 수준의 다양성을 추구하는 교육과정
② 자율성과 창의성을 신장하기 위한 학생중심 교육과정
③ 교육과학기술부, 교육청, 학교, 교원, 학부모, 학생이 함께 실현해 가는 교육과정
④ 학교 교육 체제를 교육중심으로 개선하기 위한 교육과정
⑤ 교육의 과정과 결과의 질적 수준을 유지, 관리하기 위한 교육과정

3) 제7자 교육과정의 중점

① 국민 공통 기본 교육과정의 편성과 학생 선택중심 교육과정의 도입

초등학교 1학년부터 고등학교 1학년까지를 국민공통 기본교육기간 (10년)으로 설정하여 학년에 따라 일관성 있는 교육을 실시한다.

고등학교 2, 3학년에서는 교과에 따라 일반 선택과 심화 선택으로 나누고, 다양한 선택 과목을 개설하여 과정·계열의 구분 없이 운영함으로써 학생의 선택 폭을 넓히다.

② 수준별 교육과정의 도입

학생의 능력(개인차)에 따른 다양한 교육 기회를 제공하기 위하여 교과 특성에 따라 단계형, 심화·보충형, 과목 선택형 등 세 가지의 수준별 교육과정을 도입하였다.

③ 재량 활동의 신설·확대

자기 주도 학습능력의 신장을 위한 범교과 활동 재량 시간을 학교, 교사, 학생이 함께 선택할 수 있게 하였다.

④ 학습량 최적화와 수준 조정

학습 부담을 줄이기 위해 교과별 최저 필수 요소 중심으로 학습 내용을 정선하고, 범위와 수준도 조정하였다. 아울러 학교급별 이수 과목 수도 축소하였다.

⑤ 교육과정 평가 체제 확립

학생이 성취해야 할 교과별 성취기준을 설정하고 이 기준에 따라

학력을 평가한다. 학교별로 편성하는 교육과정의 평가 체제도 확립
한다.

⑥ 창의성, 정보 능력 배양
정보화 시대를 맞이하여 컴퓨터 교육과 개방적, 창의적 교육활동
을 강화한다. 참고로 우리나라 국가수준 교육과정의 변천과정을 요
약하면 <표 5-1>과 같다.

4) 제7차 교육과정이 추구하는 인간상

제7차 교육과정은 자율과 창의에 바탕을 둔 학생중심 교육과정이
라고 할 수 있다.
우리나라 교육은 홍익인간의 이념 아래 모든 국민으로 하여금 인
격을 도야하고, 자주적 생활능력과 민주시민으로서 필요한 자질을
갖추게 하여 인간다운 삶을 영위하게 하고, 민주 국가의 발전과 인
류공영의 이상을 실현하는 데 이바지하게 함을 목적으로 하고 있다.

① 전인적 성장의 기반 위에 개성을 추구하는 사람
② 기초 능력을 토대로 창의적 능력을 발휘하는 사람
③ 폭넓은 교양을 바탕으로 진로를 개척하는 사람
④ 우리문화에 대한 이해의 토대 위에 새로운 가치를 창조하는 사람
⑤ 민주 시민 의식을 기초로 공동체 발전에 공헌하는 사람

그동안 우리나라 교육과정이 추구하는 인간상의 변천과정을 요약
하면 <표 5-2>와 같다.

표 5-1 국가수준 교육과정 기준의 변천

기별	공포(고시)	근 거	교육과정	특 징
1차	1954. 4. 20	문교부령 제35호	교과중심 교육과정	교과중심 교육과정
	1955. 8. 1	문교부령 제44호	국민학교 교육과정	
	〃	문교부령 제45호	중학교 교육과정	
	〃	문교부령 제46호	고등학교 교육과정	
2차	1963. 2. 15	문교부령 제119호	국민학교 교육과정	경험중심 교육과정
		문교부령 제120호	중학교 교육과정	●한문 신설('72)
		문교부령 제121호	고등학교 교육과정	●교련 신설('69)
3차	1973. 2. 14	문교부령 제310호	국민학교 교육과정	학문중심 교육과정
	1973. 8. 31	문교부령 제325호	중학교 교육과정	●도덕 신설('73)
	1974. 12. 31	문교부령 제350호	고등학교 교육과정	●국사 신설('73)
				●일본어 신설('73)
4차	1981. 12. 31			국민정신 교육 강조
	〃	문교부고시 제442호	중학교 교육과정	학습량·수준 축소 조정
	〃	〃	국민학교 교육과정	초등학교 1, 2학년 교과
	〃		고등학교 교육과정	통합 운영
5차	1987. 3. 31	문교부 고시 제87-7호	중학교 교육과정	과학고·예술고 제정
				초등학교 통합교육과정 제정
	1987. 6. 30	문교부 고시 제87-9호	국민학교 교육과정	정보산업 신설
				경제교육 강조
	1988. 3. 31	문교부 고시 제88-7호	고등학교 교육과정	지역성 강조
6차	1992. 6. 30	교육부 고시 제1992-11호	중학교 교육과정	편성·운영체제 개선
				●국가, 지역, 학교의 역할 분담
	1992. 9. 30	교육부 고시 제1992-16호	국민학교 교육과정	●컴퓨터, 환경, 러시아어, 진로·직업 신설
	1992. 10. 30	교육부 고시 제1992-19호	고등학교 교육과정	●외국어에 관한 전문 교과 신설
				●초등영어 교과 신설
	1995. 11. 1	교육부 고시 제1995-7호	국민학교 교육과정	
				학생중심 교육과정

기별	공포(고시)	근 거	교육과정	특 징
7차	1997. 12. 30	교육부 고시	초·중등학교	• 국민공통기본교육과정의 구성
		제1997-15호	교육과정	• 고등학교 선택 중심 교육과정 구성
	1998. 6. 30	교육부 고시	유치원 교육과정	• 수준별 교육과정 도입
		제1998-10호	특수학교 교육과정	• 재량활동의 신설 및 확대
		제1998-11호	고등기술학교	• 목표(능력)중심의 교육내용 설정
		제1998-12호	교육과정	• 지역 및 학교의 자율·재량 확대

표 5-2 우리나라 교육과정의 교육적 인간상의 변천

구 분	교육적 인간상	비 고
제1차 교육과정	별도의 교육적 인간상 미제시 -교육법 제2조 「교육의 목적」 에 따름	교육법 제2조 -홍익인간의 교육 이념
제2차 교육과정	고유의 역사와 전통을 지니고 역사적 현실 속에서 명확한 사 명감을 자각하고 수행하는 대한 민국의 국민 -국가와 겨레의 이상과 현실 을 명철히 이해하는 인간 -국민 각자에게 부과된 역사 적 사명을 완수할 수 있는 구체적이며 역동적인 인간	자주성, 생산성, 유용 성의 강조

제3차 교육과정	가. 국민적 자질의 함양
	 ① 민족 주체 의식의 고양
	 ② 전통을 바탕으로 한 민족
	  문화의 창조
	 ③ 개인의 발전과 국가의 융
	  성과의 조화
		자아실현,
		국가발전,
		민주적 가치의 강조

구 분	교육적 인간상	비 고
	나. 인간교육의 강화 　① 가치관 교육의 강화 　② 비인간화 경향의 극복 　③ 근면성과 협동성의 앙양 다. 지식·기술 교육의 쇄신 　① 기본 능력의 배양 　② 기본 개념의 파악 　③ 판단력과 창의력의 함양 　④ 산학 협동 교육의 강화	
제4차 교육과정	민주, 복지, 저의 사회의 건설에 적극적으로 이바지할 수 있는 자주적이고 창의적인 국민 육성 ① 올바른 정신과 튼튼한 몸을 단련하는 건강한 사람 ② 취향이 고상하고 아름다움을 추구하는 심미적인 사람 ③ 지식과 기술을 익혀 문제를 합리적으로 해결하는 능력 있는 사람 ④ 인간을 존중하며 규범에 따라 행동하는 도덕적인 사람 ⑤ 자신과 공동체의 일을 스스로 결정하여 실천하는 자주적인 사람	건전한 심신의 육성 지력과 기술의 배양 도덕적인 인격의 형성 민족 공동체 의식의 고양
제5차 교육과정	① 건전한 정신과 튼튼한 몸을 지닌 건강한 사람 ② 자신과 공동체의 일을 스스로 결정하여 실천하는 자주적인 사람 ③ 지식과 기술을 익혀 문제를 슬기롭고 합리적으로 해결하는 창조적인 사람	

구 분	교육적 인간상	비 고
	④ 인간을 존중하고 자연을 아끼며 올바르게 판단하고 행동하는 도덕적인 사람	
제6차 교육과정	① 건강한 사람 ② 자주적인 사람 ③ 창의적인 사람 ④ 도덕적인 사람	도덕성과 공동체 의식이 투철한 민주 시민 육성
제7차 교육과정	① 전인적 성장의 기반 위에 개성을 추구하는 사람 ② 기초 능력을 토대로 창의적인 능력을 발휘하는 사람 ③ 폭넓은 교양을 바탕으로 진로를 개척하는 사람 ④ 우리 문화에 대한 이해의 토대 위에 새로운 가치를 창조하는 사람 ⑤ 민주 시민 의식을 기초로 공동체의 발전에 공헌하는 사람	21세기의 세계화 - 정보화 시대를 주도할 자율적이고 창의적인 한국인 육성

5) 구성방침과 시간배당 기준

제7차 교육과정은 어떤 방침을 가지고 구성하였는가? 이를 요약하면 다음의 여섯 가지로 요약할 수 있다.

① 사회 변화를 주도할 수 있는 기본 능력 육성
② 국민 공통 기본 교육과정과 선택중심 교육과정 체제 도입
③ 수준별 교육과정 도입
④ 교육내용·방법의 다양화
⑤ 교육과정 편성·운영에 관한 교육청과 학교의 자율성 확대
⑥ 교육과정 평가 체제 확립

240 제3부 장학의 과업

제7차 교육과정의 시간(단위) 배당 기준은 <표 5-3>과 <표 5-4>
와 같다.

표 5-3 제7차 교육과정의 국민공통 기본교육과정 시간배당 기준

구분	학교 학년	소학교						중학교			고등학교		
		1	2	3	4	5	6	7	8	9	10	11	12
교 과	국어	국어 210 238		238	204	204	204	170	136	136	136	선 택 과 목	
	도덕			34	34	34	34	68	68	34	34		
	사회	수학 120 136		102	102	102	102	102	102	136	170 (국사68)		
	수학			136	136	136	136	136	136	102	136		
	과학	바른 생활 60 68		102	102	102	102	102	136	136	102		
	실과	슬기로운 생활 90 102		·	·	68	68	68	기술·가정 102 102		102		
	체육			102	102	102	102	102	102	68	68		
	음악	즐거운 생활 180 204		68	68	68	68	68	34	34	34		
	미술	우리들은 1학년 80 ·		68	68	68	68	34	34	68	34		
	외국어 (영어)			34	34	68	68	102	102	136	136		
재량활동		60	68	68	68	68	68	136	136	136	204		
특별활동		30	34	34	68	68	68	68	68	68	68	8단위	
연간 수업 시간 수		830	850	986	986	1,088	1,088	1,156	1,156	1,156	1,224	144단위	

표 5-4 고등학교 선택중심 교육과정 시간배당기준

구 분		국민공통 기본교과	선택 과목	
			일반 선택 과목	심화 선택 과목
교 과	국어 도덕 사회	국어(8) 도덕(2) 사회(10) (국가4)	국어 생활(4) 시민 윤리(4) 인간 사회와 환경(4)	화법(4), 독서(8), 작문(8), 문법(4), 문학(8) 윤리와 사상(4), 전통 윤리(4) 한국지리(8), 세계지리(8), 경제지리(6) 한국근·현대사(8), 세계사(8), 법과사회(6) 정치(8), 경제(6), 사회·문화(8)
	수학 과학 기술· 가정	수학(8) 과학(6) 기술· 가정(6)	실용수학(4) 생활과 과학(4) 정보 사회와 컴퓨터(4)	수학Ⅰ(8), 수학Ⅱ(8), 미분과 적분(4) 확률과 통계(4), 이산수학(4) 물리Ⅰ(4), 화학Ⅰ(4), 생물Ⅰ(4), 지구과학Ⅰ(4) 물리Ⅱ(6), 화학Ⅱ(6), 생물Ⅱ(6), 지구과학Ⅱ(6) 농업 과학(6), 공업 기술(6), 기업 경영(6) 해양 과학(6), 가정 과학(6)
	체육 음악 미술	체육(4) 음악(2) 미술(2)	체육과 건강(4) 음악과 생활(4) 미술과 생활(4)	체육 이론(4), 체육 실기(4 이상)* 음악 이론(4), 음악 실기(4 이상)* 미술 이론(4), 미술 실기(4 이상)*
	외국어	영어(8)	독일어Ⅰ(6), 프랑스어Ⅰ(6), 스페인어Ⅰ(6), 중국어Ⅰ(6), 일본어Ⅰ(6), 러시아어Ⅰ(6), 아랍어Ⅰ(6)	영어Ⅰ(8), 영어Ⅱ(8), 영어 회화(8) 영어 독해(8), 영어 작문(8) 독일어Ⅱ(6), 프랑스어Ⅱ(6) 스페인어Ⅱ(6), 중국어Ⅱ(6) 일본어Ⅱ(6), 러시아어Ⅱ(6) 아랍어Ⅱ(6)
	한문 교련 교양		한문(6) 교련(6) 철학(4), 논리학(4), 심리학(4), 교육학(4), 생활경제(4), 종교(4), 생태와 환경(4) 진로와 직업(4), 기타(4)	한문 고전(6)
	이수 단위	(56)	24이상	112이하
	재량 활동	(12)		
	특별 활동	(4)	8	
	총 이수 단위		216	

① 국민 공통 기본 교육과정

(1) 이 표의 국민 공통 기본 교육 기간에 제시된 시간 수는 34주를 기준으로 한 연간 최소수업 시간 수이다.

(2) 1학년의 교과, 재량 활동, 특별 활동에 배당된 시간 수는 30주를 기준으로 한 것이며, '우리들은 1학년'에 배당된 시간 수는 3월 한 달 동안의 수업 시간 수를 제시한 것이다.

(3) 1시간의 수업은 초등학교 40분, 중학교 45분, 고등학교 50분을 원칙으로 한다. 다만, 기후, 계절, 학생의 발달정도, 학습내용의 성격 등을 고려하여 실정에 알맞도록 조절 할 수 있다.

(4) 11, 12학년의 특별 활동과 연간 수업시간 수에 제시된 숫자는 2년 동안 이수하여야 할 단위 수이다.

② 고등학교 선택중심 교육과정

○ 보통 교과(선택교과는 생략함)

(1) ( ) 안의 숫자는 단위 수이며, 1단위는 매주 50분 수업을 기준으로 하여 1학기(17주) 동안 이수하는 수업량이다.

(2) 국민 공통 기본 교과와 재량 활동에 배당된 단위 수 및 특별 활동 4단위는 10학년에서 이수하도록 한 것이다.

(3) *표시한 체육, 음악, 미술 교과의 심화 선택 과목은 <표 5-4>의 체육, 예술에 관한 전문교과의 과목 중에서 선택한다.

(4) 교양 교과에서 심화 선택 과목이 필요한 경우 <표 5-4>의 과목 중에서 선택하거나 시·도 운영 지침에 의거, 새로운 과목을 신설할 수도 있다.

6) 학교급별 교육목표

제7차 교육과정에서 달성하고자 하는 학교급별 교육목표는 다음과
같다.

① 초등학교

초등학교의 교육은 학생의 학습과 일상생활에 필요한 기초 능력
배양과 기본 생활습관을 형성하는 데 중점을 둔다.

(1) 몸과 마음이 균형 있게 자랄 수 있는 다양한 경험을 가진다.
(2) 일상생활의 문제를 인식하고 해결하는 기초 능력을 기르고, 자
    신의 생각과 느낌을 다양하게 표현하는 경험을 가진다.
(3) 다양한 일의 세계를 이해할 수 있는 폭넓은 학습 경험을 가진다.
(4) 우리의 전통과 문화를 이해하고 애호하는 태도를 가진다.
(5) 일상생활에 필요한 기본 생활습관을 기르고, 이웃과 나라를 사
    랑하는 마음씨를 가진다.

② 중학교

중학교의 교육은 초등학교 교육의 성과를 바탕으로, 학생의 학습
과 일상생활에 필요한 기본능력과 민주시민으로서의 자질을 함양하
는 데 중점을 둔다.

(1) 심신의 조화로운 발달을 추구하고, 자기발견의 기회를 가진다.
(2) 학습과 생활에 필요한 기본 능력과 문제 해결력을 기르고, 자
    신의 생각과 느낌을 창의적으로 표현하는 경험을 가진다.
(3) 다양한 분야의 지식과 기능을 익혀 적극적으로 진로를 탐색하

는 경험을 가진다.
(4) 우리의 전통과 문화에 대한 자긍심을 지니고, 이를 발전시키려
는 태도를 가진다.
(5) 자유 민주주의의 기본적 가치와 원리를 이해하고, 민주적인 생
활 방식을 익힌다.

③ 고등학교

고등학교의 교육은 중학교 교육의 성과를 바탕으로, 학생의 적성
과 소질과는 진로 개척 능력과 세계 시민으로서의 자질을 함양하는
데 중점을 둔다.

(1) 심신이 건강한 조화로운 인격을 형성하고, 성숙한 자아의식을
가진다.
(2) 학문과 생활에 필요한 논리적, 비판적, 창의적 사고력과 태도
로 익힌다.
(3) 다양한 분야의 지식과 기능을 익혀, 적성과 소질에 맞게 진로
를 개척하는 능력을 기른다.
(4) 우리의 전통과 문화를 세계 속에서 발전시키려는 태도를 가진다.
(5) 국가 공동체의 형성과 발전을 위해 노력하며, 세계 시민으로서
의 의식과 태도를 가진다.

지금까지 제7차 교육과정에 대하여 살펴보았는데 교육과정이 개정
될 때에는 교육과학기술부나 각 시·도 교육청 홈페이지를 확인해
보면 최근의 것에 대하여 알 수 있을 것이다.

3. 대안적 교육과정 및 교수전략의 설계

교실수업상황에서 교수학습의 기술을 향상시키고 복잡한 수업내용을 가지고 다양한 수업전략을 구사할 수 있도록 함으로써 교사교육에 참신한 혁신을 일으킨 사람은 조이스(Bruce Joyce)와 웨일(Marsha Weil)이다.

이들은 교육과정을 효율적으로 운영하여 교육의 질을 높이기 위해 수업장학에 초점을 맞추고 있다. 이들은 실제 교수학습상황에서 검증하여 각 수업모형을 실제상황에 적용한 예를 제시함으로써 이론과 실제를 잘 통합시켜 교사들이 교육과정을 운영할 때 충분한 지적 자극을 받을 수 있는 대안들을 만들어냈다. 이들은 20여 가지 이상의 수업대안을 제시하고 있다. 그 모형들은 각기 다른 이론적 배경을 토대로 모형에 필요한 활동이나 방향 및 교육목표를 지니고 있다. 이는 교실상황에서 계속적인 상호작용의 형태나 수업지도체제를 통하여 결국 다른 목적에도 일반화될 수 있음을 보여주고 있다.

만일 교사가 수업활동에 임해서 항상 동일한 수업모형을 사용한다면 적어도 일부 학생에게는 그 수업이 비생산적이 될 수도 있다. 아울러 한 교사가 두서너 개로 구성된 수업모형을 적용한다면 교사의 수업행동의 폭은 넓어질 수 있으나 하나의 교실에서 일어나는 수업상황에 대응하는 융통성은 그래도 문제가 될 수 있다.

교육과정을 운영하는 가장 원초적인 행위는 바로 교수학습행위이다. 다시 말해 제시된 교육과정을 어떻게 효과적으로 교수하며, 어떻게 효율적으로 학습하는 가의 문제이다. 이에 대한 문제에 적극적으로 대처하여 실현시키는 원초적인 단위가 바로 교사이다. 또한 앞서 언급했던 것처럼 장학이 교사의 교수학습을 지원하고 조언하며 선도적으로 이끄는 직무라고 한다면 장학담당직무의 근본은 교수학습활동을 조장하는 수업전략이어야 함은 분명한 사실이다.

따라서 장학담당자는 교수학습전략에 관해 해박한 식견을 갖고 교사가 교수활동상의 과업을 해결하기 위해 도움을 요청할 때 그 도움의 방향이 일정하지 못하고, 또 적절치 못하다면 교수활동에 있어 그 선택의 폭은 좁을 것이다.

반면에 교사가 교수활동을 수행하면서 곤란을 느낄 때 활용 가능한 교육과정운영의 대안이 다양하고 그 내용의 심도가 깊을 때 장학담당자는 예측할 수없는 사태에 보다 더 잘 대처할 것이다.

수업장학에 미숙한 장학담당자는 예기치 못한 상황이 벌어졌을 때 흔히 부정적으로 대처하게 되는데 이는 자칫 교수학습의 본질을 왜곡하며 교육과정을 자의적으로 운영할 위험이 있다. 예를 들어 미술교육을 예술형태로만 이해할 때 여러 형태의 예술과 매체가 준비되어 있는 환경적 예술창조에 관심을 두고 있는 미술교사를 직면하게 되면 매우 당황하게 된다.

조이스와 웨일이 제시하고 있는 교수학습모형은 교육에 대한 폭넓은 접근법이다. 왜냐하면 이들 모형 속에는 교수와 학습에 대한 철학적·심리학적 주요견해들이 대부분 포함되어 있기 때문이다. 여기서 제시되고 있는 모형들은 오랫동안 교육현장에서 적용되어 검증되고, 교실수업상황에 효율적으로 적용시킬 수 있도록 다듬어 수정된 이론들이다.

이런 모형들은 융통성을 지니고 있기 때문에 학습유형이나 교과목의 성격에 따라 자유롭게 선택할 수 있다. 그러므로 훌륭한 장학리더가 되기 위해서는 모든 유형의 수업모형에 익숙해야 하며 일생 동안 새로운 교수방법을 배우고 이전의 교수방법을 갈고 다듬는 일을 끊임없이 해야만 효과적인 장학을 할 수 있을 것이다.

조이스와 웨일이 제시한 20여 가지 이상의 수업모형은 크게 4가지

군으로 나누어진다. 첫째 지력계발을 위한 정보처리모형군(information
-processing family), 둘째 정의적 발달을 위한 인성발달모형군(personal
family), 셋째 사회성발달을 위한 사회적 상호작용모형군(social family),
마지막으로 행동주의적 입장을 견지하는 행동변화모형군(behavioral
systems family)으로 대별할 수 있다. 각 범주의 핵심은 다음과 같이
요약될 수 있다.

Ⅰ. 정보처리모형(지력개발을 위한)
이 범주에서는 일반적인 지적 능력·논리적 추론·학문적 훈육방법·
개념구조화·문제해결력·탐구방법 등을 강조한다.
보기: 과학탐구모형, 도덕적 문제해결모형
Ⅱ. 인성발달모형(정의적 발달을 위한)
이 범주에서는 자아 및 인간 간의 인식력의 개발, 자기이해와 책임
및 애정과 창의성의 소유 등을 강조한다.
보기: 인식력 증강훈련, 현실성 처방. 비지시적수업활동
Ⅲ. 사회적 상호작용모형(사회성 발달을 위한)
이 범주에서는 집단역동성 기술의 개발, 사회적·정치적·합법적
문제해결법, 사회적 문제에 판한 학문적 탐구, 의사결정기술 등을 강
조한다.
보기: 역할연기법·집단조사법·경제적의사결정의 모의 연습
Ⅳ. 행동변화모형(행동주의 입장에 의한)
충동의 통제 및 보강원리에 근거하여 이 범주에서는 학문적 기술·사
회적 기술·긴장해소법·자기통제법 등을 포함한 가시적 행동의 변용
을 강조한다.
보기: 프로그램 학습, 적극성 훈련, 적응성 훈련(operant conditioning
and training)

조이스와 웨일은 이들 범주가 상호간에 배타적인 것은 아니라고

지적한다. 방법과목적면에서 자연적으로 중첩되는 것이 있다. 더구나 어떤 모형에 근거하여 제시된 활동이 다른 모형에 의해 특별히 의도되는 학습을 조장하거나 보충시켜주는 데 활용될 수도 있다. 예를 들어 논리적 추론과 개념구성(정보처리모형)을 강조하면 동시에 사회적 문제에 대한 집단토의(사회적 상호작용모형)가조장될 수도 있다.

분명히 대안적 모형에 대한 확대된 연구는 장학담당자가 권력 및 여러 모형에 내재되어 있는 여러 방법에 충분히 친밀감을 가지게 한다. 조이스와 웨일에 의해 목록화된 교수모형의 창안이 모색됨에 따라 장학담당자는 교사들에게 풍부한 교육과정 접근방식을 가져다줄 수 있다. 어떤 모형에 제시되어 있는 목표를 탐구하든 장학담당자는 여러 가지 대안적 교수전략을 개발하여 효과성을 증진시킬 수 있는 가능성을 교사와 함께 추구할 수 있다. 더구나 여러 가지 교육과정 교수모형에 친근해져 있는 장학담당자는 이 여러 가지 접근법 중에서 어느 것을 택해야 하는지 쉽게 인식할 수도 있을 것이다. 파장과 분자이론에 대한 공부에서 각기 다른 접근방식을 활용하고 있는 다섯 학급을 방문한 장학담당자의 경우를 통괄하는 가설적인 사례가 이 관점을 충분히 도와줄 수도 있을 것이다.

이제 초등학교에서 전형적으로 사용하는 다섯 가지 교수모형, 즉 ① 탐구적 모형, ② 집단과정모형, ③ 인지발달모형, ④ 프로그램모형, ⑤ 전통적 기본모형에 대해서 각각 설명하고 이들을 비교해 보고자 한다.

1) 탐구적 모형

탐구적 모형은 약간 비구조적이고 비형식적이며 활동중심의 개발적인 것이다. 이 모형은 학생들이란 선천적으로 호기심이 많고 내면적으로 동기화되어있다는 신념에 근거한 것이다. 학습은 반응을 할 수 있는 상황에서 탐구결과로 제시된다. 이 접근에서는 학습중심·자원중심·관심중심이 강조된다. 이 모형을 성공적으로 조작하기 위해서는 교사가 각 학생의 사회적·정서적·학문적 발전상황을 신중하게 평가하고, 이들 제국면에 있어서의 목적이나 목표를 개발하며, 성장이 촉진될 수 있도록 환경을 계획해야 한다. 스털링즈(Jane A. Stallings)는 다음과 같이 말하였다.

> 이러한 환경적 접근이 가져다 주는 예측가능한 결과는 자기동기화를 가능케 하며 문제해결상황을 능히 엮어 나갈 뿐만 아니라 자신이 거둔 섬근띨 재달을 수도 있는 아동·학생이다. 즉, 아동·학생은 자기동기화 상대에 놓여져 자신을 유도하고 자신에 대한 평가를 내린다. 아동·학생들은 그 게임이 교사를 즐겁게 해 주기 매문이 아니라 그 게임이 자기보상석인 것이기 때문에 그 게임을 추구하고 즐긴다.
>
> 이 모형을 지지하는 사람들은 아동·학생이 인식적이고 사회적 인 문제를 해결하는 경험을 가지고 있기 때문에 인식적이고 사회적인 문제를 해결하는 방법을 배우게 된다고 믿는다.

이 모형에서는 아동·학생은 분노와 갈등을 배우게 되고 이에 따라 여러 대안적 해결책을 마련하도록 유도된다. 학생들은 실패를 감당하게 되며 행동결과로부터 교훈을 얻는다. 탐구적 모형을 지지하는 사람들은 독립적인 판단을 내리고, 창의적인 문제해결을 모색하며 사회적으로 책임성 있는 시민상을 그리고 있다.

2) 집단과정모형

집단과정모형은 주로 학생들이 교사가 제시하는 그들에게 중요한 문제에 대해 의 사를 교환하고 결정을 하는 집단적 상호작용방법에 주로 의존한다. 실제로 인식하게 되고 책임성을 깨닫게 해 주는 것이 이 접근법을 활용하고자 하는 교육자가 주로 의도하는 내용이다. 학생들은 공부하고 있는 교육과목에서 또 보다 폭넓은 지역사회나 사회맥락에서 주어지는 비중 있는 문제들뿐만 아니라 교육과정, 기강문제, 일반적 통제 문제를 다루게 된다.

이론상으로는 이 집단과정모형에 놓여 있는 아동들은 자신을 통제하고 자기의 아이디어 나 감정을 표현할 수 있는 능력을 개발하도록 기대된다. 그들은 다른 사람이 가지고 있는 아이디어에 귀를 기울이고 이 아이디어가 지니는 장점에 대하여 판단한다. 이 집단의 성원들은 문제를 해결할 수 있는 여러 가지 해결책을 만들어 내고 토의를 통해 가능한 행동결과를 예측한다. 서로의 말에 경청할 수 있도록 배우기 때문에 아동·학생들은 다른 사람에 대한 감정이 입(자신을 다른 사람과 입장에 적용시키는 능력)을 가능케 한다. 서로를 아주 동일시하기 때문에 서로가 가지고 있는 가치를 중히 여기고 애정을 주고받는 경험을 하게 된다.

집단회합이 교수방법으로서 정상적인 기준에 근거하여 활용된다. 이 집단과정모형 교수활동에 독립적으로 적용할 수 있는 방법으로서 위치를 점할 수 있도록 일련의 교육과정내용을 충분히 가지고 있지 못하다. 전형적으로 이 모형은 다른 모형에 접근하는 것으로 또는 보다 광범위한 기준이 적용될 때 그 안에 포함되는 것으로 존재한다. 탐구적 모형과 발전적 인식모형은 집단과정전략에 자연적으로 포함될 수 있는 것이다. 그러나 이 모형은 형식상으로 분명히 드러나는 교수기법상의 하나의 선택지로서 프로그램 모형이나 전통적 기본모형이 될 수도 있다.

3) 인지발달모형

인지발달 교수모형은 피아제(Jean Piaget)의 이론에 기초를 두고 학생의 지적·논리적 사고 작용이 연령과 경험에 따라 단계적으로 일어난다고 가정한다. 이 이론에 따르면 학생들은 환경에의 관여 또는 환경의 조작에 따라 학습을 하는 것이다. 발전적 인식 교수활동에 있어서의 교사의 역할은 적절한 모체나활동을 제공함으로써 각 발달단계에 대해 반응하는 것이다. 매체를 비롯한 물리적 환경은 충분하다. 관심에의 강조기법이 폭넓게 활용된다.

이 모형을 실천에 옮기는 데에는 교실이 여러 학습실로 세분되어 있고 다양한 형태의 매체가 준비되어 아동·학생들에게 활용 가능하도록 제공되어야 한다. 매체와 장비는 정리되어 있고 표준내용이 구비되어 있어 별도로 구입할 필요가 없이 되어 있다. 예를 들어 교사가 아동·학생으로 하여금 학교운동장을 가로질러 청소를 하도록 데리고 간다고 하자. 아동·학생은 운동장을 가로지르는 동안 여러 가지 물건들-씨앗·껌종이·빨대·종이·클립·나뭇잎·단추·안전핀·돌 등-로 주머니를 가득 채울 수 있을 것이다. 아동·학생은 교실에 돌아와서 색깔·형태, 기타 여러 가지 기준에 따라 자신이 주운 물건들을 배열하고 분류할 수 있을 것이다. 그러고 나서 "내 주머니는 어느 것"이라는 놀이를 할 수 있을 것이다. 이 놀이에서 아동·학생은 다른 아동·학생의 경우 어떤 기준을 가지고 물건을 분류하고 있는지를 차례로 알게 된다.

4) 프로그램모형

교수활동에서의 프로그램모형은 스키너(B. F. Skinner)의 조작적 조건화 이론에 근거를 두고 있다. 근본적으로 행동은 바람직한 내용이 강화되기 때문에 수정되는 것이다. 주도면밀하게 구조화된 교육 프로그램을 잘게 잘라진 단계 속에서 연계된 교수매체를 허용하는 방식으로 개발된다. 학생들은 계속적으로 강화되기만 하면이 단계를 통해 발전을 이룰 수 있는 것으로 믿어진다. 발전이 이루어지는 동안 학생들은 전국수준의 학년별 읽기 점수와 수학 점수를 획득하는 데 필요한 기본기능을 숙달한다. 읽기와 셈하기에 있어 필요한 기본기능은 그렇게 관심을 끌지는 못하는 다른 교과목과 함께 다른 어떤 것보다 더 강조된다. 이 모형을 지지하고 있는 사람들은 일단 기본기능이 수준에 오르기만 하면 학생들은 자아개념을 더욱 개발하여 보다 복잡한 학습에 더 잘 참여할 수 있다고 믿는 다. 근본적으로 교사의 직무는 측정될 수 있는 형태로 바람직한 목표나 결과에 앞서 진술되어야 한다. 그리고 현재 학생이 기능하고 있는 수준을 평가하고, 연속적인 학습매체를 제공하며, 가능하면 강화시키면서 학생을 훈련시키고 학생의 진전도를 추적하며 계속적으로 이 순서를 반복해야 한다.

5) 전통적 기본모형

전통적 기본모형은 가장 잘 알려져 있는 것이라고 생각된다. 이 모형에서는 전사들이 완벽하게 통제하고 있고 구조화된 학문계획을 다스리는 주요책임을 담당하고 있는 조용하고 질서정연한 교실에서 학생들이 가장 잘 배울 수 있다고 믿고 있다. 또한 대부분의 교수시간이 기본기능의 숙달에 배분된다. 교육과정은 전통적이며 교과서 중심적이다. 복습과 가정학습은 흔히 볼 수 있는 것이다.

<표 5-5>는 교수활동에서 중시되는 여러 국면을 통틀어 다섯 가

지 모형으로 볼 수 있는데 이 모두를 비교하고 있다. 앞의 표에 요약되어 있는 여러 연구결과에 의하여 집단과정모형, 프로그램 모형, 전통적 기본모형이 읽기와 수학 등 기본기능의 교수에는 우월하지만, 책임성·협조·독립성·문제해결적 결과와 같은 다른 바람직한 결과를 얻어내는 데에는 우수하지 못하고, 대신 탐구적 모형과 인지발달모형이 그 쪽에서 효과적이라는 것을 알 수 있다.

표 5-5 다섯 가지 모형에 있어서의 아동의 성장과 발달 비교

	탐구적 모형	집단과정 모형	인지발달 모형	프로그램 모형	전통적 기본모형
읽기능력 성취도		N +[1]		C +[2]	N +
수학능력 성취도		N +		C +	N +
비언어적 문제해결능력	C +		C +		
질문능력	C +				
독립성	C +		C +		
협동성	C +		C +		
성공의 책임 구유	C +		C +		
실패의 책임 수용				C +	
결석률	C +		C +		

주) 1. N + =전국기준보다 나음.
　　2. C + =후속연구에 있어서의 통제집단보다 나음.
<자료> Stallings, J. A., & Kaskowitz, D. (1977). Follow-through Classroom Observation Evaluation 1972~1973, SRI Project URU-7370, Monlo Park, Calif.: Standford Research Institute, 1974, ERIC Accession No. ED 104969, in Jane A. Stallings, *Learning to Look*: A Handbook on Classroom Observation and Teaching Models. Belmont, Calif.: Wadsworth, p.237.

　장학담당자는 장학의 과업 중에서도 가장 중요한 교육과정과 교수전략영역에서 다양한 대안을 가지고 있다가 교사의 필요에 의하여

적절한 대안으로 장학을 할 수 있어야 한다. 그러기 위해서 장학담
당자는 교육과정과 교수분야에 전문성을 갖도록 꾸준히 연구하지 않
으면 안 될 것이다. 우리의 장학이 지나치게 행정에 치우치고, 또
교육과정에 관한 일도 소수 중앙의 장학담당자의 전유물로 제한되어
있는 점은 시정되어야 한다.

연구과제

1. 교육과정과 교육철학과의 관계에 대하여 좀더 자세히 설명해
   보라. 교육철학의 변화에 따라 교육과정의 강조점이 어떻게 변
   화하였는지 알아보시오.
2. 여기서는 초등학교의 교육과정에 대하여 예시되어 있는데 중학
   교, 고등학교의 현행교육 과정을 좀더 자세히 조사하여 주요내
   용을 제시해보시오.
3. 여러 가지 교육과정을 운영하는 수업모형을 조사하여 비교하는
   표를 만들어 보시오.

 # 제 6 장 교수효과성

개 요

　　장학의 중요한 과업은 교사로 하여금 잘 가르치도록 도와주는 일이다. 즉 교수효과성을 증진시키는 일이다. 그래서 제6장에서는 ① 교수효과성의 개념을 밝히고 교수효과성의 연구방법을 개관한 후, ② 교수효과성과 장학을 연결시켜서 효과적인 교수를 위한 장학방법과 ③ 교수효과성 평가에 대하여 살펴보고자 한다.

　　교육이 이루어지는 과정 속에서 교사의 역할이 중요하다는 것을 부인하는 사람은 하나도 없다. 어떤 교육 프로그램이나 내용도 교사에 의하여 이루어지기 때문이다. 그러므로 학교의 효과성(school effectiveness)도 결국은 교사효과성(teacher effectiveness)또는 교수효과성(teaching effectiveness)에 달려 있다고 말할 수 있다. 그러면 장학과 교수효과성은 어떤 관계가 있는가? 한마디로 장학은 교사가 자기의 교수성과(teacher performance)를 향상시킬 수 있도록 도와주는 일이다. 따라서 장학은 고사의 수업개선에 일차적인 초점을 둔다. 다시 말해, 장학은 교사의 교수성과를 개선시킴으로써 교수효과성 즉 학생의 학습결과를 극대화시키고자 하는 노력이다. 그런데 교육의 과정에서 과연 어떤 교사가 더 효과적이고 덜 효과적인지를 구분해 내기란 그리 쉬운 일이 아니다. 나아가 교사의 어떤 측면에 초점을 두고 효과성 여부를 구명하는가도 어려운 일이다. 그러므로 우선 장학담당자는 교수효과성의 개념이 무엇인지 그리고 교수효과성의 연구가 어떻게 이루어지고 있는지를 알아보기 위한 개념적 접근이 필요하다.

1. 교수효과성과 장학

교수효과성이 무엇인가를 알아보려면 먼저 그것이 교사의 수행(teacher performance), 교사능력(teacher competence)과 같은 용어와의 구분이 이루어져야 한다.

교사효과성이란 교사가 이룩한 결과, 즉 학생이 어떤 특정한 교육목표를 향해 나아간 정도를 말한다(Medley, 1982). 이 정의에 의하면, 교사효과성은 교사의 수행에 의해서 측정되는 것이 아니라 학생의 행위에 의해서 측정될 수 있다. 그런데 학생이 이루어 내는 학습결과 교사가 통제할 수 없는 변인들에 의해서 영향을 받기 마련이므로, 교사효과성은 교사 개인의 안정된 특성으로써가 아니라 교사가 갖고 있는 어떤 특성과 교사 자신이 일하는 상황에 따라 달라지는 다른 요인 들 간의 상호작용의 결과로 간주될 수 있다. 결국 교사효과성은 교사의 행동특성이 아니라 학생의 학습행동(결과)에 의해 결정된다.

한편, 교사수행(teacher performance)은 교실 안이나 밖에서 학생을 가르칠 때의 교사의 행동을 가리킨다. 교사수행은 교사효과성과는 다르다. 교사효과성은 교사가 맡은 학생의 행동에 의하여 정의되는 반면, 교사수행은 교사의 행동에 의하여 정의된다. 교사수행은 교사의 특성과 교수상황의 상호작용결과라는 점에서 교사효과성과 비슷하므로 교사효과성이 추측될 수 있는 근거로서 흔히 이용된다.

교사능력(teacher competence)은 교사가 소유하고 교수장면에 갖고 오는 일련의 지식, 능력, 신념을 의미한다. 교사능력은 교사가 어떤 상황에서 다른 상황으로 옮길 때에도 변하지 않는 안정된 특성이라는 점에서 교사수행이나 교사효과성과 다르나, 교사효과성이 추측되는 근거로 이용되어 왔다는 점에서 교사수행과 비슷하다(윤기옥, 1986: 01).

교사효과성과 관련개념을 이렇게 이해하고 나면 교사효과성의 구조를 [그림6-1]과 같이 나타낼 수 있다.

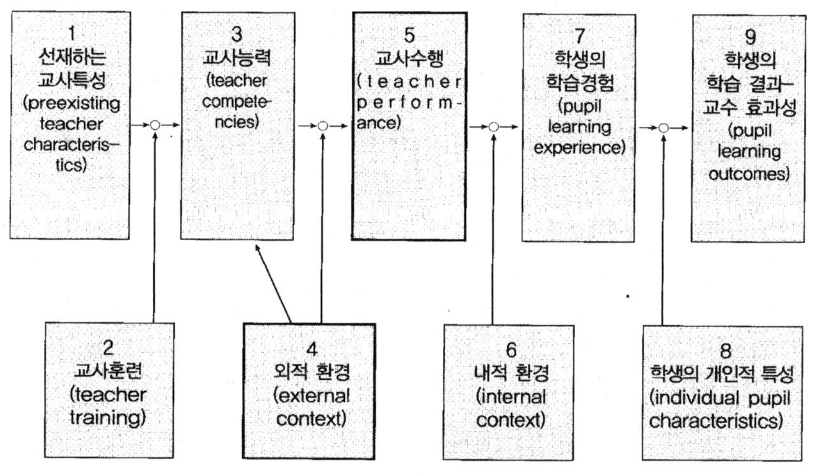

[그림 6-1] 교수효과성의 구조(Medley, 1982를 개작)

즉, 이미 갖고 있는 교사의 특성에다 교사훈련의 과정을 통해 습득된 일련의 교사능력은 교수환경(teaching context)과 함께 투입요소로 볼 수 있다. 여기에 외적 환경이 교사수행을 결정짓게 된다.

교수효과성의 구조를 이해하고 나면 우리는 교수효과성과 장학의 관계성을 추출할 수 있다. 단적으로 이 구조 속에서 장학은 학생의 학습결과 즉 교수효과성을 극대화하기 위해 교사의 수행을 개선하는 것을 목적으로 하는 외적 환경으로서의 성격을 갖는다. 우리가 장학을 교사로 하여금 실제(actual) 교수행위와 이상적(ideal) 교수행위 사이의 차(discrepancy)를 줄일 수 있도록 도와주는 과정이라고 정의(주삼환 역, 1985: 42)하는 것은 이를 두고 하는 말이다. 그런데 여기에서는 장학을 단순히 교사의 교수행위에만 초점을 두는 것은 아니다. 교사의 선재하는 특성이나 교사훈련에 의해 결정되어 안정적인 것으로 여겨지는 교사의 능력 즉 지식, 신념 등도 장학의 대상이 된다. 이 관계를 굳이 구분하자면 교사의 능력과 수행에 종합적으로 관심을 갖는 것은 모든 장학방법의 대상이 되며 후자의 수행 그 자체의 개선에 더 역점을 두는 것을 임상장학방법이라고 말할 수 있다. 이러한 구분은 뒤에서 설명하게 될 교수효과성에 관한 연구의 발달과정을 이해하면 가능해질 것이다.

2. 효과적인 교수와 임상장학

앞에서 학생들의 학습결과를 극대화하기 위해 교사의 효과적·이상적인 수행에 초점을 둔 것이 장학, 특히 임상장학이라는 것을 지적하였다.

그렇다면 교수효과성(teaching effectiveness)을 가져오는 효과적인 교수(effective teaching)는 무엇인가? 여기에 대한 연구는 대체적으로 3단계의 과정을 밟아 왔다(윤기옥, 1986: 302-319). 이 과정을 이해하는 일은 앞 절에서 지적한 교수행위와 임상장학의 구체적인 관계를 명료화하는 데 있어서 중요하다.

1) 교수효과성에 관한 연구의 발달

어떤 교사가 효과적이고 또 어떤 교사가 비효과적인가? 이에 대해서는 한마디로 말하기가 힘들다. 그것은 앞에서 지적하였듯이 교수효과성 또는 교사수행이 단순하게 교사요인에 의해서만 결정되는 것이 아니라 복합적인 상황적 요인들이 작용하기 때문이다.

① 교사특성(teacher characteristics)에 관한 연구

이 단계는 실제 교수능력이 아닌, 성공적인 교사의 특성을 ([그림 6-1]에서 1. 선재하는 교사특성) 밝혀 보려고 한 것으로 특징지어진다. 이 단계에서는 연구자들은 교사가 실제로 가르치는 것을 관찰하지 않았고, 학생의 학업성적을 측정하지도 않았다. 그들은(전문가들 즉 교장, 행정가) 가끔 학생들에게 질문하여 그들이 가장 우수하다고 생각하는 교사를 알아내서 그러한 교사들이 갖고 있는 공통적 예언적 특성(common presage characteristics)을 찾아내려고 하였다(윤기옥, 1986).

흔히 초등학교 학생들에게 "좋은" 선생님이 누구인가를 물어서 효과적인 교사와 비효과적인 교사를 대조하는 것이 예이다.

이 분야의 연구의 대표적인 것으로는 Commonwealth Teacher Training Study(Charters & Waples, 1929)를 들 수 있다. 여기서 밝힌 25개의 특성 가운데 상위 6개의 특성은 ① 적응성(adaptability), ② 사려성(consideration), ③ 열성(enthusiasm), ④ 판단력(good judgement), ⑤ 정직(honesty), ⑥ 매력(magnetism)이다.

그러나 이러한 연구들은 학생들에게 가장 좋은 또는 가장 효과적인 교사라는 인상을 주는 교사의 특성을 기술하도록 한 것에 지나지 않는다. 나아가서 그러한 교사가 가르친 학생들의 학업성취가 그렇지 못한 교사가 가르친 학생들의 학업성취보다 더 높은 지를 검

증해 보지도 않았다. 이 연구들은 교사는 후천적으로 만들어지는 것이 아니라 선천적으로 주어지는 것이라고 가정하는 것으로써 선재하는 교사의 특성(preexisting teacher characteristics)을 중시하는 것이다.

이에 반해서 보다 발전된 것으로 복잡한 교사특성 특히 교사의 수행을 포함하는 연구들이 있다. 고등학교 학생들에게 그들이 가장 좋아하는 교사의 특성을 묻는 연구가 있다(Hart, 1936). 이때 가장 흔히 언급된 6가지 특성은 ① 교수기술(teaching skills)이 좋다, ② 유쾌하고, 성품이 좋으며, 인내심이 있고, 신경질적이 아니다, ③ 다정하고, 친하기 쉽고, 냉담하지 않다, ④ 아동에게 관심을 가지며, 그들을 이해한다, ⑤ 편애하지 않는다, ⑥ 성적이나 점수를 주는 데 공정하다는 것이다. 이 목록에서 선재하는 교사의 특성 가운데 교사능력 즉 훈련을 통하여 습득될 수 있는 특성인 교수기술이 끼어 있다([그림 6-1]에서 2. 교사훈련까지 포함).

같은 학생들에게 그들이 가장 잘 배운 교사가 그들이 가장 좋아하는 교사와 동일한지를 생각해 보도록 하고, 동일하지 않다고 대답한 학생들에게는 가장 효과적인 교사가 가장 좋아하는 교사와 어떻게 다른지를 물었다. 가장 흔히 언급된 특성은 ① 학생들에게 보다 많은 학습요구를 한다, ② 보다 많은 교수기술(teaching skills)을 갖고 있다, ③ 교과에 대한 지식을 보다 많이 갖고 있다, ④ 보다 더 학생을 잘 다스린다(has better discipline)이다. 이 목록에는 선재하는 교사특성이 나타나지 않는다는 면에서 전술한 목록과 아주 다르다. 첫 번째 특성은 교사의 수행(teacher performance) 변인([그림 6-1]의 5. 교사수행)이고, 두 번째와 세 번째 특성은 교사능력에 관한 것([그림 6-1]의 3. 교사능력)이고 마지막 특성은 교사효과성([그림 6-1]의 9) 그 자체에 관계된다(윤기옥, 1986).

② 완전한 교수법(perfect method)에 관한 연구

이 단계는 교수법에 대한 탐구라는 점이 특징이다. 즉 A방법과 B 방법 중 어떤 것으로 가르칠 때 학생들의 학업성취가 향상되는 지를 알아보는 방법이다. 전형적으로 서로 다른 학습을 서로 다른 교수법 으로 가르치고 나서 학생들의 학업성취를 비교한다. 이 단계는 전 단계와는 달리 교사의 수행([그림 6-1]의 5. 교사수행)에 밀접한 관심 을 갖는다.

③ 과정-결과(process-product) 연구

교사효과성 연구에서 중요한 변화를 가져온 단계이다. 대표적으로 미첼(Mitzel, 1960)은 교수효과성에 관한 4가지 변인을 정의 한 후, 4 변인 중 3변인을 교사효과성에 대한 '예언(presage)', '과정(process)' 그리고 '결과(product)'준거라고 했다. 예언준거(presage criteria)는 선재 하는 교사특성과 교사능력을 포함했고, 과정준거는 교사수행(teacher performance) 변인에, 결과준거는 교사효과성에 상응한다(윤기옥, 1986). 여기에 그는 환경변인(environmental variables)을 추가하는데 그것은 학 생의 학습에 영향을 미치기는 하지만 교사에 의해 통제될 수 없는 다양한 배경적 상황변인을 의미한다. 그런데 이 연구단계는 교사의 수업에 대한 체계적인 관찰을 강조한 것이 특징이다. 즉 과정준거인 교사수행이 독립변인이 되고 결과준거인 학생 개개인의 학업성취가 종속변인이 되어 수업관찰자에 의해 교사의 수업행위를 관찰·측정 하였다.

잘 알려진 1950년대 아미돈(Amidon)과 플랜더스(Flanders)의 연구로 시작하여 Handbook of Research on Teaching(Gage, 1963)은 교사수행 (teacher performance)의 측정을 위해 평정척도를 대치할 수 있으며, 추 측이 작용할 수 있는 폭이 작은 관찰방법목록(low-inference observation schedules)을 소개하여 측정 면에서 중요한 발전의 가능성을 보였다(윤기옥, 1986).

결국 이러한 교수효과성의 연구방법은 장학의 발전에 아주 중요한 시사점을 주는 동시에 양자간의 깊은 관계성을 갖게 해 준다. 과정-결과 연구를 통해 효과적인 교수행위가 무엇인가를 밝히면 곧 그것은 교실에서의 교사의 수업개선을 위해 기초가 된다는 점이다. 그렇기 때문에 특히 임상장학은 주기적인 3단계 즉 계획협의회(planning conference), 수업관찰(classroom observation), 피드백협의회(feedback conference)를 거쳐 교사의 실제 교실에서의 수업수행에 초점을 둔다.

2) 교수행위 관찰과 임상장학

여기까지의 설명을 통해 교수효과성을 위해서 장학, 특히 임상장학의 중요성을 알 수 있었다. 그것은 임상장학이 교사수행에 초점을 두고 있기 때문이다. 특히 임상장학은 직접적으로 교사의 수업관찰을 통하여 교사들에게 교수행위를 조장하는 것을 목적으로 삼는다. 이러한 관계를 이해하기 위해서는 우선 다음과 같은 임상장학의 기본특징과 가정을 다시 한 번 회상해 볼 필요가 있다(주삼환 역, 1985: 27-28).

임상장학의 기본특징과 가정
(1) 수업개선을 위해서는 교사가 특별한 지적·행동적 기능을 배워야 한다.
(2) 장학자의 주 기능은 교사에게 이러한 기능을 가르치는 것이다.
    a. 수업과정에 대한 복잡한 분석적 지각기능
    b. 뚜렷한 관찰적 증거에 의한 수업과정의 합리적 분석기능

  c. 교육과정의 혁신, 실천, 실험 기능

  d . 교수수행 기능

(3) 장학의 초점은 교사가 무엇을 어떻게 가르치느냐에 둔다. 장학의 주요목적은 수업을 개선하는 것이지 교사의 인성을 변화시키는 것이 아니다.

(4) 수업계획과 분석에서의 장학의 초점은 관찰증거에 의한 수업의 가설을 설정하고 검증하는 데 있다.

(5) 장학의 초점은 수적으로는 적지만 교육적으로 중요하고, 지적으로 교사에게 접근가능하고, 변화가능한 수업에 있어서의 이슈에 있다.

(6) 장학의 초점은 실패에 대한 비난보다는 건설적인 분석과 수업의 성공적 형태에 대한 강화에 있다.

(7) 장학의 초점은 관찰증거에 있는 것이지 비실제적 가치판단에 있는 것이 아니다.

(8) 계획, 교수, 분석의 순환은 과거의 경험에 바탕을 두어 형성하는 계속적인 것이다.

(9) 장학은 장학자와 교사가 상호 교육적 이해를 추구하기 위한 동료로서 상호교환(give-and-take)의 역동적 과정이다.

(10) 장학의 과정은 수업분석에 중점을 둔 주로 언어적 상호작용 과정이다.

(11) 각 교사는 수업의 이슈를 주도하고, 자신의 교수를 분석하고 개선하고, 개인적 교수 스타일을 개발할 자유와 책임을 둘이 다 가지고 있다.

(12) 장학은 복잡한 지각, 합리적 분석, 개선의 비교 과정에 적응할 수 있고 또 어떤 형태로 된 그 자체이다.

(13) 교사가 자기수업을 분석하고 평가하는 것과 마찬가지로(위 11

번), 장학자도 자기 자신의 장학을 분석하고 평가할 자유와 책임의 양자를 다 가지고 있다.

따라서 임상장학은 구체적으로 교사의 수업관찰을 통하여, 첫째 교사수업의 현상태에 관한 객관적 피드백을 제공하고, 둘째 수업의 문제점을 진단하고 해결하며, 셋째 교사로 하여금 효과적인 수업전략의 사용기능을 개발할 수 있도록 도와준다. 이것은 앞에서 살펴본 교수효과성에 관한 연구내용, 특히 마지막단계의 연구에 기반을 두고 이루어진다. 그래서 임상장학에서 교사의 수업행동의 관찰이 주요한 내용이 된다. 이와 관련하여 여기서는 보다 넓게 효과적인 교수행위를 밝히기 위한 관찰영역을 알아보자.

① 교사행동의 관찰

교사행동의 관찰은 (1) 일반적인 특성을 관찰하는 것, (2) 구체적인 교과목에서 효과적인 교수기준, (3) 효과적인 수업전략을 관찰하는 것 등으로 나누어 볼 수 있다.

(1) 일반적 특성

효과적인 교수행동의 특성을 확인하는 첫 번째 관점은 교사가 교실에서 나타내는 일반적인 특성을 밝히는 것이다. 이러한 관찰연구 중 우선 라이언스(Ryans)의 연구를 들 수 있다.

라이언스와 그의 동료들은 효과적인 교수에 해당하는 요인을 확인하기 위하여 관찰 연구의 광범한 프로그램을 실시하였다. 그들의 연구에서 3가지 주요요인이 추출되었다. 이 요인의 긍정적 극과 부정적 극은 ① 온정성(warm)과 이해성 있는(understanding) 대 냉담적(cold)과 거리감 있는(aloof), ② 조직적(organized)과 업무적(businesslike)

대 무계획적(unplanned)과 되는 대로(slipslop), ③ 자극주기(stimulating) 와 상상력 주기(imaginative) 대 무미건조(dull)와 틀에 박힌(routine)이 다. 각 요인의 긍정적 극에 더 가깝게 평정된 교사는 부정적 극에 더 가깝게 평정된 교사보다 더 '효과적(effective)'인 것으로 생각된다.

교사효과성에 관한 또 다른 주요연구는 네드 플랜더스(Ned Flanders) 와 그의 동료의 연구이다. 플랜더스의 연구는 두 개의 대조적인 교 수 스타일-지시적·비지시적-을 관찰한다. 지시적 교수는 교사가 강의, 비평, 권위적 판정, 지시에 의존하는 것으로 특징지어진다. 비 지시적 교수는 교사의 질문, 학생의 감정수용, 학생의 아이디어 인 정, 칭찬과 격려에 의존하는 것으로 특징지어진다.

많은 연구에 의하여 "지시적" 교사 학급의 학생들보다 "비지시적" 교사가 가르치는 학생들이 더 잘 배우고 학습에 대하여 더 좋은 태 도를 가진다는 것이 밝혀졌다. 그렇지만 플랜더스는 지시적 행위와 비지시적 행위 둘 다 좋은 교수에 필요하다는 것을 암시한다. 예를 들면, 곤란한 교육과정 주제를 명백히 하기위해서는 강의-설명과 같은 지시적 교수전략에 의해서 교사는 학습성과를 올릴 수 있을 것 이다. 그러나 이러한 상황에서일지라도 교사는 학생들이 따라오고 있는지 확인하기 위하여 때때로 질문함으로써 강의-설명식을 보다 비지시적으로 만들 수 있다.

연구자들은 지시적·비지시적 교수가 아닌 다른 교사특성을 연구 하였다. 이 연구의 대체적 설계는 교사의 교실 내 여러 측면을 관찰 하는 것이다. 또한 이교사가 가르친 학생을 한 학년 동안 간격을 두 고 검사하였다. 표준화성취도 검사를 이 목적으로 사용하였다. 수업 기간의 사전과 사후(예: 학년초와 학년말)의 학생점수를 "성취의 향상" 을 알기 위하여 비교하였다. 끝으로 어떤 교수행위가 학생의 성취향 상과 관련되는지 알기 위하여 자료를 분석하였다.

로젠샤인과 훠스트(Barak Rosenshine & Norma Furst)가 이 연구에 대하여 유용한 검토를 하였다. 이들은 학생성취의 향상과 일관하여 관련되는 다섯 개의 교사특성을 확인해냈다. 먼저 두 특성은 교사의 ① 열성과 ② 과업지향인데, 이 두 특성은 라이언스의 연구에서 확인된 것과 일치한다. 세 번째 특성은 교사의 ③ 명료성이다. 연구자들은 명료성 또는 명료성의 부족을 여러 가지 방법으로 정의하였다. 예를 들면, 교사가 말한 것을 명료하게 해 달라는 학생들의 요구에 교사가 대답하기 위하여 사용하는 시간의 양, 추가 적 정보나 질문을 첨가하기 위한 교사의 도움 없이 교사의 질문에 학생들이 반응하는 빈도, 교사의 구두설명에서 모호한 단어(예: "약간(some)", "많은 (many)", "물론(of course)")를 회피한다.

로젠샤인과 훠스트의 네 번째 교사특성은 교수의 ④ 다양성이다. 이 특성은 교사가 사용한 여러 교수자료, 테스트, 교수기구의 수를 세어 봄으로써 관찰할 수 있다. 다른 지표는 교사가 수업에서 이야기하는 인지적 수준을 변화시키는 정도이다.

다섯 번째 특성은 ⑤ 성취도 검사가 다루는 교육과정자료를 학생들이 배울 수 있는 기회를 교사가 제공해 주는 정도이다. 이런 의미에서 이 특성은 교사가 "테스트를 가르치는" 정도를 반영한다. 그러나 우리는 이 특성을 흔히 성취도 검사가 측정하는 인지적 학습에 초점을 둔 수업활동을 위한 교사의 능력과 호의도라고 볼 수 있다.

다음으로 교사행동의 관찰연구는 구체적으로 특정교과목에 관련된 기준을 밝히는 연구들이 있다.

(2) 효과적인 교수기준의 관찰－특정교과목

최근에 특정교육과정에서 학생의 학습을 촉진하는 교사의 행위를 밝히려는 연구들이 있다. 이들 중에 대표적인 두 가지 연구를 들어

보자.

우선 로젠샤인(Rosenshine, 1976: 335-371)이 밝힌 "효과적인 읽기·수학수업과 관련된 수업행의"의 기준을 열거하면 다음과 같다.

- 교사가 수업시간을 조직한다.
- 교과서, 학습워크북, 언어적 상호작용에 의하여 교사가 읽기·수학수업에 수업시간을 바친다.
- 학생이 자기속도대로 학습하는 워크북을 포함하여 독자적 학습(seatwork)을 하도록 교사가 부과한다.
- 교사는 학생을 소집단으로 조직하고 이들의 학습을 감독한다.
- 교사는 활동선택의 이유나 활동선택 기회를 학생들에게 주지 않고 활동을 지시한다.
- 교사는 단지 하나의 대답만을 요구하는 직선적인 질문을 한다.
- 교사는 학생들이 비록 모르겠다고 대답하는 때가 있을 지라도 질문에 답하도록 학생들을 격려한다.
- 교사는 학생들의 정확한 대답을 즉각적으로 강화해 준다.
- 교사는 학생들이 맞는 답을 한 다음에 새로운 질문을 한다.
- 교사는 학생들이 틀린 대답을 한 다음에는 맞는 답을 알려 준다.

로젠샤인은 이를 "지시적 수업(direct instruction)" 양식이라고 이름 지었다. 그는 이 지시적 수업은 ① 학생이 자기들 시간을 조직하도록 하기보다는 교사가 학생시간을 조직하고, ② 개별독립학습보다는 소집단학습을 강조하고, ③ 학생의 자기표현을 격려하기보다는 빈번한 연습에 열중하며, ④ 학생 대답에 자주, 즉각적으로 피드백해 줄 것을 요구한다. 로젠샤인이 고찰한 연구에 의하면, 만일 교사가 지시적 교수양식을 자주 사용한다면 저학년, 낮은 사회경제적 신분의 학생의 읽기와 수학성적은 향상될 수 있다는 시사를 받을 수 있다.

한편 베리너와 티쿠노프(Berliner & Tikunoff, 1976: 24-30)는 초등학

교 2학년과 5학년의 읽기와 수학에서, 보다 효과적인 교사와 덜 효과적인 교사를 구별해 주는 21개의 교수행위를 양차원으로 분류·제시하였는데 그중 16개의 항목은 다음과 같다.

효과적인 교사행위

- 교사는 학생의 감정과 태도에 대하여 건설적(공개적·언어적·비언어적)으로 반응해 준다.
- 교사는 학생이 말하고, 읽고, 외는 것을 적극적으로 듣는다. 교사는 지시나 위협을 주고 또 그것을 따르게 한다.
- 교사는 주어진 교과의 교수에 자신 있어 보이고, 또 그것을 추구한다는 것을 시범적으로 보여 준다.
- 교사는 정기적으로 학생의 진전을 체크하고, 이에 의하여 수업을 조절한다. 교사는 긍정적·유쾌한·낙관적 태도와 감정을 표현한다.
- 교사는 학생의 학습속도를 감지하고, 이에 따라 교수 속도를 조절한다. 교사는 학생 자신의 학습에 대하여 책임감을 가지도록 격려한다.
- 교사는 수업 중에 일어나는 예기치 않은 사건을 수업적 측면에서 처리한다. 교사는 복습, 개괄, 목표설명, 요약을 통하여 학생들이 학습을 준비 하도록 한다.

비효과적인 교사행위

- 교사는 갑자기, 예를 들면 수업에서 학급관리로 변경시킨다.
- 교사는 다른 사람 앞에서 한 학생을 꾸짖는다.
- 교사는 "빈(empty)" 시간을 "바쁜 일(busy work)"로 메운다.
- 교사는 실천되면 그 결과가 우스꽝스러울 일을 하도록 선언한다.
- 교사는 종종 일벌백계 방법을 쓴다.
- 교사는 분명한 수업목적도 아닌데 주의집중을 명령한다.

특정교과목에서 밝혀진 기준은 앞에서 밝힌 일반적인 특성보다는 구체적이라는 점이 중요하다. 그러나 보다 일반적으로 효과적인 교수행위가 무엇이냐의 문제는 또 다른 방향의 접근이 필요하다.

(3) 교수전략

우리는 앞에서 교사의 수업수행을 관찰함으로써 평가할 수 있는 여러 일반적 교사특성에 대하여 논의하였다. 교사가 보다 구체적인 전략과 기술을 사용하는 것을 관찰하는 것도 또한 가능하다. 토의, 강의, 탐구, 암송, 진단처방교수, 행동수정, 독립학습계약, 시뮬레이션(모의 학습), 역할극 등은 능력 있는 교사들이 레퍼토리로 가질 것으로 기대되는 교수전략의 예이다. 증거가 항상 결정적 결론은 아니었지만 연구결과 일정한 형태의 학습을 진작시키는 데 있어서 이들 각각의 교수전략이 효과적이라는 것을 보여주었다.

각 교수전략은 일련의 기술로 분석될 수 있다. 예를 들면, 암송에서 바람직한 것으로 보이는 기술은 ① 전적으로 지적 수준이라기보다는 보다 고도의 인지적 질문을 하는 것, ② 학생으로 하여금 생각할 수 있는 시간을 가질 수 있도록 질문한 다음 잠시 휴지 가지기, ③ 학생들이 하나의 질문에 대한 그들의 최초의 반응을 발전시킬 수 있도록 도와주기 위하여 계속 추적질문을 하기, ④ 학생들의 참여를 고르게 하기 등이다. 이 전략사용에 있어서 전체적 효과성이 어떤지 교사들을 관찰하고 평정할 수 있고, 또 하나 하나의 기술 사용에서의 효과성을 관찰·평정할 수도 있다.

모든 주요 교수전략은 여러 교육과정영역에서 몇 개의 다양하고 전문화된 응용을 가지고 있다. 예를 들면, 같은 토의법이라도 교사가 그것을 고도의 인지적 학습을 향상시키기 위하여 사용하느냐, 이슈의 명료화를 위해서 사용하느냐, 문제해결을 위하여 사용하느냐에 따라 각각 다른 형태를 가지게 된다. 교과전문가들도 이 방법을 자기들 용도에 맞게 응용하였다. 사회과에서는 공공의 이슈 분석을 위한 법학적 모형에 맞는 다양한 토의법을 개발하였다.

장학담당자가 효과적인 교수행위를 규명하는 것은 교사의 행위만을 대상으로 하는 것은 아니다. 그것은 학생의 행동을 관찰함으로써도 가능하다. 교수효과성은 결국 학생의 행동과 관계되기 때문이다.

② 학생행동의 관찰

교수의 질을 검토하기 위한 두 번째 측면은 교사가 가르치고 있는 학생을 관찰하는 것이다. 이것은 정확성의 측면에서 문제가 있을지 모르나 교사에 대하여 아무것도 알지 못한다 할지라도 장학담당자는 그 교사의 학생들을 관찰함으로써 그 교사의 교수의 질을 판단할 수 있다. 교수의 질을 판단하는 데 작용하는 학생행동이나 수행은 다음과 같이 열거할 수 있다.

(1) 학생들은 테스트의 성과에 의하여 측정되는 것처럼 교육과정이 의도한 지식, 이해, 기능, 태도를 학습하고 있다.
(2) 학생들은 교육과정을 학습하는 데 있어서 독립적 행동을 보여 준다.
(3) 학생들은 교사와 동료학생들에 대하여 긍정적 태도를 가르쳐 주는 행동을 보여 준다.
(4) 학생들은 교육과정과 학교에 대하여 긍정적 태도를 가르쳐 주는 행동을 보여 준다.
(5) 학생들은 학습자로서의 자신에 대하여 긍정적 태도를 가르쳐 주는 행동을 보여 준다.
(6) 학생들은 학급에서 행동의 문제를 보이지 않는다.

(7) 학생들은 학습하는 동안 적극적으로 교육과정의 학습에 열중
    하는 것 같다.

위에 열거된 항목들은 장학담당자가 하나의 학습단원이나 한 학기
또는 한 학년 동안의 교육과정에서 테스트해 볼 수 있는 것들이다.
특히 (7)번은 일반적으로 학습에 열중하는 시간이 학교 성취사에서
하나의 중요한 요인임을 상기할 때 아주 중요하다.

③ 교사의 계획관찰

좋은 교수의 기준을 개발하기 위한 세 번째 측면은 교사의 계획
이다. 만일, 교사의 의도와 수업목표를 알지 못한다면 교사의 수업행
위의 효과성을 잘못 판단하기 쉽다. 예를 들면 문답식 수업을 하는
6학년 교사를 관찰한 교육자 집단을 회상해 보자. 그 다음에 그 집
단 중의 한 사람은 너무 많은 지식수준의 질문을 했다고 그 교사를
비평했다. 그 후에 그 교사는 관찰한 집단을 만나서 전날 어려운 과
에 포함되었던 정보를 강화해 주기 위해서 이 학급은 문답수업이 필
요하였다고 설명하였다. 그 교사는 학생들이 새로 배운 정보를 반영
하고 적용하도록 북돋아 주는 다른 학습을 더 가질 예정이라는 것을
설명하였다. 간단히 말해, 그 교육자 집단 중의 한 사람은 교사의
의도를 몰랐기 때문에 교사의 수업수행을 잘못 판단하였던 것이다.
  교사의 계획에 대한 노력의 질을 나타내주는 몇몇 가능한 지표가
있다. 교사가 수업목표, 교육과정자료, 평가방법을 선택하는 데 있어
서의 합리성(rationale)의 건전도를 판단하는 것은 가능하다. 교사의
합리성은 그 교사와 대화를 함으로써, 그리고 작성된 수업계획을 살
펴봄으로써 알 수 있다.
  교사의 계획에 대한 다른 중요한. 측면은 학생특성의 이용과 수업

을 조직하고 개별화하는 능력이다. 좋은 계획이라는 증거는 필요하다면 수업수행의 결과에 의하여 수업계획을 수정하려는 교사의 접근에서 또한 발견된다.

지금까지 장학담당자가 효과적인 교수행위를 발견하는 세 가지 접근방법에 대하여 고찰하였다. 이 밖에도 교실 이외에서의 교사의 행동을 관찰함으로써 효과적인 교사의 기준을 파악할 수 있다. 학교활동에 적극 참여하고, 동료와 협조하고, 윤리적 규범에 따라 행동하는 정도가 분석 대상이 된다. 그러나 가장 중요한 것은 맨 앞에서 설명한 교사행동을 직접 관찰하는 것이다. 여기에서 지적할 것은 교사행동의 관찰에서 얻어진 기준은 체계적인 효과성 검증에 의해 뒷받침되어야 할 것이며, 장학담당자가 교사에게 일방적으로 제시·요구하는 것이 아니라 장학담당자와 교사가 이에 대해 일치된 견해를 갖는 일이 중요하다.

이상에서는 주로 효과적인 교수와 장학의 관계에 대하여 임상장학의 관점에서만 다루어 보았다. 그러나 교사의 교수수행을 개선하는 데는 반드시 장학담당자와 교사의 일대일 관계 속에서만 이루어지는 것은 아니다. 보다 다양한 형태의 장학을 통해서 특히 장학담당자가 아닌 동료교사나 자기연구를 통해서도 교사의 수업은 충분히 개선될 수 있다.

3) 효과적 수업을 위한 집단장학

효과적 교수와 관련하여 위에서 살펴본 임상장학은 교사와 장학담당자의 일대일 관계 속에서 이루어지는 "개인을 통한 장학방법"이라고 볼 수 있다. 그러나 이 보다는 학교 내에서의 인적 자원을 통한 집단장학이나 동료장학도 효과적인 교수개선을 위해 유용하게 이용할 수가 있다.

① 동료장학

전문직에서는 상급행정가보다는 동료전문가로부터 더 많은 정보를 얻을 수 있다. 동료는 쉽게 만날 수 있고 서로의 사정을 잘 알 수 있으므로 장학담당자가 갖고 있지 않은 많은 장점을 활용할 수 있다. 따라서 경력이 많고 좋은 수업을 하는 선배교사나 동료교사가 수업관찰을 기록 하여 이를 교사에게 보여주거나 이를 가지고 협의를 하면 수업자 자신의 수업을 개선할 수 있다. 이때 관찰자들이 수업관찰기술을 갖고 있어야 하는 것은 당연한 일이다. 동료장학에 대하여는 뒤에서 더 자세히 다루게 된다.

② 집단장학

집단장학은 장학담당자가 비슷한 수준에 있는 교사를 집단으로 장학하는 방법이다. 초임교사들을 집단으로 하여 수업기술에 관한 지식을 제공한다든지, 수업 중 토론을 활발하게 하고자 원하는 교사들만을 집단으로 하여 수업개선을 도모할 수 있다.

이 밖에도 교수행위를 개선하는 방법으로 교과회의나 동학년회의를 활용할 수 있다. 문제는 지금까지는 이러한 회의들이 거의 사무적으로만 활용되어 왔다는 점이다. 그러므로 이러한 회의를 어떻게 교수의 질적 향상과 관련짓느냐는 중요한 과제가 된다. 이 밖에도 개인의 수업연구나 마이크로티칭 등도 유용한 방법으로 권장되는 것들이다.

앞 절에서 교수효과성을 장학과 관련지어 장황하게 설명하였다. 이제는 과연 교사의 교수효과성을 어떻게 평가하느냐 하는 점이다. 장학을 통해 교사에게 효과적인 교수행위에 대한 정보를 제공해 주는 것도 중요하지만 그럴려면 교사 자신의 현재 교수행위를 분석하고 평가하여 그 결과를 알려 주어야 한다. 그래서 장학담당자의 역할은 조장자인 동시에 평가자인 것이다.

3. 교수효과성의 평가

이 장의 앞부분에서 밝혔듯이 교수활동의 효과성은 곧 학생학습의 결과에 의해서 밝혀질 수 있다. 그런데 교수효과성에 대한 "과정－산출" 연구에 근거하여 보면 교사의 교수행위(과정변인)가 곧 교사효과성(산출변인)의 직접적인 기준으로 볼 수 있다. 따라서 장학담당자는 교사의 교수행위를 관찰함으로써 평가의 정보를 얻을 수 있다. 이것이 임상장학방법에서 제시되고 있는 수업관찰기법이다. 수업관찰은 교사에게 효과적인 교수행위에 대한 정보와 피드백을 제공하는 동시에 평가자료가 된다.

여기에서는 우선 교수효과성의 기준을 간단히 살펴보고, 교수평가의 두 가지 가정 즉 과학적(scientific) 기법과 기예적(artistic) 기법을 비교한 후 몇 가지 수업관찰방법을 살펴보고자 한다.

1) 교수효과성의 기준

일반적으로 다음에 열거되는 내용들은 교수효과성을 판정하는 기준으로 상정할 수 있다(주삼환·신익현 역, 1987: 352－353).

① 학습단원별 목적에 대한 설명: 교사가 학생들에게 학습단원을 통해 나타내게 될 내용을 상세화해 주는 정도를 말한다.
② 활용된 시간: 교사는 학생들이 학습단원의 목적을 위해 제시된 내용을 다양한 활동을 통해 파악·이해·적용할 수 있도록 긴 시간을 두고 상호작용하도록 해야 한다.
③ 다양한 학습목표: 학습목표로 제시되는 것들이 교과의 특성에 비추어 다양하게 제시되어야 한다는 것이다.

④ 교수방법의 다양화: 다양한 학습 스타일과 가정배경을 가지고 있는 학생들에게 교사들은 다양한 방법—언어적·시청각적·실험적·역할연기적 등으로 가르쳐야 한다.

⑤ 피드백: 교사는 학생들의 학습곤란을 찾아낼 뿐 아니라 성취감을 맛보고 학습동기를 불어넣도록 적절한 피드백을 제공해야 한다.

⑥ 복습과 개괄: 학생들이 배운 내용을 확실히 "자기 것"으로 만들도록 해야 하며 학습단원을 보다 광범한 전망에서 이해하도록 하는 기회를 제공해야 한다.

⑦ 결과에 대한 학생들의 책임성 인식: 이것은 학생들에게 학습에 대해 높은 기대를 갖도록 하는 일과 관련된다. 다시 말해 학생들에게 높은 기대를 제시하고 학습의 과정에서 여러 가지 예기치 않은 상황이 있을 수 있지만, 학습단원상의 요구를 성취하도록 독려하는 것을 말한다.

2) 교수평가의 가정

교수평가를 포함하여 장학에서 활용되고 있는 평가에는 그 기본 가정에서 서로 다른 두 가지 형태가 있다. 하나는 ① 과학적 가정이고, 다른 하나는 ② 기예적 가정이다.

일반적으로 교육에서는 기술적인 면과 합리성에 근거한 가치가 현 교사평가 체제의 지배적 관점이 되고 있다. 이런 가치들은 사전평가 전략과 과학적 방법의 형태로 표현되고 있다. 과학적 방법은 평가과정에서 경험적 요소를 강조하며 측정의 정확성에 주관점을 둔다. 평가척도는 교사의 사전능력을 평가하는 수단으로 강조되고 있고, 수업의 효과성은 사전전략에 있는 의도의 운영정도, 사전전략대로의 여행, 사전전략에 있는 행동의 이행 등으로 결정된다.

최근에 유명한 프로그램 평가전문가들이 이 기술-합리적 평가방법의 대안을 개발해 내고 검증하기 시작했다. 이 대안은 과학적 방법에 덜 의존하는 반면, 평가자와 피평가자 모두가 관계하는 직관·기대·능력에 의해서 이루어지고 있다. 평가의 판단을 내리기보다는 사실의 규명을 강조하고, 측정보다는 기술에 더 가치를 부여하는 보다 사실적 접근법이 도입되고 있다. 이 새로운 접근법의 초점은 프로그램 평가에 있지만, 이 접근법의 기본 가정·특성·구조양상 등은 교사평가에도 적용되고 있다.

양자의 관점을 비교하면 <표 6-1>과 같다.

<표 6-1>에서 기술-합리적(과학적) 접근법과 기예적 접근법의 가정과 실제를 비교해 보았다.

표 6-1 교사평가에 있어서의 두 가정의 비교

과학적(scientific) 가정과 실제	기예적(artistic) 가정과 실제
1. 평가란 교사·학습장면·수업 등의 가치를 결정하기 위한 하나의 과정이다.	1. 평가는 어떤 것에 가치를 부여하는 것이다. 가치를 부여하려면 그것에 대한 이해가 필요하다. 그러므로 평가는 어떤 것을 이해하려는 것이다. 교실에서 무엇이, 왜 이루어지고 있나? 그것은 어떤 의미가 있나?
2. 관찰가능한 언어와 행동에 중점을 두고 직관이나 이해는 중요시 하지 않는다. 직관은 과학적 특성보다 감정적 특성이 있기 때문에 제한되어야 한다. 또한 이해도 평가과정을 정상궤도에서 이탈시킬 수 있는 사치적 요소이다.	2. 언어와 행동은 의미와 이해를 표현하는 형식에 불과하다. 그러므로 언어와 행동에 중점을 두는 것은 가치가 없다. 평가는 장학자의 직관을 대치하는 것이 아니라 그것을 확충하도록 계획되어야 한다.
3. 평가자는 사전계획을 준수하여 사전계획에서 요구한 세부항목에 의거하여 교사를 평가한다.	3. 평가자는 발생되었던 여러 사건으로 그림, 즉 평가를 만든다. 즉, 수업장면의 그림을 그린다. 그래서 사전에 결정되지 않았던 세부항목도 평가라는 그림에 포함된다.

과학적(scientific) 가정과 실제	기예적(artistic) 가정과 실제
4. 사전평가 계획표는 가치 있는 요소를 세목화하고 의미와 이해를 정의한다. 이것은 외연적 과정이다.	4. 평가의 포괄적 성격 때문에 다양하고 때로는 모순되는 의미와 이해가 있을 수 있다. 평가자의 업무는 이것들을 확인하고 기술하는 것이다. 수업장면의 그림들은 때때로 의도했던 이상의 효과가 있는 감추어진 교육과정을 나타내기도 한다. 또는 교사나 세부수업계획에서 의도된 것보다 가치 있는 의외의 결과를 나타내기도 한다. 이것은 내재적 과정이다.
5. 평가에서 중요한 것은 교사의 진술된 의도와 학생의 사전계획에 있는 목표이다.	5. 평가에서 중요한 것은 교실에서 교사가 은연중 보여주는 가정과 교사의 지침이 되는 교육과정 진술이다. 이런 과정과 교육기조 진술이 교실의 행동과 실제로 표출되는 방법이 중요하며 이 행동의 효과성과 실제와의 관계성이 중요하다.
6. 과학적 접근을 시도할 때 평가자는 주로 방법론에 관심을 갖고 있다. "사전계획된 목표가 교사에 의해 어느 정도 성취되었나, 그리고 교사는 수업에서 사전계획된 수준으로 능력을 발휘했나 등을 정확하게 기술하고 측정할 수 있을까?"라는 데 의문을 갖는다.	6. 기술적 접근을 활용할 때 평가자는 발생되는 중요사항을 발견하고 기술하고 측정하는 데 깊은 관심을 갖고 있다. 이 평가자들은 비록 이런 일들이 중요하지 않고 또한 감정적이라고 다른 평가자들이 주장해도 이 일에 맞는 방법을 선택하려 한다.
7. 평가자는 평가척도와 기타 평가요구에 의존한다. 이것들은 평가자를 객관적 입장에 서게 하며 모든 교사를 동일하게 취급하게 한다. 그리고 평가의 초점을 주요사건에 두게 한다.	7. 평가척도나 평가도구가 때로는 교실의 문제들을 제대로 이해하지 못하게 방해하고 있으며 평가자와 교사가 평가과정에 인간적으로 참여하는 것을 막고 있다고 믿고 있다. 그들은 평가의 매개변수를 정의하고 필수적인 평가요소를 이해하기 위해서 현장자료를 사용한다. 그들은 VTR, 교사-학생면담, 손으로 만든 수집품, 평가명세표 등을 사용하며 이것들을 평가도구나 평가척도보다 더 포괄적 방법이라고 생각한다.
8. 평가자는 주로 특수 수업활동의 가치와 교사의 가치를 추정하는 데 관심을 갖고 있다. 교사는 평가과정에서 하위자 역할을 하고 평가자는 전문가가 된다. 평가는 평가자에 의해 교사에게 행해지는 중요한 일이다.	8. 평가자들은 이해를 증진시키고 사고를 자극하고 평가받는 교사의 경험을 확대시키는 데 주 관심을 갖고 있다. 교사들은 평가과정에서 주요역할을 맡고 있다. 평가자와 교사는 전문역할을 분담하며 평가는 합동으로 이루어진다.

과학적(scientific) 가정과 실제	기예적(artistic) 가정과 실제
9. 평가에 과학적 접근방법을 사용하는 것이 현명하게 느껴지는 경우에도 기술적 측면은 결코 경시될 수 있다.	9. 평가에 기술적 접근방법을 사용하는 것이 현명하게 느껴지는 경우에도 과학적 방법은 결코 경시될 수 있다.

<자료> Sergiovanni, T. J. (1977). "Reforming Teacher Evaluation: Naturalistic Alternatives," *Educational Leadership*, 4(8).

3) 교수평가의 실제 수업관찰

앞에서 밝힌 대로 교수행위을 평가하기 위해서는 교사의 수업을 관찰하여 그것을 효과적인 교수의 기준에 비추어 보는 것이 하나의 방법이다. 이러한 방법은 엄밀히 말해 위에서 살펴본 과학적 접근법을 따르는 것이다. 특히 이것은 임상장학에서 구체적으로 활용되고 있다. 여기에서는 임상장학에서 활용되고 있는 몇 가지 방법만을 고찰하겠다. 보다 세세한 이해를 위해서는 애치슨과 골(Keith A. Acheson & Meredith Pamien Gall)의 『Techniques in the Clinical Supervision of Teachers』(1980)를 번역한 주삼환의 『장학론: 임상장학방법』(서울: 학연사, 1985)과 다음 제Ⅳ부를 참고 하기 바란다. 장학담당자는 교수효과성을 증진하기 위한 장학방법을 계속 연구해야 할 것이다.

연구과제

1. 효과적인 좋은 교사와 효과적인 교수(teaching)의 특징 또는 특성을 조사하여 그 목록을 만들어보시오.
2. 장학과 효과적인 교수와의 관계를 설명해 보시오.
3. 효과적인 교수인지 아닌지 알아보기 위한 평가방법을 제시해 보시오.

············

제 7 장 교사의 능력개발

개 요

교사의 능력개발은 장학의 중요한 과업의 하나이다. 교사가 가지고 있는 무한한 잠재가능성을 개발·발전시켜야 하기 때문이다. 본장에서는 장학의 과업으로서의 능력개발에 대하여 ① 개념적 이해를 살펴본 후, ② 성인학습이론, ③ 교사의 능력개발 참여형태, ④ 능력개발 프로그램의 계회, ⑤ 효과적인 능력개발 프로그램 평가의 순서로 살펴보기로 한다.

장학의 과업으로서의 교사의 능력개발(staff development), 즉 교사발전장학을 이해하는 데는 우선 두 가지 전제가 필요하다. 그 하나는 정상적인 대학교육을 다 마치고 성인이 된 교사도 학습에 의해 인지적으로 더 성장·발전이 가능하다는 것이고, 다른 하나는 장학은 교사의 개인적·전문적 성장욕구를 조장해야 한다는 점이다. 이를 종합하면 교사는 성인학습자(adult learner)로서, 교사의 능력개발은 교사가 자발적으로 성장·발전하려는 노력으로 볼 수 있다. 따라서 교사의 능력개발의 장학은 교사의 결손된 자질이나 능력의 보충에 초점을 둔 전통적인 행정적·관료적 통제위주의 현직교육(현직연수)의 대안책으로서, 교사 개개인의 학습 스타일과 성장욕구에 기초하여 가급적 비형식적이고 자발적인 성장을 도와주는 장학방법을 말한다.

1. 능력개발의 개념적 이해

능력개발이란 무엇인가? 이에 대한 대답은 사람에 따라 다양하고 광범하다. 어떤 사람은 "계속교육(continuing education)", 전문적 발달(professional development), 개인적 발달(personal development)을 능력개발과 동의어로 사용하기도 하고 혹자는 흔히 재교육 또는 현직연수 등으로 불려지고 있는 "교사현직교육(teacher in-service education)"을 능력개발과 같은 개념으로 사용하기도 한다. 따라서 능력개발의 개념을 명료화하기 위해서는 위의 개념들 중 특히 계속교육과 현직교사교육(특히 현직연수)의 개념을 정의하고 이들과 능력개발과의 관계성에 대하여 살펴보는 것이 순서일 것이다.

먼저 "계속교육"은 조직의 구성원이 관심을 갖거나 관계하고 있는 문화(기술적문화를 포함한)와 환경(직무환경을 포함한)의 제 측면에 대한 자각의 증대, 기술향상 또는 심화된 이해를 목적으로 한 어떤 체계적인 연구과정 또는 경험체계를 말한다. 따라서 계속교육은 자기주도적(self initiated)인 계속교육과 직무지향적(job oriented) 계속교육으로 구분된다. 여기에서 전자는 학교체제(학교 이상수준)로부터의 지원이나 유인, 또는 권위적 지원 없이 개인이 자발적으로 수행하는 계속교육의 행태를 말하고, 후자는 학교체제에 의해 지원되거나 보수, 지위 등의 보상이 부여되는 계속교육의 형태를 말한다.

한편, "현직교육"은 교직을 수행하면서 상급의 자격취득(일급정교사·교감·교장 등)과 결손의 보충 또는 심화된 자질과 능력을 구비하는데 필요한 교육을 말한다. 즉 현직에서의 맡은 바 임무수행을 증진시키는 데 필요한 요건(지식·기술·태도나 가치관 등)을 갖추기 위해서 미비점을 보완하기 위한 것이다. 따라서 현직교육(연수)은 그것이 이루어지는 단위를 중심으로 기관중심(교육과학기술부·시·도 교육청·교육(구)청·각종 연수원 등)·학교중심·개인중심으로 구분되며, 성격에 따라 자격연수·일반연수·특별연수 등으로 구분된다. 그러나 이러한 현직교육은 너무 형식적이고 관료적이며 교사의 구체적인 필요나 성장의 욕구를 등한시한다는 점에서 교사들이 참여하기를 꺼리고 있다. 따라서 현직교육이 교사의 전문적 성장과 발전에 나름대로 기여하고 있지만 판에 박힌 듯 실시되는 현직교육을 대폭적으로 규모를 줄여 능력개발접근법에 입각한 계획과 활동으로 수정되어야 할 것이 강조되고 있다.

그렇다면 구체적으로 능력개발은 무엇을 의미하는가? 그리핀(Griffin, 1983: 2)은 능력개발을 명료화된 목표를 향해 학교인사들의 직업적 실제, 지식, 신념을 개선하기 위한 체계적인 시도라고 정의한다. 또한 서지오바니(T. J. Sergiovanni)와 스타라트(R. J. Starratt)는 교사가 자신의 과업에 대하여 능력을 계속하여 길러나가는 것이라고 정의한다(주삼환·신익현 역, 1987: 408). 그러나 이러한 설명으로도 능력개발의 의미를 명확히 전달되지가 않는다. 따라서 이들 개념을 확실히 하기 위해서는 현직교육과의 차이점을 밝혀 보는 일이 중요하다. 그렇다면 능력개발의 방향과 현직교육의 방향간의 차이점은 무엇인가? 개념적으로 우선 "능력개발"은 학교가 교사에게 행하는 그런 것이 아니라 교사가 자신을 위해 행하는 어떤 것을 의미한다. 능력개발이 근본적으로 성장지향적이라면, "현직교육"은 전형적으로 교사의 결함을 의식하고 이의 개선에 필요한 적절한 아이디어나 기술 또는 방법들을 미리 가정해 보는 것이다. 이들 아이디어나 기술 또는 방법에 강조점을 둘 때 현직교육은 교사의 대안선택의 범위를 줄여 일체감을 가져올 수 있다. "교사발달"은 교사들의 결손을 예측하는 것이 아니라 인간의 성장욕구나 일을 추진하려는 욕구를 상정하게 된다. 교사발달은 대안선택의 폭을 줄이기보다 이 범위를 확대시키게 된다.

교사성장은 현재 가지고 있는 수업기술을 닦고 최근의 수업개선책을 배워 나가는 기능을 말한다기보다 하나의 인간으로서의 교사의 변화, 즉 자신과 학교의 교육과정과 학생들을 서로 다르게 인식해 나가는 기능이라고 할 수 있다. 이들 두 가지 방향에 대해 어떤 선택적인 양상이 있을 수는 없다. 왜냐하면 이 양면은 모두 중요한 의미를 가지고 있기 때문이다. 그러나 능력개발의 지향점은 후자의 경우에 있어서 모색된다. 전자는 교사를 기준에 맞도록 유지시키려는 의도를 강조하는 반면 후자는 계속적으로 질을 높이는 면을 강조한다.

한편으로 현직교육은 전문직적 성장만을 강조한 나머지 주로 행정적 통제력을 동원하여 형식화되고 있으며 학교교육이라는 복잡한 상호작용 체제 속에서 교사가 중요한 일부분임을 무시한다. 그러나 능력개발은 성취되어야 할 것이 무엇이며 누구와 함께 종합적으로 수행되어야 할 것인가에 관심을 갖는다.

이러한 비교를 통해 볼 때 스키퍼(Schiffer)가 말한 바와 같이 학교개선 프로그램은 교사를 지식이나 기술의 결함을 극복하도록 도움을 주어야 하는 사람이라는 전통적인 접근에서 교사를 다루는 것이 아니라 학교의 변화를 위한 협력적이고 체계 전반적인 전략에 초점을 두고 교사를 자기성장의 촉진자로 보아야 한다(Griffin, 1987: 4). 이러한 양자의 차이를 인식할 때 능력개발은 전통적인 접근방식인 현직교육의 방식이 아니라 앞에서 설명한 계속적인 자기주도적 성장위주의 계속교육에 더 가깝다는 것을 알 수가 있다.

이상의 논리전개를 통해서 볼 때, 장학에서 능력개발이 중요한 하나의 과업으로 상정되는 이유는 무엇인가? 그 이유는 장학과 능력개발은 모두가 교사의 계속적인 학습과 개인적·전문적 성장을 도모하기 위한 것이라는 점이다. 말하자면 장학은 장학담당자가 학생의 학습행위의 효과를 극대화하는 데 필요한 교수행위를 교사들로 하여금 학습하도록 자극하는 일련의 활동인 반면, 능력개발은 그러한 개인적 성장과 발전을 위한 비형식적인 학습노력의 과정이나 결과로 볼 수 있다. 결국 능력개발이 개인의 학습 스타일과 심리적 욕구나 성장상태에 따라 관심 내지는 참여단계가 달라진다고 본 것이나, 글래트혼(Glatthom)이 교사들은 각각 다른 성장의 필요성이나 학습 스타일을 갖고 있기 때문에 표준적 장학은 비효과적이며 부적절한 것이라고 지적한 점 등은 장학과 능력개발 양자의 깊은 관계성을 밝혀준다. 이렇게 볼 때 장학담당자는 교사의 능력개발을 위한 효과적인 참여가 필요하며 이를 위해서는 성인으로서의 교사에게도 성장·발전하는 데 필요한 성인학습이론을 적용하는 것이 효과적이다.

결론적으로 장학의 대상으로서의 능력개발은 교사들이 타율적·관료적 현직연수에 의해서라기보다는 자기주도적인 노력에 의해 자신의 개인적·전문적 성장과 발전을 이루도록 조장하는 장학방법을 말한다. 여기에서 장학담당자는 교사 개개인의 관심과 성장욕구를 중요시해야 하며 어떤 장학형태를 동원하든 간에 교사 스스로 교수기술의 향상과 전문적 성장을 위해 계속적으로 노력하는 자기장학(self supervision)을 촉진해야 효과적이라고 말할 수 있다. 그리고 한 가지 전제할 것은 비록 그 개념이 "Staff"라는 말을 사용하지만 능력개발은 학교인사 중에도 특히 교사를 지칭하는 "teacher development"의 의미이다.

2. 교사의 능력개발과 성인학습이론

현재 교사의 직전교육이든 현직교육이든 교사교육에 대한 하나의 문제점은 교사의 성장과 발전을 촉진시킬 정립된 이론적 체계가 없는 채로 프로그램이 제공되고 있다는 것이다. 이것은 능력개발을 계획하고 실행하는 장학담당자에게 도예외가 아니다. 과연 성인인 교사는 인지적으로 더 발달할 수 있으며 그러한 인지발달적 차이는 교수 실제에서 어떤 유의한 차이를 나타낼 것인가? 이에 대한 설명이 곧 장학의 대상으로서의 능력개발이 성립되는 지적 토대가 될 것이다. 여기에서는 먼저 교사의 인지발달적 차이가 교수실제나 일상생활에서 어떤 차이를 나타내는가를 알아본 후, 성인에 관한 인지발달이론을 고찰하고 그것이 능력개발에 주는 시사점을 알아보고자 한다.

1) 교사의 인지발달수준과 교수의 질

일반적으로 성인에게 있어서 심리적 성숙의 단계는 성인생활에서 다차원적으로 성공의 지표로 작용하는 것으로 밝혀지고 있다. 즉 보다 인지적으로 복잡한 단계의 성인들은 직업세계에서의 성공뿐만이 아니라 타인에 대한 동정(allocentrism)의 경험을 상징화하는 능력, 인간적 가치에 대한 존중, 또는 조화롭게 행동하는 능력이나, 민주적 규범에 따라 생활하는 능력이 탁월함을 밝히고 있다. 성인의 인지발달에 관한 이러한 경향성은 전문직의 종사자들에게도 그대로 적용되고 있음을 알 수 있다(Griffin, 1983: 18-21).

최근 캔디(Candee)는 의사들을 대상으로 한 연구에서 인지도덕적 발달(콜버그의 영역에 의한) 상으로 수준이 높은 의사들과 수준이 그보다 낮은 의사들 사이에서 학업성취에서는 차이가 없지만, 전자가 환자들을 민주적으로 즉 의료계획에서 환자를 동료로 대하고 감정이입적·반응적·융통적으로 다루는 반면, 후자는 엄격하고 권위적으로 대하며 환자라는 의식을 더 높게 갖고 있었다.

한편 학교장을 대상으로 한 실버(Silver)의 연구도 발달수준에 따라 (Hunt의 이론에 입각한) 교장들 간에 리더십 유형에 있어서 유의한 차이가 난다고 밝히고 있다. 즉 보다 복잡한 수준의 교장들은 교사들로부터 문제해결에서 보다 융통적이며, 반응적이고, 덜 고지식하며, 덜 권위주의적으로 지각된다는 것이다.

나아가 교사들에 대한 연구에서도 이들 일반적인 명제가 지지되고 있다. 인지적으로 높은 개념적 수준에 도달한 교사의 행동은 융통적이며 반응적이고 감정이입적으로 분류되고 있다. 즉 그들은 학습의 요구에 민감하게 반응하며 비지시적이다. 이것은 높은 개념적 수준의 교사들은 효과적인 교수(effective teaching)와 관련된 행동군과 밀접한 방식으로 수업을 전개한다는 것이다. 플랜더스(Flanders)의 교수 효과적 척도인 지시적 교수(direct teaching) 대 비지시적 교수(indirect teaching)의 비율에 있어서 학습의 긍정적인 태도와 성취에 정적으로 관련된 교사의 칭찬과 학생 아이디어의 수용은 인지적으로 높은 개념적 수준의 교사들에게서 더 나타난다는 것이 지배적인 견해이다. 교육실습생의 교수기술에 대한 연구에서 월터(Walter)와 스티버스(Stivers)는 자아정체감(에릭슨의 이론에 의한) 형성이 확실한 학생들이 교육실습에서 성공의 정도가 더 높다고 보고 하였다.

나아가서 능력개발과 관련하여 흥미로운 것은 디스-스프린탈(Thies-Sprinthall)은 장학자의 평가의 질과 인지발달수준간의 유의한 관계성을 발견하였다. 그는 헌트의 이론과 콜버그의 이론을 함께 이용한 인지 발달의 척도에서 높은 점수를 받은 장학자가 낮은 점수를 받은 장학자보다 교육실습의 수행정도를 더 정확하게 판정했다고 밝히고 있다.

이러한 결과를 통해서 우리는 의미 있는 결론을 도출할 수 있다. 인위적으로 보다 높은 수준에서 판단을 하는 사람은 보다 복잡하게 행동하며 더 광범한 행동의 목록을 갖고 있으며, 보다 정확한 반응과 타인의 요구에 대한 감정이 입적 반응을 표출한다는 점이다. 이러한 현상을 헌트는 새로운 3R's - 반응성(responsiveness), 호혜성(reciprocality), 반영성(reflexivity)이라고 정의한다. 뢰빈저(Loevinger)도 인지적으로 높은 수준의 사람은 스트레스에 대한 인내력이 강하고, 충동적인 자극에 최소로 반응하며, 민주적 원리에 따른 의사결정을 하고, 문제를 제3자의 입장에서 지각하는 정도가 높다고 본다. 콜버그도 이들이 타인과의 관계 속에서 자아를 감정이입하는 정도가 높고 민주주의와 정의 원칙에 따라 결정하는 정도가 높다는 것이다.

결론적으로 이러한 현상은 개인적으로든 직업적으로든 생활의 질을 높이고 자신의 삶을 성공적으로 이끄는 데 있어서 인지발달적으로 높은 수준에 도달하는 것이 필수적이라는 사실을 말해 준 것이다.

2) 성인학습이론

성인의 인지도덕적 발달현상에 대해 언급한 이론들로는 피아제의 인지발달론, 콜버그의 도덕성 발달론, 에릭슨의 자아정체성 발달론, 페리(Perry)의 대학생의 지적·윤리적 발달론, 뢰빈저(Loevinger)의 자아발달론, 화이트(White)의 능력발달론, 레빈슨(Levinson)의 발달연령론, 치커링(Chickering)의 자아정체성 발달론 등이 있다. 그러나 여기에서는 이들 이론의 내용에 대해서 구체적인 설명은 생략하고[1] 이들 이론이 전반적으로 교사발달과 성장에 주는 시사점을 알아보고자 한다.

---

1) 성인학습이론의 각각에 대한 설명과 그것이 교사교육과 성장에 주는 시사점을 더 이해하기 위해서는 발달이론의 교사교육에의 적용, 학술지, 제28권 1호(건국대학교, 1984)와 권낙원 교사의 인지발달과 교사교육, 교원교육, 제2권 1호(한국교원대학교, 1986. 12)를 참고 하기 바람.

교사의 경력발달(teacher career development)을 위한 인지적 발달이론의 가정은 다음과 같다.

(1) 모든 인간과정은 "단계"(피아제의 스키마 개념)라고 불리는 인지구조를 통해 경험한다.
(2) 그러한 인지구조는 덜 복잡한 단계에서 더 복잡한 단계로 계층적 계열성으로 조직된다.
(3) 특정단계의 성장이 먼저 일어나고 나서 계열성 다음 단계의 성장이 일어난다(후의 변화는 질적인 변화).
(4) 성장은 자동적이거나 단편적이지도 않으며 인간과 환경과의 적절한 상호작용을 통해 일어난다.
(5) 개인의 행동은 특정단계의 발달에 의해 결정되며 그것에 의해 예측된다.

이러한 사실을 바탕으로 인지발달이 능력개발에 주는 시사점은 다음과 같다.

첫째, 콜버그의 이론에 비추어 볼 때 교사의 교수경험과 교사정체성의 형성과정에 있는 교사 초년기는 개인의 선택경험을 통합할 수 있는 여러 기회가 주어져야 하고 교사는 이를 적극적으로 찾아야 한다. 교사에게 있어서 학생행동·교사행동의 적절성, 행정적 결정의 공정성, 교육과정, 훈육, 채점, 징계 등에는 수많은 갈등 장면이 존재한다. 그러나 그것들은 상당한 도덕적 의미와 가치판단을 요하므로 인습적 수준의 법칙이나 규칙 등의 권위유지에 근거하기보다는 후인습적인 정의, 또는 인간권리의 존엄성과 평등성 등에 근거하여 판정을 내리는 것이 타당하다. 그것이 곧 학생들의 도덕적 판단능력의 발달에도 영향을 미친다.

둘째, 피아제의 이론에 비추어 볼 때, 아동들은 성인과는 다른 방식으로 사고한다는 것을 교사들은 인정해야 한다. 따라서 교사는 아동에게 맞는 교육적 경험을 제공하고 교사 자신에게는 융통성과 민감성이 요구된다.

셋째, 에릭슨의 성격이론에서 볼 때 성인기의 윤리적 힘은 개인적인 자아정체위기를 해결하는 것과 타인의 복지에 대해 배려하고 관심을 갖는 생산성에 관련된다. 나아가 특히 발달적 상호작용 즉 상호성(mutuality)의 관점에서 교사는 동료교사 그리고 다양한 사람들과의 인간관계를 맺는 것이 자신의 성장에 필요하다.

넷째, 페리의 지적·윤리적 발달론에 비추어 볼 때 교사들은 직업적 고립을 극복하고 정기적으로 자신의 관심사와 문제에 대해 상담적 조력을 구하는 지지적 동료환경(supportive peer environment)의 조성이 필요하다.

다섯째, 레빈슨의 발달연령론이나 치커링의 자아정체성 발달론에서 인간의 성장과정에서 자신이 속하는 생활구조가 중요하며 계속적인 성장을 겪어 나간다고 제시한 것은 교사의 경력발달에 중요한 시사를 제공한다.

결론적으로, 교사는 일선교직에서 학생들의 성장뿐 아니라 자기 자신의 성장을 위한 기회를 갖는 것이 중요하다. 효과적인 교수행위란 결국 자기 자신을 효과적인 도구로 이용하는 방법을 배우게 하는 것이다. 따라서 성장에 관하여 배우는 기회와 아울러 성장을 하는 기회가 동시에 요구된다.

결국 장학, 특히 교사의 능력개발을 위해서는 성인학습이론에 기초해야지 아동학습이론이나 청년학습이론에 기초한 종래의 방법으로는 성공하기 어렵다는 것을 알 수 있다.

3. 능력개발에의 참여형태

앞 절에서 능력개발은 근본적으로 교사들의 성장욕구나 개인적 필요를 존중해야 한다는 것을 가정하였다. 전통적인 현직교육과 능력개발이 다른 것은 바로 이런 점에 있다. 따라서 장학담당자가 효과적인 능력개발을 조장하려면 교사 개개인의 성장상태를 파악하는 동시에 성장하고자 하는 욕구를 이해한 후에 적절한 형태의 능력개발 전략을 구상해야 한다.

이와 관련하여, 조이스와 허시, 맥키빈(Joyce, Hersh, & Mckibbin, 1983: 161-168)은 유용한 개념체계를 제공하고 있다. 그들은 캘리포니아 주의 교사들을 대상으로 자신의 지각된 전문직적 성장상태와 능력개발체제-공식체제, 비공식적 상호교환체제, 개인적 유형-의 참여정도를 알아보았다. 구체적으로 그들은 300명의 교사들과의 인터뷰, 3,000명의 교사들에게 적용한 질문지 사용 그리고 수백 명과의 집단토의를 거쳐 교수, 학문내용, 교육과정, 일반교양지식에 대한 그들의 전문적 성장상태를 지각하도록 하는 한편 이들이 ① 대학, 워크숍, 장학 등의 공식체제 ② 그들의 환경 속에서의 타인과의 상호작용 그리고 ③ 독서, 문학, 예술, 스포츠, 여행, 여가 활동 등 개인지향적 활동에 참여하는 영역을 밝히도록 하였다. 그 결과를 매슬로우(Maslow)의 욕구이론에 비추어 네 가지 형태로 범주화하여 그 결과를 다음과 같이 나타낼 수 있다.

<table>
<tr><td rowspan="2"></td><td rowspan="2"></td><td colspan="3" align="center">영역</td></tr>
<tr><td align="center">공식체제</td><td align="center">비공식적 상호교환</td><td align="center">체제개인적 유형</td></tr>
<tr><td rowspan="5">성
장
상
태</td><td>성 장 탐 닉 가</td><td></td><td></td><td></td></tr>
<tr><td>능동적 소비자</td><td></td><td></td><td></td></tr>
<tr><td>수동적 소비자</td><td></td><td></td><td></td></tr>
<tr><td>참 호 수 호 자</td><td></td><td></td><td></td></tr>
<tr><td>성 장 회 피 자</td><td></td><td></td><td></td></tr>
</table>

[그림 7-1] 전문적 성장상태와 참여영역의 매트릭스

위의 매트릭스를 설명하면 다음과 같다.

1) 성장탐닉가(omnivores)

성장탐닉가는 개인적 성장과 발전에 아주 열성스런(gregarious) 교사이다. 탐닉가는 우선 두 부류로 나누어지는데 세 가지 영역 모두에 열성스런 전체적 탐닉가와 세 가지 영역 중 어느 한 곳에만 열성스런 부분적 탐닉가들로 나누어진다.

① 전체적 탐닉가(total omnivores)

이 부류의 교사들은 자신이 이용가능한 공식적·비공식적 체제의 모든 측면, 즉 독서량이 풍부하고 문학작품을 쓰고, 여행·스포츠 그리고 대학원 진학, 교사센터의 활용 등을 전부 활용하는 경우이다. 또한 그들은 자신이 접근할 수 있고 아이디어를 교환할 수 있는 전문적 동료를 탐색한다. 나아가서 학교개선에 적극적이며 동료나 학교행정, 워크숍의 연사 등을 불평하는 일에 시간을 허비하지 않고 적극적으로 이를 활용할 수 있는 방법을 모색한다. 그렇다고 이들이 무분별적이라는 것은 아니다. 이들은 닥쳐오는 장애를 극복할 수 있고 자신을 고립시키는 어떤 비생산적인 정서상태를 허용하지 않는다. 결국 이들은 행복하고 자아실현적인(self-actualizing) 인간이 되고자 한다. 따라서 이들에게 있어서 가르치는 일은 피곤한 직업이 아니며 그것이 자신의 나머지 생활을 방해하지도 않는다.

② 공식적 탐닉가(formal omnivores)

공식적 탐닉가는 부분적인 탐닉가로, 용어가 의미하고 있는 것처럼 공식적 체제의 영역에 열성적으로 참여하는 사람이다. 가까운 전문적 동료가 거의 없으나 열심히 그리고 진지하게 탐구하는 진중한 교육학도(serious student of education)이다. 연구과정(course), 학위, 워크숍, 그리고 여행이나 개인적 독서 프로그램에는 꾸준히 참여한다. 이 부류에 속한 사람들의 전문적 성장은 학교의 비공식적인 사회체제를 통해서는 비교적 이루어지지 않는다. 공식적 탐닉가는 내용영역에서는 높은 성장상태를 나타내며 상대적으로 자율적(autonomous)이기를 원한다. 그래서 전체적 탐닉가와 같은 동료들과는 밀접하게 관련을 맺지 않는다.

③ 비공식적인 탐닉가(informal omniveres)

이 부류의 탐닉가들은 자신의 동료들로부터 아이디어를 찾으려한다. 그러나 공식적인 자격인정에는 별로 관심이 없는 사람들이다. 따라서 자기 자신이 속하거나 인접한 사회적(social) 상황을 중심으로 분주하고 적극적인 생활을 영위한다. 그러므로 교사들의 비공식적인 사회체제에 깊이 연결되어 있고 수업에 이용할 수 있는 자료와 아이디어를 전문적 동료들로부터 입수한다.

④ 개인적 탐닉가(personal omnivores)

이 부류에 속한 사람들은 독서를 많이 하며 문학활동으로부터 지식을 얻는다. 풍부한 문화적 생활을 영위하며 자신의 직무상황 이의의 세계에는 별로 관심을 갖지 않는다.

이상의 부류에서 볼 때 전체적 탐닉가는 세 가지 영역 모두에 대해 적극적이다. 반면, 공식적 탐닉가는 공식적인 학습기회를 강조하고 비공식적 탐닉가는 직무를 수행하며 생활하고 있는 사회체제에 밀접하게 관련되어 있다. 그리고 개인적 탐닉가는 자기연찬과 독자적 활동을 강조한다. 그런데 후자의 세 가지 부분적 탐닉가들은 자신이 적극적이지 못한 다른 영역에 대해서는 능동적 소비자가 될 수도 있다.

2) 능동적 소비자(active consumers)

대부분의 교사들은 비교적 하나 또는 그 이상의 영역에 대해 열성을 나타낸다. 적극적 소비자는 탐닉가의 상태보다는 덜 솔선적(initiative)이지만 아주 활동적(active)이다. 많은 사람들은 하나 또는 다른 영역에서 적극적인 참여자이지만 약간의 사람들은 세 가지 전체에 대해 적극적 이기도하다.

3) 수동적 소비자(passive consumers)

기회가 주어져도 거의 새로운 활동을 추구하거나 솔선수범하지 않는 사람을 말한다. 그러므로 어떤 공식체제가 적극적일 때는 그들로부터 더 큰 참여를 유도할 수가 있다. 예를 들어 이들은 가족들이 극장에 가면 따라 가는 스타일이기 때문에 동료나 장학자들에 의해서 워크숍과 같은 활동에 참여시킬 수 있다. 반면, 유인하는 힘이 별로 없는 비공식적 체제 속에서는 타인과 거의 상호작용을 하지 않는다. 그러나 특정영역에서는 수동적이지만 다른 영역에서는 적극적 소비자 또는 탐닉가인 경우도 있기는 하다.

4) 참호수호자(entrenched)

참호수호자란 어떤 훈련을 쉽게 시도하지 않는 스타일 즉 자기방식을 고수하려는 사람이다. 만약 어떤 활동에 참여할 때는 과거에 자신이 성공적이라고 느낀 분야에만 한정한다. 또한 보상이 없는 과정에는 거의 참여하지 않는다. 나아가 학교에서 시도하는 변화나 교육과정 혁신에는 일단 회의적 태도를 갖는다. 그러나 자기 자신을 학교에서 모범교사로 생각한다. 이들은 전반적으로 매슬로우의 욕구체계 중 중간수준에서 활동한다. 즉 자아실현에 대해 언급하다가도 학교의 현체제를 변경시킬 때는 그것이 자신의 입지를 위협하는 것으로 보고 현존지향 쪽으로 회귀한다.

5) 성장회피자(withdrawn)

이 부류의 사람들이 능력개발에 참여하려면 외부로부터의 상당한 노력이 필요하다. 공식적 체제를 회피하고 직무상의 비공식적인 상호작용 체제에도 거의 참여하지 않는다. 사실 이 부류의 사람들은 면담조차도 꺼리므로 어떤 부류에 속하는지 확인하기도 힘들다. 그러나 약간의 사람들은 개인적 형태에는 적극적인 소비자인 경우가 있다.

이상의 논의를 통해 볼 때 탐닉가들은 자기 스스로 상당한 정력

을 갖고 자신들이 성장할 수 있는 기회를 개척하는 사람들이고 능동
적 소비자는 주어진 기회에 쉽게 참여하며 수동적 소비자와 참호수
호자 그리고 성장회피자들은 정도상 차이가 있을 지라도 거의 주도
적이지 않을뿐더러 참여시키기도 힘들다.

성장탐닉가들은 자아실현의 욕구가 강한 반면 성장회피자는 생존
의 욕구에 강하게 결부되어 있다. 한 가지 분명한 사실은 매슬로우
의 욕구체계와 능력개발 참여유형은 깊은 관계가 있다. 이를 도식화
하면 [그림 7-2]와 같다.

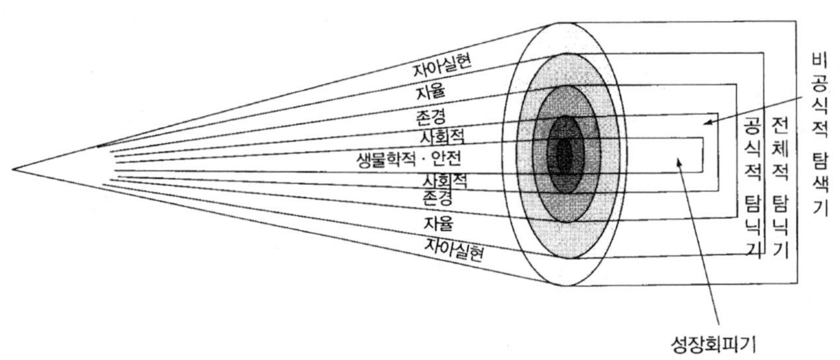

[그림 7-2] 성장욕구와 능력개발 참여유형

결국 이러한 교사의 능력개발 참여유형을 생각할 때 장학에서 고
려할 사항은 무엇인가?

첫째, 장학담당자는 우선 교사의 성장욕구와 참여유형을 파악하는
일이 필요하다. 이를 바탕으로 장학담당자는 교사의 동기를 유발할
수 있다. 예를 들어 전체적 탐닉가와 공식적 탐닉가 등은 인간자원
장학의 접근법이 보다 효율적인 동기유발을 가져올 것이며 비공식적
탐닉가와 능동적 소비자에게는 인간관계장학의 접근법이, 그리고 수
동적 소비자, 참호수호자, 성장회피자에게는 전통적 장학이 보다 효

율적인 접근법이 될 것이다.

둘째, 장학담당자는 다양한 장학방법을 적용해야 하며 장학의 중심을 학교수준(즉 교장과 교사)으로 이동시키는 노력이 필요하다. 예를 들어 성장탐닉가 중 전체적 탐닉가는 공식적 체제는 물론 비공식적 체제와 개인활동에도 아주 적극적이며, 공식적 탐닉가는 자율적이기를 원하므로 이들에게는 가급적 외부의 통제나 지시보다는 자발적으로 교수기술 향상과 계속적인 전문적 성장을 추구하도록 배려하는 일이 중요하다. 말하자면 장학담당자는 그들이 이용할 수 있는 다양한 기회를 만들어 주어 자율장학(self-supervision)의 형태를 취해야 한다. 한편 비공식적 탐닉가들이나 능동적 소비자들은 동료로부터의 장학을 받고자 하거나 장학담당자가 계획적인 프로그램을 갖고 있을 때 적극적으로 참여하고자 하는 교사들이므로 우선 교사들 간의 분위기 조성과 장학담당자에 대한 신뢰회복이 중요하다. 이러한 가운데 동료장학이나 동료코치적 장학이 스며들 여지가 많아진다. 나아가서 그 이하의 교사들은 비교적 자기 성장욕구가 결여된 사람들이므로 이들에게는 우선 어떤 프로그램이나 활동을 제공하는 것보다는 능력개발의 욕구나 태도를 변화시키는 일이 중요하다. 자칫 이들에게 능력개발의 장학이 종래의 현직연수의 개념으로 인식되면 곤란한 일이다. 결국 능력개발의 장학은 장학담당자가 주도적인 위치에 서는 것이 아니라 교사가 주도적인 활동을 전개하는 일이 중요하다. 거창한 내용이 아니더라도 간단한 독서나 여행, 연구모임, 토론회 등 교사의 개인적·전문적 성장을 위한 것이라면 좋은 내용이 될 수 있다. 장학담당자는 그런 정보제공자가 되어야 하며 성장주도자가 아니라 성장촉진자여야 한다.

4. 능력개발 프로그램의 계획

앞부분에서 능력개발의 개념적 이해와 그것의 지적토대로써의 성인학습이론 그리고 매슬로우의 욕구이론에 입각한 교사의 능력개발에의 참여형태를 알아보았다. 특히 능력개발 참여형태는 장학담당자들이 교사의 성장욕구를 이해하고 적절한 장학적 접근을 적용할 것을 시사해 주고 있다. 이제부터는 장학담당자가 실제 능력개발 프로그램을 계획하는 일을 생각할 필요가 있다. 여기에 필요한 능력개발의 구성요소와 그 구조를 살펴보기로 한다. 우선 구성요소는 다음과 같이 ① 의도, ② 내용, ③ 능력범위, ④ 접근방법, ⑤ 책임소재의 다섯 가지로 분류할 수 있다(주삼환·신익현, 1987:411-421).

1) 의 도

능력개발은 주로 세 가지 수준의 의도 또는 목적을 갖고 계획된다. 첫째 수준은 사실적 수준의 정보제공으로서의 "지식과 이해"의 의도이다. 예를 들어 탐구수업에 관한 개념에 대한 지식을 제공하는 경우를 말한다. 둘째 수준은 "적용 수준"의 의도이다. 특정수업시간에 실제 탐구수업을 전개하는 조건을 알고 이를 실제 활용하도록 하는 것이다. 셋째는 "태도와 통합 수준"의 의도이다. 즉 어떤 교사가 실제로 탐구수업의 효과와 가치를 내면화시키도록 하는 것이다. 장학담당자는 먼저 세 가지 수준 중 어떤 수준을 능력개발계획에서 의도할 것인가를 결정해야 한다.

2) 내 용

능력개발의 내용은 개인적 성장과 전문적 교수기술 향상 등 어떤 것이라도 좋다. 예를 들어 효과적인 교수기술을 내용으로 한다면 다음과 같은 내용들로 구분할 수 있다.

(1) 교사의 목적의식
(2) 교사의 학생에 대한 지각
(3) 교사가 가지고 있는 교과목에 대한 지식
(4) 교사가 지니고 있는 수업 기술의 숙달정도

물론 이것은 효과적인 수업과 관련된 구성요소이다. 이것들이 바로 능력개발계획 내용을 결정하는 근거가 된다.

3) 능력범위

교사들은 스스로 직무를 수행하고 발전을 모색해 나가는 방법을 알고 있는 것만으로 만족한 것은 아니다. 그는 이것을 자신의 것으로 소화하여 "밖으로" 표출할 것을 기대받고 있다. 따라서 방법·실력·의지·성장의욕을 종합하여 자기의사에 따라 자신의 능력을 신장시켜야 한다. 물론 앞부분에서 살펴보았지만 성장의욕은 교사 개개인을 자발적으로 능력개발활동에 끌어들이는 데 중요한 요소이다.

이상에서 능력개발계획요소의 다섯 가지 중 세 가지 요소를 살펴보았다. 이것은 시간적으로 우선해서 고려해야 할 기본적인 사항이다.

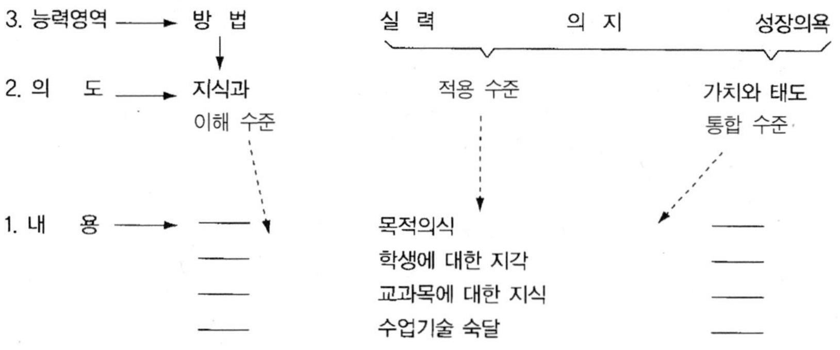

[그림 7 - 3] 능력개발을 위한 계획수립

능력·의도·내용들 간의 상호관계는 [그림 7-3]에 나타나 있다. 이 그림을 방법적인 측면에서 설명해 보자. 지식과 이해 수준에 나타나는 의도는 능력차원과 관련되며 교사는 목적·학생·교과목·수업기술을 알고 이해할 필요가 있다. 실력영역(can-do)에서 교사들은 내용에 관한 지식을 교실활동에 적용하게 된다. 그러나 의지영역에서는 이들 지식을 적용하는 능력뿐만 아니라 이들을 헌신적으로나 체감으로 적용할 것을 요청한다. 의지영역을 겨냥하여 수립된 능력개발계획은 적용의도뿐만 아니라 가치 및 태도 통합과정을 지녀야 한다. 성장의욕(will-grow)은 가치 및 태도 통합의도 여하에 좌우된다.

4) 접근방법과 책임소재

이제 이를 바탕으로 나머지 두 가지 구성요소를 설명할 차례다. 두 가지 구성요소란 능력개발에의 접근법과 주된 책임소재를 말한다. 능력개발에의 접근법은 전통적 접근, 비공식적 접근, 중간적 접근의 세 가지 일반적인 범주로 나누어 볼 수 있다. 전통적 접근은 통상 공식적이고 구조적이어서 특정의 일목요연한 목적을 달성하도록 계획한다. 반면, 비공식적 접근은 구조적인 성향이 약하며 발견 및 탐험적 기법에 근거한다. 또한 중간적인 접근은 상당히 융통성 있게 미리 결정된 일정에 따라 적당하게 구조화된다. 이들 각 접근법을 간단히 살펴보자.

① 전통적 접근법과 행정적 책임

전통적 접근은 특정지식의 결손을 배우기 위한 것일 때 가장 효과적이다. 이것은 행정가들이 행정적 권한을 갖고 수행되는 것으로 목적이 명확하긴 하지만 교사들은 수동적인 역할을 담당하고 법적으로 구조화된 계획이나 활동에 참여하게 된다. 여기에서 가장 잘 활용되는 기법은 통제된 토의활동에 이어 벌어지게 되는 설명·강의·시범·관찰 등이다. 앞에서 설명한 대로, 교사의 성장욕구에 따른 능력개발 참여유형에 따라 차이는 있겠지만 이 접근법은 최소한도의 효과밖에 기대할 수 없다.

② 비공식적 접근법과 교사의 책임

아마도 능력개발에 대한 가장 혁신적이고 적극적인 접근법은 교사가 탐구하고 발견해내는 그러한 접근법이다. 교수자료·매체·교재, 여기에다가 교장이나 장학담당자가 부여해 주는 용기와 지원 등이 풍부하게 준비되어 있는 환경을 교사에게 제공해 줌으로써, 교사들은 탐구와 발전을 통하여 이 풍성한 환경과 상호작용을 하게 되며 또 서로서로가 관계를 맺고 활동하게 된다. 탐구와 발견은 교사들이 자신을 발견하게 해 주고, 그들의 창의력을 자유롭게 발휘하도록 하며, 사람과 교사로서 그들 자신이 가지고 있는 능력에 대하여 배우도록 하고, 동시에 새로운 수업 아이디어와 수업활동 또는 수업방식을 개발할 수 있도록 해 준다.

가장 유용한 능력개발계획은 밀도 있는 참여의식과 교실활동 실제에서 즉각적으로 나타나는 결론, 또 외부인보다는 교사에 의해서 이루어지는 상황과 의미 있게 부합된다. 비공식적 접근법은 이러한 기준에 가장 합당한 것으로서 충분한 잠재력 때문에 학교의 능력개발계획 수립에 중요한 역할을 하고 있다.

비공식적 접근법에 대한 책임은 교사들이 지게 된다. 결국 효과적인 학교개선은 교사들이 자발적인 변화노력과 책임의식에 기인되므로 이 접근법은 장학담당자들이 적극적으로 자극할 필요가 있다.

③ 중간적 접근법과 장학적 책임

능력개발의 계획은 뭐니뭐니 해도 능력 있고 준비가 충분한 장학체제가 개입되어야 한다. 행정적 책임과 결부되어 있는 전통적 접근법과 교사의 책임과 결부 된 비공식적인 접근법은 이를 위한 보충적 요소이다. 이 접근법에서 장학담당자은 교사와 동등한 위치에서 상호작용을 하게 되는 중간적 지위를 견지하며 교사들과 더불어 능동적 역할을 담당한다. 교사들의 능력·요구·관심이 적극적이지만 충분한 계획과 준비가 필요할 때 이 방법은 효과적이다.

지금까지 능력개발의 다섯 가지 기본구성요소를 논의해 보았다. 이것을 종합적으로 구조화해 보면 [그림 7-4]와 같이 설계할 수 있다.

[그림 7-4]의 직육면체를 생각해 보자. 이 직육면체는 각기 교사의 효과성 측면과 통하는 네 가지 기초로 구성되어 있음을 유의해야 한다. 설명상 제일 밑 부분에 있는 수업기술의 숙달에서 특히 탐구수업 활동기술에 대한 것을 살펴보자. 능력개발 의도는 직육면체의 반대편 꼭대기에 제시되어 있고 교사의 능력 영역은 직육면체의 밑

부분에 제시되어 있다. 탐구수업에 대한 지식여부만을 흥미의 대상으로 삼는다면 지식수준의 의도와 방법차원의 실력수 준에 관심을 두면 된다. 탐구수업을 채택하고 활용하는 데에 관심을 가지고 있다면 가치 및 태도의 통합적 의도와 의지 및 성장의욕 수준의 능력영역과 관련을 맺어야 한다.

직육면체의 왼편에 능력개발 구성요소 중 접근법과 책임소재요소가 제시되어있다. 전통적 접근법, 중간적 접근법, 비공식적 접근법은 각각 행정가·장학담당자·교사의 책임성과 상통한다. 접근법 및 책임성을 표시해 주는 직육면체의 오른편과 정반대에 있는 그늘진 부분은 의도 및 능력 영역이 그 접근법에 따라 효과적일 수 있음을 제시해 주고 있다. 전통적 접근법은 지식·이해·의도에 가장 어울리는 듯하며, 중간적 접근법은 이해·적용·가치 및 태도의 통합의도와 가장 어울리는 듯하다. 이와 비슷하게 비공식적 접근법은 비록 이들이 가치 및 태도의 통합적 의도의 가능성을 가지고 있어도 적용 의도에 관점을 두게 된다.

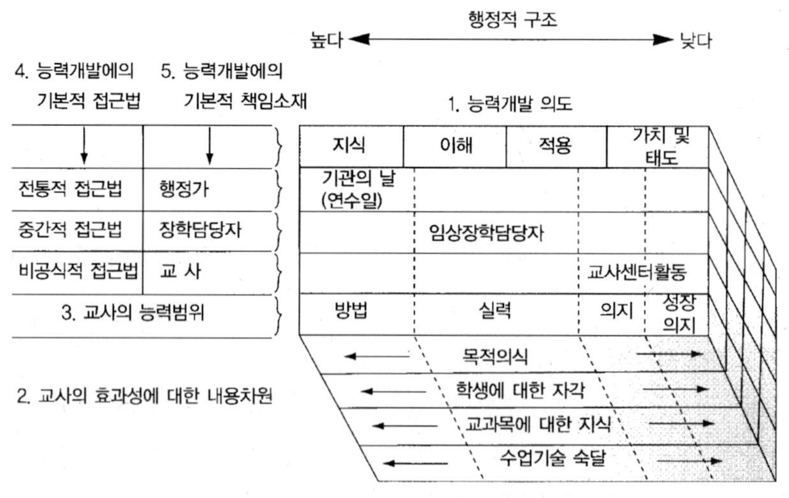

[그림 7-4] 능력개발을 위한 설계

탐구수업방식에 활용될 수 있는 능력개발에의 접근법으로는 무엇이 있을 수 있는가? 누가 이들 접근법에 대하여 주된 책임소재를 가져야만 하는가? 그 대답은 추구되는 목적이나 의도의 종류 여하에 따르는 것이다. 만일 지식과 이해 수준에 관심을 가지려면 행정가가 주도하는 제도적 시간이 가장 적절하다. 임상장학은 탐구수업이 중요성을 띄고 교사들이 이러한 수업기술을 수행하려는 의도를 분명히 할 때 하나의 전략이 될 수 있다. 비록 비공식적 접근법이 다른 접근법보다 강력한 영향력을 발휘할 수 있을 것일지라도 이들 접근법에서 제시된 능력개발 일정은 교사에게 달려 있게 되며 교사들은 탐구수업을 추구하지 않을 수도 있게 된다. 만일 추구한다면 그 접근법은 이러한 수업기술을 실시하는 데 가장 효과적인 것이 될 수도 있다. 비공식적 접근법이 지니고 있는 또 하나의 결점은 지식 수준에서는 이들이 때로는 효과적이지 않을 수도 있다는 점이다. 그러므로 교사발전을 보다 종합적인 견지에서 보는 것이 가장 최선의 방책일 듯하다.

5. 능력개발 프로그램의 평가

앞 절에서는 실제 능력개발의 조직에 관련된 내용을 살펴보았다. 이제는 이를 평가하는 문제가 남아 있다. 능력개발 프로그램을 평가하기에 앞서 효과적인 능력개발 프로그램의 특징이 무엇인가를 알아야 할 것이다.

우선 미국 프롤리다 교육국의 후원 아래 수행된 능력개발계획에서 제시한 특징은 다음과 같다(주삼환·신익현, 1987: 420).

교사가 서로 조력자로서 또 현직교육활동계획의 수립자로서 참여하는 학교에 기반을 둔 교육계획은 교사들의 도움 없이 외부인사나 대학이 수행한 다른 계획보다 성공을 거둘 수 있다.

여러 부류의 교사(즉, 개별화된 의미의 교사)를 위하여 구분된 훈련경험을 담고 있는 현직교육계획은 모든 참석자에게 공통적인 활동을 전개하도록 계획된 다른 교육계획보다 그 목적을 더 잘 달성할 수 있다.

교사를 농동적인 위치(교구재·아이디어·행동 등을 구성하는)에 올려놓는 현직교육계획은 교사를 수동적인 위치에 올려놓는 계획들보다 더 잘 목적을 달성할 수 있다.

교사들이 서로서로 상호조력하는 현직교육계획은 교사들이 각자의 업무를 수행하도록 계획된 교육계획보다 더 잘 목적을 달성할 수 있다.

목적과 활동이 미리 계획되어 있는 교육계획과 대조해 볼 때 교사들이 직접 목적과 활동을 선택할 수 있는 현직교육계획에서 혜택을 입을 수 있다.

여기에서는 계획과정, 여러 교사들을 상대로 한 여러 가지 경험, 적극적 역할, 실제 수업환경에서 발견되는 자료나 행동, 아이디어의 활용, 다른 교사와 함께 일하거나 그들을 돕고 있는 교사, 교사의 목표 등에 교사들이 참여해야 하는 상황이 중요함을 특히 유의해야 한다.

한편, 허위(Kenneth, R. Howey)와 보간(Joseph C. Vaughan)은 효과적인 능력개발의 원칙을 다음과 같이 제시하고 있다(Griffin (ed.), 1983: 104－105).

첫째, 상호작용성(interactiveness)이다. 능력개발은 그것인 성인학습과 발달, 학교의 사회적 규범, 조직적·관리적 유형, 그리고 보상과 유인체제와 관계된 다른 중개변인과 어떻게 상호작용하는 가에 의해서 고려되어야 한다.

둘째, 포괄성(comprehensiveness)이다. 능력개발의 목적뿐만이 아니라 이유, 시기, 장소 그리고 방법에 관한 분명한 개념화와 설명이 필수적이다. 이 말은 계획자, 참여자, 프로그램 제공자 모두는 구체적 목표를 달성하기 위한 계획전반에 대해 알고 있어야 한다는 것이다.

셋째, 계속성(continuity)이다. 능력개발은 계속적인 추후활동과 피드백을 통한 강화가 요구되는 점진적 과정으로 간주되어야 한다. 일회적 활동으로 교사의 행동변화를 유도하기는 불가능하다.

넷째, 효능성(potency)이다. 이것은 적절성과 실용성 두 가지에 대한 요구이다. 즉 능력개발에 참여한 교사들이 그것으로 인해 자신들에게 개인적으로나 직업적으로 중대한 변화가 올 것이라는 확신을 가져야 하며 실제 수업에서 실용가능해야 한다.

다섯째, 지원구조와 직원인사(support structure and personnel)의 제공이다. 교사들이 학교에서 제공되는 프로그램과 고립되지 않도록 구조적 장치를 만들고 적절한 인사를 배치해야 한다.

여섯째, 기록보관(documentation)이다. 능력개발 프로그램의 효과에 대한 타당한 판정을 내리기 위해서 계획·실행 그리고 결과에 걸친 기록이 필수적이다. 물론 결과는 교사의 행동뿐만이 아니라 학생학습의 성취의 관점에서 고려되어야 한다.

이러한 내용들을 염두에 두고 능력개발 프로그램을 평가하는 것이 필요하다. 여기에서는 일반적으로 능력개발의 목표설정에서부터 평가절차의 요약에 이르는 전체과정을 기술하는 것으로 끝을 맺고자 한다.

목표설정 절차와 평가는 다음과 같이 정리될 수 있다.

① **단계 1 – 목표설정**: 전년도의 관찰결과·회합·요약보고, 임상장학의 일화, 자기평가 등에 근거하여 교사들은 수업활동을 개선함에 있어 도달하고자 하는 목표나 목적을 개발해 나간다. 목표는 그 수가 적고 도달할 수 있는 범위 내의 것으로 여덟 가지나 열 가지를 넘지 않는 선에서 또는 세 가지에서 여섯 가지가 바람직하다. 각 목표달성에 필요로 하는 개략적 시간이 제시된다. 목표는 장학담당자들과 나누어 가질 수 있는 것이어야 한다.

② **단계 2 – 설정된 목표검토**: 장학담당자는 각 목표와 추산된 시간을 검토하고 교사에게 문서로 된 반응을 제시한다. 부본이 교장에게 제시되어 검토와 그의 조언을 구하게 된다. 교사들과의 회합약속이 이루어진다.

③ **단계 3 – 설정된 목표에 대한 회합**: 교사와 장학담당자는 목표·시간계획·반응 등에 대하여 토론하고 적정한 선에서 이것들을 재조정하게 된다. 회합의 결과가 기록·보관된다.

④ **단계 4 – 평가과정**: 이 과정은 목표설정을 위한 회합이 종료됨과 동시에 시작되어 합의된 시간계획에 따라 계속된다. 평가과정의 특성은 합의된 목표 여하에 따라 달라지며 여기에는 공식적이고 또 비공식적인 교실활동 관찰이나 교실활동에서 만들어진 작품에 대한 분석, 비디오테이프·학생평가·상호작용분석이 포함될 수 있다. 교사들은 평가방법을 제안하거나 장학담당자와 정기적으로 회동함으로써 이 단계에 참여한다.

⑤ **단계 5A – 요약평가**: 장학담당자는 목표 각각에 대하여 언급한 요약평가를 준비하고 교사들과 회합한다.

⑥ **단계 5B – 평가절차의 요약**: 요약평가에 이어서 장학담당자는 날짜 및 교사들과 접촉한 횟수·목표 및 언급된 진전상황에

대한 전반적인 검토, 교사에게 주어진 원조 내용의 요약평가의
종합성을 나타내는 수치, 권고등을 상세히 적은 평가절차 요약
을 준비한다. 이 요약내용은 단계 5A에서 교사들과 함께 회합
을 통해 토론한다. 능력개발의 효과성을 엄격하게 평가하여 차
기의 계획에 반영하는 노력이 뒤따라야 한다.

연구과제

1. 직원연수와 직원 능력개발과의 개념 차이를 밝혀 보시오.
2. 성인학습이론에 의거하여 학교에서의 1년간 교사의 능력개발 계
   획을 실제로 해 보시오.

제 8 장 학교개선

개 요

제8장에서는 학교개선(school improvement)의 관점에서 ① 효과적인 학교를 구성하는 요인들을 중심으로 모형을 정립하고, ② 그러한 모형을 혁신의 관점에서 전파전략을 모색하고, 마지막으로 ③ 학교효과성 평가를 위한 방안을 탐색하고자 한다.

같은 "초등학교" 또는 "중학교"란 이름을 달고 있어도, 그 학교의 정문에 들어서서 운동장의 교사와 학생을 보고 현관을 지나 교무실의 선생님들과 칠판에 쓰여 진 일과표와 전달사항 그리고 책상배치를 보고 복도를 거닐며 게시물과 학생들을 보면, 학교마다 거기서 풍겨 나오는 이미지는 제각기 다르다. 우리는 이들 학교에 대한 이미지를 "좋다거나 나쁘다거나" "성공적이라거나 실패적이라든가" "훌륭하다거나 훌륭하지 않다거나?" "효과적이라든가 그렇지 않다"라는 말로 표현한다. 다음에 제시되는 두 개의 학교를 통해 우리는 어떤 이미지를 받게 될 것인가?

사례 1의 학교: 정문에 들어서면서 "미래사회에 적응하는 인간육성"이란 구호가 적힌 아치형 탑이 눈에 들어온다 학교는 말끔히 정돈되어 있으며, 운동장에서는 체육복을 입은 학생들이 체육교사의 지시에 따라 일사불란하게 움직이고 있고 몇 명의 학생은 체육복을 준비하지 않고 조회대 옆에서 무릎을 꿇고 벌을 서고 있다. 거의 모든 창문이 교문쪽으로 열려져 있었고 몇 개의 창문만이 닫혀 있었다……

사례 2의 학교: 정문에 들어서면서 앞의 학교와 같이 구호가 적힌 아치형 탑이 눈에 들어오는데 "미래는 우리의 세상"이라고 쓰여 있다. 학교 여기저기에 휴지가 떨어져 있으며, 운동장에서는 체육교사를 따라서 학생들이 운동을 하고 있는데 일부 학생들은 딴전을 피고 있다. 그리고 운동장 한쪽에서는 학생들이 벤치에 앉아 야외수업을 하고 있다. 교실 창문은 제각기 다른 상태로 열려 있었다……

앞에 제시된 두 학교에서 우리는 어떤 이미지를 받게 될 것인가? 그리고 어떤 학교를 더 성공적이라고 할 수 있는가? 또 더 "효과적인 학교"라고 하겠는가? 만약 여러분이 신규로 임용되어 근무하게 된다면 어떤 학교에서 근무하겠는가? 또 여러분이 초임교사가 아니라 경력교사라고 한다면 어떤 학교에서 근무하겠는가? 또 나아가서 교장이 된다면 어떤 이미지를 담은 학교를 만들어 나가겠는가? 일반적으로 생각되는 좋은 학교, 또는 "효과적인 학교"에 대해서 알아보기로 한다.

1. 효과적인 학교

조직이란 인간의 집합체로서 일정한 환경하에서 특정한 목표를 추구하며, 이를 위하여 의도적으로 구성된 사회적 단위이다(Etzioni, 1964: 3). 학교도 하나의 조직으로서 다른 조직들과 마찬가지로 ① 조직의 유지(maintenance), ② 효과성(effectiveness), ③ 효율성(efficiency),

그리고 ④ 조직의 성장(growth)이란 네 가지 초가치(metavalue)를 추구한다(Hodgkinson, 1978: 180-186). 그러나 학교조직은 학교교육활동, 즉 교수학습을 위한 조직으로서 나름대로 독특한 특성을 갖는다. 학교조직(교육조직)의 특수성을 다음과 같이 세 가지로 제시하고 있다(남정걸, 1984: 84-85).

첫째, 학교조직이 추구하려는 궁극적인 목적이 교육이라는 것이다.
둘째, 학교조직은 전문조직이다.
셋째, 학교조직의 과업은 인간사업이다.

그렇다면 학교조직은 조직의 보편성과 학교조직의 특수성에 비추어 "효과적"이란 말의 의미는 달라져야 할 것이다. 그러면 학교조직은 어떠해야만 효과적인가? 이 질문은 "교사들은 교육내용을 어떻게 가르쳐야 하고, 학생들은 교육내용을 어떻게 배워야 하고, 학교장을 포함한 장학담당자는 학생과 교사 사이의 교수학습개선을 어떻게 해야 하고, 교수학습과정에 관련된 환경적 요인을 어떻게 조정하고 지원해야 하는가?"와 같은 물음일 것이다([그림 1-8]).

최소한 조직으로서의 학교는 제일 먼저 조직의 생명을 유지시켜야 할 것이다. 인간이나 조직이나 자기보존(self-presevation)은 제1의 자연법칙이다. 즉 학교조직은 조직 그 자체를 유지시켜야 한다. 역사적 관점에서 볼 때 필요에 의한 자연발생적 학교 출현은 지식의 폭발에 의해 그 필요성이 인정되고 강조되어 왔으나, 최근에 이르러 학교조직이 경제적·문화적·인종적 재생산기관으로 인정되면서 탈학교사회(deschooling society)를 주장하는 사람도 있다. 그러나 현재 학교가 존재하는 이유는 없는 것보다는 있는 것이 낫기 때문이며, 있어야 한다면 보다 많은 일을 해야 할 것이다. 그러기 위해서 장학담당자는 학교존립을 저해하는 제반요소-정치적·경제적·이념적·호전적인 학교환경과 학교의 무정부화 현상-를 극복함으로써 존재이유를 확보해야 한다.

다음으로 학교조직은 "효과성"과 "효율성"을 확보해야 한다. 효과성과 효율성은 학자들에 따라 그 의미가 다양하게 사용되고 있으며 이들 두 개념을 합친 의미로 효능성(efficacy)이란 개념을 사용하기도 한다. 그러나 바나드(Bannard)는 조직과 개인의 관점에서 효과성은 "목표성취"를, 효율성은 "개인의 동기만족"을 강조하는 것으로 구분하고 있다(1938). 이러한 관점에서 학교조직은 조직의 유지뿐만 아니라, 한편으로 조직의 목표를 성취하고 다른 한편으로는 조직의 구성원을 만족시켜야 한다. 이런 관점에서 학교가 그 목적을 달성할 수 있으면 효과적이고 그렇지 않으면 그 반대로 비효과적이다. 효과적인 학교가 되기 위해서 장학담당자는 목적을 위한 행동의 의도적 결과와 함께 의도하지 않았던 부수적 결과에 대해서도 관심을 가져야 할 것이다. 다른 한편으로 장학담당자는 학교조직의 목적에 대한 교직원과 학생들의 참여와 협조를 성공적으로 이끌어내야 한다. 다시 말해서 조직이 개인에게 요구하는 것 이상으로 조직은 개인에게 베풀 수 있는 여건을 확보하여 개인의 만족을 극대화해야 할 것이다.

마지막으로 학교조직은 "성장"해야 한다. 조직은 확장하고 개선하려는 의지를 갖는다. 단순한 생존과 현상유지는 충분치 못하며 변화하는 사회에 있어 오히려 그것은 퇴보이다. 그리고 성장은 조직의 힘을 늘리고 생존에 대한 위협을 막아낼 수 있는 지름길이다. 때문에 장학담당자는 학교조직의 개선과 성장에 대한 꾸준한 노력과 의지력을 가져야 한다. 그러나 장학담당자는 성장의 딜레마에 빠지지 말아야 한다. 다시 말해서 장학담당자의 성장의지는 약이 될 수도 있지만 병이 될 수도 있다. 조직의 확대가 조직의 성장에 있어 필요

충분조건이 아닐 수도 있으며, 오래된 고목과 같이 외부지향적 성장
이 내부의 부패와 빈사상태를 유발할 수 있기 때문이다. 따라서 장
학담당자는 외부로의 성장과 내부로부터의 위협 사이에 적절한 절제
와 벽을 쌓아야 할 것이다.

이상에서 우리는 조직의 보편성이란 관점에서 "효과적인 학교"를
① 유지, ② 효과성, ③ 효율성, ④ 성장이란 네 가지 측면에서 고찰
하면서 장학담장자의 역할을 논의하였다. 그리고 이들 네 가지 요소
를 연속선상에 놓고 볼 때 더 효과적인 학교는 성장을 지향하고 덜
효과적인 학교는 유지를 지향할 것이라고 추론을 할 수 있을 것이
다. 이를 그림으로 나타내면 [그림 8-1]과 같다.

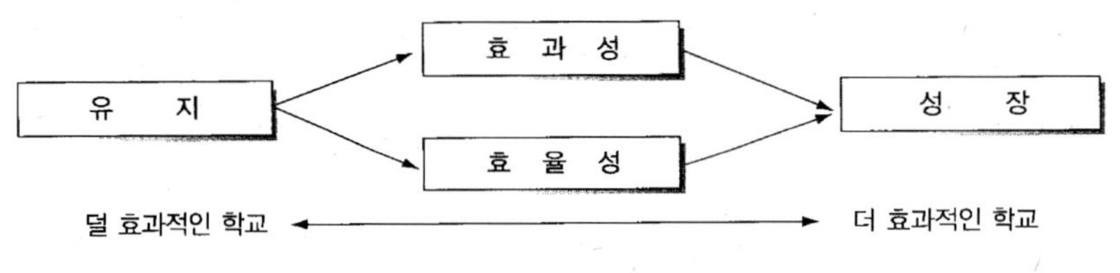

[그림 8-1] 조직의 보편성 관점에서 효과적인 학교

그러나 학교조직은 조직의 보편성과 함께 앞에서 제시한 바 있는
나름대로의 특수성을 갖는다. 이러한 관점에서 효과적인 학교는 학
교조직의 특수성에 비추어서 논의되어야 할 것이다. 즉 학교조직은
교장과 교감을 포함한 장학담당자, 수평적 계층의 교사집단, 학생,
교수학습을 지원하는 행정직원으로 구성되어 있으며, 이들 구성원은
학교조직의 목표인 "교육"을 위하여 비교적 안정된 구조 속에서 상
호작용하는 사회조직이다. 그리고 특수한 학교조직에 필요한 구성요
소로서 ① 학교의 사회심리적 규범, ② 학교조직구조 및 운영방식,
③ 수업실천행위를 들 수 있는데(김병성, 1987: 61), 이에 비추어 효과

적인 학교조성을 위한 장학담당자의 역할을 알아보면 다음과 같다.

먼저, 학교의 사회심리적 규범은 학교조직을 규정짓는 아주 중요한 요인이다. 여기에는 학교구성원의 학교교육효과에 대한 일반적 신념·기대·규범·평가·감정·분위기 등이 포함되며, 이들 요인은 주로 학교의 역사적 전통에서 나온다. 따라서 장학담당자는 학생 모두가 잘 배울 수 있고, 교사가 잘 가르칠 수 있다는 신념과 기대를 갖고서 효과적인 학교를 만들어 나가도록 할 것 이다.

다음으로, 학교조직을 구성하는 중요한 요소로는 학교조직구조 및 운영방식이 있다. 학교조직 내에는 다양한 하부조직이 있는데 그중에서 특히 중요시되는 것은 ① 교직원의 역할분담이나 사무분장의 효율성과 적절성 그리고 세분화와 통합성을 다루는 행정적 장학과 그 운영, ② 교사의 공식적 또는 비공식적인 협동체제·수업설계 및 평가방법, 교사의 자기연찬을 위한 시범수업 및 연수회를 포함하는 수업장학 등을 들 수 있다. 구조적 측면에서 장학담당자는 학교조직의 생산성을 높이기 위하여 조직구조를 개선하고, 부서들이나 구성원들 사이의 갈등을 해소시킴은 물론 교사들의 교수학습에 대한 노력을 지원해야 할 것이다.

마지막으로, 모든 학생에게 공통된 학습목표를 분명히 인식시키고 수용하게 하여 최대한의 학생이 주어진 학습목표에 도달하게 하는 수업실천행위가 있다. 여기에는 교실 내의 의사소통방식, 행동강화·보상체제, 수업에 있어서의 규제나 통제방식, 수업자료의 제공과 수업에 투입되는 시간량이 중요한 요소로 취급된다. 특히 장학의 궁극적 목적이 학생의 성취증대라는 관점에서 장학담당자는 교사의 수업실천행위를 지원하고 보조해야 할 것이다.

이 밖에도 효과적인 학교의 특성을 찾아내기 위한 많은 경험적 연구가 수행되어 왔다. 터스만(Tursman, 1981)은 여러 개의 보고서를 고찰한 후 성공적인 학교에는 ① 강력한 행정적 리더십, ② 학생과 교사에 대한 높은 기대, ③ 적극적인 학교풍토, ④ 지역사회의 지원 등의 특성을 갖고 있다고 했으며, 사회학자인 윈(Wynne, 1980)은 학업성취와 관련시켜 다양한 수준과 부류의 167개 학교를 고찰한 후 훌륭한 학교에서는 ① 교장과 교사들이 학생들을 존중하고, ② 그들이 많은 성취를 하길 기대하며, ③ 그들이 질서 있게 처신하길 기대하며, ④ 교육을 다른 무엇보다도 중시한다는 사실을 발견하였다. 또 최근에 이루어진 뉴욕 시에 있는 초등학교를 대상으로 한 에드먼즈(Edmonds, 1979: 15-23)의 연구에서는 효과적인 학교가 ① 강력한 행정적 리더십, ② 학습을 조장하는 학교풍토, ③ 교실에서의 기본적 기술과 수업의 중시, ④ 학생의 능력에 대한 교사의 낙관적 기대, ⑤ 학생의 성장에 대한 지속적인 평가를 들었다. 이상의 몇 가지 경험적 연구의 결과에 기초해서 뒤그난(Duignan, 1986)과 스콰이어스 등(Squires et al., 1986)이 제시한 모형을 토대로 효과적인 학교모형을 제시하면 [그림 8-2]와 같다.

사회조직으로서의 학교는 [그림 8-2]에 나타난 바와 같이 다양한 요소들로 구성되어 있다. 즉 거시적 수준에서 학교는 주변으로부터 ① 학부모의 지원과 참여, ② 학교학습에 대한 비판, ③ 기회균등의 실현, ④ 다양한 집단의 요구, ⑤ 복합적 가치, ⑥ 기술의 폭발, ⑦ 정치적 간섭, ⑧ 부족한 교육자원, ⑨ 학생의 사회경제적 수준 등의 압력과 지원을 받는다.

그리고 중간적 수준에서 학교는 ① 리더십, ② 학교풍토, ③ 장학, ④ 교사행동·학생행동·학생성취를 포함하는 교실환경의 요소로 구성되며, 미시적 수준에서 교실환경은 장학에 있어 가장 핵심적이며 궁극적인 요소인 ① 교사행동, ② 학생행동, ③ 학생성취를 포함한다.

학교가 효과적으로 되기 위해서 학교는 주변 환경으로부터의 압력에 잘 대처하고 지원을 잘 활용해야 하며, 온전한 ① 리더십, ② 학교풍토, ③ 장학, ④ 교실환경을 확보하고 요소들 사이의 상호작용을 잘 조화시켜야 할 것이다. 그리고 장학담당자는 [그림 8-2]의 모든 요소들이 궁극적으로는 학생성취를 지향하도록 유도해야 할 것이다.

먼저 효과적인 교실이 되기 위해서는 학생의 교실내 행동은 학생성취에 직접적으로 긴밀하게 연결되어야 하며, 교사의 행동은 학생의 학습이 개선될 수 있도록 학생의 행동에 영향을 주어야 한다. 그러기 위해서 학생들은 ① 적극적으로 수업에 참여하고, ② 적정한 "학습내용"을 제공받고, ③ 매일 부과되는 과제를 수행하고 그 내용을 "성공"적으로 숙달해야 하며, 교사들은 ① 교실에서의 활동을 준비하고 "계획"하고 ② 학생들의 행동을 통제하고 이끄는 "경영"활동에 종사해야 하며, ③ 학생에게 학습을 제공하고 또 그것을 지도하는 "수업"을 해야 한다. 그리고 교사의 계획·경영·수업은 학생의 참여·수업내용·성공이 효과적인 것이 되도록 촉진시켜야 한다. 이는 효과적인 학교를 만드는 데 있어 핵심이 된다고 할 수 있을 것이다.

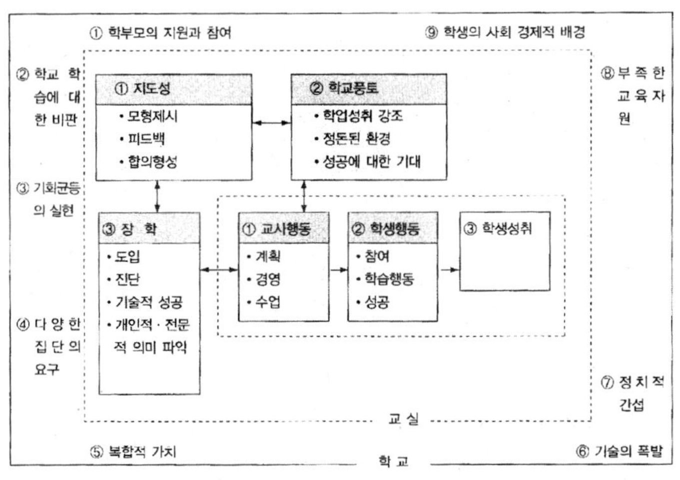

[그림 8-2] 효과적인 학교의 모형

다음으로 교실환경에서의 교수-학습의 질에 직접적으로 영향을 주는 수업장학이 효과적으로 이루어져야 할 것이다. 학생의 참여·수업내용·성공을 증가 시키고자 하는 교사를 지원해 주는 수업장학은 결국 학생의 성취를 증가 시키게 될 것이다.

수업장학은 ① 수업상의 문제를 정확히 확인하고, ② 진단하였다면, 이제 수업개선을 위한 ③ 가능한 여러 장학적 대안을 검토하여, 상황에 맞는 ④ 최선안을 선택하여, 그것을 ⑤ 시행하고, 그 ⑥ 효과성을 평가하는 문제해결과정을 적용하게 된다(주삼환, 1985: 662). 또한 고톤(Gorton)은 효과적인 수업장학의 일반적 과정을 ① 문제의 확인, ② 문제의 진단, ③ 문제해결방법의 모색, ④ 최선의 문제해결 방법 선택, ⑤ 적용, ⑥ 평가의 여섯 단계로 구분하였다(고영희, 1988: 73-74). 그리고 [그림 8-2]의 효과적인 학교의 모형에 토대를 제공한 스콰이어스(Squires)는 수업장학의 국면을 ① 장학담당자와 교사가 장학구조에 대하여 갈등을 경험하는 "도입", ② 개선하려는 교사의 필요와 조력자로서의 장학담당자 사이의 갈등을 밝혀 주는 "진단", ③ 개방적 관계의 종대에 따라 갈등이 늘어나는 "기술적 성공", ④ 장학담당자와 교사 모두가 갈등을 극복하고 전문적 의미와 개인적 시사점을 이해하는 "개인적·전문적 의미파악", ⑤ 장학적 관계를 종료하고 개선된 전문적 유형을 일상적 습관으로 통합하는 "재통합"의 다섯 국면으로 장학담당자와 교사 사이에 일어나는 갈등문제에 기초하여 분류하였다.

[그림 8-2]의 모형에 있어 효과적인 학교에 있어서 중시되는 요소는 학교풍토와 리더십이다. 먼저 학교풍토에 관하여 알아보면, 그것은 세 가지 요소로 구성되어 있다. 즉 학생·교사·장학담당자 모두가 ① "학업성취를 강조"하여 학생들은 학업에 열중하고, 교사는 공부하는 기술을 가르치는 데 시간을 효율적으로 사용하며, 장학담당자는

학생과 교사가 학업성취를 지향하도록 하는 나름대로의 행동·조직구조·신념을 발휘한다. 다음으로 효과적인 학교는 폭력과 사고의 발생이 적고 기대된 것보다 더 높은 성취를 하는 ② "정돈된 환경"을 갖는다. 이러한 학교에 있는 학생은 훈육지침이 모든 학생들에게 공정하게 적용된다는 것을 알고 학교의 일에 참여를 하며, 교사들은 수업의 진행에 있어 시간을 효율적으로 사용하며 학생의 성취에 대하여 보상과 강화를 제공한다. 그리고 장학담당자는 직원과 학생 사이에 학교규칙에 대한 합의를 형성하고 공정하면서도 확고하게 그것을 적용시킨다. 세 번째로 효과적인 학교에 있어서는 ③ "성공에 대한 기대"를 한다. 그리고 이러한 기대는 앞서의 정돈된 환경과 학업성취의 강조를 강화해 준다. 그래서 효과적인 학교에 있는 학생들은 학교가 자신들의 성취를 도와준다고 느끼며, 교사와 장학담당자는 학생들이 자아개념과 효능감(a feeling of efficacy)을 갖도록 기대를 하고 높은 기준을 달성할 수 있다고 믿는다.

앞에서의 학교풍토와 함께 효과적인 학교에서 중시되는 것은 학교리더의 역할, 즉 리더십이다. 학교리더는 효과적인 학교를 만들기 위해서 ① 적극적인 "모형을 개발"하고, ② "합의를 형성"하고, ③ 적극적인 학교풍토를 형성하도록 "피드백(feedback)을 제공"해야 한다. 사람들은 자신이 존경하고 높은 지위에 있는 사람들의 행동·태도·신념을 모방하는 경향이 있기 때문에 장학담당자는 교사와 학생의 모델이 되어야 한다. 다음으로 집단에서의 형성된 합의는 사람들을 일정한 형태로 처신하도록 돕는데 일과표는 그 한 가지 사례라는 것이다. 때문에 리더로서의 장학담당자는 학교구성원들 사이에서 합의를 형성하고 또 문제발생시 그 해결을 할 수 있는 자질을 갖추어야 한다. 또한 학교는 참여자들에게 그들 행동의 수용가능성에 대한 피드백을 제공하는데, 피드백을 통해서 참여자들은 조직이 가치 있게 여기는 것을 배우게 된다. 효과적인리더십은 학교풍토를 지원하는 피드백을 꾸준히 제공해야 한다. 그리고 효과적인 리더에 있어 중요한 것은 ① 비전이 있고, ② 참여를 이끌어 내고, ③ 지원적이고, ④ 성취에 대한 애착과 관심을 가져야 하고, ⑤ 유용한 자원을 갖고 있어야 한다(주삼환, 1990: 1-2).

이제까지 학교개선을 위한 효과적인 학교에 대한 논의를 조직의 보편적 속성, 학교조직의 특수성, 경험적 연구에 근거한 효과적인 학교의 모형에 근거해서 알아보았다. 그러나 중요한 것은 단순히 효과적인 학교를 알아보는 것이 아니라, 이러한 지식에 의해서 효과적인 학교를 만들어 나가는 것이다. 이런 점에서 다음에는 효과적인 학교로 개선하기 위한 "변화와 혁신"에 대해서 알아보고 "변화와 혁신의 전파전략"에 대해서 알아보고자 한다.

2. 변화와 혁신, 그 전파

효과적인 학교의 모형 [그림 8-2]에 있어 종착점은 학생성취이고 출발점은 장학담당자의 리더십이다. 따라서 장학담당자는 효과적인 학교를 만들어 나가는 데 있어 변화전략을 성공적으로 실천하는 주도자이면서, 변화가 일어나도록 돕는 경영자가 되고, 때로는 학생성취를 방해하는 저항자가 되는 등의 역할을 효율적이고 조화롭게 수행해 나가야 한다. 흔히 학교조직은 매우 관료적·보수적 집단으로 여겨지고, 장학담당자는 기존체제나 학습 프로그램의 변혁이나 개혁보다는 안정성 유지에 치중하는 것이 일반적이다. 그러나 학교는 변화의 대상이고 변화하는 환경 속에서 운영되고 있다. 따라서 장학담당자는 때때로 변화를 주도하고 또 정기적으로 변화에 반응해야 한다. 그리고 효과적인 학교의 특성으로 변화촉진자로서의 교장(장학담당자)의 역할이 강조된다(김병성, 1987: 64). 그렇다면 장학담당자는 어떤 변화를 지각하고, 학교 조직을 어떻게 혁신시키며, 또 어떤 전략을 구사해 나가야 하는가?

미래학자인 토플러(Toffler, 1970)는 우리 사회의 인구·자원·기술 등에서 급속한 성장과 직접적으로 관련이 있는 급속한 변화가 개인에게 어떻게 영향을 미치는 지에 대한 관심을 『미래의 충격(Future Shock)』으로 나타낸 이후, 『제3의 물결(the Third Wave)』, 『권력의 이동(Power Shift)』 등의 책을 통해서 그 이후의 변화양상을 발전적으로 설명하였다. 네이스비트(John Naisbitt, 1984)도 21세기로 향하는 사회의 흐름을 정확하고 풍부한 자료를 동원해서, 현대사회가 ① 산업화 사회로부터 정보화사회로, ② 힘의 기술로부터 고도기술로, ③ 초등경제로부터 세계경제로, ④ 단기적 전망으로부터 장기적 전망으로, ⑤ 중앙집권화에서 지방분권화로, ⑥ 제도적·기관적 지원에서 자립·자조로, ⑦ 대의민주정치에서 직접민주정치로, ⑧ 피라미드형 구조에서 수평형 네트워크로, ⑨ 미국의 북부지역에서 남부지역으로, ⑩ 양자택일사회에서 다종선택사회로 바뀌게 될 것이라고 전망하였다.

20세기의 마지막을 장식하고 있는 세계사적인 이와 같은 조류는 교육체제에 그대로 반영되어 많은 사람들은 현존하는 교육체제가 젊은이들에게 오히려 해롭고 위험스런 것이라는 관점을 제시하고 있다. 또한 국가에서도 변화에 부응하는 교육여건 확보를 위해 서둘러 왔는데 이는 국가적인 교육개혁·또는 교육혁신의 노력으로 나타나고 있다. 미국의 경우 1981년 교육성의 연구위촉에 따라 국가교육진흥위원회가 작성한 교육개혁안인 "미국 초등에게 보내는 공개서한-국가의 위기: 교육개혁의 필연성(NCEE, 1983)"에서는 미국의 교육이 무관심과 냉대로 교육의 질이 크게 저하되었고, 이러한 교육의 위기는 결과적으로 미국의 정치·경제·국방·사회의 모든 부문에 커다란 위기를 초래하였음을 지적하면서, 교육내용·기대·시간 및 교직에 관한 네 가지 측면을 분석하고 나서 이 결과를 교육개혁을 위한 자료로 활용할 것을 제안하고 있다. 이웃 나라인 일본에서도 교육개혁을 위한 노력은 마찬가지이다·일본에서는 1984년 나까소네 수상이 일본 내에서 교내폭력과 비행, 과열된 입시 등으로 인한 "교육의 황폐화" 현상을 극복하기 위하여 총리의 사적 자문기관인 문화와 교육에 대한 간담회를 발족하면서 교육개혁이 논의되기 시작했다. 그 후 일본도 꾸준히 교육개혁을 시도하고 있다. 우리나라에서도 1980년대 들어 교육개혁을 추진하기 위하여 교육개혁심의회를 구성하고 다가올 21세기를 주도할 한국인 상을 자주적·창조적·도덕적 인간이라 규정하고, 개성과 자율성 존중·수월성의 추구·교육환경의 인간화에 역점을 두고 10대교육개혁안을 발표하였는데(교육개혁심의회, 1987), 그 구체적인 내용을 알아보면 ① 학제의 개편, ② 입시제도의 개혁, ③ 학교시설의 현대화, ④ 우수교원의 확보, ⑤ 교육내용과 방법의 쇄신, ⑥ 과학두뇌의 개발, ⑦ 대학교육의 수월성 추구, ⑧ 평생교육체제의 확립, ⑨ 교육행정의 자율화, ⑩ 교육투자의 획기적 증대 등이다. 그 후 대통령교육정책자문회의, 교육개혁위원회, 대교육공동체회의, 대통령인적자원정책위원회, 교육혁신위원회 등을 거치면서 계속 교육개혁을 외치고 있다.

이상의 변화조짐과 이에 부응하는 교육개혁의 노력을 통해서 볼 때, 교육혁신은 침체된 교육체제의 효과성을 증대시킬 것으로 예상된다. 그러면 교육혁신·학교혁신·교실혁신은 무엇을 의미하는가? "변화"란 가치중립적으로 바람직한 변화와 그렇지 못한 변화 모두를 포함한다. 그러나 "혁신" 또는 "개혁"은 바람직한 방향으로의 변화를 의도적으로 시도할 때 쓰는 개념이다(윤종건, 1986: 22). 그럼 혁신을 구체적으로 논의할 경우 혁신인 것과 혁신이 아닌 것은 어떻게 구별되는가?

김영호의 혁신에 대한 정의(1973: 9)에 비추어 볼 때, 혁신은 ① 체제 "개선"을 위하여 ② "의도적"으로, ③ "새로운" 변화가 시도될 때, 그리고 그 변화가 체제에 ④ "광범위"하고, ⑤ 비교적 "영속적"인 변화를 가져올 때의 그 변화를 말한다. 부연하면 ① 단순히 체제가 변화하는 것은 혁신이 아니며 체제의 개선을 가져와야 혁신이라고 할 수 있다. 변화는 쉬운 것이나 혁신은 그렇게 쉬운 것이 아니다. ② 혁신은 저절로 일어나는 변화가 아니라 의도적으로 계획하고 실천해 나가는 행위이다. 그러므로 저절로 일어나는 변화는 혁신이 아니다. ③ 바람직한 변화는 꼭 새로운 것을 시도해야만 일어나는 것은 아니다. 그러나 혁신은 지금까지 없었던 또는 시도되지 않았던 것을 해 본다는 의미가 들어 있다. 때문에 새로운 것이 아니면 혁신이 아니다. ④ 체제 내의 어떤 영역에서의 변화이든지 간에 변화의 범위나 깊이로 보아 체제전반에 변화를 가져올 때 혁신이라고 하고, 부분적인 변화는 혁신이라고 하지 않는다. 마지막으로 ⑤ 변화가 일시적일 때 그것을 혁신이라고 하지 않으며 영속적으로 지속되는 변화를 혁신이라고 한다. 그리고 어떤 변화가 혁신적인 것이 되려면 이상의 다섯 가지 요건을 모두 갖추어야 하며, 교육혁신·학교혁신·교실혁신이라 함은 체제의 수준이 교육전반·학교·교실일 경우의 혁신을 말한다.

그렇다면 이제까지 논의된 교육혁신·학교혁신·교실혁신을 전파하는 데는 어떤 혁신의 전파전략이 필요한가? 제3장의 변화이론에서 논의된 바와 같이 변화의 전파모형에는 전통적인 전략인 ① 자연적 전파모형, ② 사회학적 전파모형, ③ 계획적·관리적 전파모형과 현대적인 전략에 속하는 ① 경험적·합리적 변화전략, ② 권력-강제적 변화전략, ③ 규범적 재교육전략으로 알려진 조직의 자기경신전략이 있다. 그리고 이러한 혁신전파의 모형과 전략의 기본적인 입장은 대체로 어떤 새로운 아이디어가 사회체제에서 일정기간 동안 한 사회단위에서 다른 사회단위로 퍼져 나가는 과정을 탐구하는 데 있다(Rogers, 1962: 12). 학교조직수준에서 혁신전파과정을 [그림 3-28]로 제시된 R, D, D, & A 모형을 토대로 혁신전파과정을 모형으로 제시하면 [그림 8-3]과 같은데 이 모형은 혁신에 관한 지식이 형성되어 활용되기까지의 일련의 과정을 나타낸다.

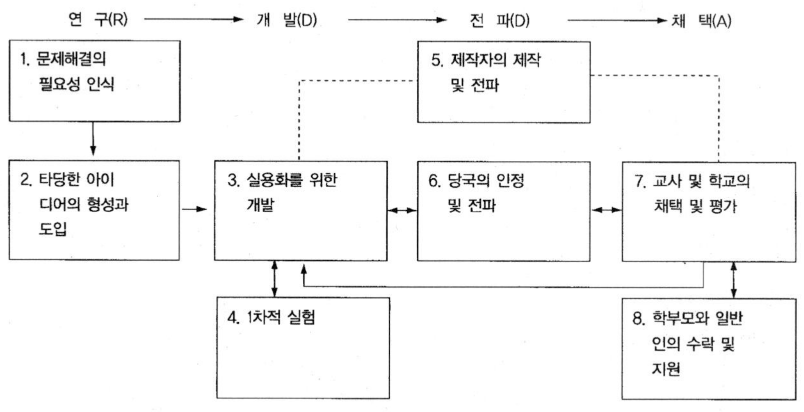

[그림 8-3] 혁신의 전파과정

다시 말해서 혁신의 전파과정은 새것이 응용연구와 개발활동을 통하여 새로운 지식이 "연구"에 의해 창출되고, 그 실제에 활용될 수 있는 형태로 "개발"되고, 그것을 다시 사회체제 속에 널리 "전파"시켜서 드디어 사용자가 "채택"하여 활용하게 되는 과정이다. 그러므로 학교리더로서의 장학담당자는 이러한 혁신과정을 통하여 효과적인 학교를 만들어 나가야 할 것이며, 이를 위해서 그는 변화·혁신·

전파에 관한 지식을 확대해 나가야 한다. 그리고 학교혁신의결과는 학교효과성으로 나타나며, 장학담당자는 그 결과에 대해서 알고 그 결과를 학교개선의 자료로 활용하길 원할 것이다. 그러면 "학교효과성"의 평가는 무엇을 대상으로 하고 어떻게 할 수 있는가?

3. 학교효과성의 평가

학교조직이 성공적인가 아닌가를 평가하는 데는 여러 가지 개념이 사용될 수 있으나 일반적으로 사용되는 것이 학교효과성의 개념으로써, 이는 학교문제에 대한 실증적 연구에서 주로 종속변인으로 사용되고 있다. 지금까지의 학교효과성에 대한 평가는 거시적 관점에서 조직의 효과성에 대한 평가와 미시적 관점에서 학습의 효과성에 대한 평가란 두 가지 관점에서 이루어졌다.

거시적 관점에서 학교조직의 효과성에 대한 평가는 학교조직풍토나 조직건강 및 이를 위한 조직발전(Organizational Development, OD)을 중심으로 전개되어 왔다. 이러한 방법을 통한 효과성 평가가 학교조직에서 궁극적인 교육목적의 달성여부를 측정하기에 적합한가의 여부에 문제가 제기되기도 하지만, "학교조직의 구성원들이 담당해야 하는 역할은 그가 수행해야 하는 구체적인 과업과 분리해서 생각할 수 없으므로 과업의 달성도를 평가함으로써 학교조직의 효과에 관한 평가는 가능하다"(최희선, 1989: 111).

반면, 미시적 관점에서 앞에서의 조직효과성에 대한 평가와는 달리 그 일부라고 할 수 있지만 가장 중요한 것으로 여겨지는 학습효과성에 대한 평가가 있다. 즉 학교효과성을 학교가 학업성취에 미치는 효과를 평가하려는 입장이다. [그림 8-2]의 효과적인 학교의 모형은 학교효과성을 미시적 관점에서 파악하면서 학교와 교실의 궁극적인 목적을 학생성취로 보고 있다. 그러면 학교와 교실에서 이루어지는 학습의 효과성은 실제로 학생성취에 많은 영향을 주고 있는가?

콜라드(Collard, 1984: 146)는 학생성취에 대하여 학교가 갖는 효과를 연구한 논문을 고찰하면서, 연구결과가 상당히 일관되지 못하고 상호모순되게 나타나고 있다고 하였다. 그러나 그는 지금까지의 연구들을 "학교학습이 학생성취에 어떤 효과를 갖는가?"에 따라 ① 초기의 낙관적 관점, ② 1966~1972년의 비관적 관점, ③ 최근의 낙관적 관점으로 구분하면서 학교학습이 학업성취에 영향을 주고 있음을 밝히고 있다. 구체적으로 살펴보면, ① 1960년대 중반까지의 학교효과성에 대한 연구는 학교가 학생들에게 제공하는 서비스와 이에 따른 학생성취 사이에는 정적 관계가 있음을 밝히고 있다(Mollenkop & Melville, 1956). 이러한 낙관론은 다른 연구자들에 의해 도전을 받게 되었는데, 그 연구자들은 ② 학교는 학생들의 성취에 거의 영향을 주지 못하며, 그러한 성취는 오히려 학생의 배경과 사회적 환경에 의해 영향을 받는다. 그리고 성취점수의 차이는 학교학습보다는 배경적 요인에 있어서의 차이 때문에 나타난다는 결론을 내렸다(Coleman et al., 1966). 이러한 비관적 결론은 학교효과성에 대한 투입-산출의 모형을 사용함으로써 나타난 것으로, ③ 이전의 연구들에서 사용된 표집기법·성취측정·학교학습의 모델에 비판적이었던 연구자들에 의해 도전을 받게 된다(Walberg & Rasher, 1974). 이러한 최근의 연구들은 비용-이윤분석이나 인지적 능력에 대한 표준화된 검사에 의해서 반드시 측정될 수 없는 투입-산출의 견지에서 학생성취에 영향을 주는 학교 프로그램의 능력을 다시 인정하고, 학교에서의 교육의 과정(school process)의 영역에 다시 관심을 갖기 시작했다.

즉 학교는 학생의 학업성취에 별로 영향을 주지 못하고 학생의 가정배경이 부모의 사회경제적 지위가 학업성취에 결정적인 영향을 준다는 비관적인 관점은 학교의 교육적 환경, 가령 강한 지도력·높은 교사의 기대·좋은 학교분위기·독서에 대한 강조·학력향상을 위한 신중한 노력에 따라 학교는 학생성취에 차이를 낼 수 있다는 낙관적인 관점에 의해 도전을 받고 있다. 우리 주변에도 가난한 집안의 학생 중에도 공부를 잘하는 학생이 있고, 벽지나 낙도에 있는 학교 중에도 효과적인 학교가 있지 않는가? 이러한 관점에서 볼 때 효과적인 학교는 만들어질 수 있고 학교의 효과성 여하에 따라 학생의 성취는 달라질 것이다. 앞에서도 언급했듯이 효과적인 학교에 있어 종착점은 학생성취이고 출발점은 장학담당자의 리더십이다. 따라서 장학담당자의 학교개선을 위한리더십, 특히 교실혁신을 위한 수업리더십은 아주 중요하다고 하겠다. 그러면 장학담당자는 이러한 리더십 발휘를 위한 자료를 어디서 얻을 것인가? 학교혁신과 교실혁신이 효과적인 학교에 있어 본질이라고 한다면 이러한 자료도 학교와 교실환경에서 얻어야 할 것이다. [그림 8-2]의 모형에 기초해서 효과적인학교의 평가를 위한 대안을 알아보도록 하자(squires et al., 1986: 91-103).

여기서는 질문지법에 의한 평가를 하는데, 평가의 주요 범주는 [그림 8-2]에 나타난 바와 같이 학생행동·교사행동·장학·학교풍토·리더십·학생성취이다.

질문지의 구성에 대해서 알아보면 첫 번째 칸(column)에는 질문문항이 적혀있고, 나머지 다섯 칸은 반응자들이 응답하거나 적어야 한다. 두 번째 칸은 반응자들이 질문문항에 대하여 긍정하는지 부정하는지를 반응으로 표시하는데 긍정하면 Y로, 부정하면 N으로 표시하고, 세 번째 칸은 반응자가 두 번째 칸에 응답한 내용에 대해서 전혀 확신을 가질 수 없을 때의 0에서부터 시작하여 완전한 확신을 가질 때의 5까지 확신의 정도를 적는 것이다. 당연히 체제 내에 있는 모든 사람이 여기서 묻고 있는 모든 질문에 대해서 확신을 가질 수는 없을 것이다. 그리고 특정한 반응에 대해서 확신의 정도와 그렇지 않은 정도에 합의가 있을 경우, 이러한 자료는 더 많은 자료를 필요로 하는 영역들에 대한 단서를 제공할 것이다.

"당신이 가지고 있는 자료는 무엇인가?"라고 적힌 칸은 가장 중요하다. 여기서 당신은 당신이 질문에 대해서 "Y" 또는 "N"이라고 대답하게 한 자료의 종류를 지적해야 한다. 이러한 정보는 당신이 교사일 경우 특정한 교실에서, 장학담당자일 경우 특정한 학교에서 경험한 내용을 적거나, 학습지도안·학급생활일기·월중계획표·평가보고서·소문을 통해서 적을 수 있다. 그런데 가능하면 구체적으로 적도록 해야 한다. 왜냐하면 사람들이 그들의 자료를 어디서 수집했는지를 아는 것이 중요하기 때문이다. 다음 칸에는 질문되고 있는 과업이나 기능에 대해서 누가 책임을 져야 할 것인지에 대하여 그 사람의 직명을 쓰도록 한다. 그리고 책임질 마땅한 사람이 없으면 "없음"이라고 쓴다. 마지막 칸에는 책임질 사람이 책임을 수행하고 있는 지의 여부를 누가 점검해야 하는지 그 사람의 직명을 쓴다. 없을 경우에는 앞의 경우와 마찬가지로 "없음"이라고 쓰라. 다음에 제시되는 <표 8-1>은 학교효과성 모형에 기초한 학교의 효과성을 측정하기 위한 질문지이고 1번 문항은 어떤 한 교장이 질문지를 작성한 방법을 설명한 것이다.

표 8-1 학교효과성 평가 질문지

질문문항	응답 (Y / N)	확신 정도 (0~5)	당신이 가지고 있는 근거자료 는 무엇인가?	누구의 책임인 가?	누가 점검하 는가?
I. 학생행동 **가. 참 여** 1. 평균적으로 초등학교에서 독서 / 언어학습이 최소한 하루에 두 시간 계획되어 있는가?	Y	5	일과표 교사의 교안	교장 교사	교장
2. 평균적으로 초등학교에서 수학을 한 시간 정도 가르치도록 계획되어 있는가?					
3. 대부분의 학생들은 수업시간에 빼먹지 않고 참여하는가?					
나. 학습내용 4. 학생들은 성취검사에 의해 측정되는 내용과 기술을 배우고 있는가?					
5. 학생들은 새로운 기술을 배우는 데 필요한 선행조건을 숙달했는가?					
다. 성 공 6. 평균적으로 학생들은 일상적인 학교생활에서 높은 수준의 성공을 경험하는가?					
7. 평균적으로 학생들은 독서 / 언어학습 그리고 산수에 관한 내용을 대부분 숙달하는가?					
II. 교사행동 **가. 계 획** 8. 교사들은 학년초에 1년 동안 가르칠 내용을 계획하는가?					
9. 교사들은 수업자료와 활동이 프로그램이 평가되는 목표와 목적에 긴밀하게 연결되도록 앞서 계획하는가?					
10. 교사들은 학생들의 성취에 앞서 자료를 확보하고 활용하는가?					
11. 교사들은 개학하기 전에 ① 학급일을 분석하고, ② 기대되는 행동을 밝히고, ③ 규칙과 절차를 가르치는 방식을 개발하는 등 교실경영을 발전 시키기 위한 계획을 준비해 왔는가?					
12. 교사들은 학생들이 성공하도록 계획하고 또 성공하길 기대하는가?					
13. 학급에서 혼란이 빈번히 발생하지 않는가?					

질문문항	응답 (Y / N)	확신 정도 (0~5)	당신이 가지고 있는 근거자료 는 무엇인가?	누구의 책임인 가?	누가 점검하 는가?
나. 학급경영 14. 교사는 하나의 활동에서 다른 활동으로 옮겨 갈 때 수업시간을 최소로 낭비하면서 이루어지도록 하고 있는가?					
15. 모든 학생들은 수업에 참여하고 반응하는 데 있어 동등한 기회를 제공받고 있는가?					
16. 교사는 학급의 기강이 서도록 규칙과 절차를 일관되게 강화하는가?					
17. 교사들은 정시에 수업을 시작해서 무리 없이 진행해 나가는가?					
다. 수 업 18. 교사들은 학급 내 모든 학생들에게 새로운 내용과 기술을 제시하고, 논증하고, 설명하는 데 충분한 시간을 사용하는가?					
19. 교사들의 설명과 지시는 명료하고 이해가 잘 되고 있는가?					
20. 교사들은 학생들이 새로 획득한 기술과 내용을 실습하고 강화할 수 있는 적절한 기회를 제공하는가?					
21. 교사들은 학생들의 성취를 조사하고, 필요한 건설적인 피드백을 제공하는가?					
22. 교사들은 학생들이 기술이나 개념을 이해한 후에 과제나 숙제로서 나름대로 혼자 해 볼 수 있는 활동을 제공하는가?					
23. 교사들은 수업목표의 성취를 조사하고 기록하는 일을 체계적으로 하는가?					
III. 장 학 24. 교장은 정기적으로 교실수업을 관찰하는가?					
25. 교장은 정기적으로 교사와의 모임을 갖고서 학급문제를 토의하는가?					
26. 조직으로서 학교는 학생관리 · 성공 · 수업내용에 초점을 두고서 교원들을 평가하는 구체화된 절차와 기준을 갖고 있는가?					

질문문항	응답 (Y / N)	확신 정도 (0~5)	당신이 가지고 있는 근거자료 는 무엇인가?	누구의 책임인 가?	누가 점검하 는가?
27. 교장과 교원들은 자신들이 장학과 평가의 규칙에 대해 알 수 있도록 장학과 평가의 절차에 대해서 훈련을 받았는가?					
28. 장학과 평가의 과정에서 발생하는 갈등은 교장과 교사의 관점으로부터 나타나는 것인가?					
29. 장학과 평가를 하는 동안에 기록된 자료의 유형은 학생참여·성공·학습내용과 같은 가치 있는 성과에 관련을 갖는가?					
Ⅳ. 학교풍토 가. 학업성취 강조 30. 학생들은 배우고 있는 내용을 숙달하도록 하는 기대를 받고 있는가?					
31. 교사들과 교장은 학교의 학업적 초점을 지지하여 하루의 일과를 수업활동에 쏟는가?					
32. 교사들은 숙제를 내주고 결과를 확인하는가?					
33. 교사들은 성취에 대해서 보상을 주고 또 강화하고 있는가?					
34. 학교의 일차적인 초점이 공부하는 것인가?					
나. 정돈된 환경 35. 학생들은 교사들이 학교규칙을 강화하고 엄격하게 교실행동을 통제하는 것에 모두 동의하고 있다는 사실을 아는가?					
36. 대다수의 학생들은 책임감을 갖고 본분을 지키며, 학교활동에 참여하고, 도서관을 이용하며, 학교 시설을 아끼는가?					
37. 처벌은 모욕감을 주거나 폭력을 사용하지 않고서도 잘못된 행동에 대한 확고한 비난을 보여주는 방식으로 전달되는가?					
38. 교사들은 문제에 대해서 학생들과 협의하는 데 큰 도움을 주는가?					

질문문항	응답 (Y / N)	확신 정도 (0∼5)	당신이 가지고 있는 근거자료 는 무엇인가?	누구의 책임인 가?	누가 점검하 는가?
다. 성공에 대한 기대					
39. 학생들은 학교가 자신들의 학업을 도 와주고 있다고 느끼는가?					
40. 교장과 교사들은 모든 학생들이 사회 계층 차이에 관계없이 학업을 숙달할 수 있다고 믿고 또 그렇게 될 것으로 기대하는가?					
41. 학생들은 성공하는 데 있어서 행운보 다는 노력이 중요하다고 믿는가?					
Ⅴ. 리더십					
가. 모델제시					
42. 긍정적인 행동의 모델이 교사와 행정 가들에 의해 제공되고 있는가?					
43. 교사들은 학생들이 어떤 일을 잘했을 경우에 칭찬을 하는가?					
44. 교장은 교사들과 학생들에 의해서 공 평하고 평등한 대우를 하는 모형으로 서 지각되고 있는가?					
나. 합의형성					
45. 코스의 계획이 교사집단에 의해서 이 루어지고 있는가?					
46. 높은 비율의 학생들이 책임감을 갖고 본분을 다하는가?					
47. 교사들은 교육의 여러 측면에 대해서 제한된 수의 학생들과 광범위한 접촉 을 하는가?					
48. 교사들과 행정가들은 교사·학생·행 정가에 있어 수용가능한 행동유형에 대한 합의를 하는가?					
49. 학교는 학교에서 일하고 배우는 사람 들을 가르치고 그들이 중단없이 그러 한 것을 계속하도록 할 수 있는가?					
Ⅵ. 피드백					
50. 교사들은 성취에 대해서 보상을 제공 하고, 학생들이 잘한 일에 대해서 칭 찬을 하는가?					
51. 교장은 정기적으로 교실을 관찰하고 수업문제에 대해서 교사들과 협의하 는가?					

질문문항	응답 (Y / N)	확신 정도 (0~5)	당신이 가지고 있는 근거자료 는 무엇인가?	누구의 책임인 가?	누가 점검하 는가?
52. 교사들은 자신들의 관점이 의사결정에 반영되고 있다고 느끼는 가?					
53. 학생들은 처벌보다는 보상과 칭찬으로 피드백을 받는가?					
54. 교장은 신뢰할 만한 지원체제와 직원에 대한 적절한 현직교육 그리고 교사들이 수업과 기강문제에 있어 그들의 행동을 조정할 수 있는 기회를 제공하는가?	Y	5	일과표 교사의 교안	교장 교사	교장
55. 성취검사와 기본적 기술의 획득을 평가하기 위하여 사용되는가?					
56. 중간계층 출신의 학생들만큼 빈곤계층 출신의 학생들도 성취하는가?					
57. 표준화된 성취검사의 결과가 쓸모 있는 형태로 학생 · 교사 · 행정가 · 교육위원 · 지역사회에 알려지는가?					
58. 교육위원회는 학교체제를 위한 주요 목표로서 학생성취를 중시하는가?					
59. 학생성취를 지원하는 관리와 수업의 체제가 존재하는가?					
60. 성취검사의 결과는 교육과정과 수업 프로그램을 변화시키는 데 사용되는가?					

이 학교효과성 평가 질문지는 교육현장연구와 장학연구 등 연구도구로 삼기에 좋을 것으로 본다. 또 학교평가의 도구로도 활용될 것으로 본다. 연구하려고 할 때 연구도구의 제작에 기초가 되는 이런 자료가 있다는 것은 행운이라고 할 정도이다.

연구과제

1. 효과적인 좋은 학교의 특성 또는 특징을 열거해 보시오.
2. 효과적인 학교로 개선하기 위한 변화·혁신전략을 세워보시오.
3. 장학과 학교 개선과의 관계를 설명해 보시오.

제 9 장 학습환경 개선과 학생성취도 평가

개 요

학습환경개선은 장학자가 해야 할 중요한 과업의 하나이다. 왜냐하면 인간의 특성 중에서 학교학습을 통해서 나타나는 학력은 상당한 정도로 환경 요인에 의하여 결정되기 때문이다.

또한 바람직한 환경 하에서 학습활동이 이루어지면 학생들의 목표도달 여부에 대한 확인이 필요하게 된다. 학습활동에 대한 성취정도의 평가결과는 개선되고 발전된 교육을 위하여 다시 다음 계획에 반영되는 과정을 거치게 된다.

1. 학습환경 개선

환경은 인간의 특성에서 일어나는 변화의 범위와 종류를 결정해 준다. 블룸(Bloom)이 제시하고 있는 여러 증거에 의하면 어떤 환경적인 요인은 명백히 학교학습에 큰 지장을 가져오기도 하고 또 어떤 환경적인 요인은 학교학습을 강화하거나 증진시켜 준다. 그뿐 아니라 인간의 흥미나 태도 그 밖에 성격적인 특징을 결정해 주는 데 환경이 크게 작용하고 있다는 증거를 제시하고 있다.

따라서 교육적으로 긍정적인 변화를 가져올 수 있는 학습환경을 어떻게 구성하느냐는 중요한 문제가 된다. 여기서는 학습환경의 물리적 조건에 대하여 먼저 살펴본다.

1) 학급환경의 기능적 정비

교실은 학교생활에서 "가정"과도 같은 곳이다. 그러므로 학급의 시설 및 환경은 단순한 물리적 존재로서 의미가 있는 것이 아니라 생동하는 학생들의 성장·발달에 끊임없이 작용하는 정신적인 영향으로서의 의미가 있다.

따라서 학생들의 학습의 장으로서 학생에게 가장 알맞게 그리고 학습하기에 가장 편리하게 학습환경을 정비해 주어야 한다. 그러므로 먼저 일정한 교실이 있고 그 속에 학생들이 들어가 학습하고 생활하는 것이 아니라, 먼저 학생들의 성장·발달과 그들의 활동이 고려되고 나서 그 다음에 비로소 거기에 알맞은 교실이 준비되는 순서여야 한다는 것이다.

그러면 교실의 환경정비를 위해서 우리는 무엇을 고려하지 않으면 안 될 것인지를 살펴보기로 한다.

첫째, 교실의 시설 및 설비는 학생들의 움직임과 더불어 움직일 수 있어야하며, 학생들의 성장과 더불어 성장할 수 있어야 한다. 만일에 교실환경이 학년단계와 아무 관계가 없고, 또 그것을 전혀 고려하지 않았다고 하면 학습환경은 아무런 도움도 되지 않는 다.

따라서 교실의 환경은 학생들의 학습의욕을 자극하고 북돋아 줄 뿐만 아니라, 학습내용이 깊어짐에 따라서 환경도 깊어져야 하며, 학습성과가 높아짐에 따라 환경도 높아져야 하는 등 조금도 정지하지 않고 계속적으로 변화해야 하는 것이다.

둘째, 교실의 환경을 정비하는 데 있어서 언제나 교육적인 의도가 작용하지 않으면 안 된다. 예를 들어 한 장의 그림을 붙일 때나 한 개의 거울을 달 때에도 그것이 교육적으로 어떤 의미가 있고 무슨 효과를 내려고 하는 것인지 교사로서 뚜렷한 목적이 있어야 한다.

그렇기 때문에 교사의 교육적인 의도에 따라서 교실 내의 설비나 비품을 어떤 위치에, 또 어느 정도의 높이로 할 것인가의 구체적인 문제까지도 고려하지 않으면 안 된다. 이와 같이 교사의 교육적인 의도가 어느 정도 뚜렷하고 명백하느냐에 따라서 교실의 시설·환경은 비로소 학생들과 친근하게 되며 학생들의 것이 될 수도 있고 그렇지 않을 수도 있다.

셋째, 교실의 환경정비는 이용적 관점에서 다루어져야 한다. 다시 말하면, 교실의 설비나 비품이 학생들의 학습활동이나 생활의 장벽을 뚫고 헤쳐 나가게 하는 교량적 역할을 담당해야 한다는 것이다. 그렇기 때문에, 교사는 끊임없이 자기학급의 학생들을 주의 깊게 관찰해야 하며, 그들의 학습활동이나 생활을 가로막고 있는 장벽이 무엇이고 문제가 무엇인지를 정확하게 규명하고 파악하지 않으면 안 된다. 예를 들어, 학급의 분위기가 침체되고 명랑성이 없으면 교사는 교실의 채광을 고려한 장식을 하는 데 힘을 기울이고, 학급에 허약한 어린이가 많다고 하면 위생시설에 각별한 주의를 기울여야 할 것이다.

종합하면 학급의 환경을 정비함에 있어서는 학습의 교육적 가치(educadonal value), 또는 기능적 가치(functional value)를 전제로 해서 이루어지지 않으면 안 된다.

2) 교실 내의 설비

교실 안에 각종 설비를 하는 것은 교육적인 물리적 환경을 조성하는 데 있어서 중요한 역할을 한다. 다시 말하면 학급 안의 모든 설비는 본질적으로 교육적인 이용도와 학교의 목적을 발전시키는 범위 안에서만 중요한 것이다. 다음은 좌석배치, 칠판 및 각종 게시판,

물품보관함·전시실·작업실, 학급문고의 활용에 있어서 몇 가지 중
요한 것을 살펴보기로 한다.

① 좌석배치

학생들의 좌석을 정해 줄 때 종종 교사는 학생들을 키 순서대로
일렬로 세워놓고 앞줄부터 키 순서에 따라 자리를 정해 주곤 한다.
그런데 교육적으로 고려한 좌석배치는 이와 같이 기계적으로 할 수
있는 성질의 것은 아니다. 지능이 뛰어난 학생이라도 좌석이 잘못
정해졌기 때문에 학교성적이 떨어지는 경우가 있는가하면, 사회성이
부족하고, 수줍어하던 어린이가 좌석이 잘 배치되었기 때문에 상당
히 사교적으로 변하게 되는 경우도 있기 때문이다.

그러므로 좌석 그 자체는 물리적 환경에 불과하지만 그것이 다만
물리적 환경으로 그치지 않고 그 밖의 사회성의 발달, 지적인 성숙,
정서적인 안정성에까지 영향을 미치기 때문에 대단히 중요한 것이
다. 특히 좌석배치는 학생 상호간의 인간관계 또는 교사와 학생들
간의 인간관계면에서 중요하기 때문에 그대로 간과해서는 안 된다.

좌석을 배치하기에 앞서 교사가 고려해야 할 주의점 몇 가지를
들어본다.

(1) 좌석배치는 학생 개개인의 신체적 성장도를 고려해서 편안과
    건강 위주여야 한다. 초등학교 저학년에서는 별로 큰 문제가
    되지 않지만 초등학교 고학년부터 중·고등학교에 이르기까지
    는 학생 개개인에 따라 신체적 성장, 특히 신장·좌고의 성장
    정도가 다르므로 그에 알맞게 좌석배치가 되어야 한다. 다리
    길이가 짧은 아이가 발바닥이 닿지 않는 의자에 앉는다면 얼
    마나 우습겠는가? 우습다기보다 얼마나 불편하겠는가? 사실상

학습의 효과는 이런 데서부터 지장을 받게 마련이다.

(2) 좌석배치는 학생 상호간의 인간관계를 원만하게 하고 정서적 안정을 기할 수 있도록 해야 한다. 교육적으로 볼 때 한 학급의 학생들은 여러 계층의 가정에서 자라온 터이므로 서로 접촉하는 가운데서 "너"와 "나"의 관계를 배우고 또 그 관계를 원만하게 유지할 수 있도록 마련해 주는 것이 중요하다. 이와 더불어 정서적인 안정(sense of security)의 유지도 무시할 수 없으므로 좌석을 배치함에 있어서는 이와 같은 양립성의 문제를 각별히 주의하지 않으면 안 된다. 가까이 앉아 있는 어린이끼리 서로 마음이 맞는가, 싸우는 사이가 아닌가에 대해서도 관심을 두어야 한다.

(3) 좌석배치는 학생들 상호간의 지적 자극(intellectual stimulation)을 줄 수 있는 것이어야 한다. 공부를 잘하는 학생은 공부를 잘 못하는 학생을 자극할 수 있고, 학교공부에 흥미가 없는 학생은 바로 옆자리에 공부 잘하는 학생과 이웃하고 있음으로써 흥미를 되찾을 수 있을 것이다. 따라서 교사는 학습효과의 극대화를 위한 좌석배치를 고려해야 한다.

(4) 좌석배치는 학생들의 사회성(sociality)을 넓히는 것이어야 한다. 서로 다른 개성을 가진 학생들이 한 학급 안에서 생활하는 것이기 때문에 사회성의 함양을 위해서 학교만큼 좋은 기관은 없다. 그러므로 학생들의 좌석을 두 달에 한 번, 혹은 석 달에 한 번 정도 바꾸어 주는 것이 그들의 사회성을 보다 넓게 하는 데 효과가 있을 것이다. 그들은 학급 안에서 리더(leader)와 추종자(follower)의 역할도 배워야 한다. 좌석이 아무리 여러 번 바뀌더라도 그 전의 분단장이 지금도 분단장이고 그전의 추종자는 지금도 추종자 노릇밖에 못한다면 이러한 환경에서는 학

생들이 건전한 사회성, 나아가 인간관계를 배울 수 없게 된다.

한편 교사용 책상의 위치는 교실 전면의 복도와 반대되는 창쪽에 두는 것이 좋다. 왜냐하면 교사는 수업 이외의 시간을 비교적 안정되게 보낼 수 있고, 다음 시간을 위한 준비나 학생 개개인과의 면접을 할 때 도움이 되기 때문이다.

② 칠판 및 각종 게시판

교실 안의 칠판이나 게시판은 사용하는 사람에 따라 교육적으로 대단히 유용한 설비가 될 것이다. 다음은 칠판이나 게시판의 활용을 위한 시사점을 열거한 것이다.

(1) 칠판은 교실 전면에 설치하는 것이 원칙이다. 중·고등학교에서는 보조칠판 혹은 제2칠판을 복도로 향한 벽면에 설치하는 데 여러 면에서 이용가치가 대단히 크다. 초등학교에서는 복도쪽의 벽면을 제2칠판 대신 게시판으로 이용하는 것이 도리어 유리할 것이다.

(2) 칠판에 쓴 것을 지울 때에는 일단 깨끗하게 지우고 다시 쓰도록 해야 한다. 깨끗하게 지우지 않은 자리에 그대로 쓰면 학생들에게 혼란을 주기 쉽다.

(3) 게시판의 경우는 교실 후면과 복도쪽 벽면에 제2칠판이 없을 경우 그 자리를 사용하는 것이 바람직하다.

(4) 게시판에 붙일 게재물은 조화 있고 균형 있게 붙여야 하며, 안전하게 붙여야 한다. 게시판에 무엇이나 꽉 차 있게 한다고 좋은 것은 아니다. 게재물이 빈틈없이 게시판에 붙어 있으면 도리어 학생들에게 혼돈을 느끼게 할 것이다. 학습과 관련된

내용, 시사문제, 학생작품 등을 게시하는 것이 바람직하다.

③ 물품보관함·전시대·작업대

학생들은 등·하교 때마다 가방 이외의 다른 물건을 많이 들고 다닌다. 이러한 현상은 초등학교 5, 6학년부터 시작하여 중·고등학교에 이르러서는 마치 짐짝을 들고 다니는 것처럼 그 도가 상당히 심해진다. 이러한 사실을 감안하여 학교마다 학생들의 소지품을 보관해 두는 장소를 마련해 두고 있다. 대부분의 학교에서는 학생용 책상에 교과서나 노트를 넣어 두는 곳을 만들어 놓았고, 또 책상 측면에 못을 박아 놓아서 가방이나 기타 물건을 걸도록 하고 있지만 실제로는 그것도 부족해서 교실 및 벽에 옷걸이를 학생 수만큼 만들어 놓고서 사용해야 하는 지경이다.

이상적으로 말하면 학급의 전면을 제외한 세 면의 벽(특히 뒷면의 벽이 좋음)에 조그마한 물품보관함을 만들어 하나씩 사용하게 하는 것이 좋다. 그렇게 하면 학생들을 매일 등·하교시에 무거운 짐을 들고 다니는 수고를 덜 수 있게 될 뿐 아니라 배당된 함의 활용과 관리도 학습하게 되어 일거양득의 효과를 거둘 수 있다.

또한 전시대와 작업대는 학생들의 학습동기나 의욕을 북돋아 주는 데 중요한 역할을 한다. 특별한 목적을 가진 전시대와 작업대를 제외하고는 두서너 개의 헌 책상을 교실 뒤쪽에 나란히 놓고 책상보로 덮어서 전시대로 사용하면 훌륭한 효과를 낼 수 있다. 그러나 작업대는 전시대와는 달리 견고한 것이어야 한다.

④ 학급문고

학급문고의 교육적 의의 및 가치는 대단히 크다. 또한 학급문고는 학교도서관으로 통하는 교량 혹은 길잡이 역할을 한다. 학급문고는 여러 가지의 시설이나 제한·제약이 있는 것이 아니고 학교도서관과 같이 복잡한 과정과 절차를 거쳐야 하는 것도 아니다. 그렇기 때문에 학급문고는 학생들의 가장 가까운 벗이 될 수 있는 것이다.

학생들은 학급문고를 통해서 첫째, 책과 가까이 할 수 있고, 둘째, 흥미의 범위를 넓힐 수 있으며, 셋째, 독서력을 함양하고 자치능력을 기를 수 있다.

그러면 학급문고를 운영함에 있어서 조심해야 할 몇 가지 참고사항을 들어보기로 한다.

(1) 학년에 따라서 학급문고의 규모가 달라져야 한다. 즉 시설면과 내용면에서 달라야 한다는 것이다.

(2) 학급 구성원들의 공동노력으로 학급문고가 최소한의 경비로 최대의 성과를 거둘 수 있어야 한다.

(3) 학급문고의 관리 및 운영은 교사와 학생들의 공동작업으로 이루어져야 한다. 도서를 선정하는 일의 일부를 제외하고는 학생들만의 힘으로 학급문고가 관리되고 운영되는 것이 바람직하다.

3) 교실의 환경구성

학생들은 환경구성에 대하여 대단히 예민하다. 이것은 물론 교사의 환경구성에 대한 관심이 어떠하냐에 따라서 크게 영향을 받는 것이므로 이에 대한 교사들의 이해와 관심이 확립되어 있지 않으면 안 된다. 요즈음 특히 교실환경의 중요성이 강조되고 있으므로 다음의 여러 가지를 고려하지 않으면 안 된다.

① 색채조절 및 배색

학생들은 그들의 생활 속에서 다양한 색채, 매력적인 색채, 조화 있는 색채 등을 필요로 하고 있다. 단조로운 교실, 밝은 빛이 모자라는 교실은 학생들의 생활에 아무런 즐거움을 주지 못한다. 색채가 적절하면 교실의 분위기는 명랑해지고 맑아져서 학생들의 학습의욕이 높아지고 학습능률을 향상시켜 준다.

색채가 갖는 심리적 효과는 시각의 문제, 색채감정의 문제로 크게 나눌 수 있다. 전자는 주로 사고방지·안전표식에 관한 대책과 관계가 있는 것이지만, 후자의 경우는 분위기로서의 환경에 대한 영향, 학습자의 기분이나 피로에 대한 효과, 또는 학습능률에 미치는 영향 등의 문제로 취급되는 것이다.

비근한 예로 학교 안에 있는 소화시설의 위치를 명백하게 하기 위하여 빨간색으로 칠한다든지, 양호실의 분위기를 안정되게 하고 신경을 가라앉히기 위해 특별한 배색을 생각해 낸다든지, 일반교실은 물론 미술실·음악실·도서실·강당·체육관 등의 특별교실을 그 본래의 목적에 맞도록 배색하는 것 등은 별것 아닌 것 같으면서도 사실은 대단히 중요하다.

또한 색채는 학생들의 피로와도 관계가 있다. 학습능률의 저하를 막고 피로를 느끼지 않게 하는 근본적 해결방법은 색채조절이나 채광을 유효적절하게 사용함으로써 효과를 거둘 수 있다. 가령 창으로 들어오는 직사광선을 커튼으로 조절하는 것이나 어두운 벽을 밝은 색깔로 채색하는 것이 그 한 예이다. 그리고 색깔을 약하게 하기 위하여 검은 색이나 흰색 또는 회색을 섞어서 채도를 낮추는 것도 하나의 방법이 될 것이다.

② 각종 작품(학업생산품)의 효과적 전시

학생의 학업생산품이나 각종 자료를 전시하는 것은 학습환경에서 빼놓을 수없는 관심사이다. 티디맨(Tidyman, 1974)은 환경구성을 목적으로 해서 작품을 전시할 경우 간소성(simplicity), 통일성(unity), 어린이다움(childlikeness)과 같은 원칙을 참고로 하는 것이 도움이 된다고 지적하고 있다.

교실환경 구성에 있어서 그림은 다른 어느 것보다 상당히 오래전부터 사용되어 왔다. 교육적 의도에서 환경구성을 하는 방편으로 그림을 전시할 때 주의해야 할 점은 (1) 학생들의 성숙 정도·발달과업에 맞는 것이어야 하며 그때그때의 흥미와 관심을 끄는 것이어야 하고, (2) 한번 붙여 놓은 그림은 언제까지나 그대로 고정시켜 놓을 것이 아니라 주기적으로 학습활동과 연관시켜 바꾸도록 해야 한다. 학급끼리 그림을 교환 또는 순환시키도록 하는 방안도 바람직하다.

또한 미술시간이나 실과시간 또는 공작시간에 학생들이 만든 작품을 교과학습의 내용과 연결시켜 가면서 일정기간 동안 학급 안팎에 매력 있게 전시하면 예기치 않은 좋은 성과를 거둘 수 있다. 이들 작품은 학급만의 적당한 곳(주로후면)에 진열대 등을 마련하여 전시할 수 있을 것이다.

학생의 작품을 전시하기 전에 교사가 주의해야 할 점은 (1) 학생들이 스스로 만든 작품만을 선택하고, (2) 작품의 수를 적절하게 조정하며, (3) 선택된 작품의 전시를 매력 있게 조직적으로 전시하는 일이다.

③ 양어장·조류장·식물의 사육 및 재배

학교의 주위환경을 미화하기 위해서 각종 수목을 심고 화초를 가꾸고 연못을 만드는 작업을 우리는 자주 한다. 학교 전체의 계획으로 일부 초등학교와 중·고등학교는 식물반이나 사육 및 재배반을 만들어 과외 활동을 활발하게 전개하는 것을 자주 본다. 이것은 학교환경의 구성 특히 주위환경의 미화를 위해서 필요한 활동이다. 그 밖에 교실 안에서 화초를 화분에 기른다든지 계절에 따라 화초를 갈아 꽂아 놓는다든지, 또는 금붕어나 여러 종류의 새를 기르는 것 등은 학생들의 심미감을 발달시키고 동식물의 사육 및 배양의 과학적 경험을 넓히게 되는 것이다. 학급이나 학교의 장식으로 이들을 기를 때에는 특별히 "장소"에 머리를 쓰지 않으면 안 된다. 학급 또는 학교의 어느 곳에다 놓아두는 것이 가장 효과적인지는 교사와 학생들이 서로 협의해서 결정해야 할 문제이다. 이것은 식물이나 어류의 생생한 표본이기 때문에 이들을 놓아두는 장소에 세심한 주의를 해야 한다는 것이다. 교탁 위, 교사용 책상 위, 창가, 교실후면의 전시대 위 등이 가장 적절한 장소가 된다.

장학담당자는 이러한 학습환경 외에도 특히 교수자료의 개발과 제공에 노력을 기울여야 한다. 또 교사로 하여금 이들 교육자료를 창의적으로 개발하도록 촉구해야 한다. 그리고 상품화된 자료에 대해서는 교육적 측면에서 정확성·정밀성·실용성 등을 평가하여 우수한 자료를 골라 쓰도록 지도해야 할 것이다.

2. 학생성취도 평가

학교교육의 최종산물은 학생의 성취로 나타난다. 목표를 세워서 교육활동을 했다면 그 결과에 대하여 확인해 볼 필요가 있다. 학생들의 학습활동의 도달정도를 평가하는 것은 피드백(feedback)을 통한 학생들의 목표도달을 위해서 필요할 뿐만 아니라, 교사의 수업지도

방법 개선에 유용한 자료를 제공한다. 이러한 교사의 학습평가 활동을 조정하는 것은 장학에서 장학담당자의 중요한 역할의 하나이다. 장학담당자는 교사의 학습평가 활동에 조력적인 활동을 하며 때로는 평가 활동계획에 교사와 함께 참여하게 된다.

1) 학습평가의 의의

학교현장에서 수업목표를 정하고 교육활동이 행해진 뒤에는 학습의 목표에 대한 도달여부를 확인하기 위해 학습평가를 실시한다. 교사는 이를 기초로 하여 학습자에 대한 이해를 충분히 하게 하고, 이에 따라 다음 지도의 방법 및 그 방향을 파악함과 아울러 교사의 자기반성도 하게 된다. 사실 교육활동이 계속된다고 해서 학생들이 언제나 목표에 도달하고 있다고 장담할 수 없으며 교사의 모든 지도가 언제나 완전하다고도 할 수 없다. 교육활동이 목적하는 바는 학생들에게 목표를 도달하게 하는 데 있으므로 교사는 수시로 그 도달여부를 평가해야 하며 장학자는 교사의 학습평가 활동을 조정해야 한다.

즉 평가의 결과에 따라서 학생들의 목표도달여부를 진단할 수 있고 교사도 학생 개개인에 대한 수업전략을 세울 수가 있는 것이다. 따라서 학습평가는 교육활동을 완전하게 하기 위한 중요한 방법임에 틀림없다. 한편 오늘날 교육과정의 개정에 따라 평가, 특히 과정평가의 중요성이 더욱 증대되고 있다. 학생들의 수업과정에서 도달여부를 평가하여 그때그때 피드백함으로써 모든 학생들로 하여금 수업목표에 도달하게 하려는 것이다. 교육활동에 대한 검증, 또는 교육결과에 대한 과학적인 평가를 하는 것은 현대교육의 중요한 역할이다.

2) 학습평가의 유형

학습평가는 평가의 준거에 따라 상대평가와 절대기준평가로 구분할 수 있다. 상대평가는 어느 집단 내의 개인을 집단 속의 어떤 규준과 비교하여 그 상대적 위치를 밝혀 보는 데 그 의의가 있다. 예를 들어 학급 내의 다른 학생과 비교를 하거나 한 학교 내에서 동학년 전체, 또는 전체 시·도, 또는 전국의 동학년 학생의 성적을 규준으로 하여 그것과 비교하여 상대적으로 평가하는 것이다. 그렇기 때문에 상대평가에서의 점수는 어느 개인의 어떤 행동특성의 상대적위치를 표시하는 구실을 주로 맡게 된다. 그래서 상대평가는 규준에 의한 평가(norm-referenced evaluation)이다.

상대평가의 장점으로는 ① 그 학급, 그 학교 내에서 객관적으로 평가할 수 있어 교사의 주관에 의한 편견을 줄일 수 있고, ② 각 점수가 나타내고 있는 가치의 정도와 각 학생들의 집단 내에서의 상대적 위치를 명확하게 정할 수 있으며, ③ 평가나 해석은 타인과 비교해 보아야만 잘 이해가 될 수 있다는 점을 들 수 있다. 단점으로는 ① 지능·성격, 건강, 환경이나 여러 조건의 개인적 사정은 무시되고 결과만으로 상대적으로 평가하므로 학생들의 개성이 소홀히 될 염려가 있고, ② 최선을 다하여 집단 내 모든 사람이 다 같이 향상되었어도 상대평가에서는 그 내용과 상태를 나타낼 수가 없어 성적이 원래부터 부진한 학생은 결국 자포자기에 빠지는 경향이 많고, ③ 우수한 집단에서도 주어진 비율의 학생수만큼 양·가의 평점을 반드시 내야 하며 또 실력이 아무리 낮은 학급일지라도 일정한 비율의 수·우를 내야 한다는 점을 지적할 수 있다.

한편 절대기준평가는 학생들에 대한 현재의 성취수준이나 행동목표의 도달정도를 알아보기 위한 평가방법이다. 즉 이는 서로를 상대적으로 비교시키는 것이 아니라 학습목표에 비추어 보아 평가하는 것이다. 그래서 이를 목표에 의한 평가(criterion-referenced evaluation)라고 한다. 예를 들어 어떤 학생이 어느 단원의 내용을 모두 잘 알았다고 평가 되면 다음 단원으로 나갈 수가 있으나 70% 정도의 정답밖에 못했다고 하면 현재의 단원내용을 모두 습득하지 못하였으므로 다음 단원으로 넘어갈 것이 아니라 현재 것을 충분히 보충해야 하는 것이다. 이때의 평가는 절대기준평가이다. 다른 학생과의 관계나 그 학급 내에서의 위치는 문제가 안 된다. 즉 개개인의 학습목표 도달정도가 문제되는 것이다. 따라서 절대평가는 학기말·학년말 또는 중간고사와 같은 특정한 시기에 실시하는 것도 중요하지만, 학생들의 도입행동 또는 마지막 행동을 알아보려고 할 때 언제나 실시해야 한다.

3) 학습평가의 방법

교사들은 매학기의 초, 또는 단원이 시작될 때 진단평가를 실시하고, 학습과정 중에는 형성평가를 실시하며, 한 학기가 끝나거나 한 학년이 끝날 때 총괄평가를 실시한다.

진단평가(diagnostic evaluation)란 수업이 시작되기 전 단계에서 새로운 학습목표를 공부해야 할 학생들에 대하여 그 학습과정에 대한 기초학력의 정도, 학습흥미, 학습동기, 학습준비도 등을 진단하여 적절한 출발점을 찾아 여기에 적합한 수업을 전개하려는 데 관심을 두고 있는 것으로 다음과 같은 몇 가지 과정을 밟고 있다.

첫째, 학생들이 지닌 시발행동과 기능이 어느 정도이며 또 이를 지니고 있느냐의 여부를 결정하려고 하여 구체적으로 수립된 학습단원(learning units)의 목표를 성취할 수 있는 어떤 조건이나 특성의 유무를 판단한다.

둘째, 학생들이 이전에 주어진 학습단원이나 과정의 목표를 이미 완전학습을 하고 있는 지의 여부를 살펴서 일정한 보충과정이나 심화과정의 프로그램으로 그들을 투입시킬지 여부를 결정하는 과정이다.

셋째, 학생들의 흥미·성격·기능·태도·배경 및 이전의 학습경력 등과 같은 특성을 진단하여, 이 결과에 따라 학생들을 분류하고 분류된 상태에 따라서 어떤 특정한 수업전략이나 교수학습의 방법을 적용할 것인지를 예측할 수 있게 하려는 데 있다.

또한 진단평가는 교정수업(remedial instruction)의 과정에서 학생들의 결함 사실에 대한 원인과 이 원인을 지닌 근본적 소재가 어디에 있느냐를 결정하는 것이 제1차적인 기능으로서 수업진행 중 실시하게 된다. 요즈음 흔히 학교에서 사용하는 진단평가는 정치(定置)를 위해서 또는 시발행동과 기능을 진단하기 위한 것이 대부분이다.

형성평가(formative evaluation)는 수업이 진행되는 과정에서 그 수업이 주어진 수업목표를 향해 정상적으로 나아가고 있는지를 계속적으로 점검해 나가는 일종의 과정평가의 형태를 말한다. 즉 교수-학습과정에서 학생들에게 피드백(feedback)을 해 주고 교육과정을 개선하고 수업방법을 개선하기 위하여 실시하는 평가이다. 예를 들면 교사들이 매시간의 수업이 끝날 종결단계에서 흔히 몇몇 학생을 지적하여 학습결과를 확인하거나 몇 시간마다 한 번씩 소위 "5분 테스트" 또는 "10분 테스트"를 실시하는 것 등은 형성평가의 한 부분이라고 말할 수 있다. 이러한 형성평가의 가장 중요한 가치는 학생의 주어진 과목의 계열에 따라 학습을 할 때 적절한 도움을 주려는 데 있으며 그것은 바로 교육과정의 질적 관리(quality control)를 위한 노력이라고 할 수 있다.

형성평가의 기능으로는 다음 네 가지를 들 수 있다. 첫째, 형성평가는 학생들의 현재의 위치를 분명히 밝혀 줌으로써 학습속도를 자기의 학습능력에 맞추어 나갈 수 있도록 하는 데 중요한 역할을 한다.

둘째, 형성평가는 학생이 당면하고 있는 학습곤란이나 학습결손의 내용을 밝혀 이를 교정 또는 보충하는 기회를 제공할 수 있도록 한다.

셋째, 형성평가의 실시와 이에 따로는 교정학습 또는 보충학습의 실시는 결과적으로 학생들의 학습효과를 높인다.

넷째, 형성평가는 학생들의 학습활동을 강화해 준다. 형성평가의 결과 좋은 성취를 보인 학생은 그 사실만으로 보상(reward)과 강화(reinforcement)를 받게 되기 때문이다.

총괄평가(summative evaluation)는 주어진 학습과제 또는 한 교과가 끝났을 때 설정된 학습목표의 달성도를 알아보기 위한 평가 활동을 말한다. 따라서 총괄평가는 학습을 통해서 의도하는 학습목표에 대한 종합적 성취에 관심을 가진다. 그러므로 형성평가는 세분된 기능 및 지식을 평가하려는 것이며 총괄평가는 보다 일반화되고 광범위한 목표를 평가하려는 것이다.

총괄평가의 목적과 기능은 다음과 같이 네 가지 측면에서 고찰되고 있다. 첫째, 총괄평가의 주된 목적은 주어진 수업목표의 달성도에 따라 학생들에게 성적을 부여하는 것이다. 총괄평가에서는 학생들 간의 성적은 상대적이 아니라 주어진 수업목표의 달성도에 따라 결정되어야 할 것이다. 출제과정에 있어서도 검사문항을 선정할 때 개인차를 내기 위한 문항의 곤란도를 고려하기보다는 수업목표를 직접적으로 반영하는 문항이 되어야 할 것이다.

둘째, 총괄평가의 결과는 학생들의 학습지도와 생활지도의 기초자료가 된다. 교과목에 따라 어느 정도의 차이는 있겠으나 학생의 현재 성적은 어느 정도 미래를 예견해 주기 때문에 현재의 학생의 성적을 가지고 학생의 진학지도 또는 생활지도를 위한 자료로 사용될 수 있을 것이다.

셋째, 총괄평가는 수업방법 개선의 자료로 사용될 수 있다. 어느 학기나 학년의 총괄평가 결과는 보다 효율적인 교수학습계획을 수립할 수 있는 근거를 제시해 준다.

넷째, 교과내용의 범위나 문항의 성격 등에 비추어 볼 때 형성평가의 방법이나 결과는 집단 간의 학습효과를 비교하는 데 적합하지 못하나 총괄평가는 집단간 또는 개인간에 어느 정도 목표를 달성하였는지 비교할 수 있게 한다.

이상과 같은 진단평가·형성평가·총괄평가의 방법은 그 목적과 시기에 따라 적절히 사용될 수 있을 것이다.

4) 학습평가의 도구

대부분의 교사들은 학습지도결과를 평가하는 데 있어서 지필검사법(paper and pencil test)에 의한다. 학습결과를 다루는 지필검사는 크게 선택법(selection type)과 서답형(supply type)으로 나누며, 선택형은 다시 진위형·배합형·선다형으로, 서답형은 단답형·완성형·논문형 등으로 나눌 수 있다.

선택형에서 진위형은 진술문을 주고 그것의 진·오를 판단하게 하는 방법이며 이자택일형(altemative-response type)이라고도 한다. 진술문 한 개를 주어 그것이 옳은 지 틀린 지를 판단케 하는 방법도 있지만 두 개를 주어 그것이 옳은 지 틀린 지를 판단케 하는 방법도 있다. 배합형은 일련의 전제(premises), 일련의 답지(response) 그리고 전제와 답지를 배합시키는 제시문의 세 부분으로 구성된다. 전제와 답지에는 단어·어구·문장·도표 등 모든 것을 다 사용할 수 있다. 전제와 답지의 구별도 형식상의 차이일 뿐 근본적인 차이는 없고 대개 먼저 제시되는 것을 전제라고 부른다. 배합형은 다시 단순배합형, 복합배합형, 분류배합형, 관계분석형, 관계분류형, 양적 비교형, 공변관계형 등으로 나눌 수 있다. 선다형은 문항(item stem)과 그에 잇따른 두 개 이상의 답지로 구성되고 다른 형식에 비해 내재적인 결점이 적기 때문에 가장 보편적으로 사용되고 있는 방법이다. 또한 이 방법은 여러 가지 문항상태·목적·내용 등을 다룰 수 있는 다양성·포괄성이 있고 수험자의 우연적 오차의 영향도 적게 받기 때문에 문항형식으로서는 가장 좋은 셈이다. 그러나 다른 형식에 비해서 이 형식으로 좋은 문항을 제작하는 데는 대단한 노력과 시간이 소모된다. 선다형의 장점은 ① 채점의 객관성과 신뢰성이 유지되고, ② 문항의 타당성이 유지되며, ③ 능력의 표집을 포괄적으로 할 수 있고, ④ 채점과 통계적 분석이 쉽다는 것을 들 수 있으며, 단점으로는 ① 단순한 상기력만을 측정할 위험성이 있고, ② 추측의 요인을 제거할 수 없으며, ③ 좋은 문항제작에 많은 시간·노력이 들고, ④ 표현과 창의의 기회가 부족하다는 점을 들 수 있다.

서답형에 속하는 단답형은 간단한 단어·구·문장·숫자·그림 등의 제한의 요태로 대답하게 하는 형식을 말한다. "~을 들어라" "~을 써라"와 같은 명령문으로 되어 있는 것도 있다. 또 완성형은 진술문의 일부를 비워 놓고 이에 들어갈 적합한 단어·구·어휘 등을 써넣게 하는 방법이다. 때에 따라서는 이 형식은 단답형 속에 포함시킬 수 있으나 형식상 차이가 있다. 논문형은 별다른 형식이 없고 어떤 질문·지시에 따라 수험자로 하여금 자유로이 능력을 구사할 수 있게 하여 반응의 무제한성을 특징으로 한다.

서답형의 장점으로는 ① 반응의 자유도가 크고, ② 고등정신기능을 측정하는데 유리하며, ③ 문항제작이 쉽고, ④ 학습자의 학습태도를 개선해 준다는 점을 들 수 있으며, 단점으로는 ① 채점의 비객관성・비신뢰성, ② 문항표집의 제한성, ③ 채점에 시간과 노력의 과다 소모, ④ 단편적 지식의 상기에 그칠 위험성이 있다는 점을 들 수 있다.

5) 평가결과의 활용

학습평가 후에 그 결과를 내버려 둔다면 그것은 결국 평가를 위한 평가로 남게 될 것이고 시간낭비의 결과만을 초래한다. 따라서 평가의 결과에 대해 그 하나하나의 원인을 규명하여 적합한 대책을 세우는 것이 필요하다.

예를 들어 평가결과 어떤 학급 전체가 성적이 극도로 저조하다고 가정한다면 그 원인은 학생들의 학력에 비해 교수내용이 지나치게 어려웠다거나, 학생들의 학습활동 자체에 어떤 결함이 있었다거나, 또는 교사의 학습지도방법 부족 등으로 밝혀질 수 있는 것이다. 이와 같은 사실은 학급뿐만 아니라 개인적 학업부진의 경우에도 마찬가지로 적용될 수 있다.

그리고 교육작용의 부적당에 기인되는 경우는 학생들 학습활동의 추이가 용이하지 않거나, 운동에 조정력이 발달하지 못했거나, 자기통제가 곤란했던 점이 그 원인이 될 수 있으므로 교재를 변경하거나 교육과정을 개선해야 할 것이다. 학습활동이 부적당할 때는 단원학습계획 자체에 문제가 있다고 볼 수 있으므로 이의 개선 및 학습환경의 재구성 그리고 학습방법의 개선이 필요하다.

학습평가의 결과를 활용할 경우는 성적부진에 대해서만 주의할 것이 아니라 성적이 양호했을 경우도 위와 같은 견지에서 여러 측면에 걸쳐 검토를 해야 한다.

요컨대 교육과정, 단원계획, 학습방법 등은 결코 고정된 것이 아니라 부단한 연구와 실천에 의하여 계속 개정·보완해야 한다. 특히 교육과정의 경우 그것이 사회적으로 필요한 요구에서부터 구성된 것이라 할지라도 이것을 수용하는 학생들의 심리적 조건에 적합하지 않으면 학생은 흥미를 상실하게 되므로 그들의 자발적 활동을 기대할 수 없다. 교사들은 평가과정이나 절차 및 방법에 대한 개량에 도움을 주고, 학생들의 학습목표의 도달, 교사가 학습방법 개선에 도움을 줄 수 있도록 평가의 결과를 유효적절하게 활용해야 한다. 또 장학담당자는 학생들의 학업성취를 주기적으로 평가하여 교육의 질을 관리하는 장학과업을 성실히 수행하도록 계속적인 연구를 해야 한다.

연구과제

1. 학습환경과 학습성취와 관계가 있다는 증거와 근거를 조사해 보시오.
2. 장학과 학습환경 개선, 장학과 학생성취도 평가와의 관계를 설명해보시오.

부 록

연습문제

  교육전문직 임용고시 준비생과 이 책을 교재로 사용하는 교수와 학생들에게 도움을 주기 위하여 그동안 저자가 사용했던 시험문제를 제시한다.

 1. 학교운영의 여러 주요 기능 중에서 '장학기능'의 위치를 잘 설명한 것은?
    ① 수업과 직접 관련되어 있고 교수기능을 돕기 위한 것
    ② 학생과도 그리고 수업과도 직접적으로 관련
    ③ 학생과 간접적으로 관련되어 있고 수업과도 간접적으로 관련
    ④ 학생과는 직접적으로 수업과는 간접적으로 관련

 2. 장학의 개념정의에 관한 여러 접근 중에서 본질과 핵심에 가장 가까운 접근은?
    ① 교육과정 경영 측면에서 정의
    ② 수업적 측면에서 정의
    ③ 인간관계적 측면에서의 정의
    ④ 행정적 측면에서 정의

 3. 외국에서 장학의 발전과정의 순서로 알맞은 것은?
    ① 과학적 관리장학 → 신과학적 관리장학 → 인간자원장학 → 인간관계장학

② 인간관계장학 → 과학적 관리장학 → 인간자원장학 신과학적 → 관리장학

③ 과학적 관리장학 → 신과학적 관리장학 → 인간관계장학 → 인간자원장학

④ 과학적 관리장학 → 인간관계장학 → 신과학적 관리장학 → 인간자원장학

4. 장학의 조직과 담당자로 잘못 짝지어진 것은?
① 교육과학기술부 − 학교정책국
② 시·도 교육청 − 초·중등교육국
③ 시·군교육청 − 교직국
④ 학교수준 − 교장·교감

5. 장학이론에 관한 진술로 알맞지 <u>못한</u> 것은?
① 장학에 관한 경험적 연구의 길잡이가 된다.
② 장학활동을 안내해 주는 길잡이가 된다.
③ 장학에 관한 지식을 발전시켜 주는 기능을 한다.
④ 교사의 평가를 철저하게 하는 기능을 한다.

6. 의사결정의 행동주기로 가장 알맞은 것은?
① 문제 또는 이슈의 인식과 정의 → 해결방안의 적절성의 기준설정 → 행동계획의 시도 → 행동 계획 또는 전략의 개발 곤란점의 분석
② 문제 또는 이슈의 인식과 정의 → 곤란점의 분석 → 해결방안의 적절성의 기준설정 → 행동계획 또는 전략의 개발 행동계획의 시도

　　③ 곤란점의 분석 → 해결방안의 적절성의 기준설정 → 문제 또는
　　　이슈의 인식과 정의 → 행동계획 또는 전략의 개발 → 행동계
　　　획의 시도
　　④ 문제 또는 이슈의 인식과 정의 → 행동계획 또는 전략의 개
　　　발 → 해결방안의 적절성의 기준설정 → 곤란점의 분석 → 행
　　　동계획의 시도

7. 5가지의 학교구조체제 중에서 효과적인 학교의 정도를 결정하는
　　체제는 다음 중 어느 체제인가?
　　① 사회적 체제　　　　　　　② 교육적 체제
　　③ 이념적 체제　　　　　　　④ 정치적 체제

9. 동료장학을 해야 하는 이유 중에서 타당하지 <u>못한</u> 것은?
　　① 동료장학은 집권화의 조류와 맥을 같이 한다.
　　② 동료장학은 참여·자율화의 거대조류와도 일치한다.
　　③ 동료장학은 전문직적 특성과 일치한다.
　　④ 동료장학은 앞으로의 교직사회에서 개방과 협동을. 요구하게
　　　될 때 필요한 장학이다.

10. 선택적 장학의 대상을 연결한 것 중 <u>잘못된</u> 것은?
　　① 임상장학 ─ 독립심이 강하고 문제 있는 교사
　　② 동료장학 ─ 동료의식을 가지고 경험 있는 능력 있는 교사
　　③ 자기장학 ─ 혼자 일하기 좋아하는 경험 있고 능력 있는 교사
　　④ 전통적 장학 ─ 모든 교사 또는 특정한 장학을 선택하지 않은
　　　교사

11. 교육과정의 변화에 대한 흐름의 순서로 알맞은 것은?
   ① 교과중심 교육과정 → 경험중심 교육과정 → 학문중심 교육과
      정 → 인간중심 교육과정
   ② 교과중심 교육과정 → 인간중심 교육과정 → 학문중심 교육과
      정 → 경험중심 교육과정
   ③ 학문중심 교육과정 → 경험중심 교육과정 → 교과중심 교육과
      정 → 인간중심 교육과정
   ④ 학문중심 교육과정 → 인간중심 교육과정 → 교과중심 교육과
      정 → 경험중심 교육과정

12. 효과적인 교수행위에 속하지 <u>않는</u> 것은?
   ① 교사는 학생의 감정과 태도에 대하여 건설적으로 반응해 준다.
   ② 교사는 학생의 학습속도를 감지하고 이에 따라 교수속도를
      조절한다.
   ③ 교사는 종종 일벌백계 방법을 쓴다.
   ④ 교사는 수업 중에 일어나는 예기치 않는 사건을 수업적 측면
      에서 처리한다.

13. 성인학습이론에 대한 설명 중 <u>잘못된</u> 것은?
   ① 콜버그의 이론에 비추어 볼 때 교사 초년기는 개인의 선택경
      험을 통합할 수 있는 여러 기회가 주어져야 한다.
   ② 피아제의 이론에 비추어 볼 때 아동들은 성인과는 다른 방식
      으로 사고한다는 것을 교사들은 인정해야 한다.
   ③ 에릭슨의 성격이론에서 볼 때 성인기의 윤리적 힘은 개인적
      인 자아정체위기를 해결하는 것과 타인의 복지에 대해 배려
      하고 관심을 갖는 생산성에 관련된다.

④ 성인학습이론은 아동학습이론이나 청년학습이론에 기초하여
이루어져야 한다.

14. 새로운 혁신의 전파과정으로 알맞은 것은?
① 연구 → 개발 → 전파 → 채택
② 연구 → 개발 → 채택 → 전파
③ 채택 → 전파 → 연구 → 개발
④ 개발 → 채택 → 연구 → 전파

15. 교실 내의 좌석 배치에 대한 설명으로 잘못된 것은?
① 학생 개개인의 신체적 성장도를 고려해서 편안과 건강 위주
여야 한다.
② 학생 상호간의 인간관계를 원만하게 하고 정서적 안정을 기
할 수 있도록 해야 한다.
③ 학생들 상호간의 친한 사람과 함께 할 수 있도록 공간적인
배려를 해야 한다.
④ 학생들 상호간의 지적 자극을 줄 수 있는 것이어야 한다.

16. 학습평가 방법 중 총괄평가의 목적과 기능이 아닌 것은?
① 주어진 수업목표의 달성도에 따라 학생들에게 성적을 부여하
는 것이다.
② 학생들의 학습지도와 생활지도의 기초자료가 된다.
③ 수업방법 개선의 자료로 사용될 수 있다.
④ 학생들의 현재의 위치를 분명히 밝혀 줌으로써 학습속도를
자기의 학습능력에 맞추어 나갈 수 있도록 하는 데 중요한 역
할을 한다.

17. 장학에 관한 서술 중에서 <u>잘못된</u> 것은?
    ① 수업장학의 궁극적 목표는 학생의 학습개선이지만 보다 가까
    운 목표는 수업 프로그램 개선이다.
    ② 임상장학과 수업장학의 관계는 "수업장학＝임상장학"으로 같
    은 것이다. 임상장학은 교사의 능력을 개발하여 교사를 행복
    하게 해 주는 인간자원장학의 철학을 밑바탕에 두고 있다.
    ③ 임상장학은 교사의 능력을 개발하여 교사를 행복하게 해 주
    는 인간자원장학의 철학을 밑바탕에 두고 있다.
    ④ 마이크로티칭도 임상장학의 원리와 비슷하고 원래 교사양성
    기관에서 교수기술 향상 훈련을 위해서 개발되었다.

18. 임상장학의 의미에 대한 설명 중 <u>잘못된</u> 것은?
    ① 지시적이라기보다는 상호작용적인 대안적인 장학방법이다.
    ② "임상"이라는 말처럼 문제교사의 장학을 위한 방법이다.
    ③ 교사와 장학자의 친밀한 일대일의 관계에서 이루어진다.
    ④ 교사의 전문적 성장과 교사의 교수기술 향상을 실현하는 장
    학대안이다.

19. 임상장학의 과정으로 가장 알맞은 것은?
    ① 계획협의회 → 수업관찰 → 피드백협의회
    ② 수업관찰 → 계획협의회 → 피드백협의회
    ③ 계획협의회 → 피드백협의회 → 수업관찰
    ④ 피드백협의회 → 수업관찰 → 계획협의회

20. 피드백협의회의 대체적인 흐름과 일치하는 것은?
    ① 분석 → 해석 → 강화 → 자료제공 → 대안결정

② 자료제공 → 해석 → 분석 → 강화 → 대안결정

③ 자료제공 → 분석 → 강화 → 대안결정 → 해석

④ 대안결정 → 분석 → 강화 → 자료제공 → 해석

21. 임상장학의 계획협의회에서 해야 할 일과 거리가 <u>먼</u> 것은?
   ① 교사의 관심과 문제점을 확인한다.
   ② 교사의 수업개선을 위한 절차를 확인한다.
   ③ 수업관찰 도구와 시간을 결정한다.
   ④ 교사에게 연습과 비교의 기회를 제공한다.

22. 수업전략에 따른 자기관찰도구를 연결한 것 중에서 <u>잘못된</u> 것은?
   ① 강의(설명, 지시) - 녹음, 부분적인 정확한 기록
   ② 토의, 세미나 - 언어적 흐름표
   ③ 시범 - 녹화
   ④ 발견적 접근(문제해결, 탐구학습) - 과업집중표

23. 임상장학의 피드백협의회에서 가장 필수적인 기술과 방법이 <u>아닌</u> 것은?
   ① 객관적인 관찰자료를 사용하여 교사에게 피드백한다.
   ② 교사의 추측과 의견, 느낌을 끌어낸다.
   ③ 대안적 수업목표, 방법, 이유를 고려하도록 교사를 격려한다.
   ④ 피드백협의회의 목적과 성격을 결정한다.

24. 교사를 위한 "직원발전"이란 개념과 가장 거리가 <u>먼</u> 것은?
   ① 현직연수   ② 현직교육
   ③ 직전교육   ④ 계속교육

25. 비지시적 장학협의회 방법이 <u>아닌</u> 것은?
    ① 많이 경청하고 덜 말하기
    ② 교사가 말하는 것을 인정, 의역, 사용하기
    ③ 직접적인 조언으로 유도하기
    ④ 명료화하는 질문

26. 수업관찰 방법 중 '부분적인 정확한 기록방법'으로 적절치 <u>못한</u>
    것은?
    ① 교사의 발문
    ② 교사의 학생에 대한 피드백 반응
    ③ 이동양식
    ④ 교사의 지시와 구조적 진술

27. 좌석표 활용 관찰 기록방법 중 과업집중 방법으로 <u>잘못된</u> 것은?
    ① 학급활동 중 개인 학생이 과업에 열중하는지에 관한 자료를
       제공하는 것이다.
    ② 일반적인 행위는 읽기, 듣기, 문답하기, 지도 그리기, 집단 과
       제를 완성하기 위하여 협동작업하기 등이다.
    ③ 교사가 지적한 과업들이 적절했는지에 관한 자료를 제공하는
       것이다.
    ④ 네모칸의 화살표는 언어적 상호작용 흐름의 방향을 표시하는
       데 사용된다.

28. 수업관찰 방법 중에서 <u>잘못</u> 짝지어진 것은?
    ① 부분적인 정확한 기록방법 - 언어흐름
    ② 좌석표 활용 관찰 기록 - 이동양식

③ 전반적인 관찰 - 일화기록

④ 체크리스트와 편성 - 관찰자에게 적용하는 체크리스트

29. 문답식 수업을 위한 체크리스트에서 학생의 참여를 증가 시키는 행동이 <u>아닌</u> 것은?

① 비자발적인 사람을 지명한다.

② 같은 질문을 재지시한다.

③ 학생주도적 질문을 환영한다.

④ 복수적 질문을 한다.

30. 플랜더스의 언어 상호작용 분석에 대한 기술 중 <u>잘못된</u> 것은?

① 특징은 언어 상호작용 카테고리와 수업관찰을 위한 카데고리 사용의 절차이다.

② 비지시적 행동에 해당되는 것은 감정의 수용, 칭찬, 학생 아이디어의 인정 등이다.

③ 교사가 언어적 상호교환을 주도할 때 지시적 교수 스타일을 사용한다는 말을 듣게 된다.

④ 플랜더스에 의하면 질문은 반드시 비지시적으로 해야 한다.

31. 장학의 방법 중 올바르지 <u>못한</u> 방법은?

① 학교 방문 · 교실 방문에 의한 장학

② 연구발표회와 연수회에 의한 장학

③ 상담을 통한 장학

④ 학급별 성적에 의한 장학

32. 장학의 세 가지 기술방법에 관한 연결이 <u>잘못된</u> 것은?
    ① 인간적 기술－개인차에 대한 반응, 교사 개인의 감정 또는
       잠재력의 진단
    ② 행정적 기술－경청하기, 협동적 상호작용의 실시
    ③ 관리적 기술－지역사회의 특성 확인, 교사의 요구사정
    ④ 전문적 기술－수업자원 선정 기준의 설정, 평가절차의 개발

33. 장학의 전문화를 위한 방안에 해당되지 <u>않는</u> 것은?
    ① 장학조직 수준별 전문화
    ② 장학사 양성 프로그램에 의한 전문화
    ③ 전문화를 위한 기타 행정적·제도적 장치
    ④ 장학의 세부적인 지침 개발

34. 효과적인 장학 프로그램 개발 절차에 관한 설명 중 <u>잘못된</u> 것은?
    ① 프로그램의 절차는 계획단계 평가단계 개선단계가 적절하다.
    ② 계획단계에서는 관찰, 평가, 도구에 대해 집중적으로 개발하
       는 단계이다.
    ③ 계획단계는 교사평가와 장학에 관한 교육청의 방침과 절차에
       대한 주제가 좋다.
    ④ 개선단계는 수집한 자료로부터 검토, 분석, 계획을 세우는 일이다.

35. 권력은 상황에 따라 적절한 것을 사용해야겠지만 장학전문가에
    게 더 요구되는 바람직한 것으로 짝지어진 것은?
    ① 강제적 권력과 보상적 권력
    ② 강제적 권력과 합법적 권력
    ③ 전문적 권력과 참조적 권력

④ 보상적 권력과 합법적 권력

36. 수업장학의 개념 정의 요소에 일치하는 것은?
  ① 비공식적으로 지정한 행위
  ② 간접적으로 교사의 행위에 영향을 주는 것
  ③ 학생의 학습촉진
  ④ 인간관계와 교육과정 개발

37. 장학의 발전과정의 순서대로 바르게 된 것은?
  ① 과학적 관리 → 인간관계 → 인간자원
  ② 인간관계 → 인간자원 → 과학적 관리
  ③ 인간자원 → 과학적 관리 → 인간관계
  ④ 과학적 관리 → 인간자원 → 인간관계

38. 장학의 본질에 해당되는 것은?
  ① 교육재정확보・교육시설개선・교육인사관리개선
  ② 교수행위개선・교육과정개선・교육환경개선
  ③ 교육행정개선・교육정책개선・학교경영개선
  ④ 새질서・새생활・사무행정개선・교육개혁

39. 효과적인 행정이나 장학을 하기 위해서는?
  ① 과학적 측면의 이론・연구・지식에 의하여 행동하면 된다.
  ② 교육목적과 목표, 신념체제, 경영철학, 자아개념을 바탕으로 과
     학적 행동을 한다.
  ③ 과학적 측면과 직관적 측면의 상호작용과 평가 적 망으로 걸
     러내어 행동으로 옮긴다.

④ 직관적 측면의 경험·지혜·상식과·상황적 변인을 고려하야
행동으로 옮긴다.

40. 이론과 연구의 수준으로 바르게 짝지어진 것은?
① 이론-가설, 명제-개념적 틀
② 명제-개념적 틀, 개념-변인
③ 개념-원자료, 명제-변인
④ 상위개념-변인, 개념-항목

41. 리더십 연구의 초점이 바뀌어 온 과정으로 바르게 된 것은?
① 행동연구 → 특성연구 → 상황연구 → 인간자원연구
② 특성연구 → 상황연구 → 행동연구 → 상황조건적 접근
③ 상황조건적 → 접근 행동연구 → 특성연구 → 상황연구
④ 특성연구 → 상황조건연구 → 행동연구 → 상황적 접근 → 인간관
계연구

42. 최근에 훌륭한 리더로 볼 수 있는 유형은?
① 상황조건에 잘 맞추는 리더
② 과업추진을 강조하는 과업형 리더
③ 과업과 인화의 양면을 강조하는 통합형
④ 과업보다 인간관계를 강조하는 인화형

43. 의사결정에 교사를 반드시 참여시켜야 할 경우의 최우선 순위는?
① 수용권 주변 문제로 전문성이 있어 기여할 수 있는 능력이
있는 경우
② 수용권 내부의 문제로 교사의 수용력이 높은 경우

③ 수용권 주변 문제로 개인적 이해관계가 높은 경우

④ 수용권 외부의 문제로 관련성 있고 전문성이 있는 경우

44. 장학전문가로서 갖추어야 할 권력과 권위로 가장 적절한 것은?

① 강제적 권력과 전문적 권력

② 합법적 권력과 참조적 권력

③ 전문적 권력과 참조적 권력

④ 보상적 권력과 합법적 권력

45. 각 장학의 모형(유형)을 바르게 나타낸 것은?

① 전통적 장학: 계획협의회 → 수업관찰 → 피드백협의회

② 마이크로티칭: 계획 → 교수 → 관찰 → 비평 → 재계획 → 재교수 → 재
   관찰 재 비평

③ 개별장학: 한 명의 장학사가 여러 명의 교사를 동시에 장학

④ 요청장학: 상급관청과 장학사가 하급관청이나 교사에게 요청
   하여 장학

46. 선택적 장학의 대상교사로 잘 짝지어진 것은?

① 임상장학 - 초임교서 및 경신(更新)기 경력교사

② 동료장학 - 독립심이 강한 유능한 성숙기 교사

③ 자기장학 - 동료의식이 강한 정착기의 교사

④ 전통적 장학 - 집중적 지도를 요하는 문제 있는 교사

47. '도덕적인 사람'을 육성하기에 알맞은 내용은?

① 풍부한 정서, 주체적 자아의식

② 기본적인 학습능력, 합리적인 문제해결력

③ 건전한 시민의식, 인간존중의 태도

④ 투철한 국가의식, 진취적 개척정신

48. 교육과정의 변화의 순서로 바르게 된 것은?

① 인간중심 → 생활중심 → 교과중심 → 학문중심

② 교과중심 → 생활중심 → 학문중심 → 인간중심

③ 학문중심 → 생활중심 → 인간중심 → 교과중심

④ 생활중심 → 학문중심 → 교과중심 → 인간중심

49. 문제해결력, 독립성, 협동성, 책임성을 기르기 위한 교수(수업) 모
형으로 알맞은 것은?

① 탐구적 모형　　　　② 집단과정 모형

③ 프로그램 모형　　　④ 전통적 기본 모형

50. 효과적인 교수행위로 가장 잘 짝지어진 것은?

① 지시적, 무계획적, 거리감 있는

② 냉담, 무미건조, 틀에 박힌

③ 되는 대로, 권위적 판정, 비난

④ 조직적, 비지시적, 자극주기

51. 교사를 위한 직원발정(연수) 프로그램 계획과 관련하여 가장 좋
은 진술은?

① 교사의 결손 보충, 미비점 보완의 목적으로 교장 중심으로
한다.

② 아동학습, 청년학습이론에 근거하여 전문가에 의뢰하여 계획
한다.

③ 교사의 참여 없이 교사의 인지발달 수준을 고려하여 연구 주
임 중심으로 한다.
④ 의도, 내용, 범위, 접근법, 책임자를 고려한다.

52. "효과적인 학교"의 특성으로 연구에서 밝혀진 것은?
① 강력한 리더십, 학생에 대한 높은 기대
② 현상유지 강조, 소극적 학교풍토
③ 평가 없는 학교, 학습보다 놀이 강조
④ 강력한 독단적 권위, 학생과 교사에 의한 낮은 기대

53. 학생의 사고력이나 고등정신을 측정하기에 가장 알맞은 평가도
구는?
① 진위형   ② 단답형
③ 논술형   ④ 사지선다형

54. 장학자로서 비지시적 장학협의 방법으로 가장 적절한 방법은?
① 조언하기, 지시하기, 칭찬하기
② 경청하기, 인정하기, 격려하기
③ 안내하기, 감정 다루기, 지적하기
④ 명료화하기, 비평하기, 평가하기

55. 수업관찰 방법 중 녹화와 녹음의 장점은?
① 교사들이 녹화와 녹음을 두려워하지 않는다.
② 녹화와 녹음 방법은 수업에 방해가 되지 않는다.
③ 녹화와 녹음은 교수행동에만 초점을 맞추도록 관심을 끈다.
④ 비교적 객관적으로 생생한 자료를 수집할 수 있다.

56. 교실 내 좌석표를 활용하여 수업을 관찰 기록 하기 좋은 것은?
　　① 플랜더스의 언어상호작용 분석, 체크리스트
　　② 과업집중, 언어흐름
　　③ 녹화와 녹음, 일화기록
　　④ 부분적인 정확한 기록

57. 교사의 수업에 대한 ‘학생들의 (피드백) 반응’을 수업개선에 활용과 관련한 진술 중 가장 바른 것은?
　　① 학생들의 반응은 교사들의 반응과 반대의 결과가 나온다.
　　② 학생들은 교사의 수업을 항상 좋게만 보는 경향이 있다.
　　③ 학생들은 일반적으로 교사의 수업을 나쁘게 평가하는 경향이 있다.
　　④ 학생들도 교사와 거의 비슷한 신뢰로운 관찰을 한다.

58. 임상장학의 과정 중 피드백협의회의 대체적인 흐름으로 바르게 나타낸 것은?
　　① 자료제시 → 해석 → 분석 → 강화 → 대안결정
　　② 자료분석 → 해석 → 강화 → 자료제시 → 대안결정
　　③ 자료제시 → 분석 → 해석 → 대안결정 → 강화
　　④ 강화 → 자료제시 → 분석 → 해석 → 대안결정

59. 특정 부분에 초점을 맞추지 않고 수업전반을 관찰하기 가장 좋은 방법은?
　　① 일화기록법
　　② 과업집중표
　　③ 부분적인 정확한 기록방법

④ 언어적 흐름을 기록 하기 위한 좌석표활용

60. 플랜더스의 언어상호작용 분석에 의한 수업관찰 방법에 가장 알
맞은 진술은?
① 좌석표에 언어의 흐름을 관찰 기록
② 교사의 발문, 피드백 반응, 구조적 진술 등 부분적인 정확한
기록으로 분석
③ 녹화와 녹음에 의한 분석
④ 교사의 지시적 행동과 비지시적 행동, 또 교사의 행동과 학
생의 행동으로 나누어 관찰

61. 장학의 전문화의 발전 방향과 가장 일치하는 것은?
① 교원직과 장학직 간의 전직과 인사교류
② 장학직의 양성교육과 연수교육
③ 장학직의 축소
④ 장학직 내부에서의 수시 인사교류

62. 장학자의 세 기술 중 '인간적 기술'에 해당되는 것은?
① 교육환경 분석, 기획체제 활용, 지역사회의 특성 확인
② 수업목표의 범주화, 평가절차 개발, 재정사원 배분
③ 경청하기, 갈등해소, 교사 개인의 강점과 잠재력 진단
④ 수업목표 설정, 수업에 연구결과 활용, 수업기술 시범

63. 우리나라 장학의 발정 방향으로 가장 알맞은 것은?
① 장학의 민주화와 전문화
② 권한의 확대와 집중화

③ 장학직의 수시 교체와 순환근무

④ 장학직과 일반직, 교원직의 순환적 교류

64. 임상장학의 단계별로 해야 할 일과 잘 짝지어진 것은?

① 계획협의회－교사의 관심과 문제점 확인

② 수업관찰－교사의 약점과 문제점 수집

③ 피드백협의회－수업관찰 장면의 명료화

④ 분석과 전략－교사의 권위 약화를 위한 계획

65. 교육행정가의 윤리와 책임에 관한 진술로 가장 옳은 것은?

① 전임자의 잘못은 공개하여 비난하고 개선한다.

② 교사의 단점을 발견하여 이를 공개함으로써 장학자의 틀을 확보한다.

③ 전문직 윤리에 의하여 전문직 단체활동을 한다,

④ 전문직은 중립을 지켜야 하므로 교원단체에 가입해서는 안 된다.

66. 장학과 평가와의 관계에 관한 진술로 가장 알맞은 것은?

① 장학과 평가와는 비교적 관련이 적다.

② 장학을 하기 위해서 또 장학의 개선을 위해서 평가가 필요하다.

③ 장학을 잘하기 위해서는 교사를 평가해서는 안 된다.

④ 장학자의 전문적 권위를 위해서는 장학자를 평가해서는 안 된다.

67. 장학의 효과가 있었는지 알아보기 위한 평가로서 가장 알맞은 것

① 교사의 근무평정하기

② 교장의 인사교류를 위한 학교평가

③ 학교에 대한 재정배분을 위한 평가

④ 학생과 교사에 대한 효과평가

68. 지시적 수업과 비지시적 수업과 관련하여 가장 알맞은 진술은?

① 교사가 학생을 칭찬하거나 격려하면서 많은 시간을 보내면 지시적 수업이 되기 쉽다.

② 어떠한 경우라도 비지시적 수업이 항상 좋다.

③ 대체로 비지시적 수업이 좋으나 지시적 수업이 알맞을 때도 있다.

④ 학생 주도의 발언이 많으면 지시적 수업으로 기울기 쉽다.

69. 의사결정의 단계의 순서로 바르게 된 것은?

① 대안창출 → 문제확인 → 최선안 선택 → 대안검토

② 문제확인 → 대안창출 → 대안검토 → 최선안 선택

③ 최선안 선택 → 문제확인 → 대안검토 → 대안창출

④ 대안검토 → 문제확인 → 대안창출 → 최선안 선택

70. 학교 운영의 주요 기능 중 '장학기능'의 위치는?

① 학생과는 직접, 수업과는 간접 관련

② 학생과 수업과 모두 직접 관련

③ 수업과 간접, 학생과 직접 관련되고 관리기능 지원

④ 수업과 직접, 학생과 간접 관련되고 교수기능 지원

71. 수업자가 주도적으로 수집된 자료를 활용하는 동료코치의 형태는?

① 자료 제공적 코치

② 협동적 코치

③ 전문적 코치

④ 개인교수적 코치

72. 수업에서 많이 사용하는 '언어'에 초점을 맞춰 수업관찰하기에
가장 좋은 방법으로 짝지어진 것은?
① 교사의 지시 - 이동양식 - 교사 이미지 조사
② 일화기록 - 학생관찰 - 교사의 피드백
③ 녹화 - 교사의 스타일 지각 - 과업집중
④ 좌석표에 언어흐름표시 - 교사의 발문 - 플랜더스의 언어상호작용
분석

73. 수용권 내부의 문제를 결정할 때는 어떻게 하는 것이 좋은가?
① 의회적 방법으로 투표하여 결정
② 교사를 꼭 참여시켜 결정
③ 리더 혼자서 결정해도 됨
④ 교사의 이해관계, 관련성 실험으로 결정

74. 자신의 감정을 표현하고 다른 사람의 말에 귀를 기울이고 토의
하여 문제 해결하기에 알맞은 것은?
① 탐구적 모형
② 인지발달 모형
③ 프로그램 모형
④ 집단과정 모형

75. 자아실현과 자율, 존경의 욕구에 동기유발하여 교사를 행복하고
   만족하게 하려는 장학은?
   ① 인간자원장학
   ② 인간관계장학
   ③ 과학적 장학
   ④ 전통적 장학

76. 장학과 평가와의 관계에 관한 진술로 알맞은 것은?
   ① 장학과 평가와는 관련이 없다.
   ② 장학개선을 위한 장학자체평가도 필요하다.
   ③ 교권을 위해서 교사를 평가해서는 안 된다.
   ④ 장학의 권위를 위해서는 장학자를 평가해서는 안 된다.

77. 장학이론에 관한 진술로 알맞지 <u>않은</u> 것은?
   ① 장학에 관한 경험적 연구의 길잡이가 된다.
   ② 장학활동을 안내해 주는 길잡이가 된다.
   ③ 장학에 관한 지식을 발전시켜 주는 기능을 한다.
   ④ 교사의 감독과 평가를 철저하게 강화하는 기능을 한다.

78. 장학의 방법 중 올바르지 <u>못한</u> 방법은?
   ① 학교방문, 교실방문에 의한 장학
   ② 상담을 통한 장학
   ③ 연구발표회와 연수회에 의한 장학
   ④ 학급별 성적에 의한 장학

79. 수업관찰 방법 중에서 잘못 짝지어진 것은?
    ① 부분적인 정확한 기록방법 - 언어흐름
    ② 좌석표 활용 관찰 기록 - 이동양식
    ③ 전반적인 관찰 - 일화기록
    ④ 체크리스트와 평정 - 관찰자에게 적용

80. 수업관찰 방법 중 '부분적인 정확한 기록방법'으로 적절치 <u>못한</u>
    것은?
    ① 교사의 발문
    ② 이동양식
    ③ 교사의 학생에 대한 피드백 반응
    ④ 교사의 지시와 구조적 진술

81. 새로운 혁신의 전파과정으로 알맞은 것은?
    ① 연구→개발→전파→채택
    ② 채택 → 전파 → 연구 → 개발
    ③ 연구→개발→채택→전파
    ④ 개발 → 채택 → 연구 → 전파

82. 임상장학의 의미에 대한 설명 중 <u>잘못된</u> 것은?
    ① 지시적이라기보다는 상호작용적인 대안적인 장학방법이다.
    ② '임상'이라는 말처럼 문제교사의 장학을 위한 방법이다.
    ③ 교사와 장학자의 친밀한 일대일의 관계에서 이루어진다.
    ④ 교사의 전문적 성장과 교사의 교수기술 향상을 실현하는 장
       학대안이다.

83. 5가지 학교구조체제 중에서 학교의 사명과 본질에 해당하는 가
　　장 중요한 체제는 다음 중 어느 체제인가?
　　① 사회적 체제
　　② 교육적 체제
　　③ 이념적 체제
　　④ 정치적 체제

84. 효과적인 장학 프로그램 개발절차에 관한 설명 중 잘못된 것은?
　　① 프로그램의 절차는 계획단계 → 평가단계 → 개선단계가 적절
　　　하다.
　　② 계획단계에서는 관찰과 평가도구를 집중적으로 사용하는 단
　　　계이다.
　　③ 계획단계는 교사평가와 장학에 관한 교육청의 방침과 절차에
　　　대한 주제가 좋다.
　　④ 개선단계는 수집한 자료로부터 검토, 분석, 계획을 세우는
　　　일이다.

85. 의사결정의 행동주기로 가장 알맞은 것은?
　　① 문제 또는 이슈의 인식과 정의 → 해결방안의 적절성의 기준
　　　설정 → 행동계획의 시도 → 행동계획 또는 전략의 개발 → 곤란
　　　점의 분석
　　② 문제 또는 이슈의 인식과 정의 → 곤란점의 분석 → 해결방안
　　　의 적절성의 기준설정 → 행동계획 또는 전략의 개발 → 행동
　　　계획의 시도
　　③ 곤란점의 분석 → 해결방안의 적절성의 기준설정 → 문제 또는
　　　이슈의 인식과 정의 → 행동계획 또는 전략의 개발 → 행동계

획의 시도

④ 문제 또는 이슈의 인식과 정의 → 행동계획 또는 전략의 개발
→ 해결 방안의 적절성의 기준설정 → 곤란점의 분석 → 행동
계획의 시도

※ 다음을 간단히 논술하시오.

51. 인간자원장학

52. 선택적 장학

53. 교육개혁안에 대한 비판(항목별로 제시)

54. 교장의 직무에 관한 논란과 의견

55. 효율성과 효과성

참고문헌

강길수(1983), 교육행정학의 개념, 교육행정학연구, 1(1), 한국교육행정학
　　　연구회.

강영삼(1982), 장학행정, 현대교육행정학, 신중식 외, 서울: 교육출판사.

강영삼(1982), 교육행정학의 연구범위와 대상, 교육행정학의 학문적 성
　　　격 탐색, 한국교육 행정학연구회 11차 학술세미나, 1982. 12. 18.

고영희 외(1983. 12) 수업장학모형개발 및 현장적용가능성탐색연구, 한
　　　국교육개발연구원 보고 RR83 − 6.

고영희 외(1988), 수업장학, 장학의 실제, 한국교원대학교.

교육개혁심의회(1987. 12), 최종보고서 1:10대교육개혁.

국회도서관, 한국 박사 및 석사학위논문 총목록, 제13 ~ 17집.

권낙원(1986), 교사의 인지발달과 교사교육, 교원교육, 2(1), 한국교원대
　　　학교.

김병성(1987), 효과적인 학교에의 접근방향, 새교육, 통권 398호, 대한교
　　　육연합회.

김영돈(1978) 학교경영의 이론과 실제, 서울: 홍문사.

김영식 · 주삼환 공역(1973), 장학론: 장학사와 교사의 상호관계성, 서울:
　　　교육출판사.

김영호(1973), 한국 교육혁신의 방향, 교육혁신보급에 관한 이론적 기초,
　　　한국교육개발원.

김윤태(1982), 교육행정학의 연구방법, 한국교육행정학연구회 11차 학술
　　　세미나.

김정규(1984), 발달이론의 교수교육에의 적용, 학술지, 28(1), 건국대학교.

김종철(1980), 교육행 · 재정지원, 교육제도발전의 방향탐색, 한국교육개
　　　발원(편), 서울: 교육과학사.

김종철(1981), 교육행정학의 전망, <u>한국교육행정학의 발전,</u> 김영식·남정
        걸·최희선(편), 서울: 배영사.
김종철(1982), <u>교육행정의 이론과 실제</u>(3정), 서울: 교육과학사.
김종철(1985), <u>교육행정학 신강,</u> 서울: 세영사.
김휘열(1976), 장학의 개념규정을 위한 장학활동분석, 서울대학교 대학
        원 석사학위논문.
남정걸(1982), 교육행정학의 형성배경, 한국교육행정학연구회 11차 학술
        세미나.
남정걸(1984), <u>교육조직행위론,</u> 서울: 배영사.
문교부(1980), <u>한국교육 30년.</u>
문교부(1988), <u>문교 40년사.</u>
박동서(1981), <u>인사행정론,</u> 서울: 법문사.
박동서·김광웅·김신복(1986), <u>비교행정론,</u> 서울: 박영사.
박 영(1984), 우리나라 장학행정의 변천에 관한 연구, 경희대 교육대학
        원 석사학위논문.
백현기(1964a), <u>장학론,</u> 서울: 을유문화사.
백현기(1964b), <u>교육행정,</u> 서울: 을유문화사.
서정화(1982), 한국교육행정학의 연구동향, 한국교육행정학연구회 11차
        학술세미나.
서정화(1984), 장학요원의 전문화, <u>교육행정학연구,</u> 2(1), 한국교육행정학
        연구회.
신중식(1982), <u>교육행정학,</u> 서울: 교육출판사.
윤기옥(1986), 교수효과성에 관한 연구, 논문집, 인천교육대학.
윤정일 외(1982), 장학행정제도개선연구, 한국교육개발원연구보고 RR82-22.
윤종건(1986), <u>교육행정과 교육경영,</u> 서울: 교학연구사.
윤형원(1985), 한국교육의 운영연구의 발전과 전망, <u>교육학연구,</u> 23(3),
        한국교육학회.
이경섭 외(1983), <u>교육과정,</u> 서울: 교육과학사.
이규환(1970), 서독과 스웨덴의 교육개혁에 대한 비교 연구, 이화여자대

학교 문학박사 학위논문.

이규환(1982), 선진국의 교육제도, 서울: 배영사.

이영덕(1976), 교육의 과정, 서울: 배영사.

이정근(1983), 마이크로티칭의 도입에 관한 탐색적 연구, 교육연구, 제9집, 공주사대 교육학회.

이종재(1987), 교육행정학의 연구과제, 교육학연구, 25(2), 한국교육학회.

장이권(1983), 임상장학을 통한 교사의 수업개선, 교육행정학연구, 한국교육행정학연구회.

장이권(1989), 임상장학의 이론과 실제, 서울: 형설출판사.

정범모(1976), 교육과 교육학, 서울: 배영사.

조병효(1981), 장학론, 서울: 배영사.

조선일보사, 일본교육개혁의 방향, 주간조선, 1984. 4. 1.

주삼환(1975), Herzberg의 동기-위생이론의 가설검증, 서울대 교육대학원 석사학위논문.

주삼환(1977), 인간화 측면에서의 장학에 대한 교사의 지각반응, 교육연구, 15(1), 한국교육학회.

주삼환(1977), 장학에 있어서의 교사의 욕구, 교육학연구, 15(2), 한국교육학회.

주삼환(1982), 임상장학의 적용가능성, 미출판의 한국교육학회 제21회 연차학술발표대회 발표논문.

주삼환(1982), 장학의 본질에 비추어 본 장학개선의 방향, 교육발전논총 4(1), 충남대학교 교육발전연구소.

주삼환(1983), 교실개혁과 수업장학, 초·중등교육의 질개선을 위한 세미나, 한국교육개발원.

주삼환(1983), 장학론, 서울: 갑을출판사.

주삼환(1983), 장학론: 임상장학방법, 서울: 학연사.

주삼환(1983c), 장학의 방향, 한국교육행정의 과제와 이론적 접근, 김종철 박사 회갑기념논문집, 서울: 교육과학사.

주삼환(1984. 9a), 교육의 자율성과 장학지, 문교행정.

주삼환(1984), 교육행정가의 행정철학과 행정행위, <u>새교육</u>, 대한교육연합회, 1984.10～11.

주삼환(1984), 장학사와 교사의 교육적 신념에 관한 연구, <u>교육발전논총</u>, 1(2), 충남대학교 교육발전연구소.

주삼환(1984), 장학지도의 방법과 절차의 합리화, <u>교육행정학연구</u>, 2(1), 한국교육행정학연구회.

주삼환(1985. 5). 학교장의 수업리더십과 수업장학대안, 조용진 박사 회갑기념논문집, 제1집.

주삼환(1985), <u>행정철학</u>, 서울: 법문사.

주삼환(1986), <u>장학론: 선택적 장학체제</u>, 서울: 문음사.

주삼환(1988), <u>장학·교장론 특강</u>, 서울: 성원사.

주삼환(1990), <u>장학·교장론 특강: 교육의 질 관리</u>, 서울: 성원사.

주삼환(1990), 효과적인 교육리더, 교육행정학회소식, 제5호, 국민대학교 교육행정학회.

주삼환·명세창 공역(1989), <u>인간관계론</u>, 서울: 법문사.

주삼환·명세창 공역(1989), <u>리더의 철학</u>, 서울: 법문사.

주삼환·신익현 공역(1987), <u>인간자원장학론</u>, 서울: 배영사.

중앙대부설 한국교육문제연구소(1974), <u>문교사</u>, 서울: 한국교육문제연구소.

최희선(1989), 학교경영평가, <u>교육평가의 이론과 실제</u>, 서울: 중앙교육평가원

홍후식(1973), 장학의 규범과 한국장학의 현실과의 차에 관한 연구, 연세대 교육대학원 석사학위논문.

Acheson, K. A., & Gall, M. P. (1980), *Techniques in the Clinical Supervision of Teachers : Preservice and Inservice Applications*, N.Y. : Longman, Inc.

Alabama Department of Supervisors and Directors of Instruction (1955), "A Look at Supervisions in Alabama," Montgomery, Ala. : Alabama Department of Education.

Alfonso, R. J., Gerald, R. F., & Richard, F. N. (1981), *Instructional Supervision : A Behavior System* (2nd ed.), Boston : Allyn & Bacon, Inc.

Allen, D., Cooper, J. M., & Poliakoff, L. (1972), *Microteaching*, No. 17 in the Series of PREP Reports, Washington, D.C. : US Department of Health, Education and Welfare.

Allen, D., Cooper, J. M., & Poliakoff, L. (1982), *Comparative Education*, N.Y. : MacMillan Publishing Co.

Allen, D., Cooper, J. M., & Poliakoff, L. (1982), "Approaches and Perspectives," in *Comparative Education*, Philip G. Altbach, Robert F. Amove and Gail P. Kelly (eds.), N.Y. MacMillan Publishing Co.

Allen, D., Cooper, J. M., & Poliakoff, L. (1982), "Trends in Comparative Education : A Critical Analysis," in *Comparative Education*, Philip G. Altbach, Robert F. Amove and Gail P. Kelly (eds.), N. Y. : MacMillan Publishing Co.

Allen, D., Cooper, J. M., & Poliakoff, L. (1986), *New Approaches to Comparative Education*, Chicago : The University of Chicago Press.

Aoki, T. T. (1979), *Toward Curriculum Inquiry in a New Key* (Occational Paper No. 2), Department of Scondary Education, University of Alberts.

Armstrong, H. R. (1973), "Performance Evaluation," *National Elementary Principal, 52*, February.

Aschner, M. J. (1961), "Asking Questions to Trigger Thinking," *NEA Journal, 50*.

Association for Supervision and Curriculum Development (1965), *Role of the Supervisor and Curriculum Director in a Climate of Change*, 1965 Yerbook, Washington, D. C. : Association for Supervision and Curriculum Development.

Barnard, C. I. (1938), *The Functions of the Executive*, Cambridge : The University of Harvard Press.

Bents, R. H., & Howey, K. R. (1981), "Staff Development : Change in the Individual" in *Staff Development / Organization Development*, B. Dillon−Peterson (ed.), Alexandria, Va. : Association for Supervision and Curriculum Development.

Berliner, D. C., & Tikunoff, W. J. (1976), "The Califomia beginning Teacher Evaluation Study : Overview of the Ethnographic Study," *Journal of Teacher Education, 27.*

Blumberg, A. (1980), *Supervisors and Teachers : A Private Cold War* (2nd ed.), Berkley, California : McCutchan Publishing Co.

Blumberg, A., & Amidon, E. (1965), "Teacher Perceptions of Supervisor −Teacher Interaction," *Administrators Notebook, 14.*

Boyan, N. J., & Copeland, W. D. (1974), "A Training Program for Supervisors : Anatomy of an Educational Development," *Joumal of Educational Research, 68.*

Bredo, A.E. (1979, April), "Teacher Legitimation of principal Control as a Situational Contingency in Principal−Teacher Influence Relations," paper presented at the annual meeting of the American Educational Research Association, San Francisco, Calfomia.

Brown, G. (1981), *Microteaching*, London : Methuen & Co.

Bruner, J. S. (1973), *The Process of Education*, N. Y. : Vintage Books.

Bryan, R. C. (1968), "Some Observations Concerning Written Student Reactions to High School Teachers," Kalamazoo, M. I. : Educator Feedback Center, Western Michigan university.

Burk, P. J., Christensen, J. C., & Fessler, R. (1984), *Teacher Career States : Implications for Staff Development*, Bloomington, Indiana : The Phi Delta Kappa Educational Foundation.

Burton, W. H., & Leo, J. B. (1955), *Supervision : A Social Process* (3rd ed.), N. Y. : Appleton－Century－Crofts.

Bush, A. J., Kennedy, J. J., & Cruikshank, D.R. (1977), "An Empirical Investigation of Teacher Clarity," *Journal of Teacher Education, 28.*

Calfee, R. (1981), "Cognitive Psychology and Educational Practice," in *Review of Research in Education 9,* D. C. Berliner (ed.), Washington, D. C. : American Educational Research Association.

Campbell, R.F., Corbally, J. E., & Nystrand, R. O. (1983), *Introduction to Educational Administration,* Boston : Allyn & Bacon Inc.

Carroll, J. G. (1981), "Faculty Self－Evaluation," in *Handbook of Teacher Evaluation,* J. Millman (ed.), Beverly Hills, Calif. : Sage.

Castetter, W. (1981), *The Personnel Function in Educational Administration,* N.Y. : MacMillan Publishing Co.

Clark, D. et al. (1990, March), "What Aids Success in Urban Elementary Schools?" *The Kappan.*

Cogan, M. (1973), *Clinical Supervision,* N.Y. : Houghton Mifflin.

Cogan, M. (1976, Winter), "Rationale for Clinical Supervision," *Journal of Research and Development in Education, 9(2).*

Coleman, J. S. et al. (1966), *Equality of Educational Opportunity,* Washington : Office of Education.

Collard, J. L. (1984, Summer), "School Effectiveness : A Re－examination of the Research Evidence," *Journal of Educational Administration, 22(2).*

Conklyn, E. D. (1976, April), "Role Definitions by the Principal : Effect and Determents," Paper presented at the annual meeting of the American Educational Research Association.

Corwin, R. G. (1968, April), "Teacher Militancy in the United Stated : Reflections on the Sources and Prospects," *Theory into Practice.*

Cunningham, L. L. (1977), *Educational Administration : The Developing Decades,* Walter G. Hack and Raphael O. Nystrand (eds.), McCutchan

Publishing Co.

Curtin, J. (1964), *Supervision in Today's Elementary Schools,* N. Y.: MacMillan Publishing Co.

Deal, T., & Celotti, L. D. (1980, March), "How Much Influence Do (and Can) Educational Administrators Have on Classrooms?," *The Kappan.*

DeRoche, E. F., (1981), *An Administrator's Guide For Evaluating Program and Personnel,* Boston: Allyn & Bacon Inc.

Dove, L. A. (1983), "Educational Policy in Bangladesh 1978−1981: Promise and Performed in Political Perspective," in *Comparative Education, 19*(1).

Duignan, P. (1986, Winte), "Research on Effective Schooling: Some Implication for School Improvement," *Journal of Educational Administration, 24*(1).

Dull, L. W. (1981), *Supervision: School Leadership Handbook,* Columbus, Ohio: Charles E. Merrill Publishing Co.

Dunkin, M. J., & Biddle, B. J. (1974), *The Study of Teaching,* N.Y.: Holt, Rinehart and Winston.

Eckstein, M. A. (1986), "The Comparative Mind," in *New Approaches to Comparative Education,* Philip G. Altbach and Gail P. kelly (eds.), Chicago: The University of Chicago Press.

Edmonds, R. (1979, October), "Effective Schools for the urban Poor", *Educational Leadership, 37.*

Edwards, C. H. (1975, February), "Changing Teacher Behavior through Self Instruction and Supervised Micro Teaching in a Competency Based Program," *Journal of Educational Research, 68.*

Einstein, A., & Leopold, I. (1938), *The Evolution of Physics,* N. Y.: Simon and Schuster.

Eisner, E. W. (1979), *The Educational Imagination,* N. Y.: MacMillan

Publishing Co.

Eisner, E. W. (1982), "An Artistic Approach to Supervision," *In Supervision of Teaching* (ed.), T. J. Sergiovanni, Alexandria, Va. : ASCD.

Erickson, D. (1965, April), "Changes in the Principalship," *National Elementary Principal.*

Etzioni, A. (1964), *Modem Organization,* Englewood Cliffs, N. J. : Prentice－Hall Inc.

Eye, G. G. (1971), Lanore A Netzer and D. Krey, *Supervision of Instruction,* N. Y. : Harper & Row Publishers.

Faber, C. F., & Shearron, G. F. (1971), *Elementary School Administration : Theory and Practice.* N. Y. : Holt, Rinehart and Winston.

Fenstermacher, G. D. (1978), "A Philosophical Consideration of Recent Research in Teacher Effectiveness," *in Review of Research in Education 6,* D. C. Berliner (ed.), Washington, D. C. : American Educational Research Association.

Fiedler, F. E., & Chemers, M. M. (1984), *Improving Leadership Effectiveness* (2nd ed.), N. Y. : John Wiley & Sons Inc.

Flanders, N. A. (1970), *Analzing Teaching Behavior,* Reading, M. A. : Addison－Wesley.

Floyd, W. D. (1960), *"An Analysis of the Oral Questioning Activity in Selected Colorado Primary Classrooms,"* Ph.D. diss, Colorado State College.

Franseth, j. "Learning to Supervise Schools, An Appraisal of the Georgia Program," Office of Education Circular, No. 289, Washington, D.C. : US Department of Health, Education, and Welfare, Office of Education.

Freer, M., & Dawson, J. (1985, June), "Don't Evaluate Your Teachers," *Phi Delta Kappan.*

French, J. R. P., & Bertram, R. (1959), "The Bases of Social Power,"

Studies in Social Power, Dorwin Cartwright (ed.), Ann Arbor : University of Michigan.

French J. R. P., jr., & Raven B. (1960), "The Bases of Social Power," in *Group Dynamics : Research and Theory* (2nd ed.), D. Cartwright and A. F. Zanders (eds.), Evansto, Ill. : Row, Peterson.

Fritz, H. (1958), *The Psychology of Interpersonal Relations,* N. Y. : Wiley.

Fullan, M., Miles, M., & Taylor, G. (1978, August), <u>OD</u> *in Schools : The State of the Art, Volume I: Introduction and Executive Summary,* Final Report to the National institute of Education, Toronto : Ontario Institute for Studies in Education.

Fuller, F. F. (1969) "Concems of Teachers : A Developmental Conceptualization," *American Educational Research Joumal, 6.*

Fuller, F. F., & Manning, B. A. (1973, Fall), "Self−Confrontation Reviewed : A conceptualization for Video Playback in Teacher Education," *Review of Educational Research 43.*

Gage, N. L. (1978), *The Scientific Basis for the Art of Teaching,* N. Y. : Teachers College Press.

Gaus, J. M. (1936), "A Theory of Organization in Public Administration," *in The Frontier of Public Administration,* Chicago : The University of chicago Press.

Getzels, J. W. (1979), "Problem−Finding and Research in Educational Administration," *in Problem −Finding in Educational Administration : Trends in Research and Theory,* Glenn L. Immegart and William Lowe Boyd (eds.), Lexington, Mass. : Lexington Books.

Getzels, J. W., & Guba, E. G. (1957), "Social Behavior and the Administrative Process," *The School Review, 65.*

Glatthorn, A. A. (1984), *Differentiated Supervision,* Alexandria, Va. : ASCD

Glickman, C. D. (1981), *Developmental Supervision : Alternative Practices for Helping Teachers Improve Instruction,* Alexandria, Va. : ASCD.

Goldhammer, R., Anderson, R. H., & Krajewski, R. j. (1980), Clinical Supervision (2nd ed.), N. Y. : Holt, Rinehart and Winston.

Goldstein, W. (1982), *Supervision Made Simple,* Bloomington, Indiana : The Phi Delta Kappan Educational Foundation.

Gorton, R. A. (1972), *Conflict Controversy and Crisis in School Administration and Supervision : Issues, Cases and Concepts for the '70s,* Dubuque, Ia. : W.M.C. Brown Co. Publishers.'

Gorton, R. A. (1983), *School Administration And Supervision : Leadership Challenges and Opportunities, Dubuque,* Ia. : W.M.C. Brown Co. Publishers.

Griffin, G. A. (ed.) (1983), *Staff Development,* National Society for the Study of Education.

Gross, B. M. (1964), *"The Managing of Organization,"* N. Y. and London : Free Press of Glencoe Inc.

Hack, W. G., Ranseyer, J. A., Gephart, W.J., & Hock, J. B. (eds.) (1965), *Educational Administration : Selected Readings,* Boston : Allyn & Bacon, Inc.

Hage, G. (1965), "An Axiomatic Theory of Organization," *Administrative Science Quarterly, 10(3).*

Halpin, A. W. (1957), "A Paradigm for Research on Administrative Behavior," *Administrative Behavior in Education,* Roald F. Campbell and Russell T. Gregg (eds.), N. Y. : Harper & Publishers.

Halpin, A. W., & Croft, D. B. (1963), *Organizational Climate of Schools,* Chicage : University of Chicago Midwest Administration Center.

Harbison, F., & Myers, C. A. (1964), *Manpower and Economic* Growth, N. Y. : McGraw — Hill Book Co.

Harris, B. M. (1980), *Improving Staff Performance through In —Service Education,* Boston : Allyn & Bacon, Inc.

Harris, B. M. & Bessent, W. (1969), *In —Service Education : A Guide to*

Better Practice, Englewood Cliffs, N. J. : Prentice—Hall Inc.

Harris, B. M. Kenneth, E, McIntyre, V. L. jr. & Long, D. F. (1985), *Personnel Administration in Education* (2nd ed.), Boston : Allyn & Bacon Inc.

Hart, J. W. (1936), *Teachers and Teaching,* N. Y. : MacMillan Publishing Co.

Heady, F. (1979), *Public Administration : A Comparative Perspective* (2nd ed.), N. Y. : Marcel Dekker.

Hencley, S. P., Cleary, M., Lloyd, E., & McGrath, J. H. (1970), *The Elementary School Principalship,* N. Y. : Dodd, Mead & Co.

Hersey, P., & Blanchard. K. H. (1977), *Management of Organizational Behavior,* Englewood Cliffs. N. J. : Prentice—Hall, Inc.

Hersey, P., & Blanchard. K. H. (1979), *Management of Organizational Behavior : Utilizing Human Resources* (3rd ed.), Englewood Cliffs, N. J. : Prentice—Hall Inc.

Hodgkinson, C. (1978), *Towards a Philosophy of Administration,* London : Blackwell.

Holmes, B. (1981), *Comparative Education : Some Considerations of Method,* London : George Allen & unwin.

Hook, C. M., & Rosenshine, B. (1979, Winter), "Accuracy of Teacher Reports of Their Teaching Behavior," *Review of Educational Research, 49.*

Hopkins, L. T. (1941), *Interaction: The Democratic Process,* Boston : D. C. Heath & Co.

Houston, R. W., Howsam, R. B. (1972), *Competency—Based Teacher Education,* Chicago : Science Research Association.

Hoy, W., & Miskel, C. (1978), *Educational Administration,* N. Y.: Random House.

Hoy, W., & Miskel, C. (1978, Fall), "Scientific Research in Educational Administration," *EAQ, 14(3)*

Hoyle, J. R. (1985, Winter), "Programs in Educational Administration and the AASA Preparation Guidelines," EAQ, 21(1).

Hughes, L. W., & Ubben, G. C. (1978), *The Elementary Principal's Handbook : AGuide to Effective Action*, Boston : Allyn & Bacon Inc.

Jackson, G., & Cosca, C. (1974.), "The Ineequality of Educational Opportunity in the Southwest: An Obesrvational Study of Ethnically Mixed Classrooms," *American Educational Research Journal, 11.*

Joo, Sam Hwan (1981), "Relationships of School Bureaucratization, Elementary School Teachers' Professional and Bureaucratic Orientation, Conflict, and Job Satisfaction in a Selected School District," University of Minnesota, doctoral dissertation.

Joyce, B. R., & Hersh, R. H., & McKibbin, M. (1983), *The Structure of School Improvement*, N. Y.: Longman Inc.

Joyce, B. R., & Weil, M. (1986), *Models of Teaching* (3rd ed.), Englewood Cliffs N.J.: Prentice—Hall Inc.

Katz, R. L. (1955), "Skills of an Effective Administrator," *Harvard Business Review*, 33(30).

Katz, R. L. (1972, October), "Developmental Stage of Preschool Teachers," *Elementary School Journal, 73.*

Kerlinger, F. N. (1957), *Foundation : of Behavioral Research*, N. Y. : MacMillan, Publishing Co.

Kierman, O. (1980, April), Senate Select Committee on Equal Education Opportunity, 1974에서의 증언. "Principals Can Be Leaders If They Leam to Take Charge," *Education U.S.A.*

Kimbrough, R. B., & Nunney, M. Y. (1976), *Educational Administration : An Introduction,* N. Y.: MacMillan Publishing Co.

King, E. (1973), *Other Schools and Ours* (5th ed.), N. Y.: Holt Rinehart and Winston.

King, J. C. (1978, Winter), "Improving Staff Development: Using a Model,"

Ohio Association for Supervision and Curriculum Development News Letter 1.

Knowles, M. (1978), *The Adult Leamer: A Neglected Species*, Houston: Gulf.

Kjewski, R. J. (1982), "Clinical Supervision: A Conceptual Framework," *Journal of Research and Development in Education, 15*(2).

Kulik, C. L., & Kulik, J. A. (1980, December), "Instruction Technobgy and College Teaching," *Teaching of Psychology, 7*.

Lapp, D. et al. (1975), *Teaching and Learning: Philosophical, Psychological, Curricular* Applications. N. Y.: MacMillan Publishing Co.

Lawrence, G. (1974), *Patterns of Effective Inservice Education: A State of the Art Summary of Research on Materials and Procedures for Changing Teacher Behaviors in Inservice Education*, ERIC Document Reproduction Service, ED 176 424.

Leon, F. (1968), *A Theory of Cognitive Dissonance*, Stanford, C. A.: The University of Press.

Lewis, J. (1973), *Appraising Teacher Performance*, West Nyack, N. Y.: Parker.

Lieberman, M. (1956), *Education as a Profession*, Englewood Cliffs, N. J.: Prentice−Hall Inc.

Likert, R. (1961), *New Patterns of Management*, N. Y.: McGraw−Hill Book Co.

Lipham, J. (1964), "Leadership and Administration," *in Behavioral and Educational Administration*, Daniel Griffith (ed.), 1963 Yearbook of the National Society for the Study of Education, Chicago: The University of Chicago Press.

Lipham, J., Robb, E., & Hoeh, J. A. jr. (1985), *The Principalship: Concepts, Competencies and Cases*, N. Y.: Longman Inc.

Litwin, G. H., & Stringer, R. A. jr. (1968), *Motivation and Organizational*

Climate, Boston: Harvard University, Division of Research, Graduate School of Business Administration.

Louisiana School Supervisors Association (1958), "Louisiana Supervisors Examine Their Practices," *Mimeographed Bulletin,* Baton Rouge, La.: The Louisiana School Supervisors Association.

Lucio, W. H., & McNeil, J. D. (1962), *Supervision: A Synthesis of Thought and Action,* N. Y.: McGraw−Hill Book Co.

Lucio, W. H., & McNeil, J. D. (1979), *Supervision in Thought and Action* (3rd ed.), N. Y.: McGraw−Hill Book Co.

Marks, J. R. (1978), Emery Stoops, and King−Stoops, *Handbook of Educational Supervision: A Guide for the Practitioner* (2nd ed.), Boston: Allyn & Bacon Inc.

Manin, G. S. (1975), "Teacher and Administrator Attitudes toward Evaluation and Systematic Classroom Observation," Ph. D. diss., University of Oregon.

Mary, L. C. (1978), "Effects of Enthusiasm Training on Preservice Elementary Teachers," *Journal of Teacher Education, 29.*

McDaniel, T. R. (1982, March), "What's Your Principalship Quotient?," *Phi Delta Kappan.*

McGraw, F. jr. (1966), "The Use of 35−mm Time−Lapse Photography as a Feedback and Observation Instrument in Teacher Education," Ann Arbor, M. I. :University Microfilms, No. 66−2516.

McGreal, T. L. (1983), *Successful Teacher Evaluation,* Alexandria, Va.: Association for Supervision and Curriculum Development.

McNeil, J. D. (1971), *Toward Accountable Teaching,* N. Y.: Holt, Rinehart and Winston.

McNeil, J. D., & Popham, W. J. (1973), "The Assessment of Teacher Competence," in *Second Handbook of Research on Teaching,* M. W. Travers (ed.), Chicage: Rand McNally.

McNergney, R. F., & Berj, H. (1978, June), "Toward a Differential Model of Clinical Supervision," Paper Presented to the First Congress on Education, Toronto.

McNergney, R. F., & Carrier, C. A. (1981), *Teacher Development*, N. Y.: MacMillan Publishing Co.

Medley, D. M. (1979), "The Effectiveness of Teachers," *in Research on Teaching*, ed. P. L. Peterson and H. J. Walberg, Berkeley, Calif.: McCutchan Publishing Co.

Medley, D. M. (1982), "Teacher Effectiveness," in Encyclopedia of Educational Research, H. E. Mitzel (ed.), N. Y.: The Free Press.

Miles, M. (1965), "Planned Change and Organizational Health: Figure and Ground," *Change Process in the Public Schools*, Eugene: The University of Oregon, Center for the Advanced Study of Educational Administration.

Miles, R. (1965, July~August), "Human Relations or Human Resources?," *Harvard Business Review*.

Miles, R. (1975), *Theories, of Management: Implications for Organizational Behavior and Development*, N. Y.: McGraw−Hill Book Co.

Miller, R. I. (1980), *The Assessment of College Performance*, San Francisco: Jossey−Bass Publishers.

Mitzel, H. E. (1960), "Teacher Effectiveness," *in Encyclopedia of Educational Research* (3rd ed.), C. W. Harris (ed.), N. Y.: MacMillan Publishing Co.

Mollenkop, W. G., & Melville, S. A. (1956), "A Study of Secondary Secondary School Characteristics as Related to Test Scores," *Research Bulletin*, 56−6, Princeton: Educational Testing Service.

Moritz, W., & Martin−Reynolds, J. A. (1980, February), "Split−Screen Video Taping: The Geniein the Bottle," *Educational Leadership, 38*.

Mosher, R. L., & Purpel, D. E. (1972), *Supervision: The Reluctant*

Profession, Boston: Houghton Mifflin Co.

Moyer, J. R. (1966), "An Exploratory Study of Questioning in the Instructional Processes in Selected Elementary Schools," Ph. D. diss., Columbia University.

NCEE (1983), *An Open Letter to the American People — A Nation at Risk*: The Imperative for Educational Reform.

Noah, H. J. (1986), "The Use and Abuse of Comparative Education," *in New Approaches to Comparative Education*, Philip G. Altbach and Gail P. Kelly (eds.) Chicago: The University of Chicago Press.

Ohio Association of County Supervisors (1968), "Significant Improvements in Instruction," *Mimeographed Bulletin*, Columbus, O.: Ohio Department of Education.

Ornstein, A. C., & Leivne, D. U. (1981), *Foundations of Education* (2nd ed.), Boston: Houghton Mifflin Co.

Otto, H. J., & Sanders, D. C. (1964), *Elementary School Organization and Administration*, N. Y.: Appleton — Century — Crofts.

Owens, R. G. (1970), *Organizational Behavior in Schools*, Englewood Cliffs, N. J.: Prentice — Hall Inc.

Owens, R. G. (1981), *Organizational Behavior in Education* (2nd ed), Englewood Cliffs, N. J.: Prentice — Hall Inc.

Parelius, A. P., & Parelius, R. J. (1978), *The Sociology of Education*, Englewood Cliffs, N. J.: Prentice — Hall Inc.

Peabody, R. (1962, March), "Perceptions of Organizational Authority: A Comparative Analysis," *Administrative Science Quarterly,* 6(4).

Peterson, P. L. (1979), "Direct Instruction Reconsidered," *in Research on Teaching*, H. J. Walberg (ed.), Berkely, Calif.: McCutchan Publishing Co.

Pfeiffer, I. L., & Dunlap, J. B. (1982), *Supervision of Teachers*: *A Guide to Improving Instruction*, Phoenix, AZ: Oryx Press.

Poter, L. (1962), "Attitudes in Management: Perceived of Deficiencies in Need Fulfillment as a Fuanction of Job Level," *Journal of Applied Psychology, 46.*

Reavis, C. A. (1978), *Teacher Improvement Through Clinical Supervision,* Bloomington, Indiana: Phi Delta Kappan.

Rebore, R. W. (1982), *Personnel Administration in Education: A Management Approach,* Englewood Cliffs, N. J.: Prentice－Hall Inc.

Reddin, W. J. (1970), *Managerial Effectiveness,* N. Y.: McGraw－Hill Book Co.

Redfern, G. B. (1980), *Evaluating Teaching and Administrators: A Performance Objectives Model,* Boulder, Colo.: Westiew.

Reid, W. A. (1978), Thinking About the Curriculum, London: Reutledge & Kegan Paul Ltd.

Riffel, J. A. (1985, August), "The Study of Educational Administration : A Developmental Point of View," The Professional Preparation and Development of Education Administrators in Commonwealth Developing Areas, A Symposium, Barbados.

Rod, W. H., & Drake, T. L. (1980), *The Pincipalship* (2nd ed.), N. Y.: MacMillan Publishing Co.

Rogers, E. M. (1962), *Diffusion of Innovation,* N. Y.: Free Press.

Rosenshine, B. (1976), "Recent Research on Teaching Behaviors and Student Achievement," *Journal of Teacher Education, 27*(1).

Rosenshine, B., & Furst, N., (1971), "Research on Teacher Performance Criteria," in *Research in Teacher Education: A Symposium (*ed.*),* B. O. Smith, Engelwood Cliffs, N. J.: Prentice－Hall Inc.

Rubin, L. J. (1975), "The Case for Staaff Development," in *Professional Supervision for Professional Teachers,* Thomas J. Sergiovanni(ed.), Washington, D. C.: ASCD.

Russell, D., & Hunter, M. (1980), *Planing for Effective Instruction,* Los

Angeles: University Elementary School.

Santmire, T. E. (1979), "Developmental Differences in Adult Learners: Implications for Staff Development," Position paper.

Schreiber, J. E. (1967), "Teachers Question−Asking Techniques in Social Studies," Ph. D. diss., University of Iowa.

Sergiovanni, T. J. (1967), "Factors Which Affect Satisfaction and Dissatisfaction of Teachers," *The Journal Educational Administration*, 5(1).

Sergiovanni, T. J. (1979), *Supervision: Human Perspectives* (2nd ed.), N. Y.: McGraw−Hill Book Co.

Sergiovanni, T. J. (1981, April), "Theory and Practice in Education Policy and Administration: An Hermeneutics Perspective," Paper Presented at the Annual Meeting of the American Educational Research Association, Los Angeles, C. A.

Sergiovanni, T. J. (1987), "The Theoretical Basis for Cultural Leadership," *in Leadership*: Examining the Elusive, Linda T. Sheive and Marian B. Schoenheit (eds.), Washington, D. C.: ASCD.

Sergiovanni, T. J., & Carver, F. D. (1980), *The New School Executive*: *A Theory of Administration* (2nd ed.), N. Y.: Harper & Row Publishers.

Sergiovanni, T. J., & Starratt, R. J. (1988), *Supervision: Human Perspectives* (4th ed.), McGraw−Hill Book Co.

Sergiovanni, T. J., & Elliot, D. (1975), *Educational and Organizational Leadership in Elementary Schools*, Englewood Cliffs, N. J.: Prentice−Hall Inc.

Sharma, G. L. (1955, April), "Who Should Make What Decisions?," *Administrator's Notebook*.

Shinn, J. L. (1976), "Teacher Perceptions of Ideal and Actual Supervisory Procedures Used by California Elementary Principals: The Effects of Supervisory Training Programs Sponsored by the Association of California School Administrators," Ph. D. diss., University of Oregon.

Silver, P. (1983), *Educational Administration: Theoretical Perspectives on Practice and Research.* N. Y.: Harper & Row Publishers.

Smithman, H. H., & Lucio, W. H. (1973, January), "Supervision by Objectives: Pupil Achievement as a Measurement of Teacher Performance," *Educational Leadership, 31.*

Squires, D. A. et al. (1986), *Effective Schools and Classroom*: *A Research —Based Perspective,* Alexandria, Va.: ASCD/

Southern States Cooperative Program in Educational Administration (1965), *Better Teaching in School Administration,* Nashville: George Peabody College for Teachers.

Stevens, R. (1912), "The Question as a Measure of Efficiency Instruction: A Critical Study of Classroom Practice," *Teachers College Contributions to Education, 48.*

Stoops, E., Rafferty, M, & Johnson, R. E. (1981), *Handbook of Educational Administration,* Boston: Allyn & Bacon Inc.

Sullivan, C. G. (1980), *Clinical Supervision*: *A State of the Art Review,* Alexandria, Va.: ASCD

Tidyman, W. F. (1947), *Directing Learning Through Class Management,* Farrar Rinehart Inc.

Toffler, A. (1970), *Future Shock,* N. Y.: Random House.

Trethewey, A. R. (1976), *Intorducing Comparative Education,* N. Y.: Pergamon Press.

Tursman, C. (1981), *Good School: What Makes Them Work,* Arlington, Va.: National School Public Relation Association.

Vroom, V. H. (1961), *Work and Motivation,* N. Y.: Willey.

Vroom, V. H., & Yetton, P. W. (1973), *Leadership and Decision —Making,* Pittsburgh, Pa.: The University of Pittsburgh Press.

Walberg, H. J., & Rasher, S. P. (1974), "Public School Effectiveness and Equality: New Evidence and Its Implications," *Phi Delta Kappan*.

Wallace, D. K., & Smith, E. (1978), *In Breakway to Multidimensional Appraches: Integrating Curriculum Development and Inservice Education*, Washington, D. C.: Association of Teacher Educations.

Weiler, H. N. (1982), "Educational Planning and Social Change: A Critical Review of Concepts and Practices," *in Comparative Education*, Philip G. Altbach, Robert F. Amove and Gail P. Kelly (eds.), N. Y.: MacMillan Publishing Co.

Wiles, J., & Bondi, J. (1980), *Supervision: A Guide to Practice*, Columbus, Ohio: Charles E. Merrill Publishing Co.

Wiles, K. (1967), *Supervision for Better Schools* (3rd ed.), Englewood Cliffs, N. J.: Prentice—Hall Inc.

Wiles, K., & Lovell, J. (1975), *Supervision for Better Schools* (4th ed.), Englewood Cliffs, N. J.: Prentice—Hall Inc.

Williams, A. P. (1979, August), "Management for More Effective Staff Meetings," *Personnel Journal*.

Wilsey, C., & Joellen K. (1982, October), "Making Staff Development Program Works," *Educational Leadership*.

Wolcott, H. F. (1973), *The Man in the Principal's Office: An Ethnography*, N. Y. :Holt, Rinehart and Winston.

Woodward, J. (1958), *Management and Technology*, London: Her Majesty's Stationary Office.

Wren, D. A. (1979), *The Evolution of Management Thought*, N. Y.: John Wiley and Sons Inc.

Wynne, E. A. (1980), *Looking af Schools: Good, Bad and Indifferent*, Lexington, Mass.: D. C. Heath & Co.

Zahorik, J. A. (1968), "Classroorn Feedback Behavior of Teachers," *Journal of Educational Research*, 62.

찾아보기

인 명

내 용

저자 주삼환(住三煥)

－약력－

서울교육대학교, 서울대학교 교육대학원 교육행정전공 석사
미국미네소타대학교대학원 교육행정전공 박사, 서울시내 초등교사 약 15년,
한국교육행정학회장
미국 오하이오주립대학 객원교수, 한국대학교육협의회 파견교수,
인문사회연구회 이사 역임
현) 충남대학교 명예교수

－저·역서－

1. 한국대학행정(시그마프레스, 2007. 2008 문화체육관광부 우수도서)
2. 교육행정사례연구(학지사, 2007. 공저)
3. 교육행정철학(학지사, 2007. 공저)
4. 한국 교원행정(태영출판사, 2006)
5. 장학의 이론과 기법(학지사, 2006. 2007 문화관광부 우수도서)
6. 미국의 교장(학지사, 2005)
7. 학교경영의 이론과 실제(학지사, 2006)
8. 교육행정 및 교육경영(학지사, 2006. 공저)
9. 도덕적 리더십(역, T. J. Sergiovanni 저, 시그마프레스, 2008)
10 리더십 패러독스(역, 시그마프레스, 2009)

－한국학술정보(www.kstudy.com) 주삼환 교육행정 및 장학 시리즈 도서 35권－

Ⅰ. 교육 칼럼 및 비평 시리즈
　Ⅰ-1 우리의 교육, 몸으로 가르치자
　Ⅰ-2 질의 교육과 교육행정
　Ⅰ-3 위기의 한국교육
　Ⅰ-4 전환시대의 전환적 교육
　Ⅰ-5 교육이 바로 서야 나라가 산다
Ⅱ. 장학·리더십론 시리즈
　Ⅱ-1 장학의 이론과 실제:Ⅰ. 이론편
　Ⅱ-2 장학의 이론과 실제:Ⅱ. 실제편
　Ⅱ-3 수업분석과 수업연구(공저)
　Ⅱ-4 전환적 장학과 학교경영
　Ⅱ-5 장학: 장학자와 교사의 상호작용
　　　(역, A. Blumberg 저)
　Ⅱ-6 임상장학(역, Acheson & Gall 저)
　Ⅱ-7 교육행정 특강
　Ⅱ-8 교장의 리더십과 장학
　Ⅱ-9 교장의 질 관리 장학
　Ⅱ-10 교육개혁과 교장의 리더십
　Ⅱ-11 선택적 장학(역, A. Glatthorn)
　Ⅱ-12 장학 연구
　Ⅱ-12 인간자원장학(역, Sergiovanni &
　　　Starratt)

Ⅲ. 교육행정 시리즈
　Ⅲ-1 올바른 교육행정을 지향하여
　Ⅲ-2 한국교육행정강론
　Ⅲ-3 미국의 교육행정
　Ⅲ-4 지방교육자치와 대학자치
　Ⅲ-5 전환기의 교육행정과 학교경영
　Ⅲ-6 고등교육연구
　Ⅲ-7 교육조직 연구
　Ⅲ-8 교육정책의 방향(역, J. Rich 저)
Ⅳ. 교육행정철학 시리즈
　Ⅳ-1 교육행정철학(역, C. Hodgkinson 저)
　Ⅳ-2 리더십의 철학(역, C. Hodgkinson 저)
　Ⅳ-3 대안적 교육행정학(공역, W. Foster 저)
　Ⅳ-4 교육행정사상의 변화
Ⅴ. 교육행정 관련학문 시리즈
　Ⅴ-1 교양인간관계론(역, A.Ellenso 저, e-book)
　Ⅴ-2 입문 비교교육학(역, A. R. Trethwey 저)
　Ⅴ-3 사회과학이론입문(공역, P. D. Reynolds 저)
　Ⅴ-4 허즈버그의 직무동기이론(역, F. Herzberg 저)
　Ⅴ-5 미국의 대학평가(역, Marcus, Leone
　　　& Goldber 저)

장학의 이론과 실제: Ⅰ.이론편

초판인쇄 | 2009년 2월 20일
초판발행 | 2009년 2월 20일

지은이 | 주삼환
펴낸이 | 채종준
펴낸곳 | 한국학술정보㈜
주　소 | 경기도 파주시 교하읍 문발리 513-5 파주출판문화정보산업단지
전　화 | 031) 908-3181(대표)
팩　스 | 031) 908-3189
홈페이지 | http://www.kstudy.com
E-mail | 출판사업부　publish@kstudy.com

등　록 | 제일산-115호(2000. 6. 19)
가　격 | 27,000원

ISBN 978-89-534-1214-9 94370(Paper Book)
　　　978-89-534-1217-0 98370(e-Book)
　　　978-89-534-1143-2 94370(Paper Book Set)
　　　978-89-534-1144-9 98370(e-Book Set)